黄土公路连拱隧道

刘新荣　钟祖良　著

科　学　出　版　社

北　京

内 容 简 介

本书对我国公路黄土连拱隧道的支护参数选择、隧道开挖方案设计、中隔墙选形与地基加固以及防排水系统设计等进行了系统深入的研究,为我国公路黄土连拱隧道的修建提供了理论依据及施工参考。主要内容包括黄土的基本物理力学性质及其本构模型、黄土连拱隧道现场监控量测和参数反分析技术、黄土连拱隧道大型物理模型试验、黄土连拱隧道施工方案优化和空间力学效应分析、黄土连拱隧道的中隔墙形式及合理厚度选择,以及黄土连拱隧道设计与施工关键技术等。

本书可作为土木工程、勘查技术与工程、城市地下空间工程等专业本科生和研究生的教材或教学参考书,也可供从事黄土力学和隧道工程建设的科研人员和工程技术人员参考。

图书在版编目(CIP)数据

黄土公路连拱隧道/刘新荣,钟祖良著. —北京:科学出版社,2016
ISBN 978-7-03-049245-6

Ⅰ.①黄…　Ⅱ.①刘…②钟…　Ⅲ.①黄土区-公路隧道-拱形隧道-隧道工程　Ⅳ.①U459.2

中国版本图书馆 CIP 数据核字(2016)第 144275 号

责任编辑:周　炜 / 责任校对:桂伟利
责任印制:张　倩 / 封面设计:陈　敬

科 学 出 版 社 出版
北京东黄城根北街 16 号
邮政编码:100717
http://www.sciencep.com
中国科学院印刷厂 印刷
科学出版社发行　各地新华书店经销

*

2017 年 1 月第　一　版　　开本:720×1000 1/16
2017 年 1 月第一次印刷　　印张:23 3/4
字数:479 000
定价:**138.00 元**
(如有印装质量问题,我社负责调换)

前　言

　　黄土古称"黄壤",本源于土地之色,是一种第四纪沉积物,具有独特的工程性质,这种独特性除了表现在它的地质特征、微观结构特征以及其他物理性质以外,从岩土工程意义来说,最主要是它的力学性质,特别是其结构性、欠压密性和湿陷性。黄土在世界上分布较广,如美国中西部、俄罗斯南部和澳大利亚等均有分布。我国分布的黄土面积约为 60 多万 km^2,占国土面积的 6.3%。其中,在黄河中游地区,西起贺兰山,东到太行山,北起长城,南到秦岭几乎全部都被黄土覆盖,是我国黄土的主要分布地区。我国西北地区黄土地层最厚,最完整,发育好,地层全,分布连续,其特性较典型,多为具有结构性强、压缩性小和弱湿陷性等独特工程性质的黄土。

　　近年来随着西部大开发战略的实施,交通工程修建得到蓬勃发展,涌现出大量的黄土隧道工程,这些黄土隧道工程从小跨度、小空间向大跨度、大空间方向发展,结构类型也变得更加复杂,再加上地形条件等的限制,出现了黄土公路连拱隧道结构形式。由于当时黄土公路连拱隧道设计和施工经验及相关规范规程较少,2003 年交通部为了满足修订公路工程标准的需要,设立相关科研课题,依托我国首条黄土公路连拱隧道工程——山西离石黄土连拱隧道,采用理论分析、室内试验、数值模拟和现场监测等多种方法,对黄土的物理力学性质和本构模型、施工方案优化和中隔墙形式及其合理厚度、黄土公路连拱隧道的设计、施工关键技术等进行了系统深入的研究,取得了一系列研究成果,经济效益和社会效益良好。

　　本书的主要内容包括:第 1 章,绪论;第 2 章,黄土的基本特征及围岩分级;第 3 章,黄土连拱隧道信息化施工监控量测;第 4 章,黄土连拱隧道围岩参数的位移反分析;第 5 章,黄土连拱隧道相似模型试验研究;第 6 章,黄土连拱隧道施工方案优化研究;第 7 章,黄土连拱隧道中隔墙形式及最小厚度分析;第 8 章,黄土连拱隧道施工过程的空间效应分析;第 9 章,黄土连拱隧道动态施工损伤局部化研究;第 10 章,黄土连拱隧道设计与施工关键技术。

　　本书是在国家自然科学基金(51108485)、交通部公路工程标准制修订项目子专题"黄土连拱隧道信息化施工力学与围岩稳定性测试研究"、教育部"新世纪优秀人才支持计划"基金"浅埋偏压连拱隧道动态施工损伤局部化与施工力学效应的研究"、吕梁汾柳高速公路建设有限公司的横向科研项目"离石连拱隧道监控量测研究"等的联合资助下完成的,在此表示诚挚的感谢。

本书在研究和撰写过程中,重庆大学土木工程学院刘新荣教授课题组孙辉、陈晓江、胡丽霞和袁飞等,以及招商局重庆交通科研设计院有限公司副总工程师黄伦海研究员、后勤工程学院刘元雪教授等付出了辛勤劳动。

本书的研究内容得到了山西省交通规划勘察设计院聂承凯院长、招商局重庆交通科研设计院有限公司首席专家蒋树屏研究员、山西省交通规划勘察设计院黄仰收副院长、吕梁汾柳高速公路建设有限公司姚惠发总经理、董占文总工程师,重庆大学李通林教授、邱贤德教授等的指导和帮助,在此表示衷心的感谢。

限于作者水平,书中难免存在疏漏和不妥之处,敬请读者批评指正。

目　　录

第1章 绪　　论

1.1　连拱隧道的特征及适用范围

1.1.1　连拱隧道及其特征

连拱隧道(multi-arch tunnel),最初是指两座隧道连成一体的单线双洞隧道,也就是现在的双连拱隧道。单洞隧道是一洞一拱,双洞连体隧道必然双拱相连,故最初得名为连体隧道。考虑到连体隧道范围更为广泛,它不仅包括左右相连的连拱隧道,还包括上下双层的连体隧道,故连体隧道与连拱隧道不能等同视之。

后来研究认为,连拱隧道主要是拱部相连,从而称为连拱隧道,或严格称为双连拱隧道。也有人形象地用英文字母"m"表示既连体又连拱的隧道(称为"m"隧道)。还有人称其为联拱隧道。在日本,因连拱隧道形似眼睛,称为眼睛状隧道或眼睛法隧道。本书考虑到公路连拱隧道一般是指双洞连拱,故采用广为运用的"连拱隧道"这一名称。

连拱隧道在公路系统中主要修建在山岭深丘区埋深不大的丘陵部,在市区主要修建在受特殊地理条件限制或有特殊要求的区域。根据对国内外连拱隧道的资料进行统计可知,连拱隧道通常不长,多为中短规模,平均长度为 200m 左右,95％以上的连拱隧道不超过 500m。因多数连拱隧道长度较短,导致其具有埋深浅、围岩风化严重、较为破碎等一系列特征。此外连拱隧道因双洞相连,开挖跨度较大(两车道的跨度超过 20m,三车道的跨度大于 30m),易产生偏压,从而造成施工工序多,施工难度较大。

1.1.2　连拱隧道的优缺点

连拱隧道在公路隧道建设中得到广泛应用,其原因在于其具有独特的优点,主要表现如下:

(1) 在特殊的山岭深丘地区、在城市周边有山丘阻碍城乡交通处,以及在人多地少、经济活跃的山区兴建连拱隧道,有利于洞口和洞身的选择,减少隧道长度,减少投资。

(2) 避免隧道洞口桥隧或路隧分幅,节省了隧道进出口处洞口路基和桥梁分幅所占土地面积,也避免了线路从整体到分离再到整体的复杂转换,有利于路桥隧道总体的线形流畅。

（3）缩小了所占地下空间，提高了地下空间的利用效率。

（4）在城乡交接的山丘处，因人流量和交通量大，适宜兴建双连拱或多连拱公路隧道，以满足城市发展的需要。

（5）兴建连拱隧道，居民房屋拆迁和开挖土石方数量相对减少，有助于减少自然环境破坏和保护城郊名胜古迹，便于运营管理，有着明显的社会效益和经济效益。

公路连拱隧道除上述优点外，也有一些不足，主要表现在：

（1）隧道开挖跨度大，两车道隧道跨度大于 20m，三车道隧道跨度大于 30m，因而经受围岩压力较大。

（2）埋深浅，多次开挖爆破导致围岩多次扰动，尤其是中隔墙顶部及其两侧，稍有不慎就可能引起围岩塌方，甚至冒顶。

（3）施工工序多，结构特殊且复杂，结构受力状态变化频繁，质量控制点多，施工技术难度较大并且维修不便。

（4）中隔墙和边墙的施工及拱部二次衬砌施工相隔时间长，使得支护系统受力复杂。整体式中隔墙防水和主洞拱部防排水施工不同步进行，使得施工缝更加明显化。

（5）整体式中隔墙渗漏水现象较为普遍，施工质量和洞口安全比不上分离式隧道。部分污水倒流入另一洞内。

1.1.3　连拱隧道的适用范围

根据连拱隧道的特点，选择连拱隧道结构形式时，需注意以下几点：

（1）在洞口地形狭窄且围岩级别为 V 级以上（可含少量的 IV 级）的岩石地层可采用连拱隧道形式。

（2）在特殊的地形下，若采用分离式隧道会导致左右洞长度相差很大，或使地面建筑受影响，或洞外路基工程量过大，经济上明显不合理时可以采用连拱隧道。

（3）在山岭深丘地形区内，当路基边坡等于或大于 40m，且左右路幅难以拉开成独立的左右线，或为避免大量的深挖高填的土石方工程量，减少对自然环境的破坏时，适宜成群成组兴建连拱隧道。

（4）在城市周边的山丘地区，人口稠密，土地资源紧张，为减少地面房屋拆迁，保护自然景观和名胜古迹，满足日益增长的人流和交通量的需要，主要采用双连拱或多连拱隧道，如广州市白山和武汉市马鞍山的三车道连拱隧道、福州市二环路象山四连拱隧道。

（5）由于连拱隧道造价较高且存在一些其他不足，目前国内主要采用中短规模隧道。但在日本也建有中长规模的连拱隧道，有的连拱隧道长达 1240m。

1.2　黄土公路连拱隧道修建技术研究现状

1.2.1　黄土隧道研究现状

尽管黄土地下建筑在我国已有几千年的历史,但是对其设计计算理论进行系统研究,还是从 20 世纪 60 年代初开始的。由于以往在进行地下洞室设计计算时所采用的唯一模型是"荷载-结构"模型,即把作用在衬砌上的围岩压力作为外加荷载,只要荷载确定了,就可以像地面建筑那样,利用结构力学理论,进行衬砌的设计计算。所以在地下洞室的设计计算中,围岩压力的确定就成为问题的关键,黄土地下洞室也不例外。黄土洞室设计计算理论的研究,主要有四个阶段:①20 世纪五六十年代的设计是以普氏理论为基础的,通过大量工程实践,发现普氏理论对我国黄土洞室不适用,随后开始对黄土洞室围岩压力问题的系统研究;②根据实践经验,在 60 年代初提出以工程地质类比法指导设计,并对黄土按地下洞室稳定性要求作了相应的分类;③70 年代提出了以工程地质类比为主,力学计算为辅的方法指导设计;④90 年代至今,随着计算技术的发展,对土体应力-应变关系的研究逐渐深入,出现了各种各样的弹塑性应力-应变模型。在此基础上提出了许多弹塑性数值方法。

从 20 世纪 60 年代对黄土地下洞室的围岩压力开展系统的研究以来,陕西省建筑设计研究院、中国建筑西北设计研究院等单位在甘肃、山西、陕西等地区近十个工程点进行了综合性的现场量测,并对这些地区的黄土洞室做了广泛调查。通过大量生产实践、现场量测及调查研究,在量和质方面对黄土洞室的围岩压力有了较深入的认识:

(1)塌方一般首先发生在拱肩或两侧,然后随着洞形及应力条件恶化向洞顶发展。塌方的主要特征是脆性剪切破坏。

(2)现有的黄土洞室埋深大多为 20～50m,这些洞室的衬砌大部分是"薄"衬砌(相对于普氏理论计算出的衬砌厚度)。这些衬砌有些虽然在拱腰内缘出现拉裂缝,但却能保持相对稳定。

(3)洞室土体变形不是局限于洞周附近一个小范围内,而是在由洞壁直至地表的一个很大范围内连续变化,逐渐减小,衬砌后在洞周一定范围内没有发现土体变形有突然的、明显的变化。

(4)与土体变形相似,作用在衬砌上的围岩压力也没有突然性,它是随着掘进与时间的增长而增长。

但是,随着隧道埋深和跨度的加大,以及连拱隧道这种结构形式的出现,目前的研究是不够的,对这些情况下的隧道动态施工力学和支护结构应力变化的研究还有待深入。

1.2.2　黄土连拱隧道研究现状

1. 连拱隧道相似模型试验研究现状

相似模拟方法最早由库兹涅佐夫于 1936 年提出。Stillborg 和 Stephansson 于 1978 年在大跨度洞室的"Rib-in-Roc"预加固（钢肋加固）系统的模型研究中,采用了以砂-石蜡模拟岩石材料,岩块作为开挖体,再由管道注入水使之溶解来模拟开挖过程的方法。

1981 年 Kaiser 和 Morgenstern 在设计一个过程模拟试验（process simulation test）时,选用加拿大 Edonton 附近的 Wabamum 次烟煤来模拟节理岩体中圆形隧道的依时性（time-dependent）强度和变形特征,并详细阐述了试验测试系统、数据处理系统等,还讨论了破坏扩展和相关应力重分布的时间相关和时间无关时的隧道收敛及岩体径向应变形式,建立了场应力、应变或隧道闭合量与时间的关系,评估了破坏前的应力范围及形成屈服区后的隧道性能。

20 世纪 70 年代初,同济大学通过三维物理模型研究了拱形直墙喷层结构所受的压应力特性及其剪切破坏机理,发现喷层荷载主要来自于与围岩共同变形中的形变压力,而非塌落荷载。1984 年,同济大学又利用平面应力模型研究了大跨度矮墙洞室开挖中开挖方法对洞室稳定性的影响,并确认了围岩中存在三个不同的应力区:疏松区、压缩区和自然区。

1993 年,王兵和陈炽昭在自制的隧道三维模型试验装置（最大尺寸 2m×1m ×1m,开挖跨度为 0.2486m）上,基于围岩应变软化的弹塑性本构关系,在考虑初始自重应力场的前提下,采用"先挖洞,后加载"的分级加载模拟试验方法,发现了模型侧压满足 $\sigma_h = \mu/(1-\mu)\sigma$,以及毛洞拱顶下沉和最大跨度处水平位移与平面应变有限元和三维有限元计算值较一致,并考察了工作面支护效应的有效范围为 $0\sim2D$（D 为隧道的最大跨度）,但最有效范围为 $0\sim0.7D$,两帮剪切滑移的深度此时达到恒定,且破坏形式和有限元计算结果一致。不足之处是该试验装置无法模拟支护效应和动态开挖过程。

2002 年,林刚对Ⅴ、Ⅳ、Ⅲ级围岩采用不同的施工方法进行了相似模拟试验研究。试验分别对围岩、模筑混凝土和喷射混凝土、锚杆和混凝土中的主筋,以及工字钢拱架采用相似材料进行替代。最后测出了地表相对位移、洞室周边径向位移、围岩与支护间接触压力和锚杆轴力,取得了较好的试验效果。

2006 年,刘涛等以云南省元磨高速公路的一座连拱隧道为工程背景,按弹性阶段相似原则进行连拱隧道室内模型试验,模拟连拱隧道的施工工况,采用压力盒、数码摄像、沉降板等仪器测量施工过程中的隧道围岩应力和位移分布,采用三维快速拉格朗日元法模拟连拱隧道的施工工况,得出施工过程中隧道围岩位移、应力和塑性区分布规律,其结果与模型试验所得结果基本一致。

2007年,万明富对沈大高速公路改扩建工程韩家岭单洞四车道超大跨公路隧道通过室内相似模型试验对台阶法开挖方案进行研究,得到开挖过程中围岩的力学行为及其变化规律,发现最大位移发生在拱顶。

以上学者主要是对岩质分离式隧道和连拱隧道进行了相似模型试验研究,对土质隧道,尤其是黄土连拱隧道开挖方案、施工工艺等的模型试验研究甚少。

2. 黄土连拱隧道施工技术研究现状

黄土是一种具有独特工程性质的特殊性土。黄土的特殊性除了表现在其地质特征、微观结构特征以及其他物理性质以外,从岩土工程意义来说,黄土最主要的特殊性是其力学性质,特别是强度和湿陷特性。因此,黄土隧道的开挖与岩质隧道相比,有其自身的特点。国内外学者对黄土连拱隧道的开挖研究如下:

刘新荣、孙辉等通过对离石连拱隧道的二维弹塑性数值模拟,分析了隧道在开挖各阶段的应力和变形情况,针对隧道中隔墙受力情况进行了专题研讨,进而对连拱隧道的结构设计和施工作了一些探讨。

孙辉、刘新荣等针对汾柳高速公路离石隧道在不同施工方法下围岩和隧道支护结构的受力问题,运用有限元程序ANSYS对三导洞法和上下台阶法进行了动态数值模拟,建立了不同施工工序下围岩的位移场和应力场,并以此对这两种施工方法进行了对比分析,得出三导洞法较优。

刘新荣、孙辉等通过数值计算和现场监测分析表明,黄土连拱隧道二次衬砌所受荷载很大,在初期支护和二次衬砌间存在不均匀压力,二次衬砌也是隧道的主要承载结构。二次衬砌所受荷载大小与其施筑时间有很大的关系,在设计和施工中要合理掌握二次衬砌所承担的荷载比例和施筑时间。

刘元雪、蒋树屏等结合山西省离石隧道对黄土连拱隧道的关键施工力学问题进行了研究:正洞上下台阶法与侧壁导洞法施工方案比较研究;先左洞(靠山一侧)施工方案和先右洞施工方案的对比。计算结果表明对于偏压黄土连拱隧道应采用先开挖靠山一侧的侧壁导洞法进行施工。

刘元雪、蒋树屏等通过黄土连拱隧道的三维弹塑性数值模拟,分析了在左洞施工后,右洞施工对左洞的影响规律。对于山西省离石隧道,两洞开挖面的合理距离为30m。推广而言,对于黄土连拱隧道,两洞的开挖距离应为单洞跨度的3倍。

姚惠发、刘新荣、钟祖良以山西省离石隧道为工程依托,详细介绍了影响黄土隧道施工安全的因素,分析研究了该工程中的施工方法:主洞施工采取先左洞、后右洞的施工顺序,主洞开挖分上下台阶,上台阶施工完成以后,立即进行支护,封闭拱顶,下台阶采用机械开挖,同时对监控量测要点进行了重点阐述。

3. 黄土连拱隧道中隔墙监测技术研究现状

新奥法应用岩体力学原理,以维护和利用围岩的自稳能力为基点,将锚杆和喷射混凝土集合在一起作为主要支护手段,通过对围岩与支护的现场量测,及时反馈围岩-支护复合体的力学动态及其变化状况,为二次衬砌提供合理的浇注时机,通过监控量测及时反馈的信息来指导隧道工程的设计和施工。

作为一种新兴的隧道形式,连拱隧道在监控量测上对新奥法的监测技术提出了新的要求,尤其是中隔墙的量测。由于中隔墙在隧道的修筑过程中受力状况非常复杂,压、弯、剪、扭均有,施工过程中在中隔墙埋设应变计、钢筋计、压力盒等监测设备。通过长期量测并分析量测数据来掌握中隔墙结构在整个施工过程中的应力与应变状况相当困难:一方面是监测力度不够,出于工程造价和工期因素,我国连拱隧道的监控量测工作一般仅选择洞内观测、洞周收敛、拱顶沉降和地表沉降4项必测项目,以及锚杆轴力等少数几项选测项目,而中隔墙的量测则仅就墙顶与墙脚等部位的压力进行量测;另一方面,现有的量测设备不能全面反映墙体结构的受力状况,中隔墙就其截面而言是个宽 2～3m,高 4～5m 的大型钢筋混凝土结构,采用应变计、钢筋计、压力盒等量测设备仅能在一定程度上反映结构的受力状况。今后还有待研发出针对中隔墙的量测仪器来帮助我们进一步认识这一特殊结构的实际工作状态。

鉴于以上原因,我国在中隔墙的监测方面还处于探索阶段,所取得的监控量测成果也相当有限,在黄土地区修建连拱隧道时,对中隔墙的监控量测项目和方法有待深入探讨。

1.3　黄土公路连拱隧道修建技术展望

从 2004 年我国第一条黄土公路连拱隧道——山西省离石黄土连拱隧道修建以来,对黄土公路连拱隧道的设计施工和研究已近 10 年,国内外已获得一些相关的成果,但是其设计、施工还存在许多问题有待进一步的研究。

1) 隧道设计荷载的计算

连拱隧道结构复杂,开挖步序多,隧道开挖、支护相互交错,这造成黄土连拱隧道围岩应力变化和衬砌结构荷载转换复杂,很难获得黄土连拱隧道围岩应力分布和衬砌结构荷载变化规律。因此,进行黄土连拱隧道设计荷载计算时有很大困难。到目前为止,国内外还未有相关研究报道,但由于隧道支护体系的主要设计依据为隧道施工全过程以及施工结束后作用在结构上的荷载,因此研究黄土连拱隧道施工全过程以及施工结束后作用在隧道衬砌结构上的荷载尤其重要。

2) 隧道施工方法选择

新中国成立以来,我国修建了大量的连拱隧道。由于其主要修建在岩体介质中,施工方法以中导洞上下台阶法为主,部分采用三导洞开挖法。由于黄土体强度较低,变形较大,采用这些开挖方法容易导致隧道围岩大变形和地表开裂等问题,因此在黄土地区修建连拱隧道采用何种施工方法既能保证隧道施工安全,又能减少隧道开挖步骤,达到经济、安全的效果有待深入研究。

3) 隧道支护结构参数确定

由于黄土连拱隧道施工全过程及施工结束后作用在衬砌结构上的荷载很难确定,因此进行黄土连拱隧道设计时存在一定的盲目性,主要体现在总体支护体系普遍过强,但局部位置又相对较弱(如中隔墙基础沉降变形大、锚杆加固效果差),以及施作时机不尽合理。因此在确保隧道安全的前提下,确定黄土连拱隧道的合理支护参数及支护原则有待今后进一步探讨。

4) 监控量测体系及基准

目前我国连拱隧道施工现场监测体系和判定标准均采用单洞隧道的监控量测管理体系和判定标准。此外,黄土隧道变形规律与一般岩体隧道具有较大的区别。采用现有的监测体系进行监测时可能出现无法判定中隔墙稳定性、隧道变形增量大但隧道未失稳等情况。故有必要针对黄土公路连拱隧道的特点,制订相应的监控量测管理体系和判定标准。

5) 结构安全性评价

现阶段我国的隧道设计基本以浅埋暗挖法作为指导理论,大部分设计将初期支护作为隧道施工阶段和隧道运营初期的围岩荷载承载体系,二次衬砌作为隧道长期安全储备,少数设计考虑在隧道施工阶段和隧道运营初期由二次衬砌承担一定比例的围岩荷载。因此设计时如何确定二次衬砌的厚度具有较大的主观性。此外,中隔墙结构为黄土连拱隧道的主要承重结构,目前中隔墙的形式、厚度,基础的设计等均存在一定的盲目性,因此需要对黄土连拱隧道的结构进行进一步研究。

6) 结构防排水

由于连拱隧道结构复杂,施工工序繁多,该隧道结构的防排水问题一直是隧道工程建设中的一大难题,特别是整体式中隔墙断面形式的中隔墙顶雁形部的防排水问题尤其突出。虽然国内外学者及建设者对隧道防排水相关问题进行了研究,取得了一些研究成果,但仍缺乏系统性。因此,有必要在现有技术的基础上,从结构设计、防排水材料和施工工艺等方面着手,系统、全面地研究黄土连拱隧道的防排水问题。

第2章 黄土的基本特征及围岩分级

2.1 黄土的地质特征

2.1.1 黄土在我国的分布及物理特征

黄土古称"黄壤",本源于土地之色,是一种第四纪沉积物,有一系列内部物质成分和外部形态的特征,不同于同期的其他沉积物,黄土在地理分布上也有一定的规律性。世界上许多国家,如美国的中西部、俄罗斯的南部和澳大利亚等均有黄土分布,全世界各大洲黄土和黄土状土分布的总面积约 $1.30 \times 10^7 \mathrm{km}^2$,占陆地面积的9.3%。我国的黄土和黄土状土的分布较广,面积约为 $6.40 \times 10^5 \mathrm{km}^2$,是国土面积的6.3%。

黄土的沉积具有沉积分选作用,因此根据黄土沉积的特点,我国黄土分布自西而东有:①西北干燥内陆盆地;②中部黄土高原;③东部山前丘陵及平原。这三个大区在地理分布和时间演化上各有不同的特点(刘祖典,1997)。

1)西北干燥内陆盆地区

该区包括新疆的准噶尔盆地、塔里木盆地,青海的柴达木盆地和甘肃的河西走廊。这些盆地的四周有近东西走向的山脉,自然环境的特点是高山终年积雪,盆地中心是无限沙漠,黄土覆盖于山前地带,气候异常干旱,雨量稀少,地面辐射强烈,温差大,风力强烈,黄土基本上处于风扬带内,受风力、冰川再搬运的作用很大,形成各种类型的黄土状土,原生黄土很少见。

2)中部黄土高原区

由龙羊峡至三门峡的黄河中游区,这是我国黄土分布的中心,四周山脉环绕,西有贺兰山,北有阴山,东有太行山,南为秦岭。该区黄土厚度大,地层完整,除少数山口高出黄土线外,黄土基本上连续覆盖于第三系或其他古老岩层之上,形成特殊的塬、梁、峁黄土地貌,黄土分布面积占黄土面积的72%以上,区内若干近似南北走向的山脉把黄土分割成三个不同的亚区。

(1)乌鞘岭与六盘山之间为西部亚区,黄土下伏的基底层主要是第三纪的甘肃群,黄土分布于山地斜坡、山间盆地及河谷高阶地上,黄土堆积仍基本反映出基底地形的起伏。

（2）六盘山与吕梁山之间为中部亚区，黄土基本成为一个连续盖层，上覆于第三系或古老岩层上，还填平了一些原始河谷与湖沼盆地，在深切河谷底部，基岩出露。黄土层厚度达百余米，地层完整。高原区不同时代黄土平行接触，古土壤与黄土交替叠覆，是此亚区的主要特征。

（3）吕梁山与太行山之间为东部亚区，黄土分布于盆地边缘及河流阶地之上，下伏上新世地层。

上述三个亚区的自然景观各具特征，但黄土层结构却十分相似，它们都保留有从早更新世到晚更新世的黄土堆积，部分地区在晚更新世上还覆盖有薄层的全新世黄土。

3）东部山前丘陵及平原区

该区平原占主要面积，我国最大的平原即华北平原和松辽平原都分布于这一地区。自第四纪以来，平原区经受了很厚的黄土状堆积，并与河湖相砂砾石和黏土构成间互层，典型黄土仅分布于该区边缘山前和丘陵地带等。

我国黄土主要分布在北纬 $33°\sim47°$，在这个区域内，一般气候干燥，降水量少，蒸发量大，属于干旱、半干旱气候类型。黄土分布地区年平均降水量为 $250\sim600\mathrm{mm}$。该区以北，年平均降水量小于 $250\mathrm{mm}$，黄土很少出现，主要为沙漠和戈壁。年平均降水量大于 $750\mathrm{mm}$ 的地区也基本上没有黄土。黄土的分布具有明显的地带性特点，说明黄土是在特定的地理位置和气候环境下的堆积。黄土形成时期的古气候较干燥，因此可以说黄土剖面是干、冷、湿、热气候频繁交替的记录。黄土堆积之后，随着气候寒暖更替和气候带的移动，黄土又受到了环境变迁过程的改造，从而使不同地区的黄土其构造形态、可溶盐含量和矿物后生改造作用均表现出区域性特点。这些特点在理论和实践中（如黄土的工程特性和水土保持工作等方面）均有重要意义。

由于黄土在我国的分布相当广泛，而各地的地理、地质和气候条件不同，使黄土在沉降厚度、地层特征和物理力学性质上都表现出明显的差异和变化，一般具有以下特征：

（1）颜色以黄色、褐黄色为主，有时呈灰黄色。

（2）颗粒组成以粉粒（$0.005\sim0.05\mathrm{mm}$）为主，含量一般在 60% 以上，粒径大于 $0.25\mathrm{mm}$ 的较少。

（3）有肉眼可见的大孔隙、较大孔隙，一般在 $1.0\mathrm{mm}$ 左右。

（4）富含碳酸盐类，垂直节理发育。

2.1.2　黄土的地层划分

我国黄土形成经历了整个地质年代的第四纪时期。按形成的年代可分为老黄土和新黄土。老黄土有午城黄土,其标准剖面在山西隰县午城镇找到,所以称为午城黄土;离石黄土,其标准剖面在山西离石县找到,所以称为离石黄土。新黄土有马兰黄土,其标准剖面在北京西北马兰山谷的阶地上找到,所以称为马兰黄土。新堆积黄土形成年代较晚,距今约5000年,一般土质疏松。马兰黄土和新堆积黄土均具有浸水湿陷性,故又称为湿陷性黄土。各层黄土形成年代和成因见表2.1。

表 2.1　黄土地层划分和特性

年代		黄土名称		成因		备注
全新世 Q₄	近期	新堆积黄土	新近堆积	次生黄土	水成为主	杂乱无章,具不均匀性、高压缩性、强湿陷性
	早期	新黄土	一般湿陷性黄土		风成为主	浅黄,一般具湿陷性
晚更新世 Q₃		马兰黄土				
中更新世 Q₂		离石黄土	非湿陷性黄土	原生黄土		褐红,一般不具湿陷性;在高压下具轻微湿陷性
早更新世 Q₁		午城黄土	老黄土			

（1）全新世黄土（Q_4）为新近堆积,多分布在塬、梁、峁表层及河谷阶地上,坡脚及阶地上和地层的顶部,受各种自然营力的影响,其物理力学性质的差异较大。质地较疏松,成岩性差,具有湿陷性,甚至强烈的湿陷性。

（2）晚更新世（Q_3）马兰黄土构成黄土层的上部,为典型黄土。其质地疏松,无层理,大孔结构发育,有垂直节理裂隙,有较强的湿陷性或自重湿陷性,若处理不善常会发生较大的湿陷事故,威胁建筑物的安全。

（3）中更新世（Q_2）离石黄土为马兰黄土下面的埋藏黄土层,其间夹有多层古土壤层和钙质结核,厚度较大,构成黄土塬的主体。质地较密实,一般无湿陷性,但在高压下仍具有一定的湿陷性。

（4）早更新世（Q_1）午城黄土为老黄土的下部,颜色呈淡红色,部分为棕红色,埋藏于古土壤层。其质地密实、强度大、压缩性小、厚度较薄,几乎不透水,无湿陷性。

2.2　黄土的微结构特征

2.2.1　黄土的微结构特征及骨架颗粒形态

黄土的现存结构形态,是其整个历史形成过程中的综合产物,它决定着黄土结构本身在新条件下的变化倾向。例如,湿陷性黄土是低含水量、高孔隙度和高碳酸盐含量的粉质壤土,因此遇水有崩解湿陷的特性。

双目镜下观察发现,黄土有其特殊的显微结构,由结构单元(单矿物、集合体和凝块)、胶结物(黏粒、有机质、$CaCO_3$)和孔隙(大孔隙、架空孔隙和粒间孔隙等)三部分组成。黄土以粗粉粒(0.01～0.05mm)为主体,较大砂颗粒(>0.05mm)含量较小。粗粉粒构成黄土的骨架,而细粉砂、黏土和腐殖质等胶结物质附在砂颗粒的表面,特别集中地聚集在大颗粒的接触点,它们和易溶盐形成的溶液与沉积在该处的碳酸钙和硫酸钙一起形成了胶结性的联结,构成黄土的微结构特征。

从显微图像中发现黄土的微结构有明显的区域性变化规律,这种区域性变化规律和工程地质界所发现的湿陷性由西北向东南逐渐减弱的趋势相吻合。

黄土微结构的特征表明,从空间结构体系的力学强度和稳定性角度分析,构成黄土结构体系的支柱是骨架颗粒。骨架颗粒形态决定了黄土的传力性能和变形性质;骨架颗粒的连接形式直接影响黄土结构体系的胶结强度;骨架颗粒的排列方式决定结构体系的稳定性。此外,胶结粒的赋存状态和碳酸钙的存在形式也对黄土的结构特征有着重要影响。

骨架颗粒的形状可分为粒状及凝块状两类,粒状又分为单粒和全由黏胶微细碎屑碳酸盐胶结成的集粒。观察表明,碎屑矿物传力刚度好,集粒形态在西北地区一般具有较大的刚性,在东南地区外形柔软刚性不足,集粒形态的这种地区性变化无疑与气候条件有关。气候干燥,集粒中的碳酸钙保存得较好,集粒刚性较大;气候潮湿,集粒中的碳酸钙被淋失,集粒不足。上述集粒的性质正好说明西北地区(兰州)黄土的强烈湿陷性和自重湿陷性,而东南地区(洛阳)的黄土轻微湿陷性或不湿陷的特性。

2.2.2　黄土骨架颗粒的连接形式

黄土骨架颗粒间的相互连接是黄土结构体系中的重要环节。微结构图像显示出黄土骨架颗粒间的连接形式有点接触和面胶结两种。点接触一般是颗粒直接接触,接触面小,颗粒之间包裹着集粒的黏土膜、盐晶膜。这种连接多出现在气候干燥的西北地区(兰州)。连接强度主要由接触造成的原始凝聚力和盐晶膜造成的加固凝聚力所组成。由于接触面积小,且在水浸入情况下,部分盐晶溶解,水膜楔入削弱了连接强度,残余强度不大,在极小的压力作用下便会通过这些接触点的断裂或错动,使结构连接遭到破坏,因而容易发生湿陷和自重湿陷,湿陷的速度也较快。

面接触的接触面积较大,接触处有较厚的黏土膜或黏土片和盐晶膜,形成这种连接形式的原因可能是集粒或外包黏土颗粒表面刚度不足,在外力作用下粒间接触面积增大。这种接触一般发生在中部和东南地区。当浸水时,其残余强度比点接触者高,不会发生自重湿陷,湿陷的速度也较慢。

2.2.3　黄土骨架颗粒的排列方式和孔隙

据观察黄土中有与骨架颗粒排列方式有关的大孔隙、架空孔隙和粒间孔隙等(图2.1)。大孔隙孔壁的颗粒多为碳酸钙胶结,呈筒壁状,结构稳定。架空孔隙是由一定数量的骨架颗粒堆积而成的,孔径远比构成孔隙的颗粒大,当水湿后会削弱连接强度,在一定压力下失去稳定,孔隙周围颗粒落入孔内,形成湿陷。粒间孔隙是指颗粒在平面上呈犬牙交错排列,在空间上呈镶嵌排列所形成的粒间隙缝,结构比较稳定。架空孔隙和粒间孔隙在黄土中并存。在气候干燥地区,盐晶胶结形成的加固凝聚力阻碍了土体的有效压密,架空排列占优势,易于受水浸湿而湿陷。在一定压力条件下,被水浸湿后的黄土中镶嵌排列占优势,一般不具有湿陷性。

上述我国黄土的微结构特征,有明显的区域性变化规律,即由西北地区的粒状架空接触结构,逐渐过渡到东南地区的凝块镶嵌胶结结构。

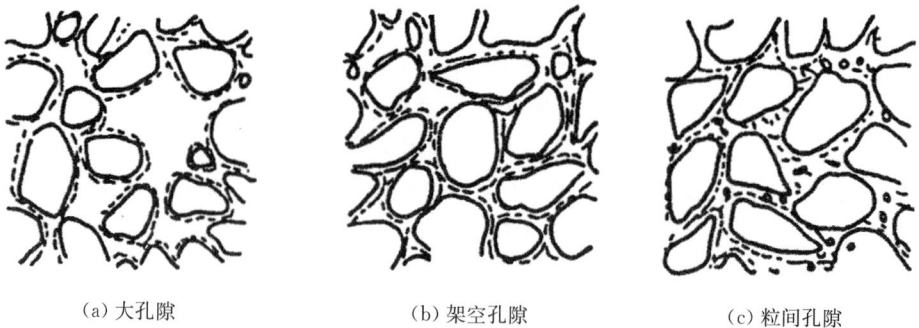

(a) 大孔隙　　　　　　　　(b) 架空孔隙　　　　　　　　(c) 粒间孔隙

图2.1　黄土孔隙类型与胶结

2.2.4　黄土的微结构分类

关于黄土的微结构分类,国内外学者提出过多种分类方式,我国学者高国瑞通过对我国各地黄土微结构的分析,将我国的黄土微结构划分为12种类型。王永焱等认为黄土中矿物颗粒接触、孔隙和胶结程度是微结构的明显特征,将黄土的微结构划分为 3 种结构组合和 6 种结构类型。上述两种分类都比较复杂,可参考有关专著。雷祥义通过对我国各地区黄土微结构的分析,将黄土微结构划分为 6 种类型,见表 2.2。按照其反映湿陷性强弱程度和风化成土作用程度,由强到弱、自上而下排列,比较简单明确。

表 2.2　黄土的微结构类型

湿陷性	风化成土	微结构类型			地质时代	区域
		扫描镜下	结构组合	偏光镜下		
由强减弱以至消失 ↓	作用程度由弱增强 ↓	支架大孔微胶结结构　镶嵌微孔微胶结结构	微胶结结构组合	细砂质接触胶结结构	由新到老 ↓	由西北向东南 ↓
		支架大孔半胶结结构　镶嵌微孔半胶结结构	半胶结结构组合	细砂-粗粉砂质接触孔隙胶结结构　粗粉砂-细砂质接触孔隙胶结结构		
		絮凝状胶结结构　凝块状胶结结构	胶结结构组合	粗粉砂质孔隙胶结结构　粗粉砂质基底孔隙胶结结构　粗细粉砂质基底孔隙胶结结构　细粉砂质基底胶结结构		

2.2.5　黄土的胶结物质和胶结类型

黄土的强度主要取决于颗粒胶结物质的成分和性质。黄土中的胶结物质主要是黏土矿物和碳酸钙,其次是其他水溶盐和腐殖质等。黄河中游地区黏土矿物中:伊利石占 62%、高岭石占 10%、绿泥石占 12%、蒙脱石占 16%;易溶盐<2%,中溶盐极少,难溶盐高达 2%~7%;有机质<2%。

细分散黏粒具有高活动性,比表面积相当大,能聚集和吸附在较大颗粒表面上,有助于集粒的形成或在碎屑颗粒表面上形成一定厚度的黏土薄膜。黏粒能形成一种随土的含水量变化而具有不同强度的结构联系。黏土矿物成分在一定程度上体现着黄土的湿陷性,它们以不同的方式同孔隙中的水溶液相互起作用,例如,高岭石能促成黄土湿陷的发生和发展,而蒙脱石具有特殊的膨胀性质,能阻止湿陷过程的发展。西北地区黄土的大部分黏胶粒被碳酸钙胶结成集粒或胶结在碎屑颗粒的周围,作为一个整体成为骨架。东南地区的黄土随着碳酸钙的淋失,部分黏粒分布在孔隙中,使颗粒间由接触连接变为胶结连接,黏粒赋存状态的改变发挥了黏粒表面活性作用。

碳酸钙($CaCO_3$)在黄土中含量最大,为 $10.75\% \sim 15.80\%$,对黄土强度的形成起很大作用,其可溶性很低,能够在黄土中长期保留下来。但是,随着孔隙水溶液中溶解二氧化碳的增加,溶于水中的碳酸钙也会增加。如前所述碳酸钙的赋存状态不同,对黄土强度的影响也不同。

石膏($CaSO_4 \cdot 2H_2O$)作为矿物颗粒间的胶结物质,能赋予黄土强度和稳定性,其含量为 $0.01\% \sim 1.44\%$,平均为 0.3%。它的溶解会引起凝聚性的破坏,由于石膏在水中的可溶性较弱,所以对初期的湿陷过程几乎没有影响,随着长期的溶解和淋出,对以后黄土的软化将带来重大影响。湿陷性黄土中水溶液含量一般比非湿陷性黄土中略多。

由腐殖质胶结颗粒黏合在一起形成的一部分集粒能在水作用下保持稳定。此外由三氧化二铁、二氧化硅化合物等胶结物构成的集粒,其抗水性能较好。

2.3　黄土的物理性质

黄土的物理力学性质常随着其成岩时代、成岩地区表现出一定的差异。一般新近堆积黄土(Q_4)的干重度较小,孔隙比较大,压缩变形大,渗透性强,干燥状态具有一定结构强度,浸水饱和后结构破坏,黏聚力迅速减小,且变化幅度大,呈现较强的湿陷性;晚更新世黄土(Q_3)的物理力学性质相似于新近堆积黄土,它们的结构强度均偏低易变,受水湿影响大,滑坡、冲蚀、土粒流失屡见不鲜,是黄河中游地区控制水土流失的主要土类,是湿陷性黄土的主要埋藏地层;中更新世黄土(Q_2)是黄土地层的主体,由黄土、古土壤层和钙质结核层相间组成,质地比较密实,容重大,压缩性和渗透性均较小,无湿陷性或在高压强下具有较微湿陷性,是良好的地基持力层;早更新世黄土(Q_1)地层较薄,为黄褐色,较之中更新世黄土更密实,强度大,压缩性小,无湿陷性,透水性也小。不同地层时代黄土的物理力学性质的变化趋势见表 2.3,可以看出其性质随生成时间的不同而表现出一定的规律性。

表 2.3　不同地层时代黄土的物理力学性质

地层时代	物理性质		力学性质			
	干重度	孔隙比	压缩性	渗透性	抗剪强度	湿陷性
Q_4	小	大	高	强	低	强
Q_3	较小	较大	较高	较强	较低	较强

地层时代	物理性质		力学性质			
	干重度	孔隙比	压缩性	渗透性	抗剪强度	湿陷性
Q_2	较大	较小	较低	较弱	较高	弱
Q_1	大	小	低	弱	高	无

从方位上看,无论高原或阶地,由西北向东南,黄土的重度(γ_d)、含水量(ω)和强度都是由小变大,而渗透性(K_{10})、压缩性(α_{1-2})和湿陷性(δ_s)都是由大变小,颗粒组成也是由粗变细,黏粒含量由少变多,易溶盐由多变少。

黄河中游 7 省(自治区)干支流水利水保工程中的黄土,按照土的颗粒组成分类,多数属粉质壤土,其粉粒含量多在 40%～70%。其中陕北、晋南、甘肃中部及青海、宁夏、内蒙古南部,多属轻、中粉质壤土或砂壤土;而陇东、关中、晋南、豫西等地,大部分属中、重粉质壤土,甚至粉质黏土。

黄土的不均匀系数 C_u 的平均值变化范围为 6～12,黄土的相对密度变化不大,一般为 2.68～2.73。黄土的湿化崩解性质与其颗粒组成和天然状态的干重度及含水量有较大关系。黏粒含量低,含水量低,干重度小,崩解速度快,反之则慢。其分布趋势与土的黏粒含量分布相似,北部黄土较南部黄土易于崩解。陕北清涧上刘家川黄土属粉质壤土,崩解历时仅 1.8min,而陕西关中凤翔页沟黄土属重粉质壤土或粉质黏土,崩解历时达 5～30min。轻粉质壤土的特征是:砂粒含量高,天然含水量低于塑限,颗粒之间凝聚力小,湿陷性和湿陷敏感性强,位于其上的建筑物湿陷事故多;重粉质壤土的特征是:黏粒含量高,砂粒含量少,天然含水量大于塑限,颗粒的凝聚力强,湿陷性或湿陷敏感性弱,湿陷事故少;中粉质壤土组成介于砂黄土和黏黄土之间,湿陷性和敏感性居中。

黄土主要造岩矿物约有 15 种,各种黄土的矿物成分比较单一,不同黄土的主要区别不在矿物组成不同,而在于各种矿物成分的数量比例和抗风化矿物成分的含量不同。

黄土的黏粒部分(<0.005mm)基本上由黏土矿物组成,如蒙脱石、高岭石、绿高岭石和水云母。根据黏土矿物的含量百分比,可将黄土分为蒙脱石黄土、蒙脱石-高岭石黄土和蒙脱石-水云母黄土。黏土矿物成分和比例在某种程度上体现着黄土的湿陷性,因为各种黏土矿物的亲水性不同。例如,高岭石和水云母等能促使黄土湿陷的发生与发展,而蒙脱石、绿高岭石和水云母等具有特殊的膨胀性,可以阻止湿陷过程的发展。

黄土粉细砂粒部分(0.05～0.1mm),其矿物同水不起作用,不影响湿陷过程。在粗粒造岩矿物中,石英、长石和碳酸盐含量较大,对湿陷性无重大影响,而细散黏粒对湿陷过程起重大积极作用,因其具有大的比表面积,会使黄土膨胀、收缩或湿陷,具有不同的力学性质,如压缩、强度等。黄河中游地区黄土的物理力学性质见表 2.4。

表 2.4　黄河中游地区黄土的物理力学性质指标变化范围

物理力学性质指标	变化范围	平均值
e	0.67~1.13	0.92
$n/\%$	40.1~53.1	47.8
$\omega/\%$	10.7~23.4	18.0
$\gamma_a/(kN/m^3)$	11.0~16.8	14.5
$\omega_L/\%$	25.4~32.1	28.7
$\omega_r/\%$	15.4~20.5	18.5
$I_r/\%$	8.2~14.0	11.7
I_l	<0.1	—
α_{1-2}/MPa^{-1}	0.02~0.90	0.43
$K_{10}/(cm/s)$	5.8×10^{-5}~4.8×10^{-4}	1.5×10^{-4}
c/kPa	21~76	45.0
$\varphi/(°)$	2.06~33.6	27.0

　　粉粒在黄土颗粒组成中占绝对优势,而粒径为 0.01~0.05mm 的粗粉粒含量最大,一般在 50%~60%,其浸水活动性也最强。因此有人认为粉粒含量>70% 为重粉质黄土,50%~70% 则为粉质黄土,<50% 为轻粉质黄土。应该注意到,黄土中细粉粒和黏粒所构成的团粒能赋予黄土不同的湿陷特性。随着浸水,其团粒破坏特征不同,所表现的湿陷性亦不同。

2.4　黄土的力学性质

2.4.1　黄土的压缩变形特性

　　根据天然荷重对黏性土(软黏土和黄土等)压密作用的有效性,欠压密土可以分为两类:即一般欠压密土和有结构强度的欠压密土。饱和黏土在上覆荷重 σ_h 作用下,渗透固结尚未完成。孔隙中的超静水压力还未完全消散,上覆重量由土骨架的有效应力 σ' 和孔隙水压力 u 共同分担,如图 2.2 所示,这种黏性土称为"一般欠压密土"。它的特性是压缩性大、强度低、流变性突出,如沿海的淤泥土,常给工程建筑造成危害;另一类是有结构强度的欠压密黄土,在上覆荷重作用下,它的固结过程也未完成,但没有孔隙水压力,上覆重是由土骨架的有效应力单独承担。它的结构强度是由于土在沉积过程中的物理化学因素促使颗粒相互接触处产生了固化联结键(bonds of harding)，这种联结键构成的土骨架具有所谓的结构强度，从而提高了土的抗压能力，能支持比现有上覆土荷载更大的压力，孔隙度的变化也较小(图 2.3)。对于这种土，虽然固结过程已经中止，但一旦固化联结键遭到破坏，如湿陷性黄土被水浸湿后，固结(或压密)现象就会继续发展(湿陷)，土的力学性质会产生显著的变化，如压缩性增大、产生湿陷性、承载力降低等。这种结构强度在一定压力范围内(结构强度范围内)表现出压缩性小、强度高等特性，在低压力下表现为欠压密状态，其力学性质与应力水平密切相关(刘祖典，1997)。

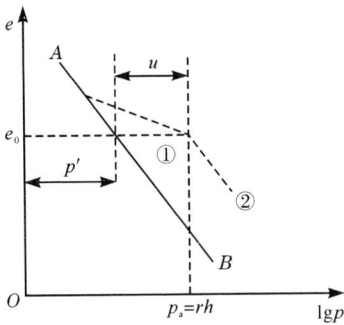

图 2.2　第一类欠压密土的 e-$\lg p$ 关系　　　图 2.3　第二类欠压密土的 e-$\lg p$ 关系

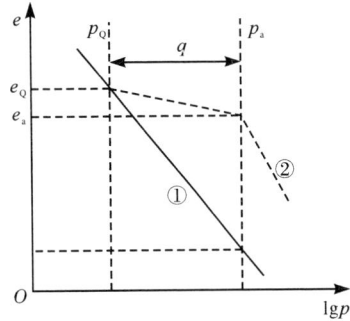

1. 黄土欠压密特性的形成机理

这种土形成的地质条件一般是风成堆积或冲洪沉积过程中搬运速率缓慢，时间长久，上覆压力的增长速率比颗粒间固化联结键的增长速率缓慢。这样，片状颗粒之间可形成蜂窝、绒絮状、片架、凝絮之类的高孔隙度组构，粒状颗粒经常架空于细粒之中。由于颗粒接触点的原始抗压强度与固化联结键共同形成的抗压强度超过上覆荷重，因而不会使土在上覆荷重作用下压密，而处于欠压密状态。固化联结键的形成原因：①粒间接触点的变质作用；②盐基交换；③各种胶结剂的作用，如钙质胶结、铁质胶结、泥质胶结等。由于产生固化联结键的原因不同，其力学性质也不同。有些土原生结构破坏后，静置一段时间强度可以恢复，称为触变型；强度不能恢复的称为非触变型。有些土，如黄土，其结构强度在浸水后减少或丧失，称为非水稳性结构；有些土的胶结剂具有一定的抗水性，其强度遇水不会降低，称为水稳性结构。

2. 黄土的压密分类和压密状态

黏性土的压密分类是依据其有效固结压力 σ_c 与上覆荷重 $\sigma_h = \gamma h$ 的比值 R(超固结比)进行区分的，当 $R = \sigma_c / \sigma_h = \gamma h + \Delta \sigma / \gamma h > 1.0$ 时，称为超压密土，表示

现在所受压力小于先期固结压力,处于超压密状态 $e<e_0$;当 $R=\sigma_c/\sigma_h=1.0$ 时,称为正常压密土,表示现在所受压力等于固结压力,处于正常压密状态;当 $R=(\sigma_c-u)/\sigma_h<1.0$ 时,称为欠压密土,表示现在压力未充分发挥,未达到 3 种压密曲线的相对位置,如图 2.4 所示。有结构强度黄土的压密曲线如图 2.5 所示,其中①为浸水前的初压曲线;②为浸水饱和后的湿陷曲线;③为天然含水的欠压密曲线。p_c 为湿陷起始压力,p_k 为湿陷屈服压力,$q=p_k-p_c$ 为结构强度,即浸水衰减的强度。

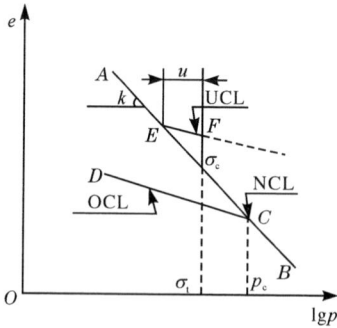

图 2.4　无结构强度黄土的 3 种压密曲线　　　　图 2.5　有结构强度黄土的 3 种压密曲线

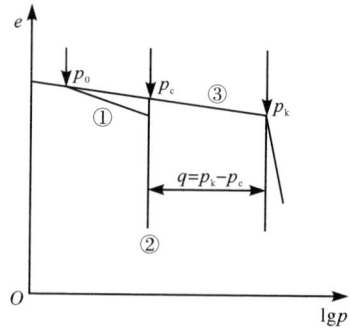

3. 黄土的压密曲线和压缩指数

单轴压缩情况下的压缩曲线 e-p 和 e-$\lg p$ 如图 2.6 和图 2.7 所示。

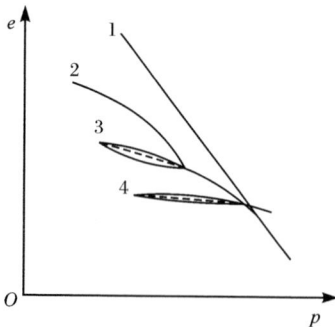

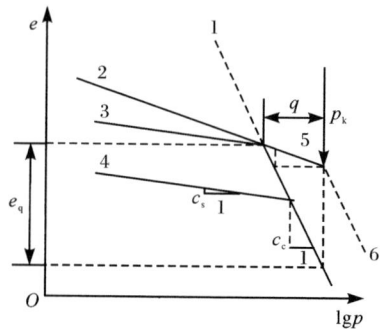

图 2.6　e-p 曲线　　　　　　　　　　　图 2.7　e-$\lg p$ 曲线
1. 正常压缩曲线; 2. 初压缩曲线;　　　　1. 正常压缩曲线; 2. 初压缩曲线; 3、4. 回弹曲线
3、4. 回弹曲线(超固结曲线)　　　　　　(超固结曲线); 5. 欠压密曲线; 6. 正常压缩曲线

λ,k 为三轴均压(triaxial compression)情况下压缩曲线的压缩指数和回弹指数。在土的弹塑性理论模型中用 λ,k 表示土的压缩和回弹特性,其值如图 2.8 和图 2.9 所示。

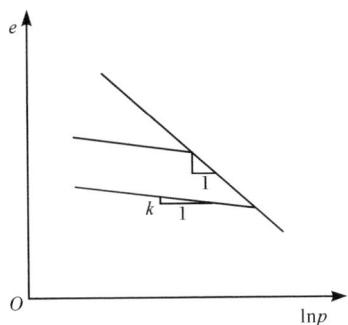

图 2.8　$e\text{-}\ln p$ 坐标系中的压缩曲线

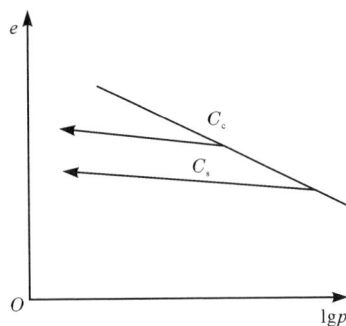

图 2.9　$e\text{-}\lg p$ 曲线

初压曲线

$$V=N-\lambda\ln p,\quad \mathrm{d}V/\mathrm{d}p=-\lambda/p$$

则

$$\lambda=-p\mathrm{d}V/\mathrm{d}p$$

回弹曲线

$$V=V_k-k\ln p,\quad \mathrm{d}V/\mathrm{d}p=-k/p$$

则

$$\lambda=-p\mathrm{d}V/\mathrm{d}p$$

式中,V 为 $1+e_0$;λ 为 $0.434C_c$,C_c 为黄土单轴压缩的压缩曲线的压缩指数;k 为 $0.434C_s$,C_s 为黄土单轴压缩的回弹曲线的回弹指数;N,V_k 为压缩曲线和回弹曲线的上限压力;p 为 $100\mathrm{kPa}$ 时的试验常数,其值决定了两曲线的起点位置。

对比图 2.8 和图 2.10 可看出,$e\text{-}\ln p$ 和 $V\text{-}\ln p$ 坐标系中 λ,k 相同,这是因为 $\mathrm{d}V=\mathrm{d}e$。

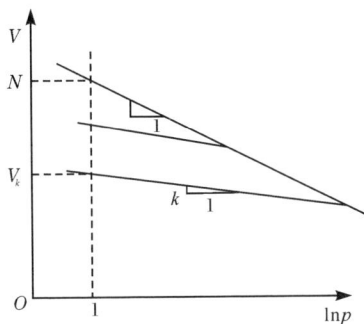

图 2.10　$V\text{-}\ln p$ 曲线

以上简述了黄土单轴压缩的压缩曲线和回弹曲线中的压缩指数 C_c、回弹指数 C_s,以及在均压固结($K_0=1$)情况下的压缩指数 λ、回弹指数 k。C_c、C_s 的确定比较容易,在一般地基勘察报告中均提供了这些指标的值,见表 2.5 和表 2.6。在土工建筑物的弹塑性本构模型中均采用如上所述的土性参数 λ、k 的关系。

表 2.5 黄土(Q_3)的 C_c 和 C_s 等指标

序号	取土深 /m	干重度 /(kN/m³)	含水率 ω/%	孔隙比 e	前期固结压力 p_c/10kPa	压缩指数 C_c	回弹指数 C_s	C_c/C_s	C_s/C_c
1	1.7	15.7	17.0	0.766	25.0	0.325	0.008	—	—
2	1.7	14.7	17.6	0.842	18.4	0.407	0.009	—	—
3	2.2	13.5	27.8	1.008	13.5	0.373	0.009	—	—
4	2.6	13.2	33.8	1.096	4.0	0.407	0.011	—	—
5	2.6	12.8	34.0	1.131	6.1	0.326	0.013	—	—
6	2.6	12.9	34.5	1.095	8.4	0.442	0.011	—	—
7	4.0	13.9	33.3	0.960	12.2	0.794	0.010	—	—
8	5.0	13.0	33.7	1.092	7.6	0.372	0.012	—	—
9	2.5	14.1	21.7	0.917	20.5	0.373	0.010	—	—
10	6.7	14.4	30.4	0.897	11.5	0.265	0.013	—	—
11	8.0	14.7	30.2	0.851	15.0	0.237	0.008	—	—
12	2.2	14.8	23.4	0.844	19.0	0.336	0.009	—	—
13	3.0	14.9	25.7	0.822	8.4	0.199	0.015	—	—
平均值 X	—	14.0	27.9	0.948	13.0	0.374	0.138	35.19	0.028
其他工程	—	—	21.7	—	—	0.284	0.012	23.67	0.012

表 2.6 某工程黄土地基资料

层号	前期固结压力 p_c/kPa	压缩指数 C_c	回弹指数 C_s	OCR	C_c/C_s	C_s/C_c
Ⅱ	230	0.245	0.012	2.38	—	—
Ⅲ	380	0.215	0.014	2.78	—	—
Ⅳ	490	0.176	0.010	2.53	—	—
Ⅴ	540	0.148	0.014	2.09	—	—
Ⅵ	570	0.169	0.017	1.84	—	—
平均值 X	442	0.191	0.013	2.32	16.77	0.060

2.4.2 黄土的抗剪强度特性

黄土的抗剪强度仍服从库仑定律,由摩擦力与黏聚力组成。根据捷尼索夫的研究,黄土及黄土状土的黏聚力由土粒间分子引力形成的原始黏聚力和颗粒间的胶结物质形成的加固黏聚力组成。原始黏聚力与土的密实度相关,加固黏聚力与土粒的矿物成分、形成条件和胶结物质的性质有关。当土所处的环境与条件改变时,如压力或湿度增减和盐分溶滤,其值将会减小或完全消失。黄土颗粒间的胶结物质一般为石膏、碳酸盐类等,耐水性差,当湿度增加时其强度(黏聚力)显著降低。但在低湿度和不扰动结构的情况下仍有较高的强度。在饱水情况下其原始和加固黏聚力显著降低,在最优含水情况下击实密度增大,使其摩擦力与黏聚力均有很大提高。

黄土工程中对黄土和黄土状土的强度指标 C'、φ' 值或 C、φ 值的确定与一般黏性土的方法相同,根据工程的实际受力和排水情况,通过直剪仪或三轴仪进行原结构或击实情况的不固结不排水剪(UU)、固结不排水剪(CU)或固结排水剪(CD)以及非饱和土(原状土)的不固结不排水剪、固结不排水剪或固结排水剪试验确定。

1) 原状饱和黄土不固结不排水剪

原状饱和黄土不固结不排水剪简称不排水剪,试验时无论在固结阶段还是剪切阶段均将排水阀门关闭加压,不让土体压密固结,孔压不消散,在整个试验过程中,土样的孔隙比 e 和含水量 ω 均保持不变,不论试件上所加的围压力 σ_3 多大,破坏时土的抗剪强度和有效应力都相同,极限应力圆的直径($\sigma_1-\sigma_3$)相等。因此抗剪强度包线为公切于应力圆的水平线,$\varphi_u=0$,黏结力 $C_u=1/2(\sigma_1-\sigma_3)$,称为不排水强度,下标 u 表示不排水,如图 2.11 所示。C_u 值的大小决定于土样所受的先期固结压力,先期固结压力越高,土的孔隙比越小,不排水强度 C_u 越大。应该指出 $\varphi_u=0$,$C_u=1/2(\sigma_1-\sigma_3)$ 并不意味着土不具有摩擦强度,而是因为摩擦强度隐含于黏结强度中,两者难以区分。

黄土在天然状态时常处于欠压密状态,有较大的结构强度 p_s(近似于一般黏性土的先期固结压力),但 p_s 受浸水的影响较大,当饱和后不固结不排水剪的黏聚力也很小。

非饱和黄土试样的不固结不排水剪的莫尔圆强度包线如图 2.12 所示,当饱和度 $S_r<100\%$ 时,虽然不让试件排水,但在加载中,气体压缩或溶于水中,使土的密度提高,强度增长,所以起始强度包线呈曲线。当饱和度 $S_r=100\%$ 时,强度包线趋于水平,此后无论侧应力还是偏应力增大均不能改变试件的密度,强度也不会增大,所以莫尔圆的直径趋于常数。

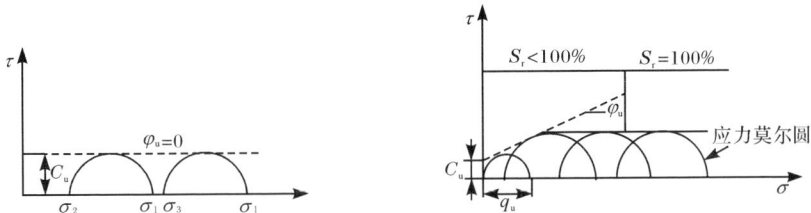

图 2.11 饱和黄土不固结不排水剪强度包线　图 2.12 非饱和黄土不固结不排水剪强度包线

非饱和部分的强度指标为 C_u 和 φ_u,其值随土样原含水量大小而异,饱和部分的 $\varphi_u = 0$。

不排水强度用于饱和黄土中时,$\varphi_u = 0$,所以称之为 $\varphi = 0$ 法,常用于软土地基稳定分析和碾压黏性土坝施工期的边坡稳定分析。

天然土层的有效固结压力是随着深度变化的,所以不排水剪强度 τ_u 也随着土层深度而变化。均质正常固结黏土不排水强度一般是随着有效固结压 σ'_3 线性增大,即 $\tau_u / \sigma'_3 =$ 常数,τ_u / σ'_3 值与土性、黏粒含量有关,τ_u / σ'_3 与塑性指数的关系如图 2.13 所示。

饱和超固结黏土的不排水剪的莫尔包线也是一条水平线,即 $\varphi_u = 0$,但 τ_u / σ'_3 的数值比较大。

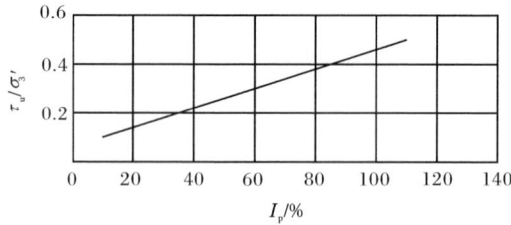

图 2.13　τ_u / σ'_3 与 I_p 关系

2) 正常压密黄土的固结不排水剪

正常压密黄土是将黄土原结构破坏,在流限状态压密排水固结,在一定均压固结完成后,再在不排水条件下增加偏应力 $\sigma_1 - \sigma_3$,其莫尔圆强度包线和应力路径如图 2.14(a)所示。可以看出正常压密土的总应力强度包线和有效应力强度包线均为通过原点的直线,$C_{cu} \approx 0$,而且有效应力圆位于总应力圆左方,$\varphi' > \varphi_{cu}$。图 2.14(b)中,OA 为均压固结应力 σ_3 的应力路径,AC 为排水剪的总应力路径,两路径间的水平间距表示不同剪应力间的孔隙压力 u。

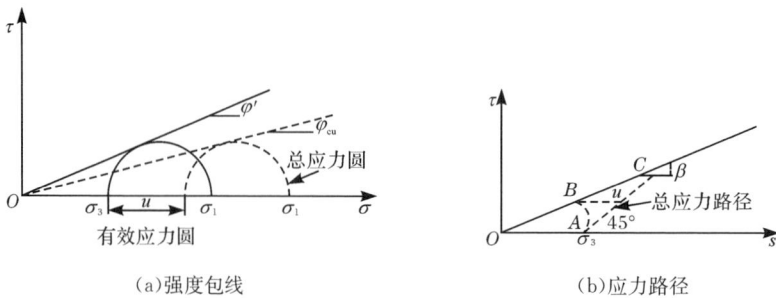

(a)强度包线　　　　　　　　　　(b)应力路径

图 2.14　正常固结不排水剪强度包线和应力路径

$$\tan\beta = \sin\varphi, \tau = \frac{1}{2}(\sigma_1 + \sigma_3), s = \frac{1}{2}(\sigma_1 - \sigma_3)$$

3）原状黄土的固结排水剪强度包线和应力路径

原状黄土在天然状态下处于欠压密状态，具有较大的结构强度（p_s），当固结围岩压力 $\sigma_3 < p_s$ 时，其强度特性近似超压密土，应力路径为 AB；当固结围岩压力 $\sigma_3 > p_s$ 时，在固结阶段，结构强度遭部分或完全破坏，其强度特性近似正常压密土，其强度包线由两分段组合，超压密段受结构强度制约，正常压密段为通过原点的直线，应力路径为 CD，如图 2.15 所示。$\varphi_{oc} < \varphi_0$，C_{oc} 和 φ_0 值均受黄土的结构强度 p_s 和湿度 ω 制约，其函数关系详见强度指标分析部分。

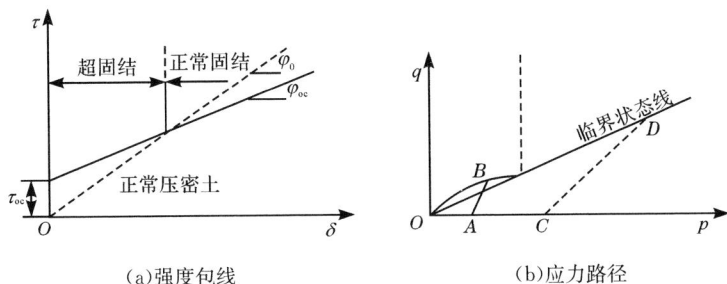

图 2.15　原状黄土的固结排水剪强度包线和应力路径

4）饱和黄土的固结不排水剪强度包线和应力路径

黄土经浸水饱和后，其结构强度软化，黏聚力 c 有较大降低，强度包线近似曲线，如图 2.16 所示，总应力和有效应力路径为 AB 和 AC，剪切过程中的孔隙压力为 u。

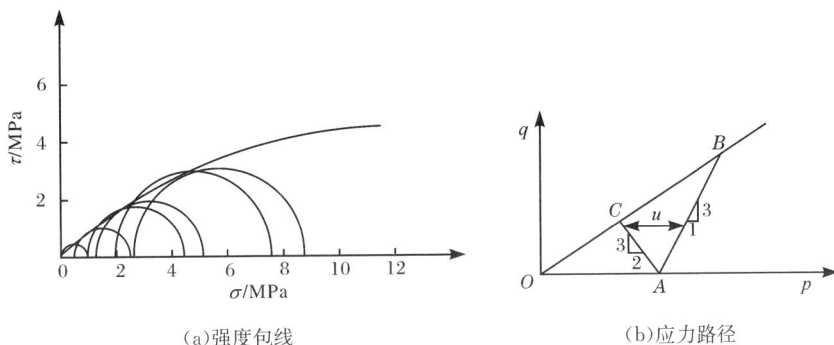

图 2.16　饱和黄土的固结不排水剪强度包线和应力路径（$\nu = 22.0kN/m$）

2.4.3　黄土的抗拉特性

过去对黄土力学特性的研究多偏重于抗压和抗剪强度，对抗拉强度研究较少。

根据铁道部科学研究院西北分院对洛河和渭河二、三级阶地冲积黄土（Q_2，Q_3）在无侧限条件下的轴向拉伸试验,取得的资料见表 2.7。由表 2.7 可以看出含水量与节理裂隙对抗拉强度的影响较大。

表 2.7　黄土极限抗拉强度 σ 变化范围

土样编号	含水量 $w/\%$	干重度 $\gamma_d/(kN/m^3)$	极限抗拉强度 σ_u/kPa	受节理裂隙影响极限抗拉强度 σ_t/kPa
$A_1(Q_2)$	16.4～17.5	16.0～16.7	37.0～46.5	23.0～25.7
$B_2(Q_2)$	10.2～16.4	15.0～15.7	11.5～56.0	7.3
$B_1(Q_2)$	10.2～14.4	13.0～13.6	10.5～21.0	—
78-E(Q_3)	8.1～9.7	15.7～16.3	14.7～29.0	9.3

土的物理性质直接影响着土的抗拉强度。其中以矿物成分、结构、紧密程度、含水量等的影响较大。例如,Q_2 黄土的 B_2 组含水量与抗拉强度基本呈线性关系,随含水量的增长抗拉强度降低。其线性方程为 $\sigma_t = 106.4 - 5.13w$,相关系数 $R = -0.913$。从表 2.8 中可看出极限抗拉强度均小于黏聚力 c 值（直剪的快剪资料）,而且基本呈直线关系,因此由黏聚力也可大致估计出极限抗拉强度 σ_t 如图 2.17 所示。经分析可以看出,Q_2 黄土的抗拉强度变化范围为 10.5～46.5kPa,Q_3 黄土的抗拉强度为 9.4～29.0kPa。

表 2.8　极限抗拉强度与抗剪强度指标 c,φ 值对比

土样编号	A-4	A-7	B_2-7	B_2-9	B_1-3	B_1-4	B_2-4
黏聚力 c/kPa	95.0	73.0	60.0	46.5	38.0	37.0	41.0
内摩擦角 $\varphi/(°)$	37°14′	38°16′	30°58′	25°52′	25°39′	24°42′	31°48′
极限抗拉强度 σ_t/kPa	46.5	40.0	41.2	26.0	16.0	14.7	26.4

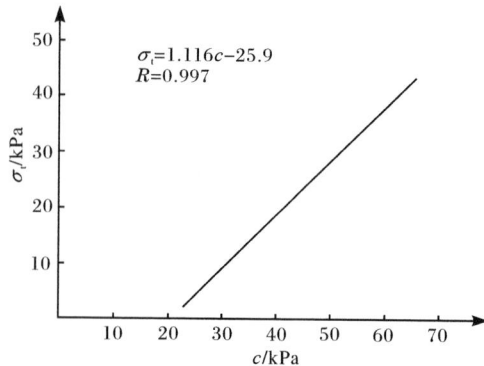

图 2.17　Q_2 黄土直剪试验黏聚力 c 与抗拉强度 σ_t 的关系

2.4.4　黄土的渗透特性

渗透性是黄土的重要性质之一,许多工程,如湿陷性黄土地基的湿陷性变形大小和渗透稳定性、灌溉水渠和水库的渗透量、挡水坝和水坠坝等的渗透稳定性、给排水设计以及人工降低地下水位等都同黄土的渗透性密切相关。但是,由于影响黄土渗透性的因素很多(土粒性质、形状和级配、土的孔隙比、结构、裂隙、层理、饱和度以及水的黏滞性等),对于不同成岩类型的黄土,其影响程度又不相同,同一地区不同地段,黄土的渗透系数都有很大的差异。到目前为止,对黄土渗透性的研究远远不适应工程实际需要,现就目前情况作简要叙述(刘祖典,1997)。

黄土渗透性与其他土质相同,均以单位水力梯度作用下的渗流速度即渗透系数表示。

目前测定黄土渗透系数有室内和野外两类方法。

(1)室内常水头或变水头试验。

(2)常用的野外试验方法包括双环法、抽水法和模型试验。

由于有很多因素影响渗透性,目前室内渗透试验所得结果同黄土实际渗透情况又有很大差异,因而常会得到不能令人满意的试验结果。由于土样质量和测定方法等不同,实践表明,现场试验结果总是大于室内试验成果。例如,西北水利科学研究所曾在陕西宝鸡峡黄土塬边渠道进行过渗透试验方法的比较,结果如下:

野外双环法试验得出

$$K_{10} = 1.63 \sim 3.48 \mathrm{m/d}$$

室内南 55 型渗透仪试验结果为

$$K_{10} = 0.004 \sim 0.0055 \mathrm{m/d}$$

上述试验表明,对同一种黄土,室内外试验结果可相差几百倍,而且室内试验总是偏小。由于野外双环法比较简单,试验结果又接近实际,因此是一种常用的试验方法。

黄土渗透性的一般规律如下:

(1)Q_3 黄土中有垂直管状大孔隙,所以黄土的渗透性具有明显的各向异性的性质,垂直向渗透性远比水平向渗透性强。大孔隙越发育,其差值越大,二者的比值为 2～10。浸水湿陷后的黄土由于天然结构已经破坏,两个方向的渗透性逐渐接近。故天然状态黄土渗透试验的水流方向应同工程实际的渗流方向一致。

(2)天然状态黄土渗流系数 K_{10} 与孔隙比 e 之间无明显的关系,压实后的黄土由于消除了黄土中分布不均的大孔隙,则 K_{10} 值随 e 的减小而减小,其关系一般是非线性的,呈对数函数关系。

（3）Q$_3$黄土的渗透性与其颗粒组成和结构特征有密切关系。陇西、陇东、陕北黄土的颗粒较粗，微观结构多呈凝块，镶嵌胶结状态，因而渗透性较小；关中地区黄土颗粒组成及结构特征介于陇西与豫西二者之间。这就表明颗粒组成和结构特征对渗透性有明显的影响。黄河中游地区自西向东和自北向南，黄土的渗透系数亦由大变小，见表 2.9。

表 2.9　不同成岩地区黄土（Q$_3$）的渗流系数

地区	孔隙比范围 平均值	γ$_d$ 范围/(kN/m^3) 平均值	K$_{10}$范围/(cm/s) 平均值
兰州	$\dfrac{1.26\sim0.87}{0.94}$	$\dfrac{12.0\sim14.5}{14.0}$	$\dfrac{—}{8.9\times10^{-4}}$
太原	$\dfrac{1.10\sim0.81}{0.87}$	$\dfrac{13.0\sim15.0}{14.5}$	$\dfrac{—}{9.0\times10^{-4}}$
西安	$\dfrac{1.17\sim0.87}{0.90}$	$\dfrac{12.5\sim14.5}{14.3}$	$\dfrac{—}{5.8\times10^{-4}}$
洛阳	$\dfrac{1.10\sim0.81}{1.81}$	$\dfrac{13.0\sim15.0}{15.0}$	$\dfrac{—}{6.0\times10^{-4}}$

（4）当密度相同时，天然状态黄土的渗透性较击实黄土的渗透性强，这是由于天然黄土中存在大孔隙，而水在大孔隙中流动时阻力较小的缘故。

（5）湿陷性黄土，在湿陷发生和发展过程中，由于土的结构状态发生变化，因而渗透系数也随之变化，即逐渐减小。根据苏联安德鲁欣的野外试验，天然状态的湿陷性黄土，其渗透系数为 0.212m/d；湿陷稳定后的渗透系数为 0.069m/d，约为前者的 1/3；一般说来，非湿陷性黄土（Q$_2$、Q$_1$）的渗透系数均小于湿陷性黄土（Q$_3$、Q$_4$）。

（6）天然状态黄土含水量小，由于土处于三相状态，所以水在黄土中开始入渗时，渗透系数 K$_{10}$ 较大，且随着渗透时间的增长而逐渐降低，最后接近稳定渗流。黄土的初始含水量对渗透性有一定的影响，初始含水量越大，K$_{10}$ 值越小，当初始含水量达到某一定数值时，K$_{10}$ 值便趋于稳定。

（7）关于 Q$_3$黄土渗透系数的讨论。影响黄土渗透系数的因素很多，如孔隙比、颗粒组成、黏粒含量、结构特征等，且黄土中还有大量的根管和垂直孔洞，因而黄土的渗透系数变化幅度较大，垂直与水平方向也有较大差异，二者的比值为 4.7～37.5。另外，室内试验由于土样与仪器侧壁接触不紧，在测定过程中，开始与终了的渗透系数也有较大差异，所以现场测定黄土的渗透系数比较符合实际。

2.5　黄土的强度指标及其变化规律

2.5.1　黄土强度指标的变化规律

黄土是我国北方地区分布较广的区域性土质。黄土的分类定名种类很多。例如,按堆积序列被分为原生黄土和次生黄土;按生成时代被分为 Q_1、Q_2、Q_3 和 Q_4 黄土;依生成原因又可分为风积、冲积、洪积和坡积黄土;在建筑工程领域常以塑性指数划分,而在水利工程领域常以颗粒组成划分。

各类黄土强度指标的试验确定和选用是工程设计中的一个重要问题。即使计算模式和方法合理准确,如果计算指标选用不当也会大大影响设计精度,甚至造成工程事故。本节旨在探讨黄土强度指标的变化规律和如何正确选用黄土强度指标,供黄土地区工程技术设计参考(刘祖典,1997)。

影响黄土强度的主要因素包括重度、湿度、稠度和结构特性等。黄土的主要特点是具有结构性和欠压密性,二者密切相关,由于结构性才导致欠压密性。欠压密状态的存在,使黄土的应力应变关系(含湿陷性)和强度包线表现出特殊规律。有人将结构强度定义为能保持土原始基本单元结构形式不被破坏的能力,它是由土的原始结构强度和土粒间固化联结键强度组成的。结构性土具有较高的抗压和抗剪能力,一旦固化联结键因某种原因被破坏,如浸水、扰动等,土的力学性质就会发生显著变化,如承载力降低,湿陷性和强度弱化等。具有结构强度的黄土其强度包线一般为不通过原点的折线,折点对应于土的结构强度,折点前强度包线较为平缓,黏聚力 c 大而内摩擦角 φ 小;折点后包线较陡,其延伸线通过原点,黏聚力接近零,内摩擦角大,这是由于土粒的相对移动使摩擦力得到充分发挥造成的。浸水或扰动会造成黏聚力降低,曲线折点前移,而 φ 值变化较小,如图 2.18 所示。

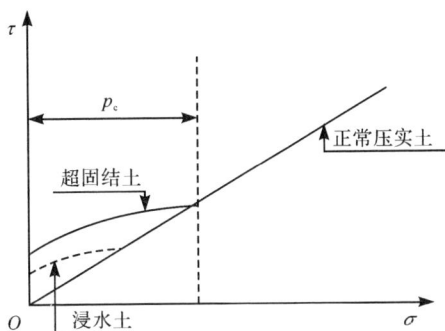

图 2.18　原状黄土的强度包络线

　　结构性土的强度包线类似于超压密土,其结构强度类似于超压密度,但结构强度容易受应力状态(围压 σ_3)和水湿状态的影响,有一定的不稳定性,所以一般对土工建筑物的强度稳定验算时,常采用峰值与残余强度间的中值,强度变化主要受 c 值的影响,φ 值的变化因土的组构和黏粒含量及性质而异,一般情况,随塑性指数 I_p 的增大而降低。

　　关于不同时代黄土的强度,陕西省水电勘测设计院地质队结合宝鸡峡引渭工程塬边渠道,对渭北黄土塬边的 Q_2、Q_3 和 Q_4 土层进行了系统测试,其结果见表 2.10～表 2.13,关于兰州黄土的物理力学特性指标见表 2.14。

表 2.10　塬边黄土(Q_4)固结快剪指标

指标 项目	$\gamma_d/(kN/m^3)$	$\omega/\%$	$\varphi_c/(°)$	c_c/kPa	$\varphi_r/(°)$	c_r/kPa
平均值	15.48	22.44	16.69	35.00	12.60	14.60
均方差	0.0268	1.0463	2.9308	0.0374	1.2517	0.0067
变异系数	0.0175	0.0466	0.1756	0.1069	0.0977	0.0447

注:滑动面土样,所以 γ_d 偏大,φ_r 和 C_r 表示残余强度。

表 2.11　塬边黄土(Q_3)饱和固结快剪指标

指标 项目	$\gamma_d/(kN/m^3)$	$\varphi_c/(°)$	c_c/kPa	$\varphi_r/(°)$	c_r/kPa
平均值	13.46	23.22	21.40	18.88	10.04
均方差	0.0451	2.0632	0.0713	4.5424	0.0503
变异系数	0.0335	0.0889	0.3331	0.2406	0.4836

表 2.12　塬边黄土(Q_2)饱和固结快剪指标

指标 项目	$\gamma_d/(kN/m^3)$	$\varphi_c/(°)$	c_c/kPa	$\varphi_r/(°)$	c_r/kPa
平均值	16.41	22.76	54.78	18.22	19.11
均方差	0.0738	3.0936	0.1594	3.3922	0.0448
变异系数	0.0457	0.1359	0.2666	0.1862	0.2347

表 2.13　饱和黄土(Q_2、Q_3)强度指标的变异性

指标名称	γ_d	φ_c	φ_r	c_c	c_r
变异系数	0.0397	0.1124	0.2134	0.2998	0.3942
变异性	低	中	中	高	高

注:φ_c,c_c 为直剪固结快剪强度;φ_r,c_r 为直剪残余强度。

表 2.14　兰州黄土的物理力学特性指标

项目	马兰黄土	离石黄土上部	离石黄土下部	离石黄土	午城黄土	古土壤
重度 $\gamma/(\mathrm{kN/m^3})$	13.80	15.03	16.26	15.65	17.18	17.00
含水量 $\omega/\%$	4.950±0.129	8.144±3.456	7.840±1.340	7.842±2.398	2.480±1.009	11.790±0.073
孔隙率 $n/\%$	52.52±1.58	49.43±3.17	44.70±3.20	47.07±4.63	43.20±2.90	45.29±4.71
饱和度 $S_r/\%$	15.60±5.50	21.53±8.93	25.53±5.17	23.53±7.17	29.20±5.30	27.51±6.99
液限 ω_L	28.48±2.18	29.70±2.95	27.53±1.31	27.53±3.57	27.76±4.41	30.61±1.56
塑限 ω_P	18.92±2.74	19.88±2.98	18.57±4.60	19.23±3.94	18.92±2.66	19.13±3.02
塑性指数 I_P	10.55±3.50	9.82±3.48	8.97±2.43	9.40±4.80	8.84±5.81	11.05±3.60
黏聚力 c/kPa	27.2	66.0	57.1	61.2	66.5	76.7
残余黏聚力 c_r/kPa	10.0	34.0	28.0	31.0	12.0	26.0
内摩擦角 $\varphi/(°)$	31.16±3.45	28.67±3.93	29.29±5.51	28.98±5.82	29.80±3.50	28.77±5.04
残余摩擦角 $\varphi_r/(°)$	31.65±1.65	29.38±3.06	28.02±6.05	28.70±5.37	32.90±5.86	29.44±5.21

2.5.2 黄土抗剪强度指标的变化范围

天然含水时($w=20\%\sim23\%$)，黄土的固结快剪指标如下：

黏聚力 $c=21\sim76$kPa，平均值 45kPa。

$Q_1,Q_2>Q_3,Q_4$

内摩擦角 $\varphi=20.6°\sim33.6°$，平均值27°。

$Q_1>Q_2>Q_3>Q_4$

黄土分布在干旱和半干旱地区，天然含水量较低，变化范围为 $10\%\sim25\%$，饱和含水量一般大于 30%。其强度指标的变化和湿度状态间的关系见表 2.15。

表 2.15　不同湿度状态黄土的强度指标

稠度界限	w_s	w_p	w_l		w_{sat}
湿度状态	干	稍湿	湿	很湿	饱和
c_c/kPa	>120	$80\sim110$	$40\sim80$	$10\sim40$	<40
φ_c/(°)	>33	$29\sim33$	$24\sim39$	$23\sim34$	<23
c_r/kPa	—	—	—	$10\sim20$	<10
φ_r/(°)	—	—	—	$18\sim20$	<18

2.5.3 黄土的残余强度

残余强度是各种土质比较稳定的强度值，不随土的结构性和应力历史而变化，仅与土质，如黏粒含量和矿物组成中蒙脱石、伊利石、高岭石的含量等，有密切关系。残余黏聚力 c_r 值一般很小，所以残余强度均以 φ_r 值为主。Skempton 在滑坡的研究中，根据室内试验及现场反算，认为在整个滑动面上不会同时达到土的峰值强度，其平均强度为

$$\bar{\tau}=R\tau_r+(1-R)\tau_p \tag{2.1}$$

式中，$R=(\tau_p-\tau)/(\tau_p-\tau_r)$ 表示残余因素，τ_p、τ_r、τ 分别表示峰值强度、残余强度和实际强度。用 R 值可以评价强度降低程度，R 值越大，强度降低越显著。R 并非一个常数，它随坡体土质的渐进破坏和徐变依时间的推移而逐渐增大，如图 2.19所示。由式(2.1)可以看出，随时间的推移，滑动面上的平均强度($\bar{\tau}$)逐渐降低，达一定数值($R\approx0.8\sim0.9$)时，土坡就会发生滑塌。

对于残余强度，有以下几点定性规律(刘祖典，1997)：

(1) 土坡滑动面上的残余强度(φ_r)与黏土颗粒的定向排列有着密切的关系，且 $\varphi_r\ll\varphi_p$。

(2) 无裂隙黏土(含黄土)的滑动强度稍小于峰值，但有裂隙黏土的滑动强度

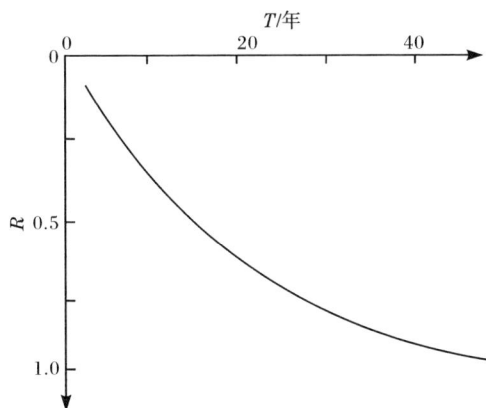

图 2.19　残余因素 R 与时间 T 关系曲线

远小于峰值。

（3）对已有滑动面，取残余强度指标进行稳定验算是合理的。

（4）几个典型的 R 值。未风化无裂隙黏土，$R \approx 0.08$；风化无裂隙黏土，$R \approx 0.6 \sim 0.8$；沿老滑动面，$R \approx 1.0$。

残余因素 R 与土的矿物成分和化学结构有密切关系。例如，对于石英、长石、方解石和白云母等，$R \geqslant 0.55$；对于含水云母和伊利土，$R \geqslant 0.3$；对于蒙脱土，$R < 0.2$。由于土的矿物成分影响土的塑性指数 I_p，因此建立残余因素与塑性指数 I_p 的相关关系，可在野外以 I_p 近似地估计残余因素。

土的流限与土中含黏量及所含黏土矿物的性质密切相关。因此，土的残余摩擦角 φ_r 与土的液限 w_L 之间也存在一定的关系。

上述黄土的强度指标在不同应力状态和排水情况下的变化规律和特性比较复杂，原因是它与许多影响因素有关，如应变状态、应力历史、路径、土的结构强度、土粒组成、孔隙压力和湿度情况等，它们之间也无定量的函数关系，准确决定强度指标十分困难，通常只有通过室内外试验，才能得到实用可靠的数值。

2.5.4　黄土强度指标的选用问题

土体稳定分析的可靠性取决于稳定分析方法、土的强度指标测定方法和指标的准确性，就目前土力学理论发展情况，分析方法差异引起的误差远小于强度指标测定方法与指标选定准确性引起的误差，所以强度指标选定是十分重要的。一般情况下，与有效应力分析方法和总应力分析方法相对应，分别采用土的有效应力强度指标或总应力强度指标。当土体内的孔隙水压力通过计算能准确确定时，采用有效应力分析法比较合理、准确，否则就采用总应力法，其精度和可靠性稍差。对堤坝工程，其强度指标选定见表 2.16。

表 2.16　堤坝工程强度指标的测定与选用

工程施工阶段	计算方法	试验方法	强度指标	孔隙压力情况
施工期	有效应力法	直剪仪,慢剪	c',φ'	
		三轴仪,慢剪	c',φ'	
		三轴仪,UU	c',φ'	
	总应力法	直剪仪,慢剪	c_u,φ_u	测孔隙压力
		三轴仪,UU	c_u,φ_u	
运用期(考虑渗流)	有效应力法	直剪仪,慢剪	c',φ'	
		三轴仪,CU	c',φ'	
	总应力法	直剪仪,cq	c_{cq},φ_{cq}	

对于黄土边坡滑坡体的稳定验算,其强度指标选用问题(刘祖典,1997):

(1)应考虑滑坡的类型、机理、产生的条件和原因等。如果水的影响作用大,应选用水湿状态下的参数。

(2)应考虑滑坡的性质,如新、老滑坡,牵引式或推动式等。老滑坡尚未复活者,可选用较残余强度稍高的参数;已复活者,主滑段与抗滑段可选用相应的残余强度。

(3)应考虑工程的具体情况,如使用年限、使用期间可能出现的问题、排水措施等,决定采用高的强度参数或低的强度参数。

(4)如已发现滑动土体,滑带土的结构已遭破坏,原状土的峰值强度已不存在。一般情况下,强度的上限可采用扰动土(重塑)的峰值强度,下限则为残余强度。

总之,在滑坡预报和稳定分析中,强度参数的选择都是很重要的,也是非常复杂的问题,应对滑坡的地质条件、类型、机理,滑带土的岩性、成因、结构,影响强度参数的因素及其变化趋势,滑坡的运动状态做综合分析。必要时,可采用残余因数法分析确定。

根据许多滑坡的现场分析(反算和残余因数法),对于黏土土坡(含黄土)的稳定验算,其现场残余因素值 $R_c=0.75\sim0.8$。

2.6　离石黄土力学性质试验

2.6.1　依托工程地质条件分析

本节以山西省离石连拱隧道为依托工程,隧道围岩由第四系中更新统离石组(Q_21)黄土组成。现对其工程地质条件分析如下。

1) 地形、地貌

隧道位于晋陕黄土丘陵区,微地貌为黄土梁,顶部平缓,四周为黄土坎或黄土陡坡,隧道进出口均为黄土冲沟,呈"V"字形,地面标高为 912~996m,相对高差 84m。是青岛至银川国道主干线山西省汾阳至离石段最重要的工程之一(图 2.20),近东西走向,为单向行车连拱隧道。

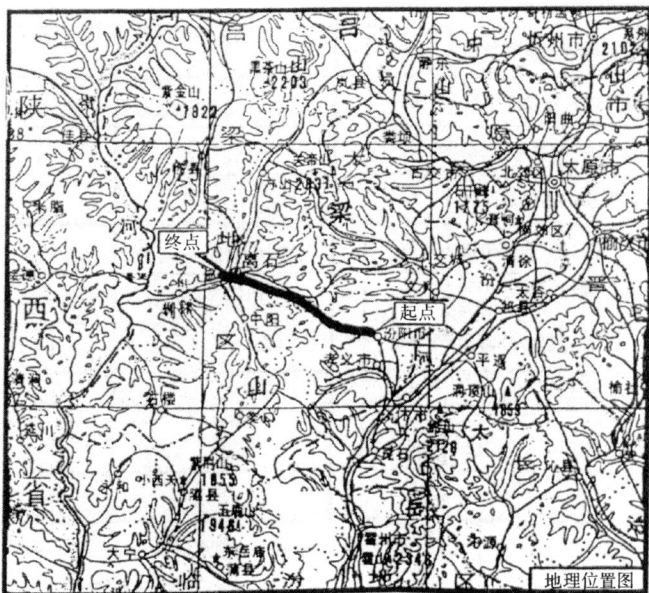

图 2.20　离石隧道地理位置示意图

2) 工程地质条件

根据隧址调查及钻探结果,隧道围岩地层从上到下为:第四系中更新统离石组(Q_21)、第四系上更新统马兰组(Q_3m),岩性特征及分布简述如下。

(1) 第四系中更新统离石组(Q_21)。构成隧道围岩主体,岩性为褐黄色坚硬黄土(低液限黏土),较均一、密实,质地坚硬、抗侵蚀力强,夹含零星姜石或姜石薄层,具柱状节理。

(2) 第四系上更新统马兰组($Q_3 m$)。分布于黄土梁的顶部,出露厚度约 3m,岩性为灰黄色坚硬黄土(低液限黏土),结构疏松,柱状节理发育。

3) 水文地质条件

经地质调查及钻探揭示,隧道围岩范围内无地下水分布。地表大气降水通过黄土梁顶、黄土陡坎及黄土冲沟汇入大东川河。

4) 隧道工程地质评价

隧道围岩由第四系中更新统离石组($Q_2 1$)黄土组成,处于坚硬状态,呈巨块状整体结构,柱状节理发育,无地下水赋存。

隧址区内无不良地质现象。隧道进出口地形比较复杂,具有偏压现象,边坡稳定性较差;出口为黄土陡坎,地形整体性好,边坡稳定性较好。

5) 地震

隧道位于吕梁山块隆西部离石—中阳菱形复向斜东翼,地质构造复杂,但新构造活动相对较弱。根据《中国地震动峰值加速度区划图》(GB 18306—2015),本区地震动峰值加速度为 $0.05g$,相应于地震基本烈度为Ⅵ度,场地稳定性较好。

2.6.2　试样的选取与制作

为了研究离石黄土连拱隧道隧址处 Q_2 原状黄土的力学性质,在隧道埋深 40m 处的上台阶中部取得土样。该处土体为第四系中更新统离石组($Q_2 1$)浅棕黄色亚黏土夹薄层亚砂土,柱状节理发育,夹古土壤层及钙质结核层,呈巨块状整体结构,具有一定的强度,略显脆性。该处围岩稳定性较好,无地下水,围岩级别为Ⅳ级。为了尽量减少对土样的扰动,试样在现场挖成 200mm×200mm×200mm 的立方体,标明上下方向,并用塑料纸和胶带包好,装入铁箱,如图 2.21(a)所示,采取减震措施运回实验室。

土样取回后,剥去塑料纸和胶带,检查土样结构,观察是否扰动及土样质量是否符合试验要求,若土样保持完好,按照试验规程要求利用专用的削土器将土样制成高度为 80mm,直径为 39.1mm 的圆柱形试样。为减小黄土干密度差异带来的影响,控制试样干密度差值不大于 $0.2g/cm^3$,同一组试样控制含水量相同。在室内制样时可以看到黄土内含极小的细砂、石英颗粒等,部分存在钙质结核层,Q_2 原状黄土土样及试件如图 2.21(b)所示。

2.6.3　离石黄土的物理性质试验

对离石黄土连拱隧道隧址处取得 Q_2 原状黄土进行物理性质试验,主要包括含水率试验、密度试验、土粒比重试验和界限含水率试验(液限和塑限),每项试验进行了三组,取三次测值的平均值作为最终值,得到 Q_2 原状黄土的物理参数见表 2.17。

(a) Q₂原状黄土土样　　　　　　　　　　　(b) Q₂原状黄土试件

图 2.21　Q$_2$原状黄土土样及试件

表 2.17　Q$_2$原状黄土的物理参数

天然含水率 $w/\%$	天然密度 $\rho/(\text{kg/m}^3)$	相对密度 G_s	孔隙比 e
16.28	1760	2.422	0.6

2.6.4　离石黄土的力学性质试验

1. 试验仪器

试验仪器采用经过后勤工程学院改造后的南京水利电力仪表厂的 SJ-1A 三轴剪力仪,该仪器是由电动马达和变速箱进行传动的螺旋千斤顶,通过仪器台架上的固定横梁的反作用,将荷载直接加到贯通压力室的顶盖活塞杆上,最后施加于试样。体积变形的量测采用自制的由百分表和针管所构成的体变管,压力的量测使用量力钢环和压力传感器,量程和灵敏度满足试验要求。三轴试验系统如图 2.22(a)所示,等 P 试验仪器如图 2.22(b)所示。

(a) 三轴试验仪器　　　　　　　　　　　(b) 等 P 试验仪器

图 2.22　试验仪器

2. 试验方案

为了获得 Q_2 原状黄土的体变模量 K 和剪切模量 G 随围压的变化规律,不同围压条件下的应力-应变关系曲线、峰值强度与残余强度随围压的变化规律,以及 Q_2 原状黄土的部分强度参数等,设计非饱和 Q_2 原状黄土室内力学试验方案如下。

1) 非饱和 Q_2 原状黄土三轴剪切试验

(1) 三轴剪切不回弹试验。在保持围压 $\sigma_2 = \sigma_3 =$ 常量的情况下,试件在三轴仪上固结 24h 后,进行排水剪切试验,剪切速率取 0.033mm/min。围压分别取 50kPa、100kPa、200kPa、250kPa、350kPa。试验时记录每次的量力环百分表读数、体变管读数和轴向变形百分表读数。在轴向应变达到 15%,或试件完全破坏时结束试验,以便获得峰值强度和残余强度。

(2) 三轴剪切回弹试验。在保持围压 $\sigma_2 = \sigma_3 =$ 常量的情况下,试件在三轴仪上固结 24h 后,进行排水剪切试验,剪切速率取 0.033mm/min。围压分别取 50kPa、200kPa、250kPa。回弹时关机,用手摇控制量力环的读数。试验时记录每次的量力环百分表读数、体变管读数和轴向变形百分表读数。在轴向应变达到 15%,或试件完全破坏时结束试验。

2) 非饱和 Q_2 原状黄土各向等压试验

(1) 各向等压不回弹试验(试样不固结排水试验)。试验控制条件为每隔 24h 加一级荷载。从 0kPa 加载至 100kPa 时,每级荷载为 25kPa;从 100kPa 加载至 400kPa 时,每级荷载为 50kPa。试验时记录每级压力和体变。

(2) 各向等压回弹试验(试样不固结排水试验)。试验控制条件为每隔 24h 加一级荷载。从 0kPa 加载至 100kPa 时,每级荷载为 25kPa;从 100kPa 加载至 400kPa 时,每级荷载为 50kPa。回弹起始压力为 100kPa、200kPa、300kPa。试验时记录每级压力和体积变形。荷载卸载级数与加载数值相等。

3) 非饱和 Q_2 原状黄土等平均压应力试验

(1) 等平均压应力不回弹试验。围压分别在 150kPa、200kPa、300kPa 下等压固结 24h 后,进行排水剪切,轴向荷载采用气压加载,试验时通过调节围压保持平均压应力值不变。试验控制条件为每隔 1h 加一级荷载。从 0kPa 加载至 150kPa 时,每级荷载为 25kPa;从 150kPa 加载至试件破坏为止,每级荷载为 50kPa。试验时记录每级轴向压力和围压值,以及轴向百分表读数和体变百分表读数。

(2) 等平均压应力回弹试验。围压分别在 150kPa、200kPa、300kPa 下等压固结 24h 后,进行排水剪切,轴向荷载采用气压加载,试验时通过调节围压保持平均压应力值不变。试验控制条件为每隔 1h 加一级荷载。从 0kPa 加载至 100kPa 时,每级荷载为 25kPa;从 100kPa 升至试件破坏为止,每级荷载为 50kPa。回弹起始压力为 100kPa、200kPa、300kPa。试验时记录每级轴向压力和围压值,以及轴向百分表读数和体变百分表读数。荷载卸载级数与加载数值相等。

2.6.5　离石黄土的应力-应变关系分析

通过 Q_2 原状黄土的室内力学性质试验,得到其力学特性如下。

1) 非饱和 Q_2 原状黄土三轴剪切试验

从试验可以获得体应变 ε_v 与剪应变 ε_s 的关系曲线及剪应力 q 与剪应变 ε_s 的关系曲线,其结果如图 2.23~图 2.34 所示。

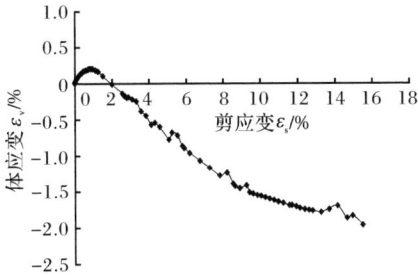

图 2.23　围压为 50kPa 时体应变 ε_v 与剪应变 ε_s 的关系

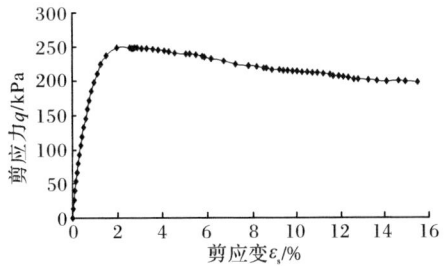

图 2.24　围压为 50kPa 时剪应力 q 与剪应变 ε_s 的关系

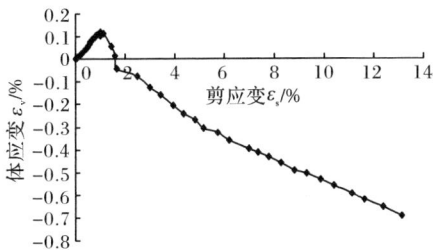

图 2.25　围压为 100kPa 时体应变 ε_v 与剪应变 ε_s 的关系

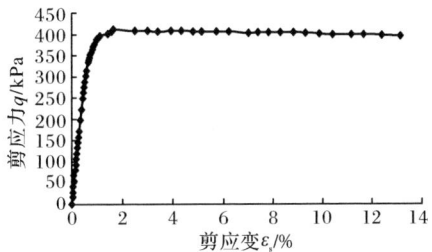

图 2.26　围压为 100kPa 时剪应力 q 与剪应变 ε_s 的关系

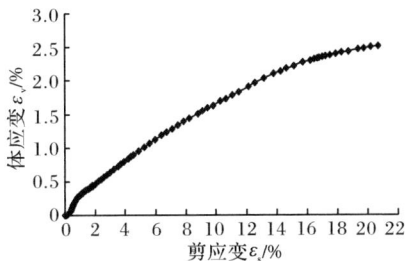

图 2.27　围压为 200kPa 时体应变 ε_v 与剪应变 ε_s 的关系

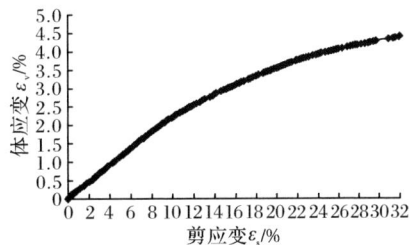

图 2.28　围压为 200kPa 时剪应力 ε_v 与剪应变 ε_s 的关系

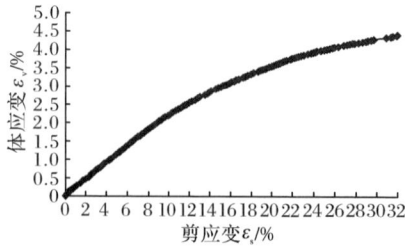

图 2.29　围压为 250kPa 时体应变 ε_v
与剪应变 ε_s 的关系

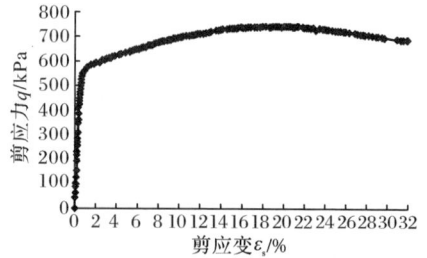

图 2.30　围压为 250kPa 时剪应力 q
与剪应变 ε_s 的关系

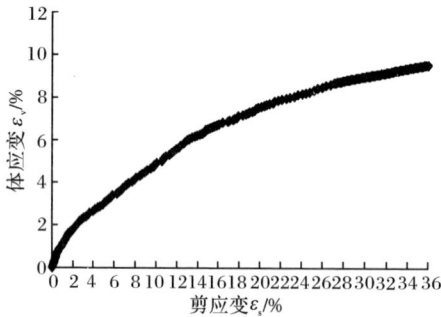

图 2.31　围压为 350kPa 时体应变 ε_v
与剪应变 ε_s 的关系

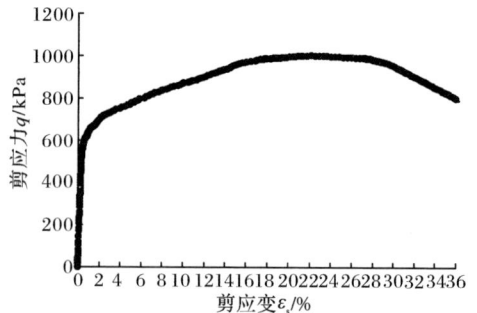

图 2.32　围压为 350kPa 时剪应力 q
与剪应变 ε_s 的关系

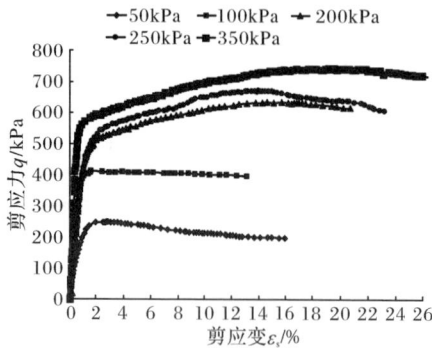

图 2.33　不同围压时剪应力 q
与剪应变 ε_s 的关系

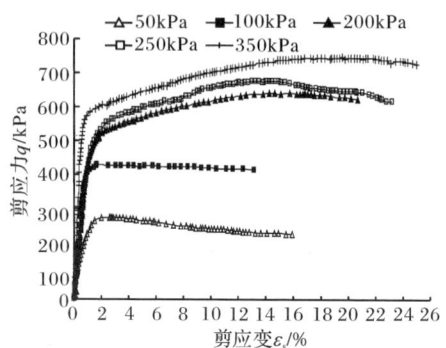

图 2.34　不同围压时剪应力 q
与剪应变 ε_s 的关系

　　由非饱和 Q_2 原状黄土三轴剪切试验应力-应变曲线可以看出，Q_2 原状黄土变形初期阶段应力-应变曲线向下凹，这是由于刚加载阶段黄土处于压密状态，然后应力-应变曲线呈直线，为弹性变形，体积变形表现为压缩；接着随荷载增大，剪应变和体积压缩应变增大，土的变形呈非线性，在围压较低时，当体积压缩变形应变增大到一定程度后不再增大，反而转向减小即体积膨胀变形；随轴向应变的继续增大,体胀进一步增大,但剪应力增加缓慢;当剪应力达到峰值后会随轴向应变的增大而减小,即发生软化现象。在围压较高时,黄土的体积变形一直保持为压缩状态,随着剪应变的增大,体积变形也随之增大,当体积变形增大到一定值后,变化会变的很小,此时,剪应力出现峰值,然后会随着变形的增加而减小。从试验试样受力后的变化来看,开始试样出现压密,轴向应变达到一定值后出现剪切破坏,且从压力室外可以看到有微裂纹出现,随着轴向应变的进一步增大,当应力-应变曲线进入软化阶段后,裂纹开始增多和增大,部分微裂纹相继贯通,试样的剪切破坏面逐渐形成,最后发生破坏。

从体应变 ε_v 与剪应变 ε_s 的关系图中可以看出,在围压较低时,该黄土的软化特性十分明显,体积变形中体积压缩变形只占小部分,体积膨胀变形占很大一部分,随着围压的增大,该黄土体积变形中体积膨胀变形占的比重逐渐增加,体积膨胀变形占总体积变形的比重逐渐减少。

2) 非饱和 Q_2 原状黄土三轴回弹试验

从试验可以获得 Q_2 黄土弹性剪切模量 G,以及随着回弹次数的增加,黄土弹性剪切模量 G 的变化情况。试验结果如图 2.35 所示。

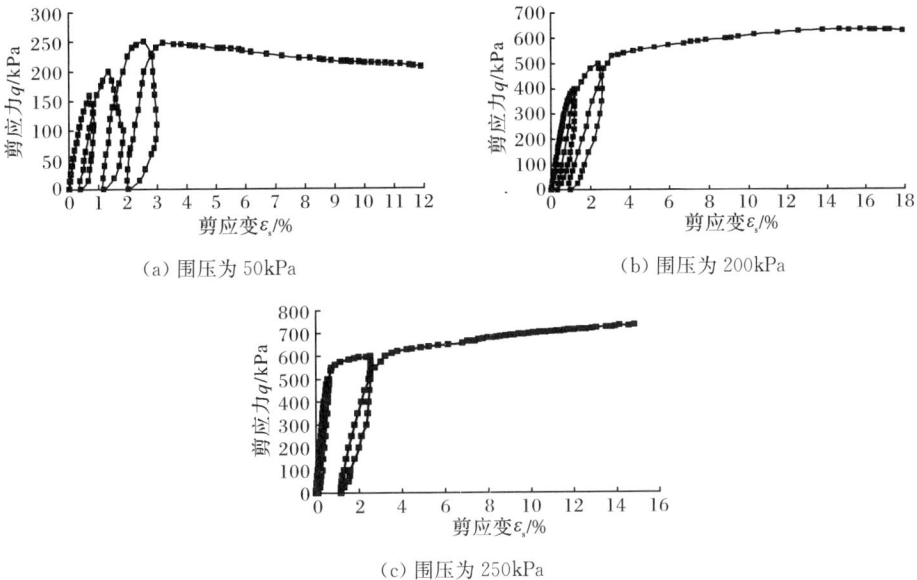

(a) 围压为 50kPa

(b) 围压为 200kPa

(c) 围压为 250kPa

图 2.35　三轴回弹试验剪应力 q 与剪应变 ε_s 的关系

根据三种围压下的三轴剪切回弹试验可以看出,在围压较低和围压较高时,剪切模量共同表现出随着回弹次数的增加,其值逐渐减小。但在围压较低时随着回弹次数的增加,剪切模量相对于初始剪切模量值损伤快些,在围压较高时,前几次循环时剪切模量相对于初始剪切模量的值损伤慢些。

3）非饱和 Q_2 原状黄土各向等压不回弹试验

由三组试验可以得出，随着平均压力 p 的增大，体积变形也随之增大，在试验开始阶段体积变形增长速率较大，后期速率逐渐变小。试验结果如图 2.36 所示。

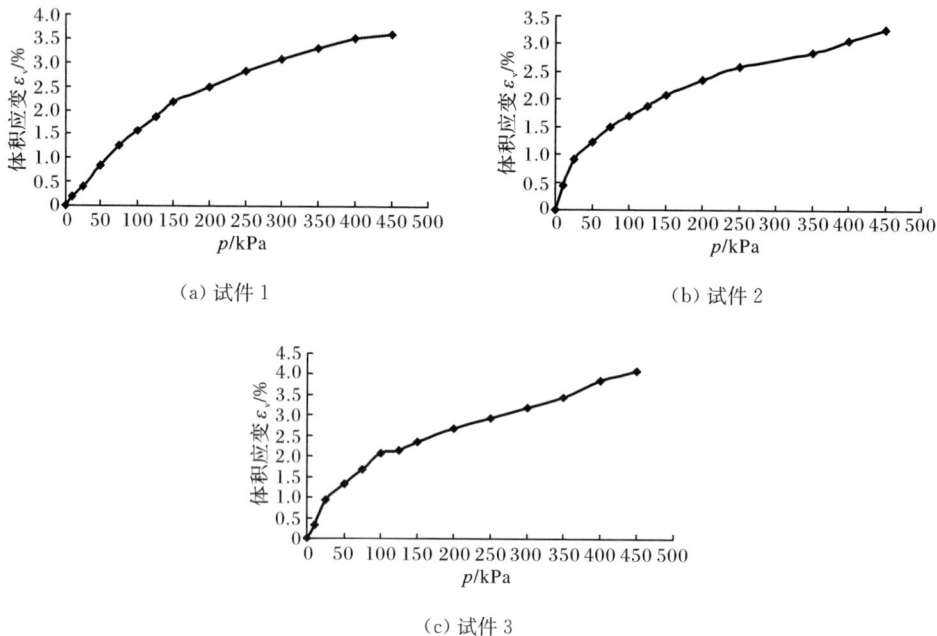

(a) 试件 1

(b) 试件 2

(c) 试件 3

图 2.36　等压不回弹试验 p 与体积应变 ε_v 的关系

4）非饱和 Q_2 原状黄土各向等压回弹试验

由两组试验可以得出，等压回弹试验的滞回圈斜率随起始压力的增大而增大，试验结果如图 2.37 所示。

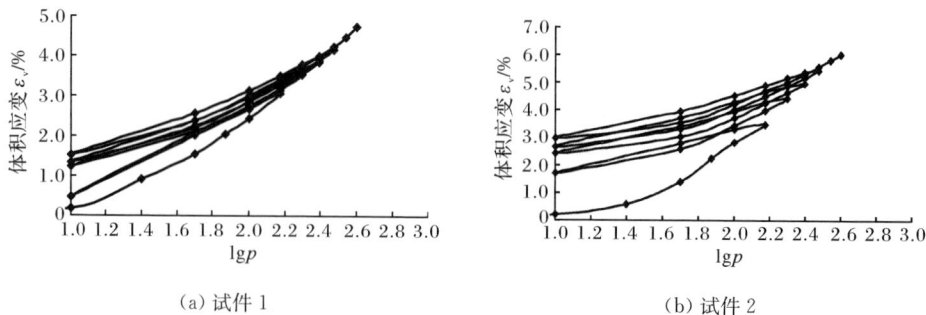

(a) 试件 1

(b) 试件 2

图 2.37　等压回弹试验 $\lg p$ 与体积应变 ε_v 的关系

5）非饱和 Q_2 原状黄土等 p 不回弹试验

从试验可以获得 Q_2 黄土的应力比 η 与剪应变 ε_s、体应变 ε_v 与剪应变 ε_s 的关系，如图 2.38 所示。在试验中，由体应变与剪应变的关系可以看出，随着剪应变 ε_s 的增大，体应变 ε_v 也随之增大，且随着剪应变的增大，体应变的变化率逐渐变大。

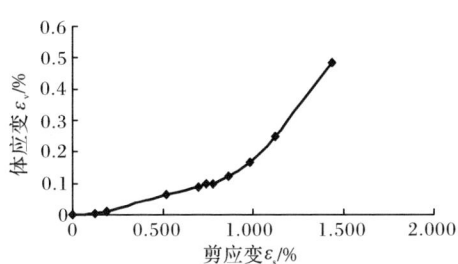

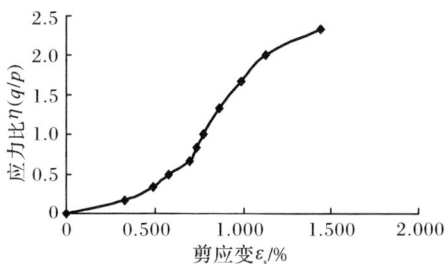

（a）$p=150\text{kPa}$ 时体应变 ε_v 与剪应变 ε_s 的关系　　　（b）$p=150\text{kPa}$ 时应力比 η 与剪应变 ε_s 的关系

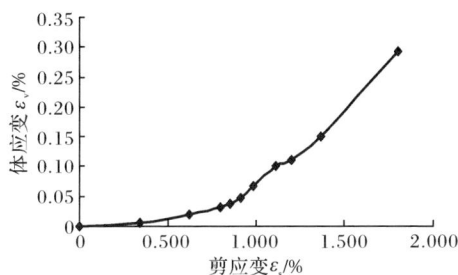

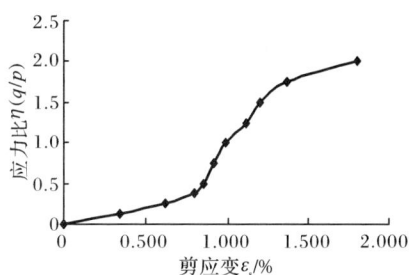

（c）$p=200\text{kPa}$ 时体应变 ε_v 与剪应变 ε_s 的关系　　　（d）$p=200\text{kPa}$ 时应力比 η 与剪应变 ε_s 的关系

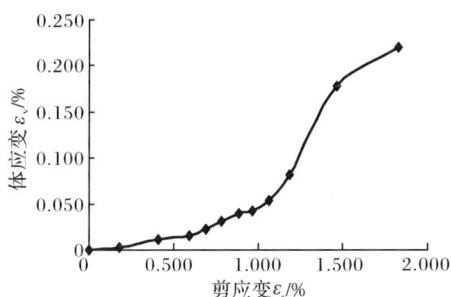

（e）$p=300\text{kPa}$ 时体应变 ε_v 与剪应变 ε_s 的关系　　　（f）$p=300\text{kPa}$ 时应力比 η 与剪应变 ε_s 的关系

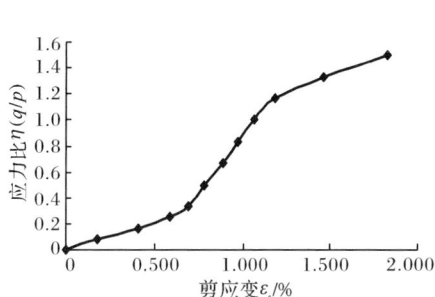

图 2.38　等 p 不回弹试验应力比 η 与剪应变 ε_s、体应变 ε_v 与剪应变 ε_s 的关系

6）非饱和 Q_2 原状黄土等 p 回弹试验

从试验可以看出回弹滞回圈的斜率随着回弹次数的增加而减小。试验结果如图 2.39 所示。

（a）$p=150\text{kPa}$

（b）$p=200\text{kPa}$

（c）$p=300\text{kPa}$

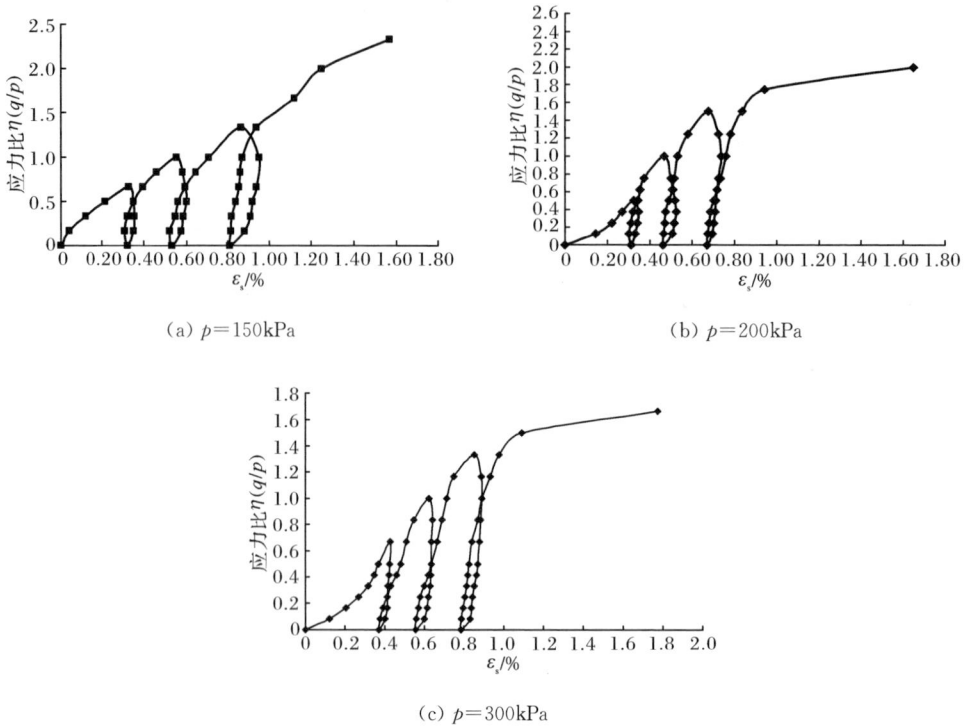

图 2.39　等 p 回弹试验应力比 η 与剪应变 ε_s 的关系

2.6.6　离石黄土强度特性分析

根据五组非饱和 Q_2 原状黄土三轴剪切试验可以得到 Q_2 原状黄土在不同围压下的峰值强度和残余强度，见表 2.18。根据表 2.18 的数据，可得到 Q_2 原状黄土的峰值强度和残余强度包络线，如图 2.40 和图 2.41 所示，计算得出其特征参数分别为：$c=79.834\text{kPa}$，$\varphi=25.546°$；$c_r=73.501\text{kPa}$，$\varphi_r=24.627°$。

表 2.18　Q_2 原状黄土在不同围压条件下的峰值强度和残余强度

围压/kPa	峰值强度/kPa	残余强度/kPa
50	298.589	247.226
100	510.889	495.238
200	833.524	815.082
250	993.602	937.831
350	1020.420	957.549

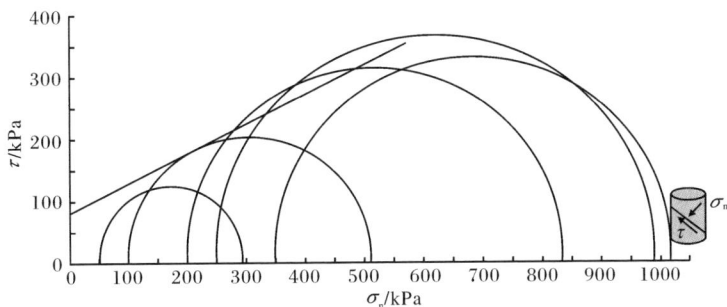

图 2.40　峰值强度莫尔圆和强度包络线

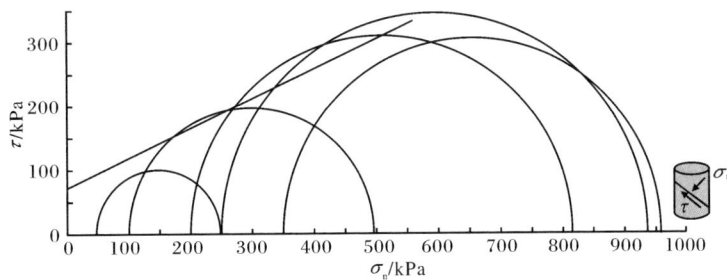

图 2.41　残余强度莫尔圆和强度包络线

2.7　黄土隧道围岩分级

隧道围岩分级应根据调查、勘探、试验等资料,岩石隧道的围岩定性特征,围岩基本质量指标[BQ],或修正的围岩质量指标[BQ]值,土体隧道中的土体类型、密实状态等定性特征进行确定。我国现行的《公路隧道设计规范》(JTG D70—2004)中对黄土的围岩分级主要基于黄土的时代成因,见表 2.19。

表 2.19　《公路隧道设计规范》(JTG D70—2004)中对黄土的围岩分级

围岩分级	IV	V
《公路隧道设计规范》(JTG D70—2004)	Q_1、Q_2 老黄土	Q_3、Q_4 新黄土

王晓州等(2009)在郑西铁路客运专线进行了大量的黄土力学性质试验,在现行的《铁路隧道设计规范》(TB 10003—2005)的黄土围岩分级的基础上,对黄土隧道围岩分级进行了细化,提出了郑西铁路客运专线黄土隧道围岩分级,见表 2.20。

表 2.20　郑西铁路客运专线黄土隧道围岩分级

围岩分级	黄土类别	含水率 ω/%	天然密度 ρ/(g/cm³)	黏聚力 c/kPa	内摩擦角 φ/(°)	弹性模量 E/MPa	泊松比 μ	弹性抗力系数 /(MPa/m)
IVa	Q₁黏质黄土	<18.3	1.88±0.23	37.3±21.3	22.4±3.3	450±100	0.30±0.05	砂质黄土:120±10
	Q₁砂质黄土	<17.5	1.77±0.20	30.8±15.1	22.0±2.5	—	—	—
	Q₂黏质黄土	<18.4	1.94±0.12	48.7±16.5	27.2±5.6	—	—	—
	Q₂砂质黄土	<18.1	1.93±0.14	28.1±13.7	27.9±2.1	—	—	—
IVb	Q₁黏质黄土	18.3~20.5	—	—	—	300±100	0.35±0.05	—
	Q₁砂质黄土	17.5~22.6	—	—	—	—	—	—
	Q₂黏质黄土	18.4~25.6	1.98±0.08	50.2±20.7	23.7±6.3	—	—	—
	Q₂砂质黄土	18.1~25.6	1.95±0.08	30.1±1.4	28.8±4.2	—	—	—
Va	Q₃黏质黄土	<18.1	1.58±0.11	30.4±11.1	25.2±3.7	150±50	0.40±0.05	砂质黄土:55
	Q₃砂质黄土	<17.3	1.57±0.12	21.0±12.3	26.8±3.8	—	—	—
Vb	Q₃黏质黄土	18.1~28.6	—	—	—	80±50	0.45±0.04	—
	Q₃砂质黄土	17.3~26.4	1.72±0.15	18.8±10.4	24.2±4.7	—	—	—
VI	饱和黄土	—	—	—	—	—	—	—

2.8　本章小结

本章通过调研、室内试验等方法,对黄土的基本特征及围岩分级进行了研究,主要研究成果如下:

(1) 分析了我国黄土的地质特征(黄土的地理分布和物理特征及其地层的划分),以及黄土的微结构特征。

(2) 分析了黄土的物理性质及其力学性质(压缩变形特性、抗剪强度特性、抗拉特性和渗透特性),并探讨了黄土的强度指标及其变化规律。

(3) 结合离石黄土进行了室内试验研究,获得了离石黄土的物理力学性质和变形规律。

(4) 对黄土隧道围岩的分级进行了总结,并给出相应的物理力学参数。

第3章 黄土连拱隧道信息化施工监控量测

3.1 概 述

黄土连拱隧道在山西离石隧道之前还没有实践过,无可借鉴的设计及施工经验。离石隧道作为试验工程,其成败与否直接影响该类型隧道在黄土地区的推广进程,因此做好该试验工程的监测对黄土工程的修建和确保隧道施工的安全性和经济合理性,以及运营期间的安全均具有重要意义。

监控量测是新奥法施工的三大要素之一,亦是隧道施工安全的重要保障。在黄土地层中修建连拱隧道在我国尚属首例,更应该做好监控量测工作和数据的收集整理,并及时对设计参数进行修正,指导生产,也为以后的设计施工提供依据。

黄土连拱隧道的监测工作与普通洞室相比有其特殊性,主要表现为黄土连拱隧道监测除了两主洞的监测外,还应重视中导洞和两侧导洞的拱顶沉降、周边收敛监测,以及中隔墙应力监测。

本次监控量测项目分为必测项目和选测项目。必测项目是指为了便于日常施工管理而必须进行的量测,包括洞内、外观察,周边位移,拱顶下沉,地表下沉。选测项目是指为未开挖段设计及施工方案提供数据而进行的量测项目,包括围岩体内位移量测,锚杆轴力、衬砌内应力及裂缝量测,围岩压力及两层支护间压力量测,钢支撑内力量测。在整座隧道施工中可根据监控量测阶段成果的分析报告及时进行优化设计,防止大塌方的发生,从而取得较好的经济效益和社会效益。

3.2 监控量测的意义和目的

3.2.1 监控量测的意义

自从新奥法技术问世以来,隧道和地下工程的设计和施工技术已有较大的进展。新奥法构筑隧道的特点是,借助现场量测对隧道围岩进行动态监测,并据以指导隧道的开挖作业和支护结构的设计和施工。

实时监控量测不但可以及时提供隧道通过邻近构筑物地段时隧道拱顶下沉、

周边收敛、围岩内部位移、钢支撑受力情况、锚杆轴力、支护和衬砌内应力等信息,用于判断施工工艺的可行性、设计参数的合理性,提出更加恰当的施工方法和合理的支护措施;而且可以及时掌握隧道通过邻近构筑物地段时对邻近构筑物的影响,为判别构筑物是否安全提供科学依据。因此实施隧道信息化动态施工控制,可以达到既安全快速施工,又节省工程造价的目的。

鉴于隧道地质构造及地层岩性复杂,为了保证隧道施工的安全和顺利进行,掌握围岩和支护的动态信息,使隧道结构既安全,又经济合理,需在不良地质、突水、洞口浅埋地段及有特殊要求的停车、交通交叉地段或业主及监理认为有必要监控的地段设置监控量测断面,进行全面、系统的监控量测。

离石隧道作为青岛至银川国道主干线山西省汾阳至离石段的控制工程之一,其施工过程的安全对全线具有控制作用。同时,作为全国第一条公路黄土连拱隧道,对其进行施工动态监控量测,不仅对该隧道的施工具有安全保障作用,而且为以后修建黄土连拱隧道提供了重要的参考资料,对国内连拱隧道的发展也将起到重要的作用。

3.2.2　监控量测的目的

新奥法信息化施工监控量测的目的主要包括:

(1)掌握围岩变化动态和支护结构的工作动态,利用量测结果修改设计,指导施工。

(2)预见事故和险情,以便及时采取措施,防患于未然。

(3)积累资料,为以后的工程设计、施工提供经验。

(4)为确定隧道安全提供可靠的信息。

(5)量测数据经分析处理与必要的计算和判断后,进行预测和反馈,以保证施工安全和隧道稳定。

(6)验证支护结构形式、支护参数的合理性,对支护结构、施工方法的合理性及安全性作出评价及建议,为确定二次支护时间提供依据。

为了达到以上监控量测的目的,监控量测需贯穿在隧道施工的全过程。量测数据及其分析结果可立即与事先预设的支护参数相比较,并对预设计作出正确的评价;如量测结果与预设计有较大出入,有必要对支护作加强或减弱的修正。在隧道的施工过程中,新奥法量测一直处于一个十分重要的位置,它将隧道的设计和施工纳入动态的科学管理中,使隧道工程始终处于合理的稳定状态,具有安全性和经济合理性。

隧道监控量测与隧道设计及施工的关系如图 3.1 所示。

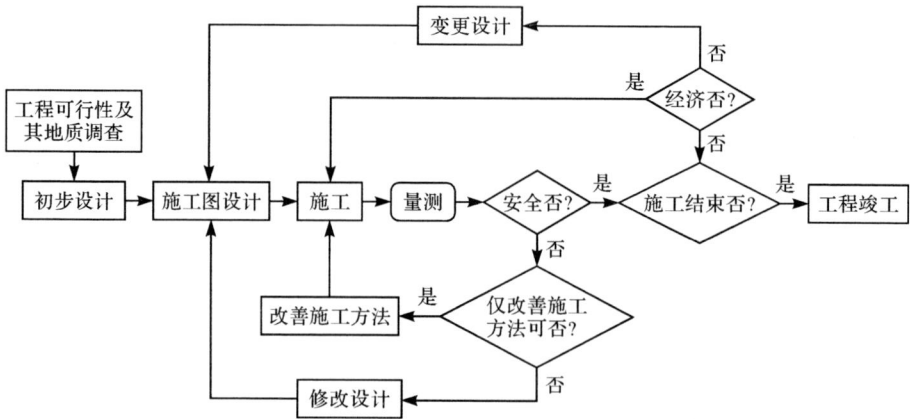

图 3.1　隧道监控量测与隧道设计及施工的关系

3.3　监控量测的内容和方法

3.3.1　监控量测的内容

根据《公路隧道施工技术规范》(JTG F60—2009),并结合《汾离高速公路两阶段施工图设计文件》。离石隧道监控量测内容包括:必测项目(洞内、外观察,周边位移,拱顶下沉,地表下沉)和选测项目(围岩体内位移、锚杆轴力、衬砌内应力、围岩压力、两层支护间压力、钢支撑内力、中隔墙顶竖向压力等),共分为 11 个监测项目,具体内容见表 3.1。

表 3.1　隧道监控量测项目

编号	项目名称	要求及目的	量测类别
1	洞内、外观察	岩性、岩层产状、结构面、溶洞、断层描述、支护结构裂缝观察	必测
2	周边位移	根据位移及其收敛状况、断面变形状态等判断:周围岩体的稳定性;初期支护的设计与施工方法是否妥善;二次衬砌的浇注时间等	必测
3	拱顶下沉	了解断面拱顶的变形状态,判断隧道拱顶的稳定性	必测
4	地表下沉	在洞口浅埋段地表设点观测,根据下沉位移量判定开挖对地表下沉的影响,以确定隧道支护结构的安全性	必测
5	围岩体内位移	了解隧道围岩的松弛区、位移量及围岩应力分布,为准确判断围岩的变形发展提供数据	选测

续表

编号	项目名称	要求及目的	量测类别
6	锚杆轴力	根据锚杆所承受的拉力,判断锚杆布置是否合理	选测
7	衬砌内应力	量测二次衬砌内应力、喷混凝土层内轴向应力,了解支护衬砌内的受力状态	选测
8	围岩压力	判断复合式衬砌中围岩荷载大小	选测
9	两层支护间压力	判断初期支护与二次衬砌各自分担围岩压力情况	选测
10	钢支撑内力	量测型钢支撑内应力,推断作用在型钢支撑上的压力大小,判断型钢支撑尺寸、间距及设置型钢支撑的必要性	选测
11	中隔墙顶竖向压力	量测中隔墙顶压力,推断作用在中隔墙上的压力大小,判断中隔墙尺寸是否合理	选测

3.3.2　洞内、外观察

在隧道工程中,开挖前的地质勘探工作很难提供非常准确的地质资料,为了及时了解施工过程中掌子面附近的围岩状态,通过地质罗盘、地质锤、放大镜、钢卷尺、秒表、数码相机等仪表和工具,在隧道开挖工作面爆破及初期支护后立即进行洞内日常观察,为及时分析判断隧道的稳定性提供基本资料,根据初期支护表面状态,分析支护结构的可靠性。

1) 围岩级别鉴定

(1) 判定岩石种类。

(2) 描述岩性特征:颜色、成分和结构。

(3) 确定围岩分级。

2) 围岩工程和水文地质特征描述

(1) 节理裂隙特征和发育程度。

(2) 断层或破碎带的性质、产状和特征。

(3) 地下水类型、涌水量和位置。

3) 围岩稳定状态观察、评价

(1) 描述开挖工作面的稳定状态,顶板有无剥落现象。

(2) 观察地表沉陷和地表水体的变化。

4) 初期支护状态表观描述

(1) 初期支护完成后对喷层表面的观察以及裂缝状况的描述和记录。

(2) 有无锚杆被拉脱或垫板陷入围岩内部的现象。

（3）喷射混凝土是否产生裂隙或剥离，要特别注意喷射混凝土是否发生剪切破坏。

（4）有无锚杆和喷射混凝土施工质量问题。

（5）钢拱架有无被压屈现象。

（6）是否有底鼓现象。

对目测观察到的有关情况和现象，应详细记录并需绘制以下图册：

（1）绘制隧道开挖工作面及两帮素描剖面图，每个监测断面绘制剖面图1张。

（2）剖面图位置及间距应随类型、构造、水文地质条件的不同而不同。

3.3.3 周边位移量测

隧道新奥法施工比较强调研究围岩变形，因为岩体变形是其应力形态变化的最直观反映，对于隧道的稳定能提供可靠信息，并根据位移、收敛状况、断面变形状态等判断：①隧道围岩的稳定情况；②初期支护的设计与施工方法是否妥善；③根据变形速度判断隧道围岩的稳定程度为二衬提供合理的支护时机；④指导现场设计与施工。

在预设点的断面，隧道开挖爆破以后，沿隧道周边的拱腰（或导洞拱腰）和边墙部位分别埋设测桩。测桩埋设深度30cm，钻孔直径42mm，用快凝水泥或早强锚固剂固定，测桩头需设保护罩。一般采用钢尺式水平收敛仪量测周边收敛变形。在选测项目量测断面位置应有测点布置。其连拱隧道断面测点、测线布置如图3.2所示。

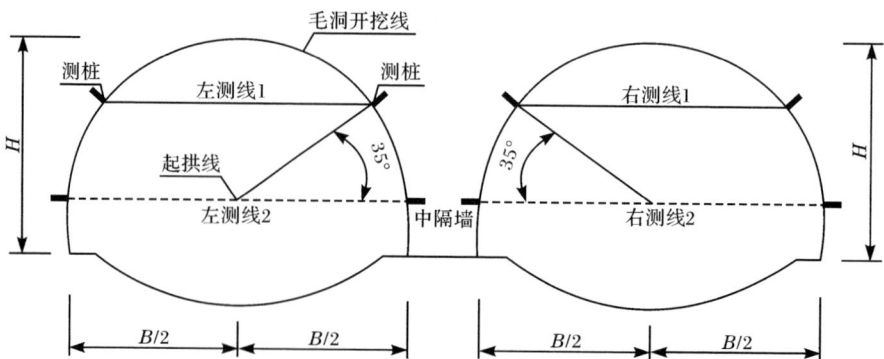

图 3.2　连拱隧道水平收敛位移测线布置图

B 为隧道开挖宽度

收敛位移量测采用SWJ-Ⅳ型收敛计，如图3.3所示，监测频率见表3.2。

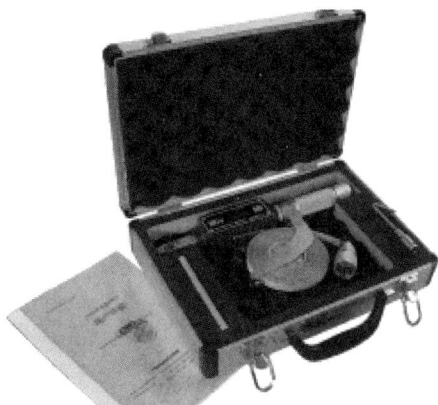

图 3.3　SWJ-Ⅳ 型收敛计

表 3.2　隧道收敛位移和拱顶下沉量测频率

位移速度/(mm/d)	距工作面距离	量测频率
>5	(0~1)B	1~2 次/d
1~5	(1~2)B	1 次/d
0.2~1	(2~5)B	1 次/(2~3d)
<0.2	>5B	1 次/(3~7d)

注：B 为隧道开挖宽度；当位移速率>5mm/d 时，应视为出现险情，及时发出警报。

3.3.4　拱顶下沉量测

用于监测开挖后隧道拱顶下沉位移，了解断面的变形状态，判断隧道拱顶的稳定性，防止隧道顶部坍塌的发生。

拱顶下沉量测是在隧道开挖毛洞的拱顶设 1 个带挂钩的测桩，测桩埋设深度 30cm，钻孔直径 42mm，用快凝水泥或早强锚固剂固定，测桩头需设保护罩。采用精密的水准仪、钢卷尺量测拱顶下沉，在必测项目量测断面位置应有测点布置。连拱隧道和分离式隧道断面测点、测线布置如图 3.4 所示。

拱顶下沉量测采用精密水准仪器（苏光 DSZ2＋FS1），如图 3.5 和图 3.6 所示，监测频率见表 3.2。

3.3.5　浅埋地表下沉量测

在隧道浅埋处地表设点观测，根据下沉位移量判断开挖对地表下沉的影响，以确定隧道支护结构。根据隧道浅埋处地表的下沉量判断隧道开挖方案是否合理。

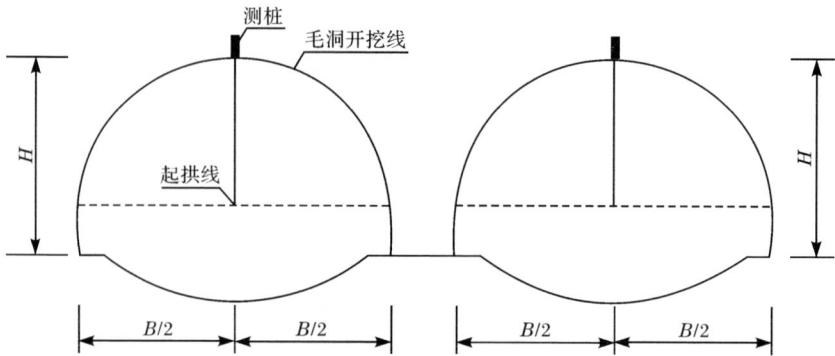

图 3.4　连拱隧道拱顶沉降量测测线布置图

图 3.5　精密水准仪　　　　　　　　　　图 3.6　铟钢尺

地表沉降观测设于隧道洞口浅埋地段,根据需要沿隧道轴线方向设 1~2 个量测断面,断面间距 10~15m。隧道洞顶地表沉降量测仪器应在隧道尚未开挖前就开始布置,以获得开挖过程中的测点全位移曲线。在选定的量测断面区域,首先应设一个通视条件较好、测量方便、牢固的基准点。地面测点布置在隧道轴线及其两侧,每个断面 5 个测点。测点应埋水泥桩,测量放线定位,用精密水准仪量测。隧道开挖距量测断面 30m 时开始量测,隧道开挖超过量测断面 30m 且沉降稳定后停止量测。作为必测项目,其断面的布置可以根据现场的实际情况灵活布置。连拱隧道地表沉降测桩布置如图 3.7 所示,量测频率见表 3.3。

3.3.6　喷射混凝土应力与二衬混凝土应力量测

为了了解喷射混凝土和二衬混凝土的受力性能,判断支护结构的可靠性和安

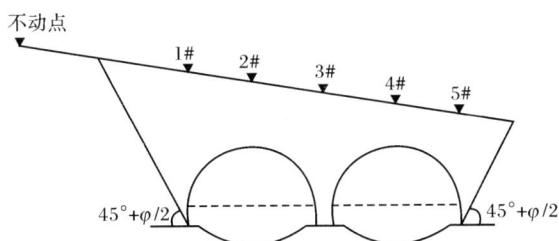

图 3.7　连拱隧道洞口及浅埋地段地表下沉测点布置图

表 3.3　隧道浅埋地表下沉量测频度表

开挖状态	量测频率
开挖面距离量测断面前后<2B 时	1~2 次/d
开挖面距离量测断面前后<5B 时	1 次/(2~3d)
开挖面距离量测断面前后>5B 时	1 次/(3~7d)

全性,以及支护参数的合理性,需要对喷射混凝土和二衬混凝土的应力进行量测。一般采用量测其切向应力的方法,主要有应力(应变)计量测法和应变砖量测法。应力(应变)计量测法是通过钢弦频率测定仪,测出应力计受力后的振动频率,然后从事先标定出的频率-应力曲线上求出作用在喷层上的应力。

混凝土应变计的埋设方法如下:

(1)喷射混凝土切向应力。围岩初喷以后,在初喷面上将应变计固定,再复喷,将应变计全部覆盖并使应变计居于喷层的中间,方向为切向。待喷射混凝土达到初凝时开始测取读数。

(2)二衬混凝土切向应力。待二衬钢筋网绑扎完毕后,模注之前,将应变计绑扎在钢筋网上,并使得应变计居于二衬的中间,方向为切向。

应变计的布设位置为:沿隧道的拱顶、拱腰和边墙在喷射混凝土内共埋设 5 个(单洞)。连拱隧道喷射混凝土与二衬混凝土切向应力测点布置如图 3.8 所示,混凝土应变计如图 3.9 所示,监测频率见表 3.4。

3.3.7　围岩压力与两层支护间压力量测

围岩压力及两层支护间压力量测常采用双膜钢弦式压力盒,其量测原理是将应力、应变、荷载及其他参数测量的数据转变为频率进行量测,故具有抗干扰能力强,坚固耐用的优点,适合长距离传送。围岩与喷射混凝土之间的压力盒是在喷混凝土施工以前埋设,测取围岩对喷射混凝土的压力,埋设方向为法向。喷射混凝土达到初凝强度以后开始测取读数。量测断面宜与周边位移量测在同一断面上。量测断面的测点布置位置与喷射混凝土应力测点布置位置相同,即每个断面

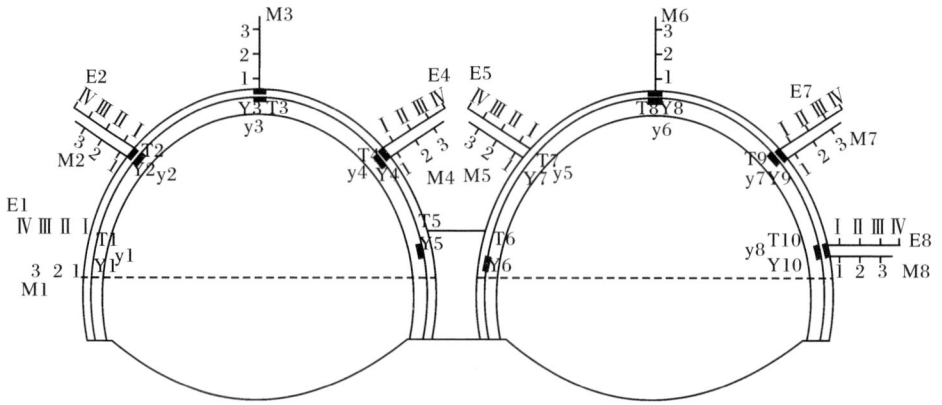

编号	项目	标记	说明
1	围岩内部位移	⌐1⌐2⌐3	E1、E2、E4、E5、E7、E8
2	锚杆轴力	⌐Ⅰ⌐Ⅱ⌐Ⅲ⌐Ⅳ	M1、M2、M3、M4、M5、M6
3	层间支护压力	▼	Y1、Y2、Y3、Y4、Y5、Y6、Y7、Y8、Y9、Y10
4	二衬钢筋应力	—	T1、T2、T3、T4、T5、T6、T7、T8、T9、T10
5	围岩压力及型钢支撑内力	▼	y1、y2、y3、y4、y5、y6、y7、y8

图 3.8　连拱隧道喷射混凝土与二衬混凝土切向应力量测布置图

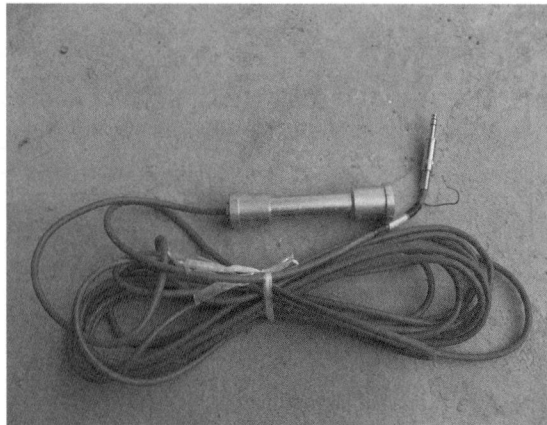

图 3.9　混凝土应变计

各设 5 个测点,共 10 个(单洞)测点。连拱隧道与分离式隧道围岩压力量测测点布置如图 3.8 所示,钢弦式双膜压力盒如图 3.10 所示,监测频率见表 3.4。

表 3.4　应力监测频度

时间	1~15d	16d~1 个月	1~3 个月	大于 3 个月
监测频率	1~2 次/d	1 次/d	1~2 次/周	1~3 次/月

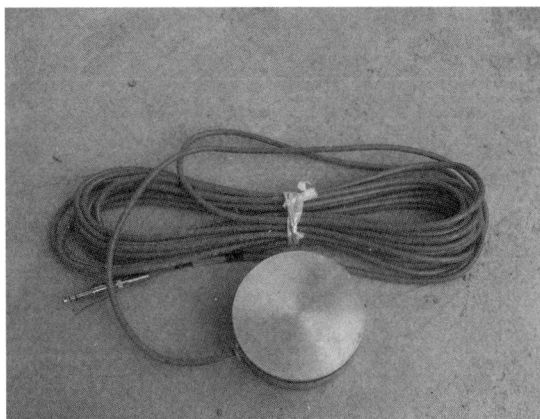

图 3.10　钢弦式双膜压力盒

3.3.8　钢拱架内力量测

对于有钢拱架支护的部分,要进行钢拱架内力的量测。以了解钢拱架受力的大小,为钢拱架造型与设计提供依据;可根据钢拱架的受力状态,为判断隧道空间的稳定性提供可靠的信息;了解钢拱架的工作状态,评价钢拱架的支护效果。

钢拱架内力量测仅限于 IV、V 级围岩地段,采用钢筋计量测,把钢筋计焊接在钢拱架上,量测钢拱架内力。钢拱架安装完以后即可测取读数。量测断面的测点布置位置与喷射混凝土应力测点布置位置相同,单洞每个断面 5 个测点。连拱隧道与分离式隧道钢拱架内力量测测点布置如图 3.8 所示。

钢拱架内力量测采用钢筋计(图 3.11)和频率仪器。监测频率见表 3.4。

3.3.9　锚杆轴力量测

沿隧道周边的拱顶、拱腰和边墙埋设锚杆轴力计,轴力计埋设在每根锚杆的不同深度,对锚杆不同深度的受力情况进行量测。明确锚杆的受力特性,评价锚杆的工作性能,优化锚杆布设方案。

锚杆轴力量测沿隧道周边的拱顶、拱腰和边墙设 5 个(连拱隧道单洞为 4 个)测孔,孔深 3.7~5m,孔径为 50mm。一个测孔内设 5 个传感器,每个断面 25 个

图 3.11　钢筋计

（连拱隧道单洞为 20 个）测点。隧道锚杆轴向力量测方法有电测法和机械法，它们都是通过量测锚杆，先测出隧道围岩内不同深度的应变（或变形），然后通过有关计算转求应力的量测方法。考虑量测方便，一般多采用电测法，使用钢筋计量测。锚杆轴力量测测孔布置如图 3.8 所示。

锚杆轴力量测采用的钢筋计（图 3.11）锚杆链接杆和频率仪；监测频率见表 3.4。

3.3.10　围岩体内位移量测

为了探明支护系统上承受的荷载，进一步研究支护与围岩相互作用之间的关系，不仅需要量测支护空间产生的相对位移（或空间断面的变形），而且还需要对围岩深部岩体位移进行监测。围岩体内位移量测的目的：①确定围岩位移随深度变化的关系；②找出围岩的移动范围，深入研究支架与围岩相互作用的关系；③判断开挖后围岩的松动区、强度下降区及弹性区的范围；④判断锚杆长度是否适宜，以便确定合理的锚杆长度。

围岩体内位移量测的设备，主要使用位移计，它可以量测隧道不同深度处围岩的位移量。随着岩土工程的发展，位移计被广泛地应用于地下空间围岩稳定性监测。近十几年来所使用的位移计有多种形式，各有特点。按测试装置的工作原理可分为电测式位移计和机械式位移计。

在离石隧道中，选用了四点机械式位移计，它的原理是将隧道围岩内部不同深度处某些点的位移状态通过与之固定的某种介质（杆、弦）引至岩体外部，以便进行量测。位移计的安装示意图如图 3.12 所示。位移计布点与其他选测项目相同，如图 3.8 所示。

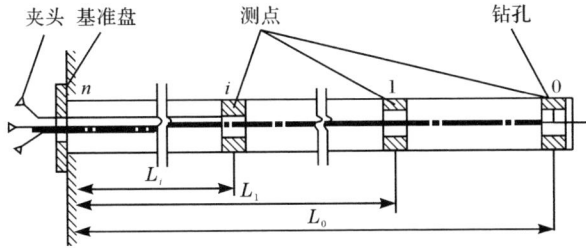

图 3.12　多点位移计安装示意图

$0,1,i,n$ 为测点编号；L_0,L_i,L_1 为各测点与端头的距离

测点的量测使用专门的百分表进行,测量时将百分表插入基准面板的锥形测孔内,插稳之后即可读数,每个测孔测量 3 次,最大差值小于 0.07mm 时,取其平均值计入表中,其量测频度见表 3.4。

3.3.11　仰拱应力量测

隧道仰拱作为黄土连拱隧道结构拱圈的一个重要组成部分,有必要对其在整个施工、运行期间的受力状态进行研究分析与监测。在黄土连拱隧道整个隧道结构拱圈成形后,仰拱的受力是很明显的,对其进行监控量测是对黄土连拱隧道安全性的必要保证。

对黄土连拱隧道仰拱进行量测,其目的主要是:①了解仰拱的受力状况,为仰拱回填设计提供依据;②根据仰拱的受力状态,为判断隧道空间稳定性提供可靠的信息;③了解仰拱的工作状态,评价仰拱的支护效果。

对黄土连拱隧道仰拱主要进行仰拱衬砌应力、仰拱钢支撑应力、围岩对仰拱的压力三个项目的测量,这三个量测项目与前面讲述的相应量测项目的量测方法一致。

3.3.12　中隔墙应力量测

在整个黄土连拱隧道开挖修建过程中,作为隧道核心受力主体的中隔墙,其受力状况会发生多次改变——出现多次偏心受力状态。对中隔墙进行监测有助于保证中隔墙在整个施工过程中的安全。对中隔墙进行压力和钢筋应力量测的主要目的在于确定中隔墙所受围岩和初期支护传来的荷载情况、中隔墙钢筋的应力状态,以及判断中隔墙的受力情况。

中隔墙受力状态量测主要是测量两侧支护传递给中隔墙的接触压力和中隔墙竖向钢筋的应力。中隔墙压力盒和钢筋计测点布置如图 3.13 所示,量测频率见表 3.4。

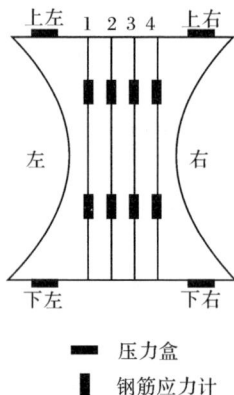

图 3.13　中隔墙应力测点布置图

3.3.13　地表裂缝量测

由于黄土连拱隧道一般埋深较浅,且黄土隧道的施工对黄土的力学特性和围岩的扰动较大。隧道开挖时隧道变形较大容易引起地表开裂,甚至引起隧道边坡滑坡等施工灾害。因此,对隧道地表裂缝的量测极其重要,有助于确保隧道在开挖期间的安全。

隧道地表裂缝的量测一般包含裂缝开展深度的量测和裂缝宽度的量测。由于隧道开展深度的量测所需仪器较为复杂,且造价较高。主要开展了裂缝宽度的量测,采用的量测工具为游标卡尺。

3.4　监测断面布置

各监测断面主要监测内容为《公路隧道施工技术规范》(JTG F60—2009)中规定的必测项目,在隧道进、出洞口,围岩级别变化处及地质条件复杂的区段可以适当加密。

隧道的测点和断面的布置严格按照规范和设计文件要求,测点布置原则如下:

(1)快速埋设测点。在距离开挖工作面 2m 范围内,开挖后 24h 内,下次爆破前,快速埋设测点。

(2)必测项目按围岩级别每隔一定距离布设测点。洞口段(从洞口明暗交界线算起 20m 范围内)、浅埋段和小净距段每 5m 布置一个断面,洞身段 Ⅴ 级围岩每 10m 布置一个断面,Ⅳ 级围岩每 20m 布置一个断面,Ⅲ、Ⅱ 级围岩每 40m 布置一个断面,断面的布置可以根据现场的实际情况进行灵活调整。

（3）测点与基线的布置视具体施工方案的变化进行修改和调整，有特殊要求的停车带、通道交叉地段或业主及监理认为有必要设置监控量测断面的地段加设测点。

离石连拱隧道按计划共完成 8 个监测断面（图 3.14）。

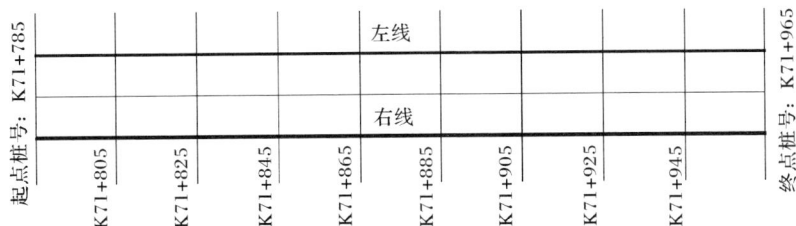

图 3.14　离石连拱隧道监测断面布置图

3.5　必测项目监测结果与分析

3.5.1　隧道周边位移量测结果分析

根据离石黄土连拱隧道的地质情况和施工要求，在离石左右隧道内共布置了 8 个量测断面，分别为 K71＋805、K71＋825、K71＋845、K71＋865、K71＋885、K71＋905、K71＋925 和 K71＋945。此外考虑到黄土连拱隧道中导洞开挖的安全性，在中导洞内也相应布置了 8 个量测断面。本节以中导洞 K71＋825、K71＋845 断面为例，其变形时程图如图 3.15、图 3.16 所示。

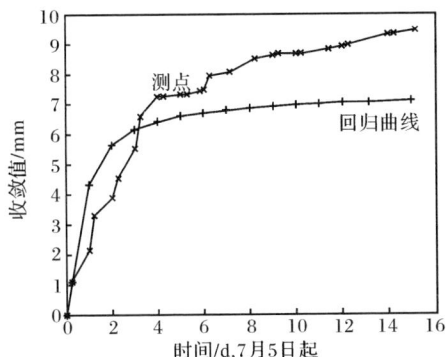

图 3.15　K71＋825 断面左洞周边
收敛回归曲线

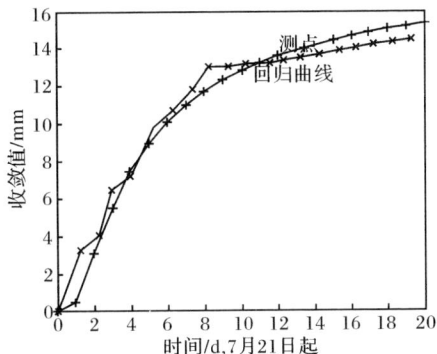

图 3.16　K71＋845 断面左洞周边
收敛回归曲线

从现场量测的监测曲线可以看出：

（1）黄土隧道开挖对围岩扰动较大，但通过控制施工方法，可以较好地减小隧道的周边位移变形值。

（2）隧道周边位移量较小，且测点在埋设后 15 天左右均完成了总变形量的 80%。

3.5.2 隧道拱顶下沉量测结果分析

根据离石黄土连拱隧道的地质情况和施工要求，在离石隧道内共布置了 8 个量测断面，分别为 K71+805、K71+825、K71+845、K71+865、K71+885、K71+905、K71+925 和 K71+945，各断面测点布置图如图 3.4 所示。

断面拱顶下沉变形与时间的时程曲线如图 3.17～图 3.32 所示。从现场量测的曲线图可以看出：

（1）左洞（埋深大的一侧）的拱顶下沉量比右洞的大。

（2）隧道开挖采用先左洞后右洞的施工方法，右洞开挖对左洞的拱顶沉降会产生一定的影响，当右洞开挖至左洞监测里程时，左洞拱顶沉降会发生突变。

（3）左、右洞的拱顶沉降值都比较大，最大值达到了 58mm，最小的也有 33mm 左右。

（4）左、右洞的拱顶沉降在测点埋设后 20 天左右均完成总变形量的 80%。

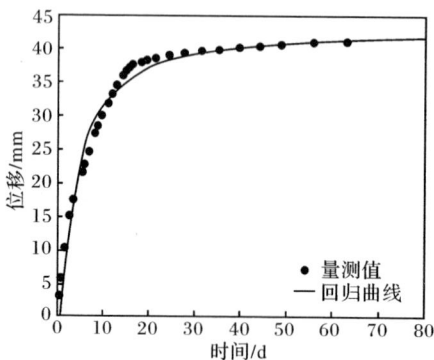

图 3.17　K71+805 断面左洞拱顶
下沉回归曲线

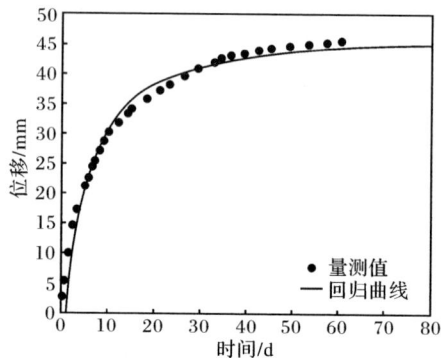

图 3.18　K71+805 断面右洞拱顶
下沉回归曲线

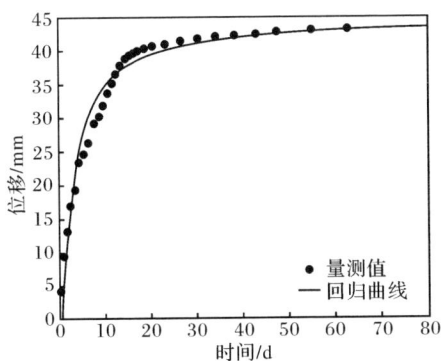

图 3.19　K71+825 断面左洞拱顶
下沉回归曲线

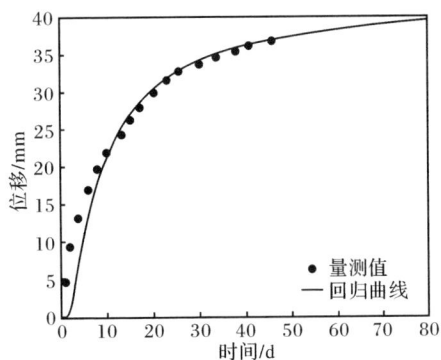

图 3.20　K71+825 断面右洞拱顶
下沉回归曲线

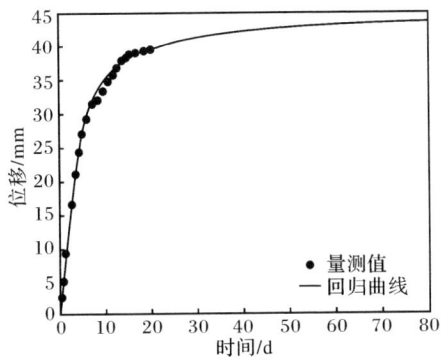

图 3.21　K71+845 断面左洞拱顶
下沉回归曲线

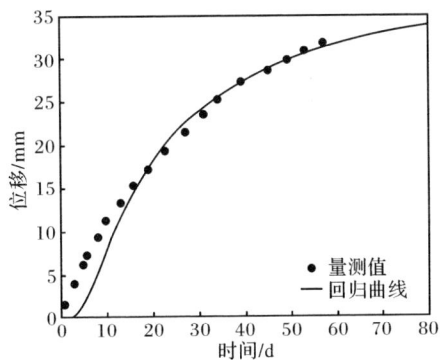

图 3.22　K71+845 断面右洞拱顶
下沉回归曲线

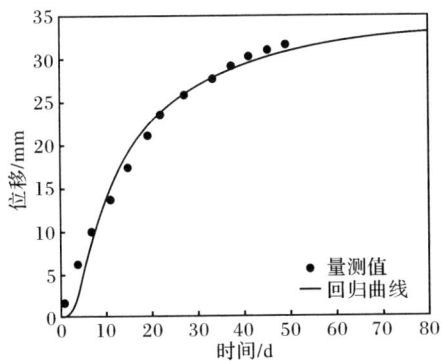

图 3.23　K71+865 断面左洞拱顶
下沉回归曲线

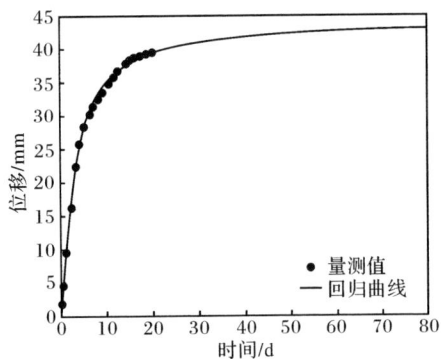

图 3.24　K71+865 断面右洞拱顶
下沉回归曲线

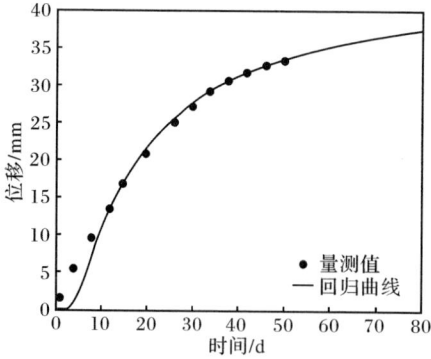

图 3.25　K71+885 断面左洞拱顶
下沉回归曲线

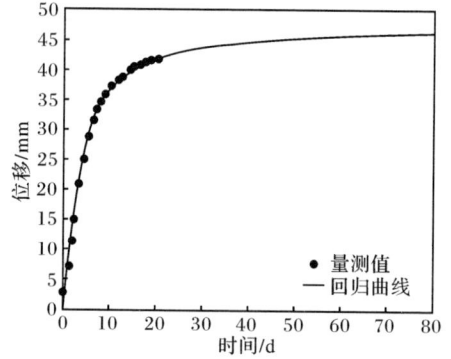

图 3.26　K71+885 断面右洞拱顶
下沉回归曲线

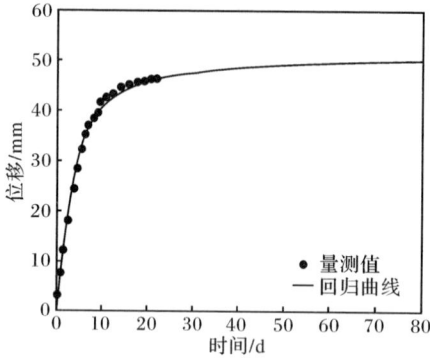

图 3.27　K71+905 断面左洞拱顶
下沉回归曲线

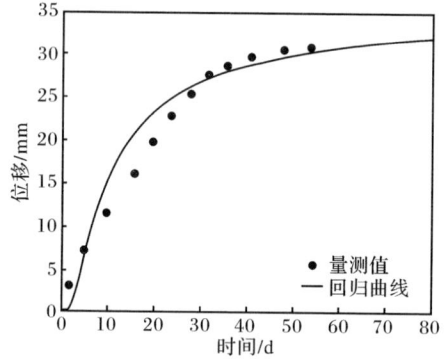

图 3.28　K71+905 断面右洞拱顶
下沉回归曲线

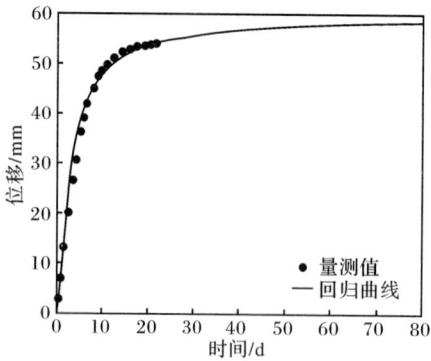

图 3.29　K71+925 断面左洞拱顶
下沉回归曲线

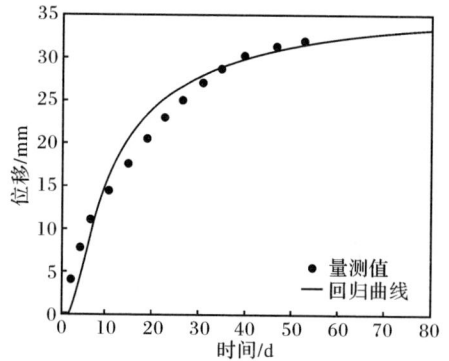

图 3.30　K71+925 断面右洞拱顶
下沉回归曲线

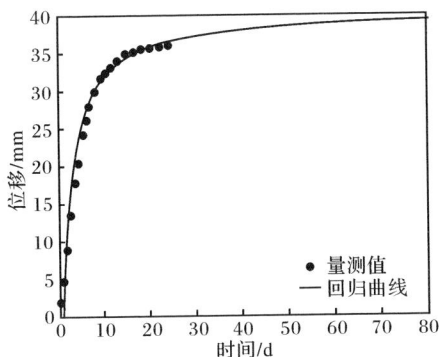

图 3.31　K71＋945 断面左洞拱顶
下沉回归曲线

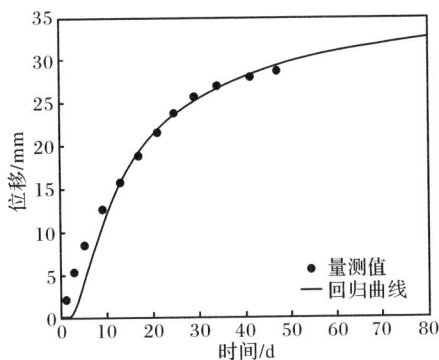

图 3.32　K71＋945 断面右洞拱顶
下沉回归曲线

3.5.3　地表下沉量测结果分析

根据离石黄土连拱隧道的特点,在该隧道的地表共布置了 6 个监测断面,分别为 K71＋805、K71＋825、K71＋865 和 K71＋895、K71＋925 和 K71＋945。

各量测断面地表沉降变形与时间的时程曲线如图 3.33～图 3.38 所示。从监测结果可以看出,其地表沉降的规律基本相同。本节以 K71＋805 和 K71＋825 断面为例进行分析。从这两个量测断面的地表沉降时程曲线可以看出:

地表沉降在 2♯、3♯ 和 4♯ 测点比较大,这与它们所在的位置有关,即它们都是拱顶对应的地表测点(2♯ 对应右洞拱顶,3♯ 对应中导洞拱顶,4♯ 对应左洞拱顶),而且其沉降值是 2♯＞3♯＞4♯;这三个点的埋深是 4♯＞3♯＞2♯。另外,在 K71＋925 断面中 2♯ 测点的沉降是最小的,其原因如下:

(1)在该断面,2♯ 测点正好位于一土坎处,其埋深在该断面仅次于 5♯ 测点。

(2)该断面正好位于出口处的一陡坡处的路边,2♯ 测点是离陡坡最远的测点,其余几个测点都离陡坡的临空面较近。受临空面影响,在隧道开挖过程中,这几个测点会有不同程度的沿隧道纵向的水平位移,下沉也加剧。

沿隧道纵向,地表下沉出现明显的"鼓肚形"。在隧道中部的 K71＋865 和 K71＋895 断面的 2♯ 和 4♯ 测点的下沉量是最大的,而其他各个量测断面测点的下沉量的关系是:K71＋805＜K71＋825＜K71＋865＜K71＋895,K71＋945＜K71＋925＜K71＋895＜K71＋865。

从每个断面的最终沉降值来看,该隧道的地表下沉是很大的,都达到了 5cm 以上,最大至 14.1cm。这说明黄土隧道在开挖过程中,围岩受到的扰动很大,塑性区的发展也很大,而且其发展的持续时间也较长。

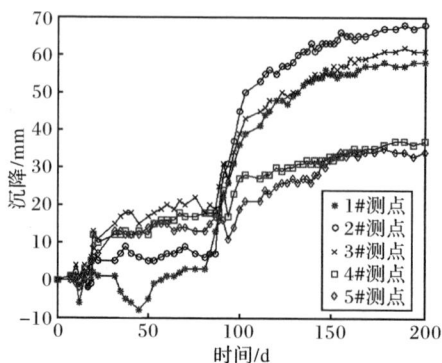

图 3.33　K71＋805 断面地表沉降-时间
曲线

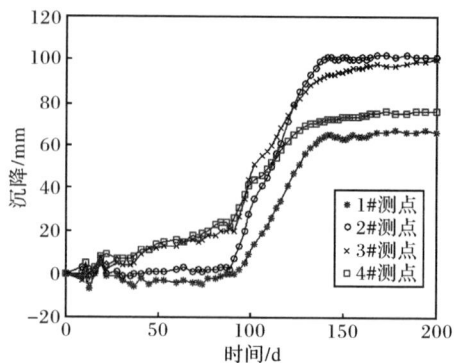

图 3.34　K71＋825 断面地表沉降-时间
曲线

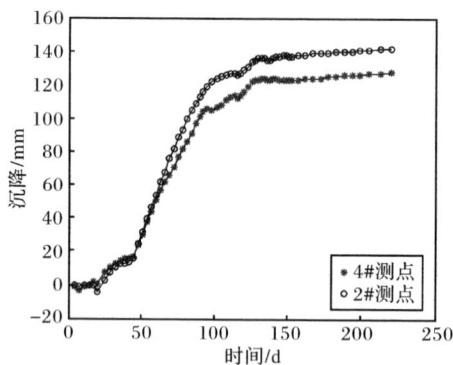

图 3.35　K71＋865 断面地表沉降-时间
曲线

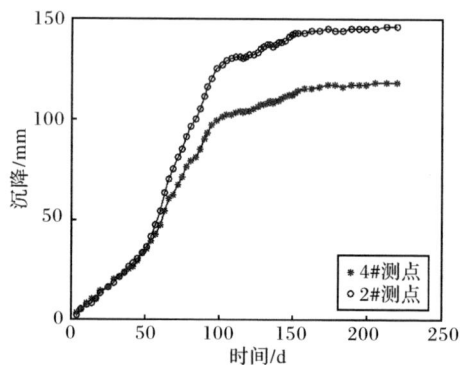

图 3.36　K71＋895 断面地表沉降-时间
曲线

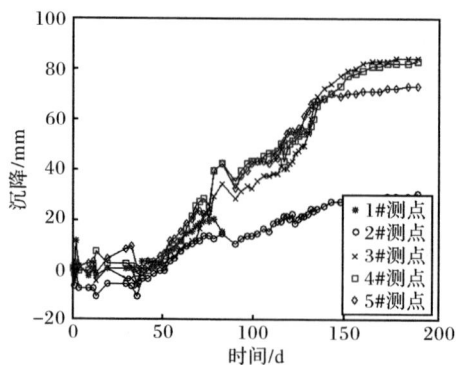

图 3.37　K71＋925 断面地表沉降-时间
曲线

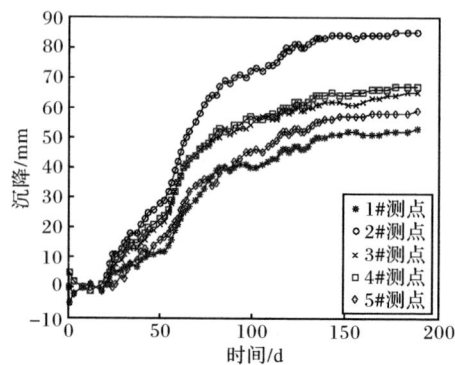

图 3.38　K71＋945 断面地表沉降-时间
曲线

3.6　选测项目监测结果与分析

3.6.1　围岩内部位移量测结果分析

本节对 K71+925 断面的 1♯位移计测点和 K71+945 断面的 8♯位移计测点进行分析。测点围岩内部位移-时间曲线监测结果如图 3.39、图 3.40 所示。

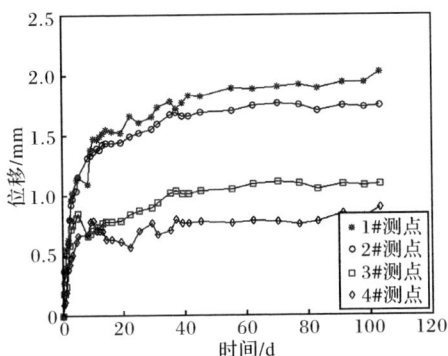

图 3.39　K71+925 断面 1♯位移计测点
围岩内部位移-时间曲线

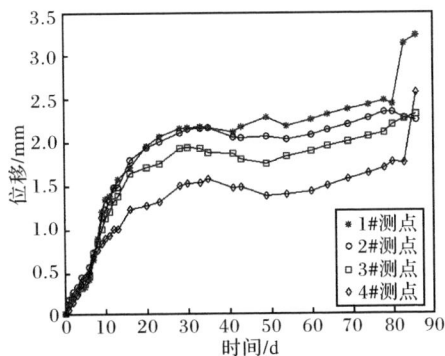

图 3.40　K71+945 断面 8♯位移计测点
围岩内部位移-时间曲线

从这两个位移计测点的位移时程曲线可以看出：

(1) 围岩内变位都比较大,都达到了 1cm 以上,这与地表下沉和拱顶沉降测得的结果相吻合,再一次确定了隧道围岩的变位是很大的。

(2) 由 K71+925 断面的 1♯位移计测点的量测结果可知,围岩位移沿位移计轴线方向出现了曲线斜率的突变,通过突变点可以大致确定出围岩的松动区和强度下降区,其界限就在该位移计的 2♯测点和 3♯测点之间,即 2~3m。

(3) K71+945 断面的 8♯位移计测点所反映的是另一种情况,位移计整个处在松动区内,围岩受到扰动的范围很大,大于 4m。

3.6.2　锚杆轴力量测结果分析

锚杆轴向应力的测定属于选测项目,根据科研和生产的需要,首先在隧道内选择好拟测岩层位,再结合隧道开挖等情况,选择好钻孔位置,以便钻孔施工。

与图 3.9 一致,在围岩体内位移监测断面前后 0.5m 左右同样的位置设置四个相应的量测锚杆。量测锚杆是一种由应力计和连接杆组成的特制锚杆。在锚杆中设置三个应力计即三个测点,间距为 1.0m。每个测点之间通过连接杆连接在一起(图 3.41),通过应力计中引出的量测线在频率仪上读取读数,再通过标定公式换算成应力。

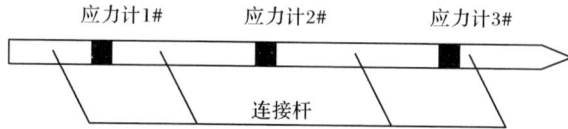

图 3.41　量测锚杆结构示意图

现场钻直径 40mm 的孔,孔深 3.5m。再向孔内注入约 60% 孔长的水泥砂浆（质量配合比为:水泥:砂:水＝1:1:0.4),插入量测锚杆。在孔口端头用石块楔紧,砂浆抹平,防止锚杆外滑。安装前应检查量测锚杆的读数情况,对无法测读的要及时更换。图 3.42 为量测锚杆现场安装图。

图 3.42　量测锚杆安装现场

各量测断面监测数据分析如下。

1) K71＋805 量测断面

从图 3.43 和图 3.44 中可以看出,在开挖后 10d(初测后 8d)左右,锚杆轴向受力出现波动,幅值在 5MPa 左右。此后近一个月的时间内,轴向应力变化幅值在 ±2MPa 之间。在开挖右洞时,锚杆轴向应力急剧增大,轴向应力值最大为 5MPa,最小为 0.2MPa,均没超过锚杆的强度范围。

2) K71＋825 量测断面

在 K71＋825 断面上埋设了 2#、3# 和 4# 三根量测锚杆,从图 3.45、图 3.46 和图 3.47 中可以看出,锚杆埋设后,轴向应力随时间减小,其幅度较大,从 －25MPa 到 －8MPa。此断面锚杆轴向应力随深度的径向变化呈"鼓肚形",且都是受压的。开挖右洞时,锚杆的应力变化加剧,3# 锚杆还出现了突变。

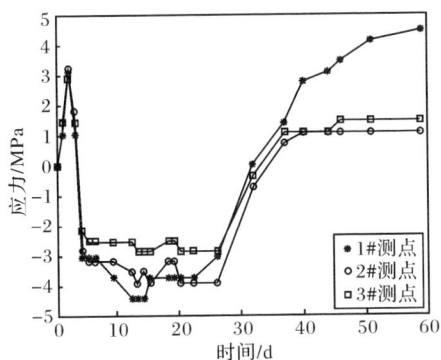

图 3.43 K71+805 断面 3♯锚杆轴向
应力-时间曲线

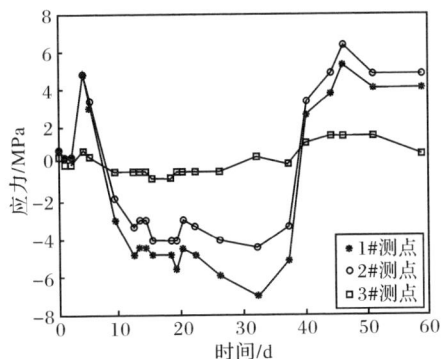

图 3.44 K71+805 断面 4♯锚杆轴向
应力-时间曲线

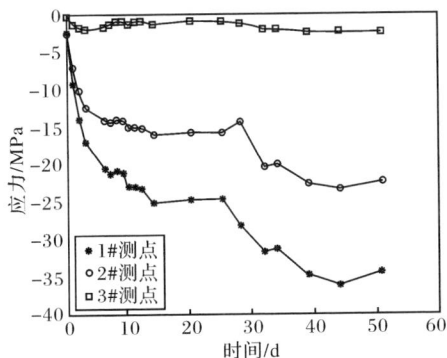

图 3.45 K71+825 断面 2♯锚杆轴向
应力-时间曲线

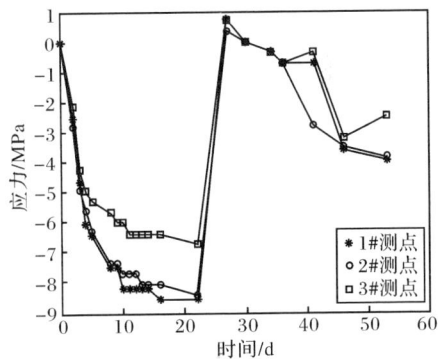

图 3.46 K71+825 断面 3♯锚杆轴向
应力-时间曲线

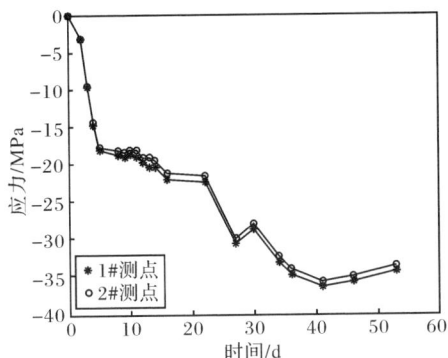

图 3.47 K71+825 断面 4♯锚杆轴向应力-时间曲线

3) K71+925 量测断面

在 K71+925 断面埋设了 8 根量测锚杆。量测结果如图 3.48～图 3.55 所示。

从应力时程曲线可以看出,1♯和 8♯锚杆最终的应力是拉应力,而且都很大,这可能是由其埋设位置(边墙)决定的。2♯和 7♯锚杆在埋设后,应力逐渐减小,压应力越来越大,但其绝对值都不是很大,7♯达到了－15MPa,2♯只有－7MPa。3♯和 6♯锚杆应力变化的幅度较大,但最终锚杆的应力都很小,在±0.5MPa 之间。其中 6♯锚杆 2♯和 3♯测点的应力都在 0 左右摆动,其原因可能是锚固问题(拱顶灌注砂浆比较困难,在实际安装时,使用锚固剂锚固。由于孔很深,钻孔底部未能注塞满)。4♯和 5♯锚杆的轴向应力也出现了"鼓肚形",但其应力都不大。

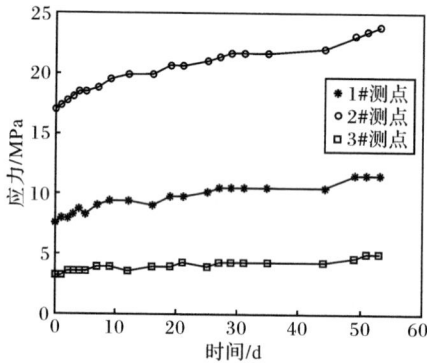

图 3.48　K71+925 断面 1♯锚杆轴向
应力-时间曲线

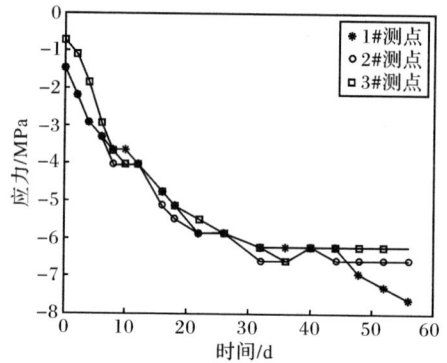

图 3.49　K71+925 断面 2♯锚杆轴向
应力-时间曲线

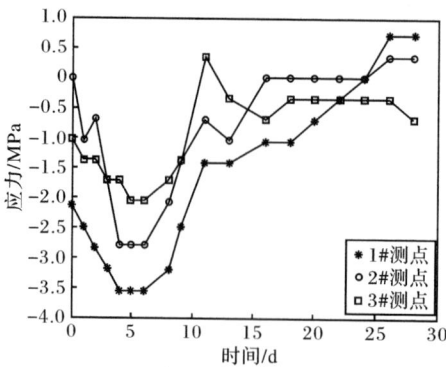

图 3.50　K71+925 断面 3♯锚杆轴向
应力-时间曲线

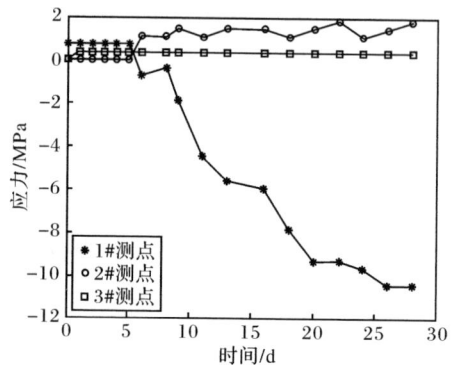

图 3.51　K71+925 断面 4♯锚杆轴向
应力-时间曲线

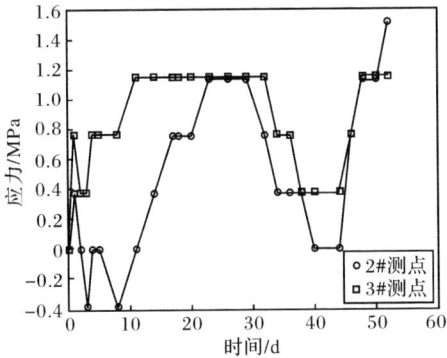

图 3.52　K71+925 断面 5♯锚杆轴向
应力-时间曲线

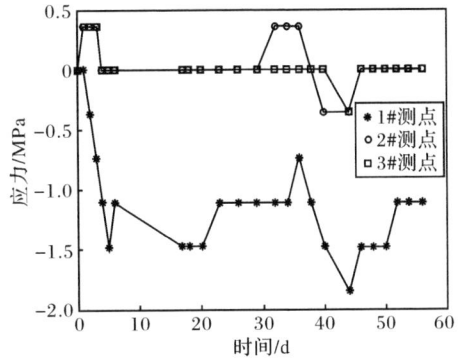

图 3.53　K71+925 断面 6♯锚杆轴向
应力-时间曲线

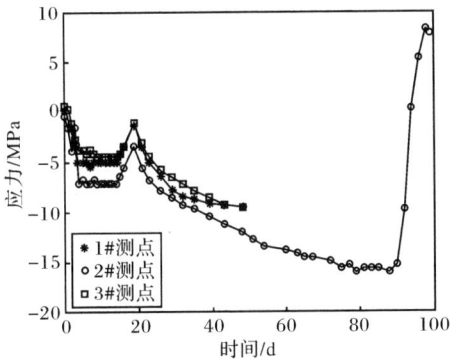

图 3.54　K71+925 断面 7♯锚杆轴向
应力-时间曲线

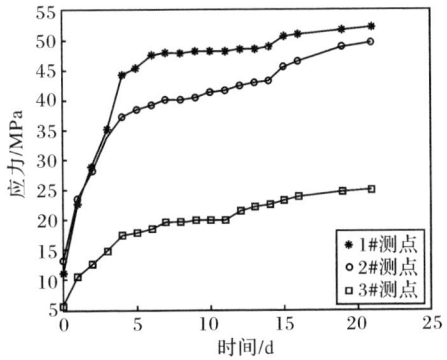

图 3.55　K71+925 断面 8♯锚杆轴向
应力-时间曲线

4) K71+945 量测断面

在 K71+945 断面埋设了 8 根量测锚杆。量测结果如图3.56～图 3.63所示。

本节以 1♯锚杆为例进行分析,从应力-时间曲线可以看出,锚杆的受力比较充分,出现了明显的"鼓肚形",说明该锚杆的埋设质量很好。锚杆的应力出现了明显台阶形,表明在开挖左主洞的同时又开挖右洞,在此过程中锚杆应力出现了增加。锚杆最外端测点的应力最大,为 45MPa,仍然没有超过锚杆的强度,说明锚杆的设计参数是足够的。锚杆 3♯测点的应力几乎为零,这可能是因为锚杆的最里端已经处于围岩的弹性区,即围岩的松弛半径大约为 3m(锚杆的长度)。

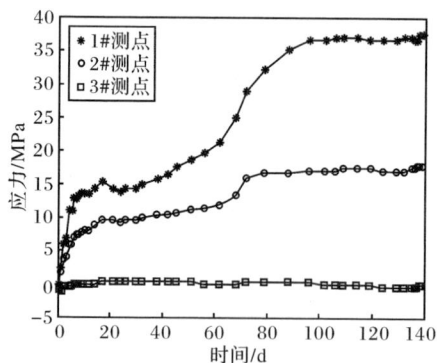

图 3.56　K71＋925 断面 1♯锚杆轴向
应力-时间曲线

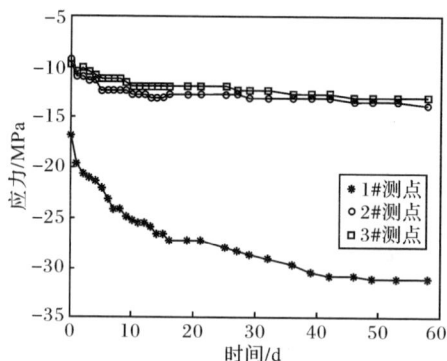

图 3.57　K71＋925 断面 2♯锚杆轴向
应力-时间曲线

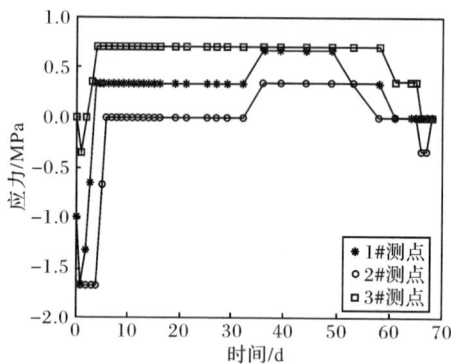

图 3.58　K71＋925 断面 3♯锚杆轴向
应力-时间曲线

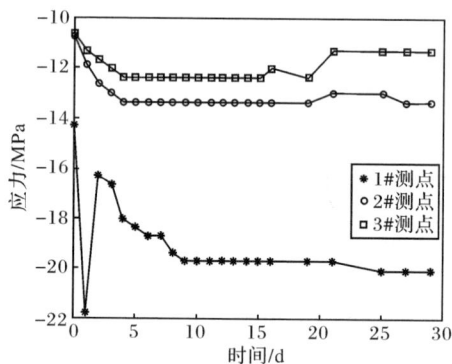

图 3.59　K71＋925 断面 4♯锚杆轴向
应力-时间曲线

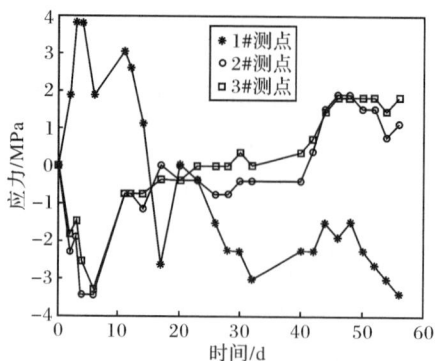

图 3.60　K71＋925 断面 5♯锚杆轴向
应力-时间曲线

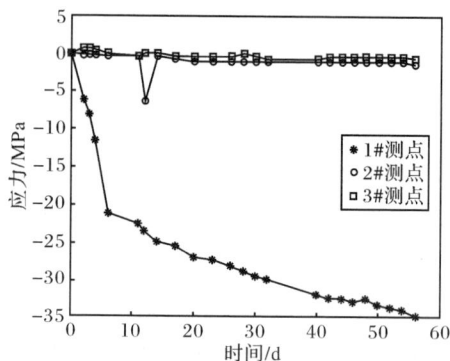

图 3.61　K71＋925 断面 6♯锚杆轴向
应力-时间曲线

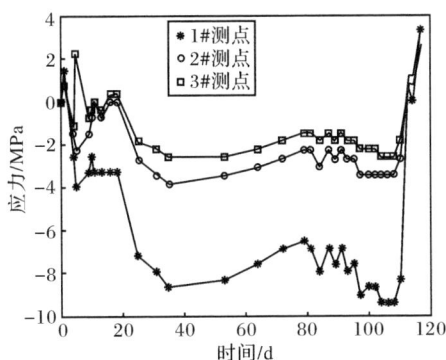

图 3.62　K71＋925 断面 7♯锚杆轴向
应力-时间曲线

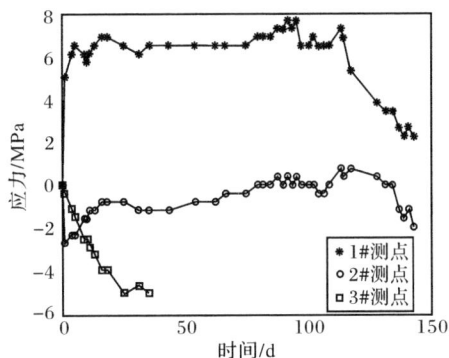

图 3.63　K71＋925 断面 8♯锚杆轴向
应力-时间曲线

3.6.3　围岩压力量测结果分析

本节选用 GH-50 钢弦测压仪,它可以测量应力、应变、荷载及其他参数。

本节以 K71＋825 和 K71＋925 断面进行分析,其量测结果如图 3.64～
图 3.67所示。从图中可以看出,围岩施加在钢拱架上的荷载还是很大的,最大应
力值达到了 0.2MPa。此外,还可知钢拱架在拱腰处受到的荷载较大,在拱顶处较
小,边墙处最小。

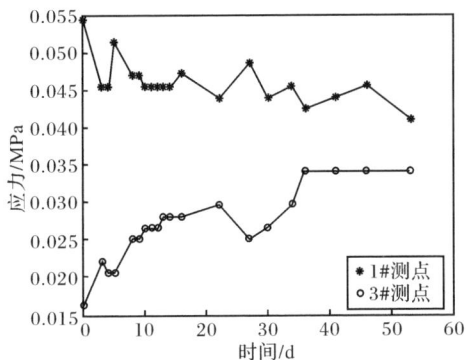

图 3.64　K71＋825 断面左洞围岩
压力-时间曲线

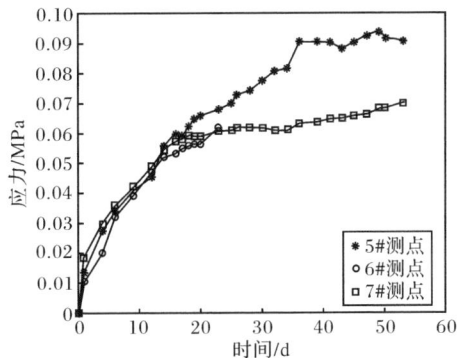

图 3.65　K71＋825 断面右洞围岩间
压力-时间曲线

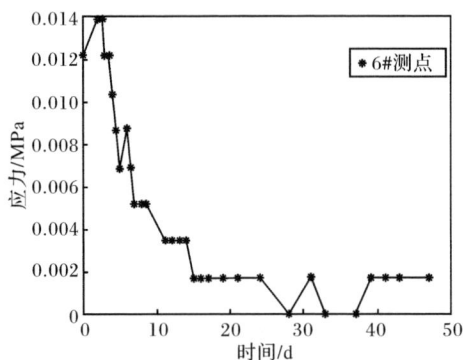

图 3.66　K71+925 断面左洞围岩
压力-时间曲线

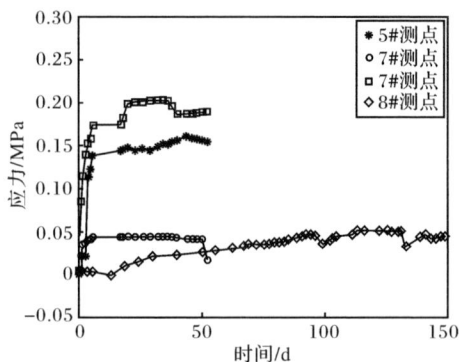

图 3.67　K71+925 断面右洞围岩
压力-时间曲线

3.6.4　钢架内力量测结果分析

本节以右洞埋设断面为例进行分析,量测结果如图 3.68～图 3.71 所示。从图中可知:

(1) 钢架处于受压状态,而且应力值也比较大,最大值达到了−110MPa(压应力),最小值为−25MPa。

(2) 拱圈两侧拱腰处(6♯和 10♯测点)的钢架内力比拱顶的大;在开挖仰拱时,各测点的钢架内力出现了突变。

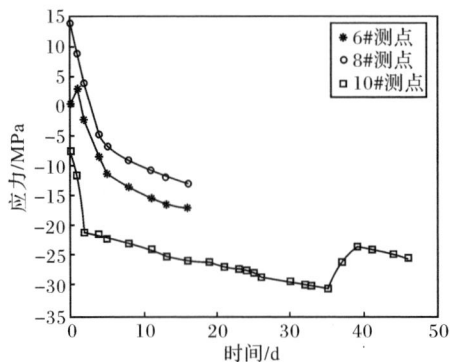

图 3.68　K71+805 断面右洞钢架
应力-时间曲线

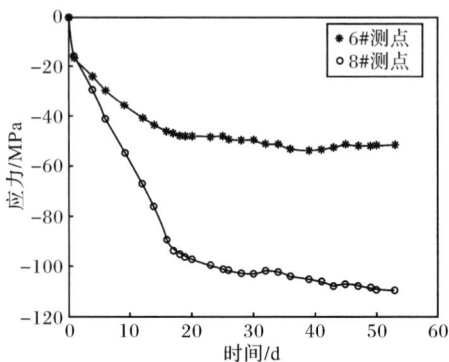

图 3.69　K71+825 断面右洞钢架
应力-时间曲线

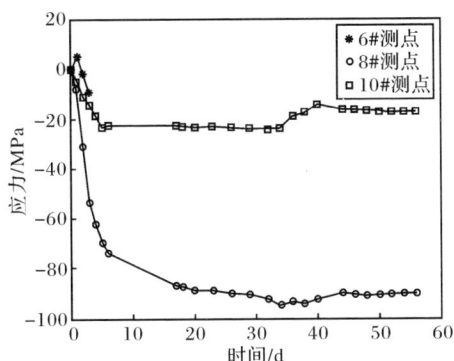

图 3.70　K71＋925 断面右洞钢架
应力-时间曲线

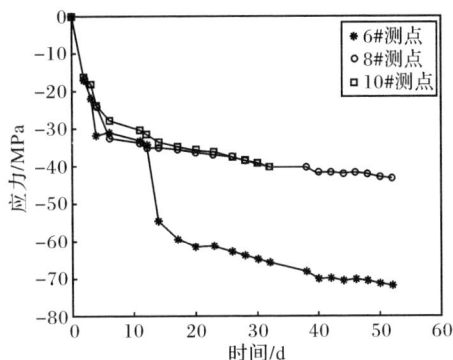

图 3.71　K71＋945 断面右洞钢架
应力-时间曲线

3.6.5　两层支护间压力量测结果分析

两层支护间压力量测结果如图 3.72～图 3.77 所示,由图可知:

(1)深埋侧左洞拱顶处的应力较大,右洞较小。其原因如下:左洞二次衬砌浇筑较早,浇注时,右洞还在开挖。在右洞开挖通过时,围岩再次受到扰动,继续下沉,使得左洞二次衬砌的受力加大。而右洞则是在隧道左洞开挖完成后进行的,围岩基本稳定后才进行二次衬砌的浇筑。

(2)不管是左洞还是右洞,都是左侧初期支护与二次衬砌间的压力比右侧的大,这是由于受隧道偏压影响的结果。

(3)从整体监测结果来看,初期支护与二次衬砌间的压力都不大。

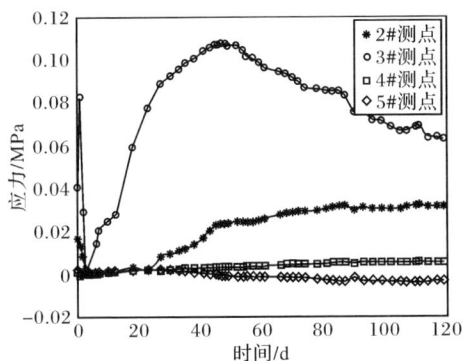

图 3.72　K71＋805 断面左洞两层
支护间压力时程曲线

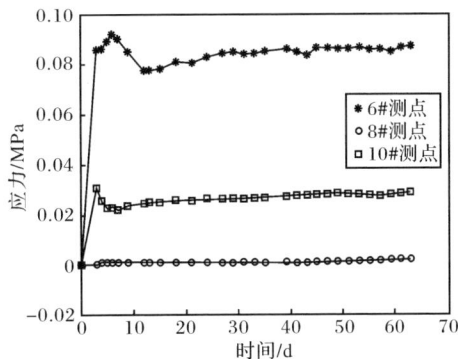

图 3.73　K71＋805 断面右洞两层
支护间压力时程曲线

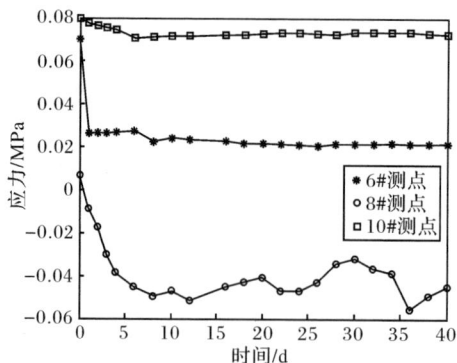

图 3.74　K71+825 断面左洞两层
支护间压力时程曲线

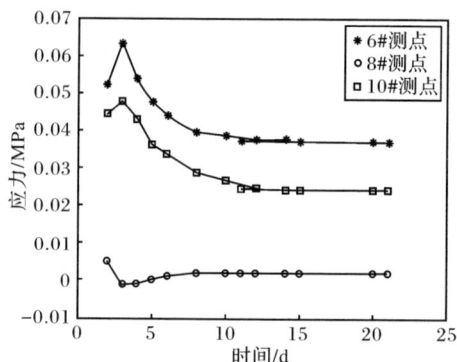

图 3.75　K71+905 断面右洞两层
支护间压力时程曲线

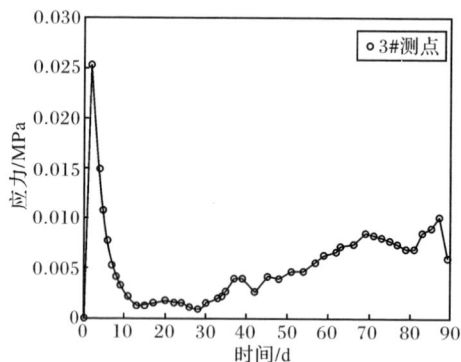

图 3.76　K71+925 断面左洞两层
支护间压力时程曲线

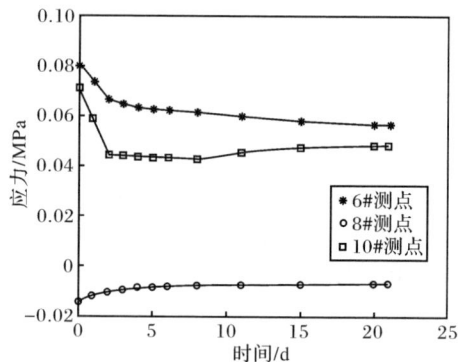

图 3.77　K71+925 断面右洞两层
支护间压力时程曲线

3.6.6　喷射混凝土切向应变量测结果分析

喷射混凝土的切向应变通过混凝土应变计进行量测,将混凝土应变计用铁丝悬绑在钢筋网上。在混凝土喷射时,将其包裹在内,通过应变计与混凝土的同步变形来量测喷射混凝土的应变。在隧道左、右洞各埋设 5 个测点,分别为拱顶 1 个,左、右拱腰各 1 个,左、右边墙各 1 个,其埋设位置如图 3.78 所示。

喷射混凝土切向应变量测结果如图 3.79～图 3.82 所示,由图可知:

(1)各测点喷射混凝土的切向应变都是压应变,其值都在 $-1000\mu\varepsilon$ 左右。

(2)拱顶处的切向应变较拱腰处大。

(3)喷射混凝土切向应变在量测初期变化幅值较大,可能是由混凝土在初期凝结收缩引起的。

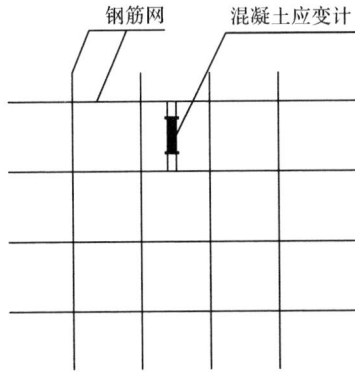

图 3.78 混凝土应变计埋设位置示意图

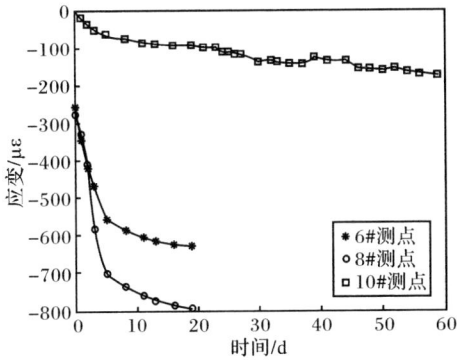

图 3.79 K71+805 断面右洞喷射混凝土
切向应变-时间曲线

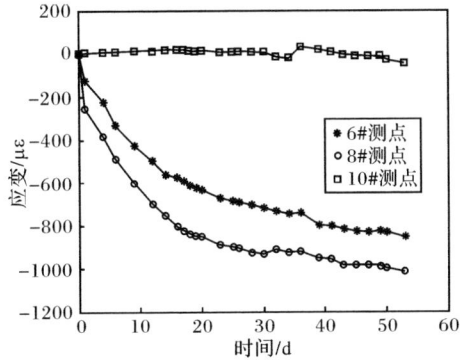

图 3.80 K71+825 断面右洞喷射混凝土
切向应变-时间曲线

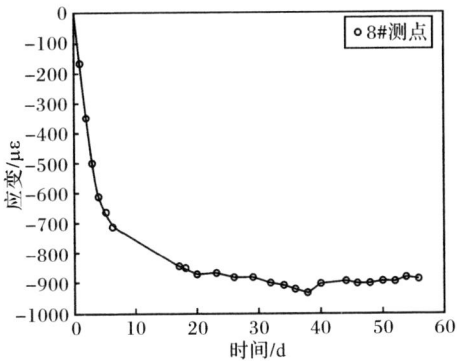

图 3.81 K71+925 断面右洞喷射混凝土
切向应变-时间曲线

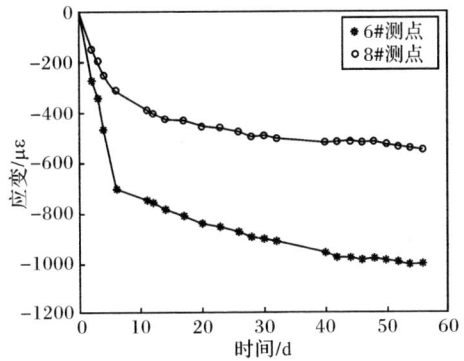

图 3.82 K71+945 断面右洞喷射混凝土
切向应变-时间曲线

3.6.7 二次衬砌钢筋应力量测结果分析

从图 3.83～图 3.86 中可以看出：

（1）左洞二次衬砌钢筋的应力比右洞的大，这是由施工工序造成的。

（2）在隧道左、右洞拱脚处的二次衬砌钢筋应力最大，其值接近－100MPa（压应力），而拱顶的则相对较小。

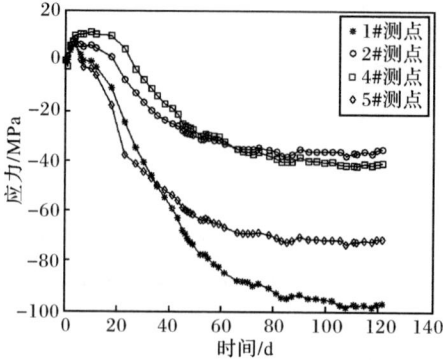

图 3.83　K71＋805 断面左洞二次衬砌
钢筋应力时程曲线

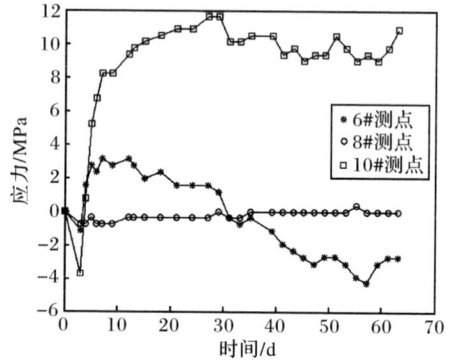

图 3.84　K71＋805 断面右洞二次衬砌
钢筋应力时程曲线

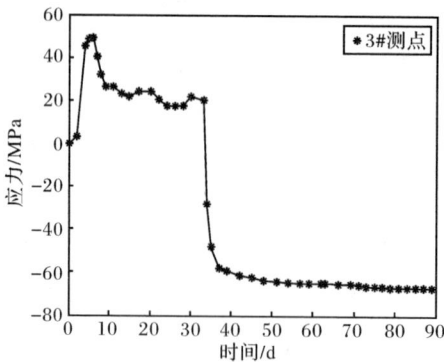

图 3.85　K71＋925 断面左洞二次衬砌
钢筋应力时程曲线

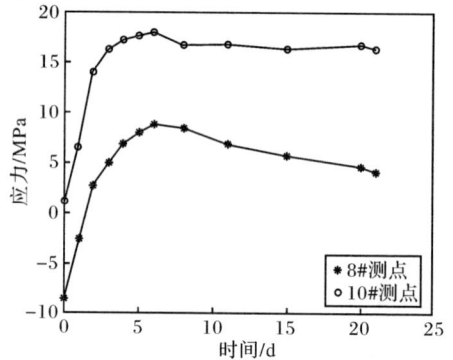

图 3.86　K71＋925 断面右洞二次衬砌
钢筋应力时程曲线

3.6.8 二次衬砌混凝土切向应变量测结果分析

从图 3.87～图 3.92 中可以看出：

（1）左洞二次衬砌混凝土的应变比右洞的大。

（2）初期二次衬砌混凝土应变的变化幅度很大，这是由混凝土在凝结过程中收缩引起的。

（3）在隧道的拱顶处混凝土应变较小，在两侧拱脚和拱腰处较大。

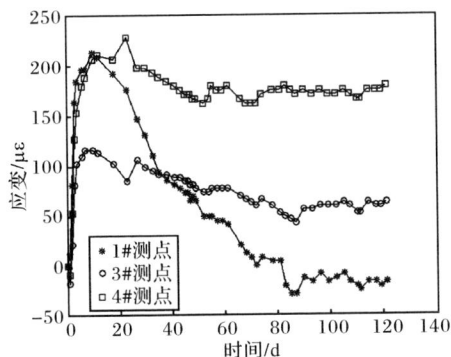

图 3.87　K71+805 断面左洞二次衬砌混凝土切向应变时程曲线

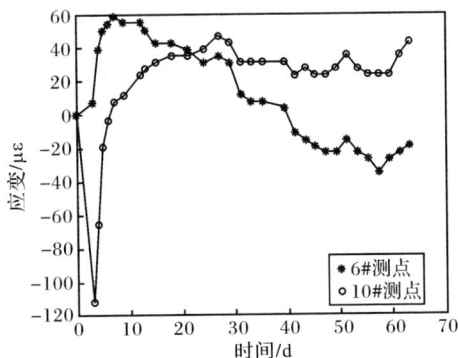

图 3.88　K71+805 断面右洞二次衬砌混凝土切向应变时程曲线

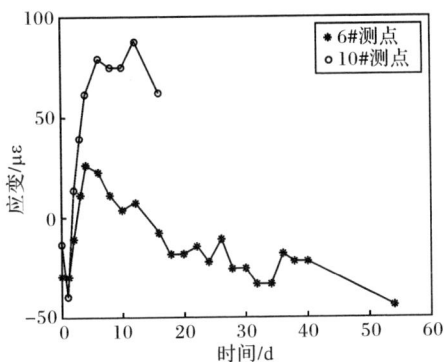

图 3.89　K71+825 断面右洞二次衬砌混凝土切向应变时程曲线

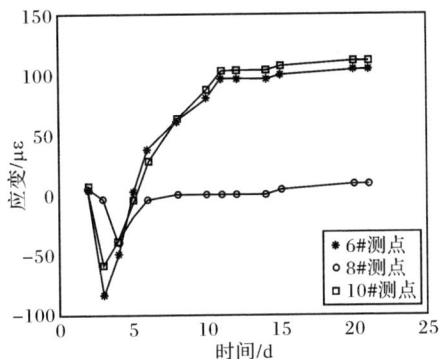

图 3.90　K71+905 断面右洞二次衬砌混凝土切向应变时程曲线

3.6.9　仰拱应力量测结果分析

1. 仰拱与围岩接触压力量测

本节仅在右洞 K71+825 断面、右洞 K71+925 断面和左洞 K71+945 断面埋设了测点。现场量测结果如图 3.93～图 3.95 所示。从图中可以看出：

（1）仰拱中间点受到围岩的压力是最大的，达到了 1MPa，两侧受到的比较小，这与理论分析的结果是一致的。

（2）隧道在开挖右洞时，左洞围岩施加给仰拱的压力明显增大，如左洞 K71+945 断面量测结果。

（3）隧道仰拱与围岩压力最终都稳定在一个相对安全的应力值附近。

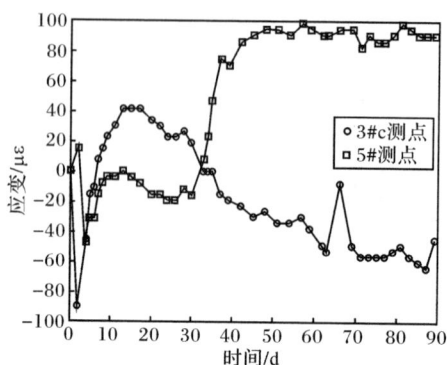

图 3.91　K71＋925 断面左洞二次衬砌混凝土切向应变时程曲线

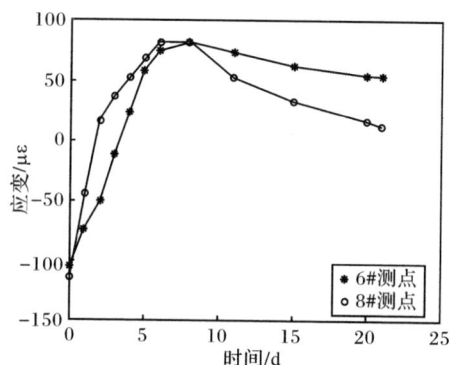

图 3.92　K71＋925 断面右洞二次衬砌混凝土切向应变时程曲线

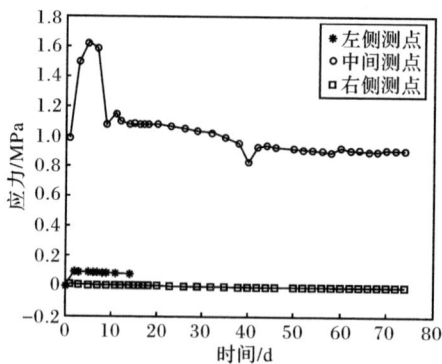

图 3.93　K71＋825 断面右洞仰拱与围岩间压力时程曲线

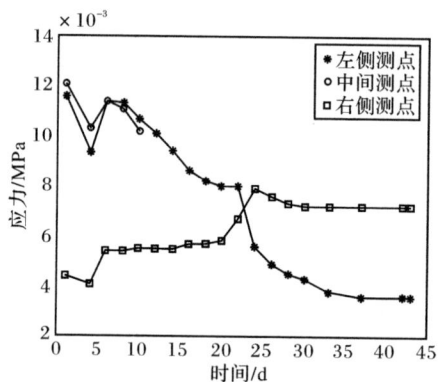

图 3.94　K71＋925 断面右洞仰拱与围岩间压力时程曲线

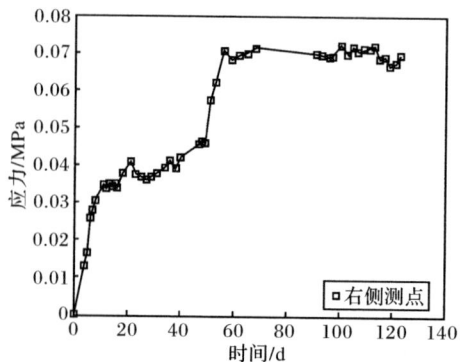

图 3.95　K71＋945 断面左洞仰拱与围岩间压力时程曲线

2. 仰拱钢筋应力量测

从图 3.96～图 3.98 可以看出：

(1) 隧道右洞仰拱的钢筋都受拉应力, 并且值不大, 最大值为 17MPa。

(2) 隧道右洞仰拱两侧的钢筋应力比中间测点的大。

(3) 钢筋应力值趋于稳定值所经历的时间较长。

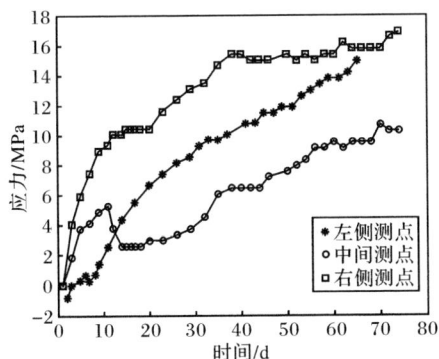

图 3.96　K71＋805 断面右洞仰拱
钢筋应力时曲线

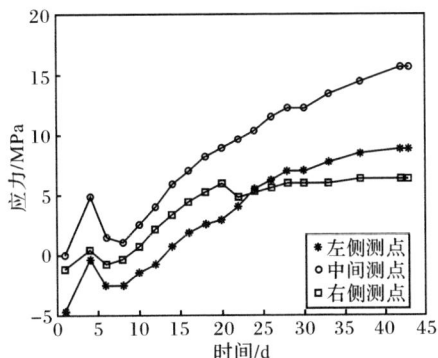

图 3.97　K71＋925 断面右洞仰拱
钢筋应力时程曲线

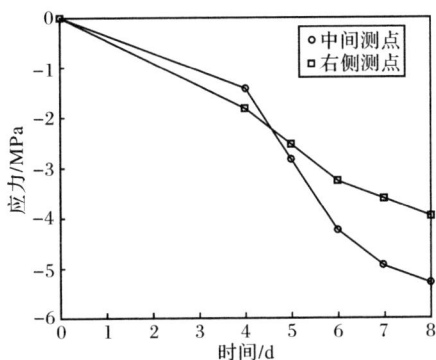

图 3.98　K71＋945 断面左洞仰拱钢筋应力时程曲线

3. 仰拱混凝土切向应变量测

从图 3.99～图 3.101 可以看出：

(1) 仰拱混凝土应变的变化幅值较大, 但其最终稳定值都不是很大, 最大值为 160$\mu\varepsilon$ 左右。

(2) 仰拱混凝土应变在中间测点处的值相对于两侧的量测值要小。

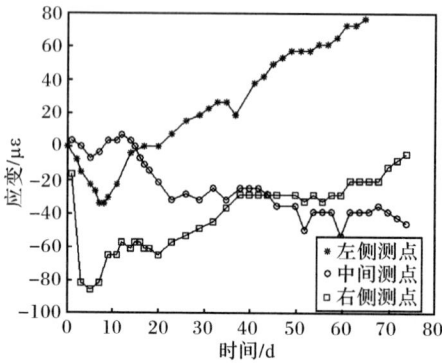

图 3.99　K71＋805 断面右洞仰拱混凝土
切向应变时程曲线

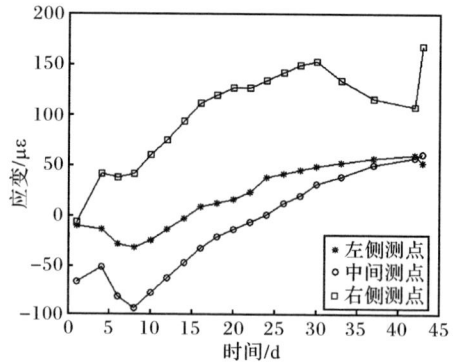

图 3.100　K71＋925 断面右洞仰拱混凝土
切向应变时程曲线

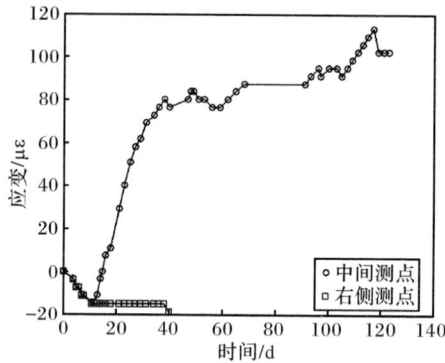

3.101　K71＋945 断面左洞仰拱混凝土切向应变时程曲线

3.6.10　中隔墙应力量测结果分析

　　现场的埋设中,在 K71＋925 断面中埋设了 4 个压力盒和 4 个钢筋应力计,在 K71＋945 断面埋设了 4 个压力盒和 4 个钢筋应力计(下部 1♯和 4♯,上部 1♯和 4♯)。

　　从图 3.102～图 3.105 可以看出,几个断面中隔墙顶的压力都不大,最大为 0.04MPa,K71＋925 断面的中隔墙的压力最大,K71＋945 断面处最小,其原因是:K71＋925 断面的埋深最大,有 40m 左右,K71＋925 埋深最小,只有 3m 左右。同时,右侧的压力比左侧的大。K71＋925 断面和 K71＋945 断面的钢筋应力监测结果表明,中隔墙钢筋应力不大,只有 40MPa 左右,远小于钢筋的强度,中隔墙的钢筋设计是合理的。此外,中隔墙中间的钢筋应力要比边上的大。

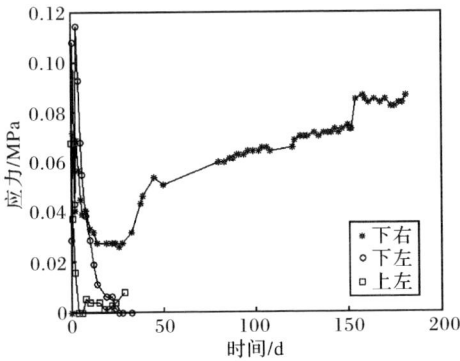

图 3.102　K71+925 断面中隔墙
压力时程曲线

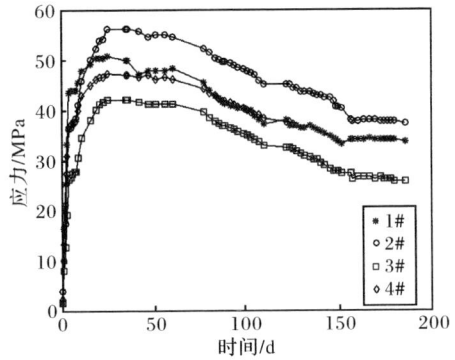

图 3.103　K71+925 断面中隔墙
钢筋应力时程曲线

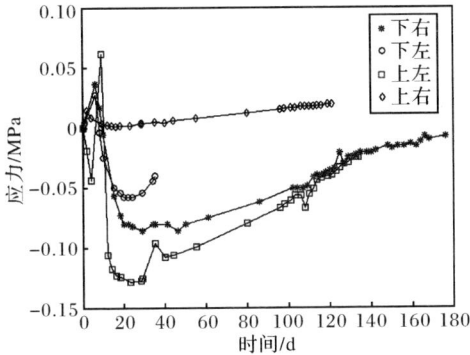

图 3.104　K71+945 断面中隔墙
压力时程曲线

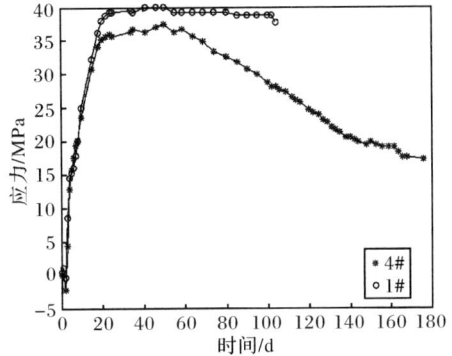

图 3.105　K71+945 断面中隔墙
钢筋应力时程曲线

3.6.11　地表裂缝量测结果分析

2004 年 6 月,隧道左侧地表出现了一条沿隧道轴线的几乎贯通的裂缝,在隧道进口仰坡上,能明显看出该裂缝在深度方向也有较大发展。为了保证隧道和施工的安全,对该裂缝进行了监测。

选取了 K71+805、K71+865 和 K71+880 三个地表裂缝量测断面,对裂缝宽度进行监测,发现裂缝宽度最终稳定下来。裂缝对整个隧道的安全没有太大的影响。其时间曲线如图 3.106 所示。

从图 3.106 可以看出,裂缝宽度在 K71+805 断面增加得很厉害,达到了 11mm,但最终还是稳定下来了。由于裂缝的宽度很大,需要对裂缝进行处理,以确保隧道在运行期间的安全。

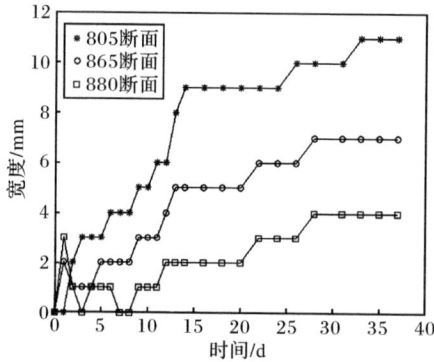

图 3.106　地表裂缝宽度增量-时间曲线

3.7　黄土隧道围岩稳定性判别模型

黄土连拱隧道一般为浅埋隧道,其新奥法监测的必测项目包括洞周水平位移监测、拱顶沉降监测和地表沉降监测。监测的数值一般都能较好地反映隧道围岩的稳定情况。如果量测值一直在变化,则说明隧道围岩还在变形,围岩的二次应力重分布还未达到平衡。根据对离石黄土连拱隧道的监测成果,可以将围岩随时间的变形规律归纳为四种类型。

1) 稳定型

稳定型围岩变形如图 3.107 和图 3.108 所示。围岩开挖后一周内拱顶沉降速率较大,累计沉降值增加的较快,后期沉降速率变小,逐渐接近 0,变形稳定时没有超过规范规定的限值。该类型围岩一般属稳定型。其设计参数较为合理,施工质量能得到保障。

该类型判别式为

$$Y < [Y_0] \qquad\qquad (3.1)$$

式中,Y 为监测累计值;Y_0 为规范规定的变形极限值。

2) 二次扰动稳定型

二次扰动稳定型围岩变形如图 3.109 和图 3.110 所示。围岩变形趋于稳定后又加速,最终趋于稳定。出现这种情况时,中间一段的收敛速率可能大于规范允许值,但通过观察发现,围岩或初期支护并没有表现出不稳定的迹象。中间加速变化的过程可能是由于施工因素(爆破、下台阶开挖,或仰拱开挖等)造成的,因此,这一段曲线的持续时间不会太长。在这种情况下,下台阶成功通过该断面之后,该处的围岩将处于稳定状态。

3）二次扰动次稳定型

二次扰动次稳定型围岩变形如图 3.111 和图 3.112 所示。围岩中间收敛速率和累计收敛位移值超过了规范的允许值，但最终或通过加固之后是稳定的。这种情况如果是由于施工过程造成的，则应该控制施工，如果是由于黄土的流变产生的，则应该对围岩进行加固或加强支护。这种情况下，应增加监测频率和监测断面布置。

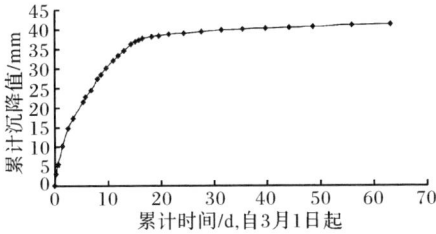

图 3.107　K71＋805 断面累计沉降
时程关系曲线

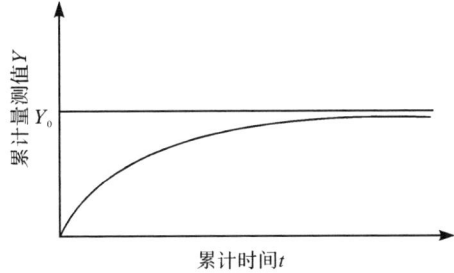

图 3.108　稳定型判别类型

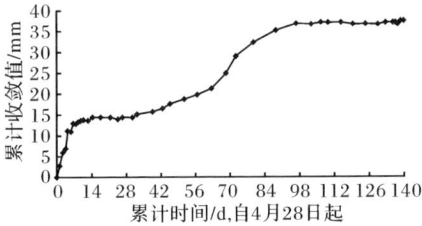

图 3.109　K71＋915 断面累计收敛
时程关系曲线

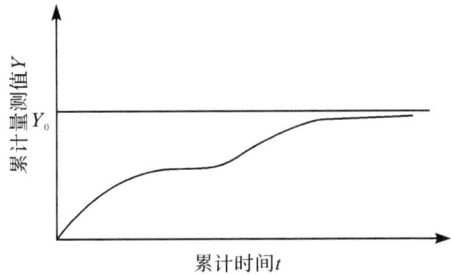

图 3.110　二次扰动稳定型判别类型

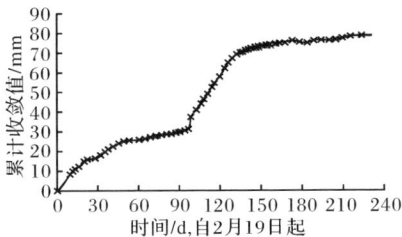

图 3.111　K71＋825 断面累计沉降
时程曲线

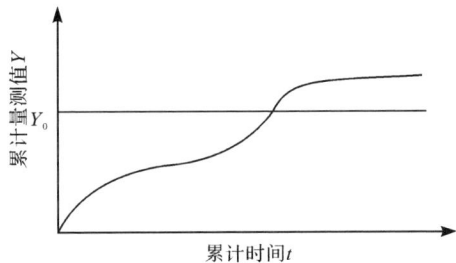

图 3.112　二次扰动次稳定型判别类型

4）非稳定型

非稳定型围岩变形如图 3.113 和图 3.114 所示。围岩初期变形小，之后变形加速，累计变形位移大大超过规范规定的允许值，初期支护开始出现宏观上的变形。这是由于在开始阶段围岩与喷射混凝土间并不密贴,围岩的变化情况并不能完全传递到喷射混凝土的表面。随着围岩的破坏范围进一步加大,初期支护除了支撑围岩的变形压力外,还有围岩的松动压力,当松动压力增加到一定程度后,将首先在喷射混凝土表面出现裂缝,最终导致支护结构失稳破坏。该类型可能由于设计参数偏小,或施工方法不当和施工质量存在问题引起的。如果设计参数存在问题,则应提高设计参数,然后进行加固处理;如果施工存在问题,则需要讨论施工方案并进行加固处理。

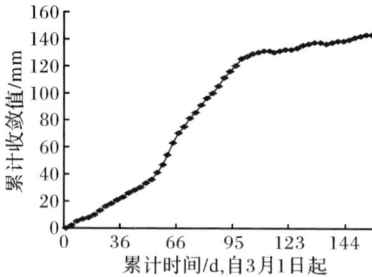

图 3.113　K71+895 断面累计沉降
时程曲线

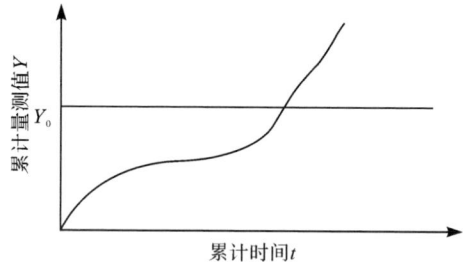

图 3.114　非稳定型判别类型

综上所述,由于黄土连拱隧道围岩条件较差,在对围岩稳定情况进行判断的过程中:一是应注意目测判别围岩的稳定情况;二是根据新奥法监测进行判断,但不能完全照搬规范的允许值和允许的变化速率进行判别,只能根据具体的工程情况,根据监测值的变化趋势和工程经验进行综合评价。

3.8　本章小结

本章依托离石黄土连拱隧道进行信息化施工监控量测现场试验研究,主要研究成果如下:

(1)结合离石黄土连拱隧道进行了信息化监控量测现场试验,提出了黄土连拱隧道的监控量测方案和监测项目(洞内、外观察,周边位移,拱顶下沉,地表下沉,喷射混凝土和二次衬砌混凝土应力,围岩压力,两层支护间压力,钢支撑内力、锚杆轴力、围岩体内位移、仰拱应力和中隔墙应力)。

(2)从整个监测数据来看,围岩压力、位移、衬砌应力和应变都是随时间逐渐增加的,在监测初期,应力和应变的增幅较大,后期增幅逐渐变小直至不再改变或只有轻微的变化。

(3)由监测的位移情况可知,无论是地表沉降还是拱顶沉降,由于地形偏压的影响,大部分量测断面的结果都是左洞的比右洞的小。

(4)通过监控量测结果,获得了黄土隧道围岩稳定性判别模型。

第4章 黄土连拱隧道围岩参数的位移反分析

4.1 概　　述

近几十年来,岩土工程问题计算理论的研究已经取得较大的进展。人们不仅建立了许多新的力学模型和弹、塑、黏性计算方法,而且能够采用室内模型试验、现场实测和原型观测等手段进行分析研究,辅以数值计算进一步建立了将现场监控量测信息用于指导地下工程设计和施工的新技术,使地下结构设计计算理论逐渐趋于完整。然而,由于计算荷载或初始地应力的确定仍带有主观性,且由室内试验所得的定量描述岩土材料受力变形性态的参数也常与工程实际情况不符,这些计算理论的实用价值仍然有限,促使人们转而研究建立依据现场量测信息反演确定有关参数值的理论和方法,以使已经建立的计算理论能够在工程实践中得到应用。位移反分析法是在信息化施工中经常采用的一种力学反馈方法,即利用开挖洞室测得的位移反推岩体的初始地应力和岩体变形性质的等效宏观参数,并用以作为输入信息对隧道断面作围岩稳定性分析,从而获得是否有必要修正支护参数和施工方法的输出信息。

以往求解岩石力学问题的主要特点是把力学模型的选择、岩石性质参数的确定及地应力的确定三个过程单独进行。现在采用位移反分析法,可以直接利用现场量测的变形规律,根据选择的力学模型,同时求出岩石性质参数及原始地应力;再按正问题去计算,预测以后开挖所表现的各种力学行为。位移反分析法也可以在可靠性较高的结构模型的基础上,利用结构上的位移量测值反求结构上的荷载。当结构的力学模型正确时,反算的荷载是可信的。

4.1.1 反分析方法的一般理论

在地下工程设计和施工过程中,围岩力学参数的取值是非常重要的。通常是在施工现场取样,然后通过实验室试验确定。但是,实验室确定出来的数值很少而且没有代表性,更重要的是不能反映施工过程中各种因素的影响以及软弱结构面切割的作用。因此,1971年 Karanagh 最先提出了位移反分析法。它是根据现场实测位移来反算围岩力学参数的一种数值方法。

反分析中涉及的基本理论主要有:模型与参数的可辨识、参数灵敏度分析、求解稳定性和局部极小值问题。模型与参数的可辨识是指利用已有的信息能否唯一确定力学模型与模型参数。其中,力学参数可辨识性又与参数的灵敏度系数和目标函数是否有唯一的全局极小点相关联。如果参数的灵敏度系数线性相关,则不能唯一辨识出所有参数;而目标函数有唯一的全局极小点时,则可以唯一辨识所有参数。求解稳定性是指求解结果对于初值的敏感程度,它往往又与局部极小值、优化求解方法相关联,如果目标函数存在局部极小点,且不使用全局寻优的优化方法,不同的初值会得到不同的收敛解。由于目标函数是待求变量的隐函数,往往还是非线性函数,故对此类理论问题进行讨论较为困难。杨林德(1996)将单一介质初始地应力与弹性模量的可辨识性归结为判断一个矩阵的奇异性,该矩阵与测点位置和整体刚度矩阵有关;将黏弹性问题中地应力的可辨识性归结为对一个与泊松比及测点位置有关的矩阵的奇异性判别,对于黏弹性参数的可辨识性则针对不同求解方法给出了不同的判别方法。张路青和吕爱钟认为,弹性位移反分析不能辨识出地应力和围岩性质的所有参数,且地应力与弹性模量不能同时作为需辨识的未知量。吕爱钟和蒋斌松(1998)给出了根据灵敏度系数进行可辨识性判断的判别公式。由于弹塑性参数有强烈的非线性,一般较难给出判别式,可采用计算模拟的手段进行数值检验。即使目标函数有唯一的全局极小点,参数也可唯一辨识,但利用某些优化方法仍不能反演得到参数的真解,且对于不同的初值会出现不同的收敛值。这是由于存在局部极小点,若使用的优化方法不是全局寻优,则不同的初始点将可能收敛到不同的局部极小点。此外,有些参数的敏感性太低,当参数调整较大时,目标函数值只会发生微小的变化,因而很难收敛到真值。为了解决这一问题,1978 年 Price 提出了一种全局寻优的控制随机寻查方法;吕爱钟(1988)提出了分层优化算法,即采用对初始地应力同时优化与对岩性参数逐个优化相结合的方法,从而可获得全局最优解;再就是利用遗传算法进行全局寻优。此外,杜景灿和陆兆溱(1999)分析了灵敏度较低的断层力学参数问题,指出了该参数难以反演的原因;Ledesma 等(1996)则对此提出了不同的算法,且提高了断层参数的灵敏度,从而能准确反演这些参数。范益群(1998)给出了线性模型中参数灵敏度的解析式;为了得到弹塑性参数的灵敏度,Simpaon 等(1993)针对 Drucker-Prager 模型、Javadi 等(1999)针对 Drucker-Chang 的 E-B 模型,通过引入应力空间下的自然坐标系,分解应力球量和应力偏量,导出弹塑性参数灵敏度的解析式。

根据反分析时所利用基础信息的不同,反分析法可分成应力反分析法、位移反分析法和混合反分析法等,由于收敛位移是新奥法施工中的必测数据,位移反分析法成为最常见的反分析法。它以工程现场量测位移作为基础信息反求实际岩体(土)的力学参数、地层初始地应力以及支护结构的边界荷载等,为理论分析(特别是数值分析)在岩土工程中的成功应用提供了符合实际的基本参数。位移反分析法按照其采用的计算方法可分为解析法和数值法(有限元法、边界元法等)。由于解析法只适用于简单几何形状和边界条件问题的反分析,难以为复杂的岩土工程所采用,而数值方法则具有更普遍的适应性。数值方法按实现反分析的过程不同又可分为逆解法、图谱法和直接法三类。其中直接法又称为直接逼近法,也称优化反分析法,它把参数反分析问题转化为一个目标函数的寻优问题,直接利用正分析的过程和格式,通过迭代计算,逐次修正未知参数的试算值,直到获得最优解。

本章在第 3 章现场量测的基础上,利用人工神经网络的优化方法对隧道围岩的岩性参数进行位移反分析。

4.1.2　人工神经网络基本理论

最优化方法是进行位移反分析的有力工具。目前已有多种优化方法用于位移反分析,如 Powell 法、单纯形法、Rosebrok 法和罚函数法等,解决问题的范围也日渐广泛。从最早的弹性位移反分析到后来的弹塑性、位移反分析黏弹性位移反分析等。这类方法的特点是可用于线性和非线性问题的反分析,具有很强的适用性。但也有很大的缺点:

(1) 通常需要给出待定参数的试探值或分布区间等,同时,计算工作量大,解的稳定性差,易陷入局部最小值,特别是待定参数较多时,费时、费工、收敛速度慢,不能保证搜索收敛到全局最优解。

(2) 由于岩土工程的复杂性,它所涉及的工程地质条件及岩体特性参数是不完全定量的,难以用确定的数学模型加以描述。

人工神经网络(artificial neural network,ANN)模拟了人类部分形象思维的能力,采用类似于"黑匣子"的方法,通过学习和记忆,找出输入(岩性参数)和输出(位移量)之间的特性关系(映射),这样就减少了预先假定岩性参数和位移量服从某种数学关系而带来的误差。它特别适用于参数变量和目标函数之间无数学表达式的复杂工程问题,在岩土工程中也得到了广泛的应用。一个简单的神经网络模型可以反映一个非常复杂的映射关系。因此,用神经网络模型来表达岩土工程中岩体特性参数与岩体位移值之间的映射关系是非常适宜的。据此,本章基于人工神经网络法反分析黄土连拱隧道的围岩参数。

人工神经网络是在人类对其大脑神经网络认识理解的基础上,人工构造的能够实现某种功能的神经网络。它是理论化人脑神经网络的数学模型,是基于模仿大脑神经网络结构和功能建立的一种信息处理系统。它实际上是由大量简单元件相互连接而成的,具有高度的非线性,能够进行复杂的逻辑操作和非线性关系实现的系统。

人工神经网络吸取了生物神经网络的许多优点,因而有其固有的特点:

(1) 高度的并行性。

（2）高度的非线性全局作用。

（3）良好的容错性与联想记忆功能。

（4）十分强的自适应、自学习功能。

一个人工神经网络的神经元模型和结构描述了一个网络如何将它的输入矢量转化为输出矢量的过程。这个转化过程从数学角度来看就是一个计算的过程。也就是说，人工神经网络的实质体现了网络输入和其输出之间的一种函数关系。通过选取不同的模型结构和激活函数，可以形成各种不同的人工神经网络，得到不同的输入/输出关系式，并达到不同的设计目的，完成不同的任务。

神经元是人工神经网络的基本处理单元，通常是一个多输入/单输出的非线性元件。神经元输出除受输入信号的影响外，同时也受到神经元内部其他因素的影响，所以在人工神经元的建模中，常常还加上一个额外输入信号，称为偏差（bias），有时也称为阈值或门限值。

一个具有 r 个输入分量的神经元如图 4.1 所示。其中，输入分量 $p_j(j=1,2,\cdots,r)$ 通过与和它相乘的权值分量 $w_j(j=1,2,\cdots,r)$ 相连，以 $\sum_{j=1}^{r} w_j p_j$ 的形式求和后，形成激活函数 $f(\cdot)$ 的输入。激活函数的另一个输入是神经元的偏差 b。

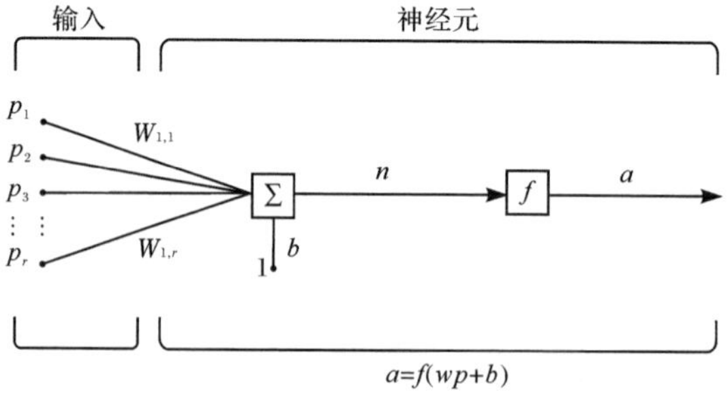

图 4.1　神经元模型

权值 w_j 和输入 p_j 的矩阵形式可以由 W 的行矢量记忆 P 的列矢量来表示：

$$W=[w_1,w_2,\cdots,w_r]$$
$$P=[p_1,p_2,\cdots,p_r]^{\mathrm{T}} \tag{4.1}$$

神经元模型的输出矢量可表示为

$$A = f(W \times P + b) = f\left(\sum_{j=1}^{r} w_j p_j + b\right) \tag{4.2}$$

可以看出偏差被简单地加在 $W \times P$ 上作为激活函数的另一个输入分量。实际上偏差也是一个权值，只是它具有固定常数为 1 的输入。在网络的设计中，偏差起着重要的作用，它使得激活函数的图形可以左右移动，增加了解决问题的可能性。

激活函数(activation transfer function)是一个神经元及网络的核心。网络解决问题的能力与功效除了与网络结构有关外,在很大程度上取决于网络所采用的激活函数。激活函数的基本作用是:①控制输入对输出的激活作用;②对输入、输出进行函数转换;③将可能无限域的输入变换成指定的有限范围内的输出。

激活函数有以下几种常用的形式。

1) 阈值型(硬限制型)

这种激活函数将任意输入转化为 0 或 1 的输出,函数 $f(\cdot)$ 为单位阶跃函数,如图 4.2 所示。图中 n 为输入层单元个数,a 为输出层信息,具有此函数的神经元的输入/输出关系为

$$A = f(W \times P + b) = \begin{cases} 1, & W \times P + b > 0 \\ 0, & W \times P + b < 0 \end{cases} \tag{4.3}$$

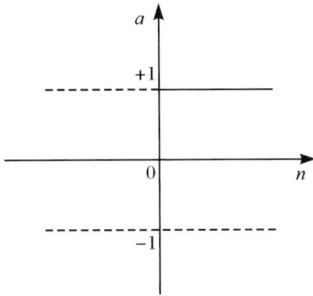

图 4.2　阈值型函数　　　　　　图 4.3　线性函数

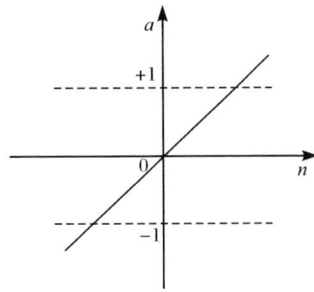

2) 线性型

线性激活函数使网络的输出等于加权输入和加上偏差,如图 4.3 所示。此函数的输入/输出关系为

$$A = f(W \times P + b) = W \times P + b \tag{4.4}$$

3) S 型(sigmoid)

S 型激活函数将任意输入值压缩到(0,1)的范围内,如图 4.4 所示。此种激活函数常用对数或双曲正切等一类 S 形状的曲线来表示,如对数 S 型激活函数关系为

$$f = \frac{1}{1 + \exp(-n + b)} \tag{4.5}$$

而双曲正切 S 型曲线的输入/输出函数关系为

$$f = \frac{1 - \exp[-2(n + b)]}{1 + \exp[-2(n + b)]} \tag{4.6}$$

S 型激活函数具有非线性放大增益,对任意输入的增益等于在输入/输出曲线中给输入点处的曲线斜率值。当输入由 $-\infty$ 增大到 0 时,其增益由 0 增至最大;然

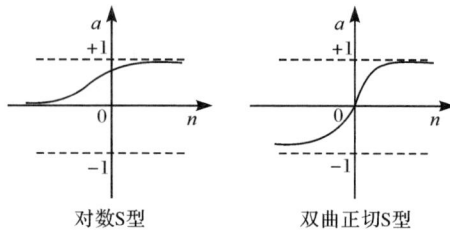

图 4.4　S 型函数

后输入由 0 增加至 +∞ 时,其增益又由最大逐渐降低至 0,并总为正值,利用该函数可以使同一神经网络既能处理小信号,也能处理大信号。因为该函数的中间高增益区解决了处理小信号的问题,而伸向两边的低增益区正适用于处理大信号输入。

　　在人工网络的实际应用中,80%~90%的人工神经网络模型采用的是反向传播(back-propagation,BP)网络或它的变化形式,它是将 Widrow-Hoff 神经网络学习规则一般化,对非线性可微分函数进行权值训练的多层网络,也是前向网络的核心部分,体现了人工神经网络最精华的部分。

　　BP 网络的产生归功于 BP 算法的获得。BP 算法属于 δ 算法,是一种监督式学习算法。其主要思想为:对于 q 个学习样本:$P^1,P^2,\cdots,P^q$,已知与其对应的输出样本为:$T^1,T^2,\cdots,T^q$。学习的目的是用网络的实际输出 $A^1,A^2,\cdots,A^q$ 与目标矢量 $T^1,T^2,\cdots,T^q$ 之间的误差来修正其权值,使 $A^l(l=1,2,\cdots,q)$ 与期望的 T^l 尽可能地接近,即使网络输出层的误差平方和达到最小,它是通过连续不断地在相对误差函数斜率下降方向上计算网络权值和偏差的变化而逐渐逼近目标的。每一次权值和偏差的变化都与网络误差的影响成正比,并以反向传播的方式传递到每一层的。

　　BP 算法由两部分组成:信息的正向传递与误差的反向传播。在正向传播过程中,输入信息从输入经隐含层逐层计算传向输出层,每一层神经元的状态只影响下一层神经元的状态。如果在输出层没有得到预期的输出,则计算输出层的误差变化值,然后转向反向传播,通过网络误差信号沿原来的连接通路反传回来修改各层神经元的权值直至达到期望目标。

　　为了明确起见,现以图 4.5 所示两层网络为例进行 BP 算法推导,其简化图如图 4.6 所示。

　　设输入为 P,输入神经元有 r 个,隐含层内有 s_1 个神经元,激活函数为 f_1,输出层内有 s_2 个神经元,对应的激活函数为 f_2,输出为 A,目标矢量为 T。

　　信息的正向传递:

　　(1)隐含层中第 i 个神经元的输出为

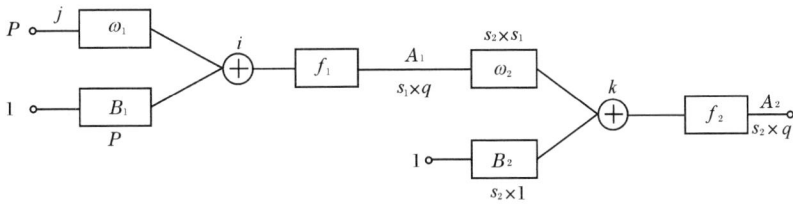

图 4.5　具有一个隐含层的神经网络模型结构

$$i=1,2,\cdots,s_1,\quad j=1,2,\cdots,r,\quad k=1,2,\cdots,s_2$$

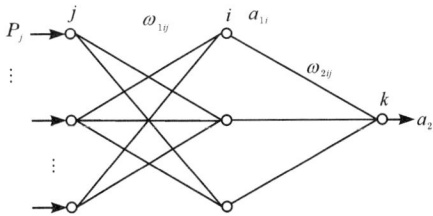

图 4.6　具有一个隐含层的简化网络

$$i=1,2,\cdots,s_1,\quad j=1,2,\cdots,r,\quad k=1,2,\cdots,s_2$$

$$a_{1i} = f_1\Big(\sum_{j=1}^{r}\omega_{1ij}p_j + b_{1i}\Big),\quad i=1,2,\cdots,s_1 \tag{4.7}$$

（2）输出层第 k 个神经元的输出为

$$a_{2k} = f_2\Big(\sum_{i=1}^{s_1}\omega_{2ki}a_{1i} + b_{2k}\Big),\quad k=1,2,\cdots,s_2 \tag{4.8}$$

（3）定义误差函数为

$$E(W,B) = \frac{1}{2}\sum_{k=1}^{s_2}(t_k - a_{2k})^2 \tag{4.9}$$

利用梯度下降法求权值变化及误差的反向传播。

1）输出层的权值变化

对从第 i 个输入到第 k 个输出的权值有

$$\Delta\omega_{2ki} = -\eta\frac{\partial E}{\partial\omega_{2ki}} = -\eta\frac{\partial E}{\partial a_{2k}}\frac{\partial a_{2k}}{\partial\omega_{2ki}}$$

$$= \eta(t_k - a_{2k})f2'a_{1i} = \eta\delta_{ki}a_{1i} \tag{4.10}$$

其中

$$\delta_{ki} = t_k - a_{2k} = e_k f2' \tag{4.11}$$

$$e_k = t_k - a_{2k} \tag{4.12}$$

同理可得

$$\Delta b_{2ki} = -\eta \frac{\partial E}{\partial a_{2ki}} = -\eta \frac{\partial E}{\partial a_{2k}} \frac{\partial a_{2k}}{\partial b_{2ki}}$$

$$= \eta(t_k - a_{2k})f2' = \eta \delta_{ki} \cdots \tag{4.13}$$

2) 隐含层权值变化

对从第 j 个输入到第 i 个输出的权值,有

$$\Delta \omega_{1ij} = -\eta \frac{\partial E}{\partial \omega_{1ij}} = -\eta \frac{\partial E}{\partial a_{2k}} \frac{\partial a_{2k}}{\partial a_{1i}} \frac{\partial a_{1i}}{\partial \omega_{1ij}}$$

$$= \eta \sum_{k=1}^{s2} (t_k - a_{2k})f2' \omega_{2ki} f1' p_j = \eta \delta_{ij} p_j \tag{4.14}$$

其中

$$\delta_{ij} = e_i f1', \quad e_i = \sum_{k=1}^{s2} \delta_{ki} \omega_{2ki} \tag{4.15}$$

同理可得

$$\Delta b_{1i} = \eta \delta_{ij} \tag{4.16}$$

4.2　基于 BP 网络法的围岩参数动态增量反分析

对于隧道开挖的某一状态,根据试验和工程经验,首先确定进行有限元计算所需的各输入参数的合理范围,在此范围内如果按敏感条件有选择地改变各项参数值,则对于每组输入数据经过有限元计算都可得到支护的位移值,这样就由计算得到的位移和相应输入数据形成一组训练样本,用多组这样的训练样本对神经网络进行训练直到满足误差精度为止。在网络训练完成以后,再以工程实测的相应开挖状态的位移值为网络输入,用已经训练好的神经网络进行参数预报,即可得到真正比较符合工程实际的各项岩性参数值,再以之作为输入参数进行正演分析,以便对隧道的变形进行预测,更加科学地指导下一步隧道的开挖。

4.2.1　BP 网络模型的建立

通常所说的 BP 模型即误差后向传播神经网络是神经网络模型中使用最广泛的一类。但它也存在自身的限制和不足,主要表现在其训练过程的不确定性上。例如,①需要较长的训练时间;②完全不能训练;③局部极小值。近几十年来,许多研究人员对其作了深入的研究,提出了很多改进的方法。主要目标是为了加快训练速度,避免陷入局部极小值和改善其他能力。本节就采用应用比较广泛,且易于理解的附加动量法来建立神经网络。

附加动量法使网络在修正其权值时,不仅考虑误差在梯度上的作用,而且考虑误差在误差曲面上的变化趋势的影响,它允许忽略网络上的微小变化特性。在

没有附加动量的作用下,网络可能陷入浅的局部极小值,利用附加动量的作用则有可能滑过这些极小值。

　　该方法是在反向传播法的基础上,在每一个权值的变化上加上一项正比于前次权值变化量的值,并根据反向传播法来产生新的权值变化。带有动量因子的权值调节公式为

$$\Delta\omega_{ij}(k+1)=(1-\mathrm{mc})\eta\delta_i p_j+\mathrm{mc}\Delta\omega_{ij}(k)$$
$$\Delta b_i(k+1)=(1-\mathrm{mc})\eta\delta_i+\mathrm{mc}\Delta b_i(k)$$

(4.17)

式中,k 为训练次数;mc 为动量因子,一般取 0.95 左右。

　　附加动量法的实质是将最后一次权值变化的影响,通过一个动量因子来传递。当动量因子取为 0 时,权值的变化仅根据梯度下降法产生;当动量因子取为 1 时,新的权值变化则设置为最后一次权值的变化,而依梯度法产生的变化部分被忽略掉了。依此方式,当增加了动量项后,促使权值的调节向着误差曲面底部的平均方向变化,当网络权值进入误差曲面底部平坦区时,δ_i 将变得很小,于是 $\Delta\omega_{ij}(k+1)\approx\Delta\omega_{ij}(k)$,从而防止出现 $\Delta\omega_{ij}=0$ 的情况,有助于使网络计算达到误差曲面的局部极小值时终止。

　　根据附加动量法的设计原则,当修正的权值代入误差计算时,若误差增长太大,新的权值应被取消,并使动量作用停止下来,以使网络不进入较大误差曲面;当新的误差变化率对其旧值超过事先设定的最大误差变化率时,取消所计算的权值变化。其最大误差变化率可以是任何大于或等于 1 的值,典型值取 1.04。在进行附加动量法的训练程序设计时,必须加判断条件以正确使用其权值修正公式。

　　训练程序中对采用动量法的判断条件为

$$\begin{cases} \mathrm{mc}=0, & E(k)>E(k-1) \\ \mathrm{mc}=0.95, & E(k)<E(k-1) \\ \mathrm{mc}, & 其他 \end{cases}$$

(4.18)

式中,$E(k)$ 为训练次数为 k 次时的权值。

4.2.2　学习样本的建立

　　根据实际工程资料建立隧道的有限元模型,得到由计算位移值和相应输入参数组成的雏形样本集;将雏形样本经过样本空间的映射,转换为在[0,1]实数空间范围内的实际训练样本。

　　本节采用弹塑性平面模型,其有限元网格如图 4.7 所示。由于隧道的埋深较浅,根据现场的地质资料认为隧道周围的构造应力很小,在进行反分析时,不考虑构造应力、初始应力为自重应力,在位移反分析中仅仅对围岩的力学参数进行分析。作为弹塑性位移反分析,影响测点位移值的力学参数主要有弹性模量 E、泊松比 μ,黏聚力 c 和内摩擦角 φ。

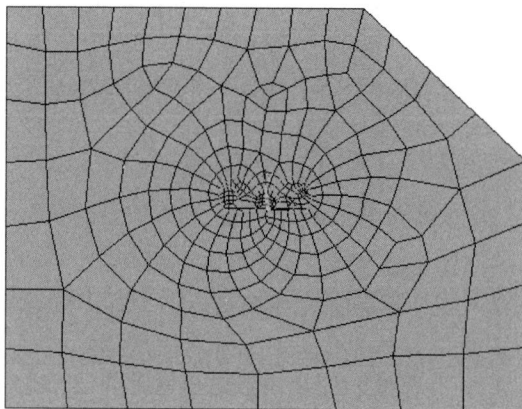

图 4.7　隧道的平面有限元网格

　　经试验室测定围岩黄土材料力学性能参数的取值范围为 $E=600\sim1200\mathrm{MPa}$，$\mu=0.15\sim0.3, c=0.6\sim1.0\mathrm{MPa}, \varphi=20°\sim35°$。将这些参数编组后作为输入数据，利用已建好的有限元模型进行计算，对于计算得到的位移数据，取地表 5 个点和左右洞的拱顶 2 个点的值进行反分析研究。雏形样本见表 4.1（共取 25 组样本）。取其中 20 组作为训练样本，后 5 组作为检验样本。

表 4.1　反分析雏形样本

样本编号	输入向量/cm							输出向量（教师向量）			
	δ_1	δ_2	δ_3	δ_4	δ_5	δ_6	δ_7	E/MPa	μ	c/MPa	$\varphi/(°)$
1	2.395	2.487	2.560	2.614	2.649	2.252	2.377	600	0.20	0.6	20
2	2.220	2.256	2.297	2.323	2.338	1.978	2.028	600	0.20	0.8	28
3	2.183	2.237	2.278	2.304	2.319	1.948	1.997	600	0.20	1.0	35
4	2.210	2.159	2.200	2.226	2.240	1.908	1.956	600	0.20	0.6	35
5	2.196	2.251	2.292	2.319	2.334	1.969	2.022	600	0.20	1.0	20
6	2.218	2.275	2.317	2.342	2.355	2.011	2.057	600	0.20	0.6	35
7	1.972	2.029	2.071	2.096	2.108	1.815	1.862	600	0.40	0.6	28
8	1.312	1.354	1.385	1.405	1.416	1.225	1.268	1000	0.30	0.6	20
9	1.254	1.287	1.312	1.328	1.336	1.133	1.164	1000	0.30	0.8	28
10	1.246	1.278	1.302	1.318	1.327	1.118	1.148	1000	0.30	1.0	35

续表

样本编号	输入向量/cm							输出向量(教师向量)			
	δ_1	δ_2	δ_3	δ_4	δ_5	δ_6	δ_7	E/MPa	μ	c/MPa	φ/(°)
11	1.252	1.285	1.309	1.325	1.335	1.129	1.161	1000	0.30	1.0	20
12	1.245	1.278	1.302	1.318	1.327	1.119	1.150	1000	0.30	1.0	28
13	1.263	1.297	1.321	1.337	1.345	1.149	1.178	1000	0.30	0.6	35
14	0.601	0.619	0.632	0.641	0.643	0.565	0.579	2000	0.40	0.6	20
15	0.583	0.599	0.611	0.619	0.624	0.531	0.548	2000	0.40	0.8	28
16	0.579	0.595	0.607	0.615	0.619	0.524	0.541	2000	0.40	1.0	35
17	0.582	0.598	0.611	0.619	0.623	0.530	0.647	2000	0.40	1.0	20
18	0.628	0.644	0.656	0.664	0.669	0.569	0.589	2000	0.20	1.0	20
19	0.632	0.649	0.661	0.669	0.673	0.577	0.592	2000	0.30	0.6	35
20	0.629	0.645	0.657	0.665	0.669	0.571	0.587	2000	0.30	0.8	28
21	2.072	2.125	2.165	2.192	2.208	1.851	1.901	600	0.30	1.0	35
22	1.479	1.523	1.554	1.573	1.582	1.364	1.399	800	0.40	0.6	28
23	1.339	1.374	1.399	1.414	1.421	1.223	1.252	1000	0.20	1.0	20
24	0.852	0.876	0.893	0.903	0.907	0.787	0.805	1500	0.30	0.6	28
25	0.661	0.678	0.690	0.698	0.702	0.598	0.614	2000	0.20	1.0	20

4.2.3　网络结构优化

1) 隐含层数

1989 年 Hecht-Nielson 证明了对于任何在闭区间内的连续函数,都可以用一个隐含层的 BP 网络来逼近,因而一个 3 层的 BP 网络可以完成任意的 $n \sim m$ 维映射。在此,采用一个 3 层隐含层的 BP 网络模型。

2) 隐含层节点数

隐含层节点数的选择是一个十分复杂的问题。已经证明,隐含层节点数太少或太多都不利于计算,在具体的设计时,比较实际的做法是通过对不同节点数进行训练对比,然后适当增加一点余量。本节尝试先用有关参考文献算出最优隐含层节点数的大致范围,在此范围内按系统误差进行优化选取,得到最合适的隐含层节点数。

确定隐含层节点数的参考公式为

$$n_1 = \sqrt{n + m} + C \tag{4.19}$$

$$n_1 \geqslant \log_2 n \qquad\qquad (4.20)$$

式中，n 为输入节点数；m 为输出节点数；C 为 1～10 的常数。

在本模型中，$k=20$，$n=7$，$m=4$。

据式(4.19)有 $\sqrt{7+4}+1 \leqslant n_1 \leqslant \sqrt{7+4}+10$，即 $4 < n_1 < 14$。

由式(4.20)有 $n_1 \geqslant 2.8$；综合以上两式的计算结果可知，n_1 的取值范围为 5～13 是适宜的。为了准确地确定隐含层节点数，取 5～13 的隐含层节点数进行系统误差训练计算，得知，$n_1=9$ 时训练效果最理想。

3) 学习参数优化

用 BP 算法训练多层前馈神经网络时，学习参数取值的合理性直接影响到网络的学习速度、收敛性能和推广应用。针对此处建立的神经网络模型，探讨学习参数对网络性能的影响。取不同的学习效率和初始权值进行计算，考察相应的系统误差，最后得到学习效率为 0.75 和初始权值为{−0.008，−24.812，−26.125，−25.269，−25.900，−21.777，−24.565}。用以上这些参数对网络进行训练。并对训练好的网络进行验证，其验证结果见表 4.2。

表 4.2　检验样本与学习结果对照

样本编号	检验样本				学习结果				误差/%
	E/MPa	μ	c/MPa	φ/(°)	E/MPa	μ	c/MPa	φ/(°)	
21	600	0.3	1.0	35	595.227	0.3000	1.0000	35.000	−0.796
22	800	0.4	0.6	28	812.373	0.4001	0.5999	28.000	1.547
23	1000	0.2	0.8	20	993.126	0.2000	0.8000	19.999	−0.687
24	1500	0.3	0.6	28	1500.336	0.3000	0.5999	28.000	0.022
25	2000	0.2	1.0	20	2001.256	0.1999	1.0000	20.000	0.063

从表 4.2 可以看出，该 BP 网络的误差都没有超过 2%，其准确性是很好的，而且训练得也比较成熟了，该网络用来反分析隧道围岩的参数是合适的。

4.3　位移反分析结果与围岩参数的确定

选取实测位移值作为预测输入样本，进行线性映射后运用上面已训练好的网络进行预测，并将预测结果经逆向映射后转换为土体的力学性能参数值，即为位移反分析结果。本节就以数据比较全的 K71+805 断面的地表沉降和拱顶沉降值作为输入位移，其值如图 3.31、图 3.15 和图 3.16 所示。其计算结果与地勘资料的对比见表 4.3。

表 4.3　位移反分析输出结果与地勘值比较

数据类型	输入位移值/cm							输出向量			
	δ_1	δ_2	δ_3	δ_4	δ_5	δ_6	δ_7	E/MPa	μ	c/MPa	φ/(°)
反分析值	3.3	3.7	6.1	6.7	5.7	4.1	4.6	10.61	0.271	0.605	26.82
地勘值	—	—	—	—	—	—	—	9~11	0.28	0.57~0.6	26~26.5
误差/%	—	—	—	—	—	—	0	−3.21	8.33	1.21	

从表 4.3 的对比中可以看出,反分析的结果基本合理,其精度达到了工程实际应用的范围。

4.4　本 章 小 结

本章采用 BP 神经网络法对黄土连拱隧道围岩参数进行位移反分析,主要研究成果如下:

(1) 基于 BP 网络法进行黄土连拱隧道围岩参数的反分析,可在任意开挖阶段进行反演计算围岩参数,减小了时间效应的影响,并且这一方法可根据多点的位移进行反分析,再根据其他点的位移或应力进行校核。

(2) 位移反分析结果与工程实际值之间的误差较小,能达到工程使用的要求,而且易于为人们理解和接受,为今后同类工程提供了参考。

第5章 黄土连拱隧道相似模型试验研究

5.1 概　述

利用相似材料模型进行模型试验是研究地下工程类问题的一种古老而又重要的有效手段。相似模拟方法最早由库兹涅佐夫于 1936 年提出。1978 年，Stillborg 和 Stephansson 在大跨度洞室的"Rib-in-Roc"预加固（钢肋加固）系统的模型研究中，采用了砂-石蜡模拟岩石材料，盐块作为开挖体，再由管道注入水使之溶解来模拟开挖过程的方法。1981 年，Kaiser 和 Morgenstern 在设计一个过程模拟试验（process simulation test）时，选用加拿大 Edmonton 附近的 Wabamum 次烟煤来模拟节理岩体中圆形隧道的依时性（time-dependent）强度和变形特征，并详细阐述了试验测试系统、数据处理等，还讨论了破坏扩展和相关应力重分布的时间相关和时间无关时的隧道收敛及岩体径向应变形式，建立了场应力、应变或隧道闭合量与时间的关系，评估了破坏前的应力范围及形成屈服区后的隧道性能。

20 世纪 70 年代初，同济大学通过三维物理模型研究了拱形直墙喷层结构所受的压应力特性及其剪切破坏机理，发现喷层荷载主要来自于与围岩共同变形中的形变压力，而非塌落荷载。1984 年，同济大学又利用平面应力模型研究了大跨度矮墙洞室开挖中开挖方法对洞室稳定性的影响，并确认了围岩中存在三个不同的应力区：疏松区、压缩区和自然区。1993 年，王兵、陈炽昭在自制的隧道三维模型试验装置（最大尺寸 2m×1m×1m，开挖跨度为 0.25m）上，基于围岩应变软化的弹塑性本构关系，在考虑初始自重应力场的前提下，采用"先挖洞，后加载"的分级加载模拟试验方法，发现模型侧压满足 $\sigma_h = \mu/(1-\mu)\sigma_v$ 以及毛洞拱顶下沉和最大跨度处水平位移与平面应变有限元和三维有限元计算值较一致，并考察了工作面的支护效应，指出毛洞情况下工作面处的拱顶位移约占总位移的 30%，工作面支护效应的有效范围为 0～2D（D 为隧道最大跨度），但最有效范围是 0～0.7D，两帮剪切滑移的深度此时达到恒定，且破坏形式和有限元计算结果一致。不足之处是该试验装置无法模拟支护效应和动态开挖过程。1995 年，王明年、何川等以几何相似比为 1∶25 对新奥法修建三车道公路隧道围岩与衬砌交互作用的力学机理进行了模型试验研究和系列有限元分析，最终给出了安全、经济、合理的三车道公路隧道支护体系的技术参数和最优施工方法，其方形模型尺寸为 2.4m×2.4m×0.2m，试验过程是通过在卧式试验坑内加卸载来完成的。因此，取得的试验结果仅仅限于平面应变情形,且无法观测到材料重力、体积力引起的拱顶塌落等现象,不能模拟实际开挖过程的真实动态过程。

如何通过实验室的操作来完成公路隧道实际开挖行为的真实"再现",一直是科研人员和工程技术界人士关注的热点问题。

5.2　依托工程简介

1. 工程概况

青岛至银川国道主干线山西省汾阳—离石高速公路离石隧道位于山西省离石市,由于受地形、地物所限,隧道设计为双连拱二车道公路隧道,隧道起讫桩号为 K71＋785～K71＋965,全长 180m,洞顶最大埋深约 39.0m,隧道总体走向为230°。隧道内轮廓采用单心圆弧拱,每隧道内轮廓净宽 10.70m,净高7.05m。隧道左右线轴线距离 13.70m。隧道为直线隧道,隧道纵坡为－2.647%。

2. 地形地貌

隧道位于晋陕黄土高原黄土丘陵区,微地貌为黄土梁,顶部平缓,四周为黄土坎或黄土陡坡,海拔 912～996m,相对高差 84m。

3. 工程地质条件

1) 地层条件

根据地质调查及钻探结果,隧道围岩地层为:第四系中更新统离石组(Q_2)、上更新统马兰组(Q_3),岩性特征及分布简述如下:

(1) 第四系中更新统离石组(Q_2)。构成隧道围岩主体,岩性为褐黄色坚硬黄土(低液限黏土),较均一、密实,夹含零星姜石或姜石薄层,具柱状节理。

(2) 第四系上更新统马兰组(Q_3)。分布于黄土梁的顶部,出露厚度约 3m,岩性为灰黄色坚硬黄土(低液限黏土),结构疏松,柱状节理发育。

2) 构造条件

隧道位于吕梁山块隆西部离石—中阳菱形复向斜东翼,地质构造复杂,但新构造活动相对较弱。根据《中国地震动峰值加速度区划图》(GB 18306. B2—2001),本区地震动峰值加速度为 0.05g,相应于地震基本烈度Ⅵ度,场地稳定性较好。

4. 水文地质条件

地质调查及钻探揭示,隧道围岩范围内无地下水分布。地表大气降水通过黄土梁顶、黄土陡坡及黄土冲沟汇入大东川河。

5. 隧道围岩工程地质评价

隧道围岩由第四系中更新统离石组（Q_2）黄土组成，间夹数层姜石，处于坚硬状态，呈巨块状整体结构，柱状节理发育，无地下水赋存。根据《公路工程地质勘察规范》（JTG C20—2011）附录 G，隧道围岩级别判定为Ⅳ级。由第 2 章黄土的室内试验和工程资料可知，隧道围岩物理、力学指标见表 5.1。

表 5.1　隧道围岩物理力学指标

项目	天然含水率 $\omega/\%$	天然密度 $\rho/(kg/m^3)$	相对密度 G_s	液限 ω_L	塑限 ω_p
实际测试	16.28	1760	2.422	25.1	16.7
试验采用	—	1760	—	—	—

项目	孔隙率 n	弹性模量 E/MPa	内摩擦角 $\varphi/(°)$	黏聚力 c/kPa	极限强度 $[\sigma_0]/kPa$
实际测试	0.375	9~11	25~26.5	57~80	300~350
试验采用	—	10	25.5	79.5	350

6. 隧道结构设计

离石隧道洞口明洞段结构设计衬砌（图 5.1）采用 C25 钢筋混凝土衬砌，外再回填浆砌片石；离石隧道洞身结构按新奥法设计，采用复合式衬砌，初期支护以 20cm 厚 C25 喷射混凝土、300cm R25 中空注浆锚杆、$\phi8mm$ 钢筋网为主要支护手段，以 16 型工字钢支撑作为支护加强措施，施工时以 $\phi50mm$ 超前小导管注浆作为辅助施工措施。以 C25 模注钢筋混凝土为二次衬砌，仰拱采用 C25 模注钢筋混凝土配 10 号片石混凝土回填。在初期支护和二次衬砌之间设防水层和排水管防排水系统，整个隧道共 1 种围岩级别，设计了 2 种衬砌断面，其支护衬砌参数设计主要根据围岩类别、工程地质、水文地质条件等确定。隧道支护衬砌参数见表 5.2。

表 5.2　离石隧道支护衬砌参数

结构类别	初期支护				二次衬砌（含仰拱）	辅助施工措施
	R25 锚杆	$\phi8mm$ 钢筋网	C20 喷射混凝土	支护加强措施		
洞口明洞	—	—	—	—	80cm C25 模注钢筋混凝土	明挖回填
Ⅳ级围岩	100cm×100cm $L=300cm$	单层 20cm×20cm	厚 20cm	16 型工字钢间距 100cm	50cm C25 模注钢筋混凝土	$\phi50mm$ 超前小导管注浆

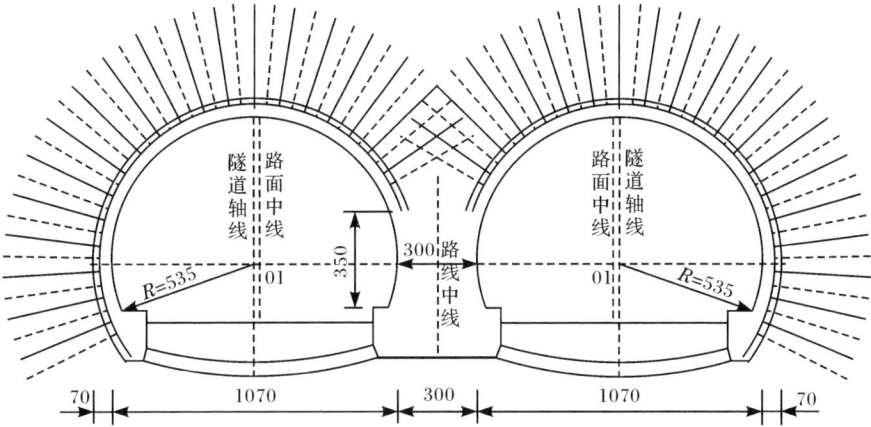

图 5.1　离石隧道Ⅳ级围岩衬砌断面图(单位:cm)

5.3　相　似　理　论

5.3.1　相似原理

1. 第一相似定理

在模型与原型中,任何一种参与相似现象的物理量,都有一定的比例关系,该比例关系均为常数,称为相似系数。即在相似现象中,物理量相似的条件是相似系数为常数,也即相同的物理量之比为常数,不同类物理量的相似系数可以不同,但两个相似现象之间,各有关物理量是相互制约的,它们相互之间以某种形式保持固有关系,这种关系称为相似指标 C_i。

若两个系统在弹性范围内是力学相似的,则原型和模型都应满足弹性力学的平衡方程[式(5.1)]、相容方程[式(5.2)]、物理方程[式(5.3)]、几何方程[式(5.4)]、边界条件[式(5.5)]:

$$\begin{cases} \dfrac{\partial \sigma_x}{\partial x} + \dfrac{\partial \tau_{xy}}{\partial y} + x = 0 \\[2mm] \dfrac{\partial \tau_{yx}}{\partial x} + \dfrac{\partial \sigma_y}{\partial y} + y = 0 \end{cases} \tag{5.1}$$

$$\left(\dfrac{\partial^2}{\partial x^2} + \dfrac{\partial^2}{\partial y^2} \right)(\sigma_x + \sigma_y) = 0 \tag{5.2}$$

$$
\begin{cases}
\varepsilon_x = \dfrac{1+\mu}{E}\left[(1-\mu)\sigma_x - \mu\sigma_y\right] \\[2mm]
\varepsilon_y = \dfrac{1+\mu}{E}\left[(1-\mu)\sigma_y - \mu\sigma_x\right] \\[2mm]
\gamma_{xy} = \dfrac{2(1+\mu)}{E}\tau_{xy}
\end{cases}
\tag{5.3}
$$

$$
\begin{cases}
\varepsilon_x = \dfrac{\partial u}{\partial x} \\[2mm]
\varepsilon_y = \dfrac{\partial v}{\partial y} \\[2mm]
\gamma_{xy} = \dfrac{\partial u}{\partial y} + \dfrac{\partial v}{\partial x}
\end{cases}
\tag{5.4}
$$

$$
\begin{cases}
\overline{X} = \sigma_x\cos\alpha + \tau_{xy}\sin\alpha \\[2mm]
\overline{Y} = \sigma_y\sin\alpha + \tau_{xy}\cos\alpha
\end{cases}
\tag{5.5}
$$

式(5.5)中 α 为边界面的法线与 x 轴之间的夹角。

用 p 和 m 分别表示原型与模型的物理量,用 C 表示相似比,则各相似常数的计算式如下:几何相似常数 $C_l = \lambda = \dfrac{l_p}{l_m}$;应力相似常数 $C_\sigma = \dfrac{\sigma_p}{\sigma_m}$;位移相似常数 $C_\delta = \dfrac{\delta_p}{\delta_m}$;弹性模量相似常数 $C_E = \dfrac{E_p}{E_m}$;泊松比相似常数 $C_\mu = \dfrac{\mu_p}{\mu_m}$;材料密度相似常数 $C_\rho = \dfrac{\rho_p}{\rho_m}$;材料容重相似常数 $C_\gamma = \dfrac{\gamma_p}{\gamma_m}$。将 $l_m, \sigma_m, \cdots, X_m$ 代入式(5.1)~式(5.4)后可知,当相似常数满足式(5.6)时,

$$
\begin{cases}
C_\sigma / (C_X C_l) = 1 \\
C_\mu = 1 \\
C_\varepsilon = 1 \\
C_E / C_\sigma = C_\varepsilon \\
C_l C_\varepsilon / C_\delta = 1 \\
C_{\overline{\sigma}} / C_\sigma = 1
\end{cases}
\tag{5.6}
$$

原型与模型的平衡方程、相容方程、几何方程、边界条件和物理方程将恒等。

2. 第二相似定理

描述相似现象各物理量之间的关系方程式,都可以转换为 π 项无量纲方程,无量纲方程中的各个 π 项就是相似判据,因此,π 项无量纲方程就是相似判据方程。

3. 第三相似定理

当相似现象的物理方程相同,从单值条件导出的相似判据又相等时,这两个现象必然为相似现象。

第一相似定理和第二相似定理是相似现象的必要条件,它们在已知相似现象的前提下,阐明相似性质,而不能判定相似现象的唯一性,第三相似定理是保证现象相似的充分和必要条件。

5.3.2　模型的破坏试验及地质力学模型的相似判据

在模型上进行破坏试验时,不仅要求在弹性阶段模型的应力和变形状态与原型相似,同时要求在超出弹性阶段后一直到破坏为止,模型的应力和变形状态也与原型相似。根据变形体力学,在塑性阶段一点的应力和变形状态,应遵循平衡方程(5.1)、相容方程(5.2)、物理方程(5.3)、几何方程(5.4)和边界条件(5.5),此外,模型材料的物理方程和强度条件也应与原型相似。

当超出弹性阶段后,结构物受到非单调荷载作用时,还应满足残余应变相等的条件,即 $\varepsilon_p^0 = \varepsilon_m^0$,这种应变常包括时间因素的影响。

设残余应变相似常数 $C_\varepsilon^0 = \dfrac{\varepsilon_m^0}{\varepsilon_p^0}$,根据以上公式和条件可推出弹塑性体主要的相似判据为

$$\begin{cases} C_\sigma/(C_X C_l)=1 \\ C_\mu=1 \\ C_\varepsilon=1 \\ C_E/C_\sigma=1 \\ C_l/C_\delta=1 \\ C_{\bar\sigma}/C_\sigma=1 \end{cases} \tag{5.7}$$

5.3.3　试验相似关系的确定

根据实验室的现有设备条件和研究的需要,预确定试验几何相似比 $C_l=40$, $C_\gamma=1$。根据相似准则推得各物理力学参数原型值与模型值的相似比如下:几何相似比为 $C_l=40$,重度相似比为 $C_\gamma=1$,泊松比、应变、内摩擦角相似比为 $C_\mu=C_\varepsilon=C_\varphi=1$;强度、应力、黏聚力、弹性模量相似比 $C_R=C_\sigma=C_C=C_E=40$。由于目前超前小导管和管棚、锚杆、喷射混凝土、二次衬砌较难进行相似模拟,故根据上述相似关系,围岩通过黏聚力、内摩擦角、重度、弹性模量,中隔墙通过轴心抗压强度、弹性模量与原型进行相似模拟。

5.4　黄土连拱隧道相似模型试验方案

5.4.1　模型试验方案

利用"公路隧道及围岩综合试验系统"对离石隧道Ⅳ级围岩衬砌段施工进行相似模型试验。根据该隧道的设计文件资料、地勘资料,做相似模型试验方案如下。

1)试验目的

模拟离石隧道洞身Ⅳ级围岩段的开挖过程,研究黄土连拱隧道的施工力学形态,揭示黄土连拱隧道开挖时围岩变形规律。

2)试验设备

(1)公路隧道与围岩综合试验系统。

(2)TY2550-4 型岩石钻样机。

(3)精密调速自动岩石切割机。

(4)电液伺服岩石三轴试验机。

(5)DLY-100 型材料试验机。

(6)改进型 INSTRON 电液伺服疲劳试验机。

3)试验方案

由于离石黄土连拱隧道围岩结构单一,土质均匀,无软弱夹层,围岩稳定性较好,围岩级别均为Ⅳ级,选取洞身Ⅳ级衬砌为相似模型试验的研究对象。

根据对国内外公路双连拱隧道设计施工情况的调查,一般连拱隧道均采用开挖方案Ⅰ,即先开挖中导洞,浇筑中隔墙,再台阶法开挖一侧导洞先形成一主洞,最后施工另一主洞。其开挖支护步骤如下:第一步,开挖连拱隧道中导洞,测试其拱顶沉降值,然后利用油缸加压模拟中隔墙支护衬砌;第二步:开挖左隧道左侧壁导洞;第三步:开挖左隧道中部核心土;第四步:开挖右隧道右侧壁导洞;第五步:开挖右隧道中部核心土,如图 5.2 所示。

由于上述方案在实际施工中较复杂,而且难以保证中隔墙顶部的防水效果,总是存在着一些问题,因此本节拟分析和研究的开挖方案如下:先台阶法开挖形成一主洞和中隔墙,再台阶法开挖另一洞方案(开挖方案Ⅱ),如图 5.3 所示。

将以上两方案进行相似模拟研究,得到较优施工方案。

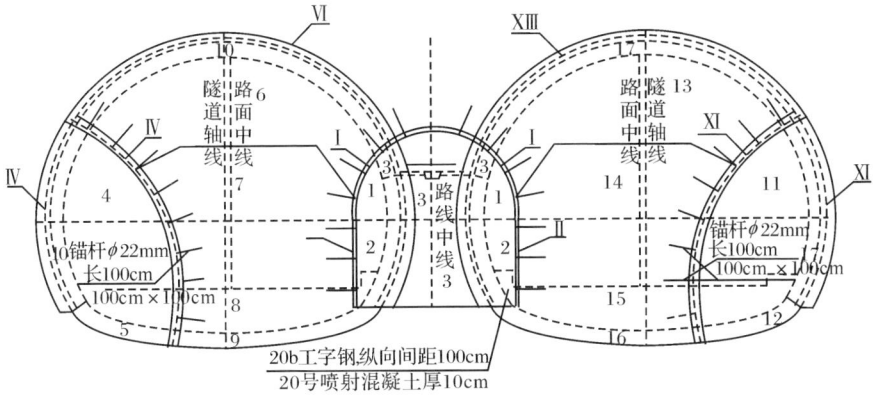

图 5.2　开挖方案 Ⅰ 布序示意图

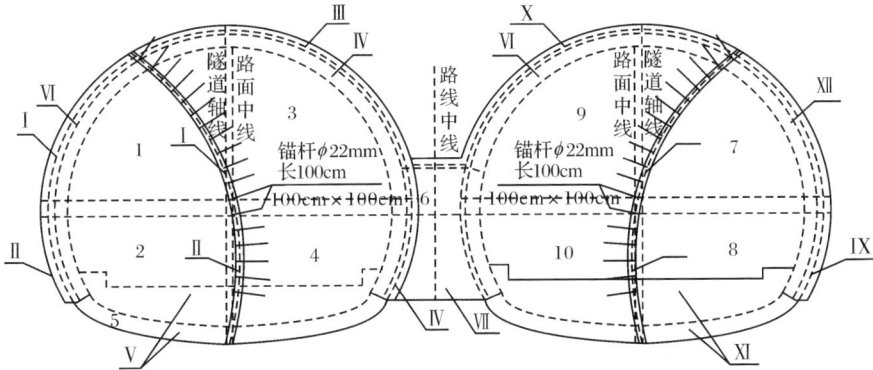

图 5.3　开挖方案 Ⅱ 布序示意图

5.4.2　隧道相似模型试验系统

为了实现以上构思,深入系统地研究隧道开挖时隧道围岩的真实动态特性,重庆交通科研设计院于 1995 年开发了"公路隧道与围岩综合试验系统",该系统采用"先加载,后开挖"的分级加载方法,使实验室中模型开挖方法与隧道现场施工过程完全一致,从而解决了相似模拟公路隧道施工状态的难题。该系统如图 5.4～图 5.6 所示。其模拟公路隧道的内加载子系统的外传力板组成的隧道内轮廓尺寸为 300～500mm,模拟双连拱二车道公路隧道的几何相似比为 1/40～1/45,模型试件尺寸为 2400(1600)mm×1600mm×1600mm,一次试验材料用量达 10t 左右,外围框架反力系统尺寸为 5000mm×5000mm×4800mm。

图 5.4　公路隧道与围岩综合试验系统(一)

图 5.5　公路隧道与围岩综合试验系统(二)　　图 5.6　公路隧道与围岩综合试验系统(三)

　　该系统由加载子系统、内加载子系统、数据采集及分析子系统、相似模型制作子系统组成,其主要组成部件情况见表 5.3。

表 5.3　公路隧道结构与围岩综合系统主要组成部件说明

组成部件	相　关　说　明
WY300-VI 型液压稳压器	可同时稳定 6 路油压,最大压力达 30MPa,调压用氮气瓶,安装初始压力为 9MPa 稳压精度±2%,可实现 0～30MPa 无级加载,自动稳压
外加载控制台	可同时输出 24 路油压,最大输出压力达 30MPa
外部千斤顶	外部千斤顶为高精度液压千斤顶,油缸直径 88mm,采用 BHR20 测力传感器,最大行程 150mm

组成部件	相　关　说　明
内加载控制台	可同时输出 18 路油压,最大输出压力达 30MPa。稳压精度±2%,可实现 0～30MPa 无级加载,自动稳压
内部千斤顶	内部千斤顶油缸直径 42mm,采用应变式压力传感器,最大行程 15mm
位移计	B 级精度,量程 10～15mm。位移信号经电量转换传输到数据采集箱,再由信号放大器经定标曲线直接在屏幕上显示位移值或变动曲线
数据采集处理系统	采用成都动态测试技术公路研制的 ML850 软件包实现荷载、位移的自动采集和保存。软件包采用 Borland C++3.1 语言编写

5.5　相似材料配比试验

5.5.1　相似材料试验

1. 对相似材料的要求

公路隧道与围岩综合试验系统之内加载试验子系统外轮廓直径为 230mm,系统总宽度为 600mm,结合依托工程,可计算得到模型试验几何相似情况见表 5.4。

表 5.4　模型试验几何相似比

原型尺寸/mm	模型尺寸/mm	几何相似比	
26040	600	43.4	平均值为 44
10260	230	44.6	

2. 相似材料的分类及选择

根据试验的具体条件,考虑到黄土的可塑性,选择了两组相似材料:

第一组:骨料——河砂,胶结物——石膏、高岭土,其他材料——水、机油。

第二组:骨料——河砂,胶结物——石膏、膨润土、页岩土,其他材料——水。

从试验结果看,第一组材料的力学性质较为符合所需要的三类围岩相似材料要求,然而,由于高岭土市场上较难买到,因此,根据多方调研,充分考虑到原料来源和试验要求,改用第二组材料。其配比见表 5.5。

表 5.5　材料配比

试验组号	河砂/%	石膏/%	膨润土/%	页岩土/%	水/%
1组	20	5	15	45	15
2组	20	5	20	40	15
3组	30	6	10	40	14
4组	25	5	15	41	14
5组	30	6	10	40	14

3. 相似材料配比试验试件制作

相似材料抗压强度及变形强度测试采用规格为 $\phi 5\text{cm} \times 10\text{cm}$ 的圆柱体试件，高为 10cm，直径为 5cm；做试样时，锤质量为 $2.5 \sim 3\text{kg}$，$4 \sim 5$ 锤，土粒 $1.8 \sim 2.0\text{mm}$。采用不锈钢模盒制作。

试件制作完全按岩石力学试验规程进行，用台秤称取相应的材料质量后，倒入搪瓷铁桶内搅拌均匀，按照要求的水灰比加水拌匀，然后用上述模具制作相应的试件。在制作过程中多次冲紧、捣实、压密试件，经过 24h 后拆模，养护。自然干燥一些时间后即开始试验。试件制作情况见表 5.6。

表 5.6　试验试件制作情况

试验组号	编号	制作试件时间	制作试件温度/℃	试验时间	试验温度/℃
1组	1-1	6月24日9:30	24.5	6月27日15:00	29
	1-2	6月24日9:30		6月27日15:10	
2组	2-1	6月24日10:10		6月27日15:30	
	2-2	6月24日10:10		6月27日15:15	
3组	3-1	6月27日9:00	29	6月30日10:00	26
	3-2	6月27日9:00		6月30日15:00	24
4组	4-1	6月27日10:00		6月30日10:10	26
	4-2	6月27日10:00		6月30日15:15	24
5组	5A-1	7月4日10:10	26	7月8日15:10	25
	5A-2	7月4日10:20		7月8日15:30	
	5A-3	7月4日10:30		7月8日15:50	

试验组号	编号	制作试件时间	制作试件温度/℃	试验时间	试验温度/℃
5组	5B-1	7 月 8 日 16:30		7 月 11 日 9:30	
	5B-2	7 月 8 日 16:40	26	7 月 11 日 9:50	25.5
	5B-3	7 月 8 日 16:50		7 月 11 日 10:10	

1) 密度测试

试验前将试件取出后适当擦抹试件表面,然后量取尺寸、编号、放在天平上称取质量。密度 ρ 按照式(5.8)计算:

$$\rho=\frac{m}{V}\tag{5.8}$$

式中,m 为试件质量,g;V 为试件体积,cm³。

试验条件和密度结果见表 5.7。

表 5.7　密度测试结果

试验组号	编号	质量/g	$D\times H$ /(mm×mm)	体积 /mm³	重度 /(kN/m³)	重度平均值 /(kN/m³)
1组	1-1	7.78	48.84×101.56	190267	20.036	19.770
	1-2	7.69	49.40×100.80	193100	19.504	
2组	2-1	7.65	50.20×101.72	201327	18.619	18.896
	2-2	7.51	49.90×98.14	191927	19.173	
3组	3-1	7.70	49.60×99.50	192254	19.625	19.748
	3-2	7.47	48.70×98.90	184223	19.870	
4组	4-1	7.65	49.20×100.40	190877	19.634	19.943
	4-2	7.40	48.46×97.08	179055	20.252	
5组	5A-1	7.35	48.50×97.60	180311	19.974	19.874
	5A-2	7.35	48.52×98.78	182641	19.719	
	5A-3	7.42	48.56×98.50	182424	19.930	
	5B-1	7.60	48.66×98.46	183102	20.338	20.211
	5B-2	7.57	48.68×99.44	185706	20.041	
	5B-3	7.53	48.60×98.34	182428	20.255	

2) 相似材料试件力学性质测试

试件达到养护期后取出,擦拭试件表面,量取试件尺寸,测定质量,之后在改进型 INSTRON 电液伺服疲劳试验机上进行试验,如图 5.7 所示。以0.5MPa/min的加载速度对试件加载,加载梯度 0.1MPa。改进型 INSTRON 电液伺服疲劳试验机可直接测出轴向应力-应变曲线,由此可得出相似材料试件的力学性质。试验结果如图 5.8～图 5.21 及表 5.8 所示。

图 5.7　改进型 INSTRON 电液伺服疲劳试验机系统

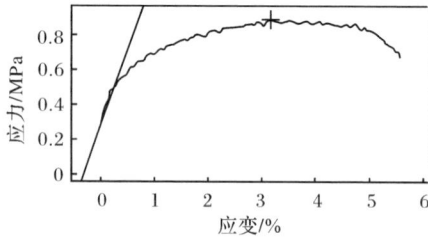

图 5.8　试件 1-1 应力-应变曲线

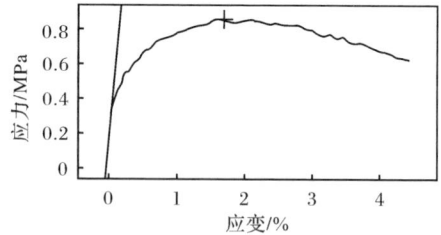

图 5.9　试件 1-2 应力-应变曲线

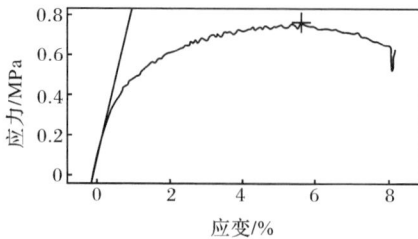

图 5.10　试件 2-1 应力-应变曲线

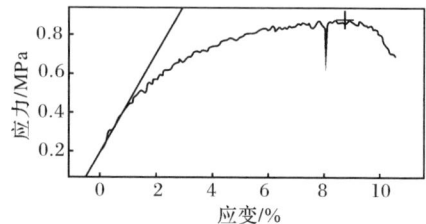

图 5.11　试件 2-2 应力-应变曲线

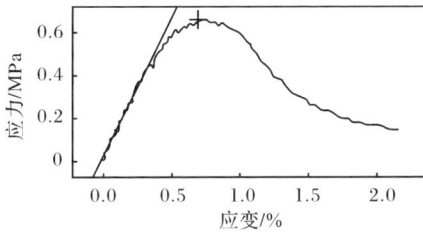

图 5.12　试件 3-1 应力-应变曲线

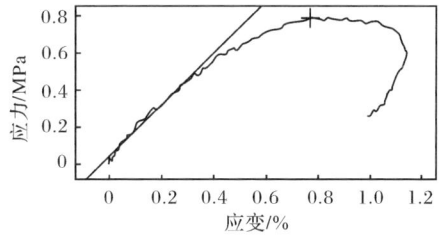

图 5.13　试件 3-2 应力-应变曲线

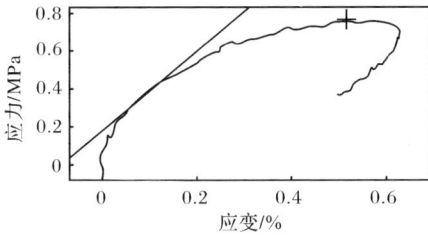

图 5.14　试件 4-1 应力-应变曲线

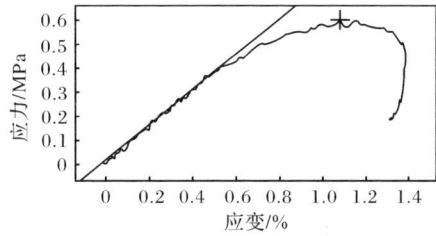

图 5.15　试件 4-2 应力-应变曲线

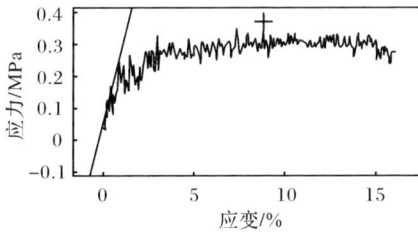

图 5.16　试件 5A-1 应力-应变曲线

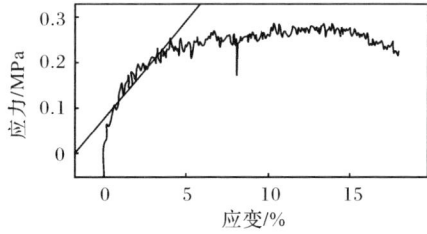

图 5.17　试件 5A-2 应力-应变曲线

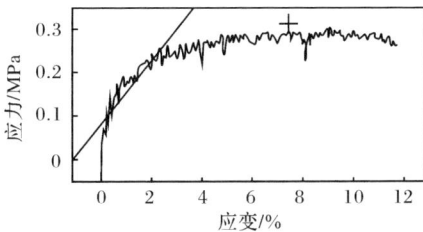

图 5.18　试件 5A-3 应力-应变曲线

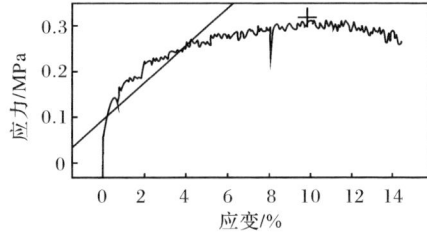

图 5.19　试件 5B-1 应力-应变曲线

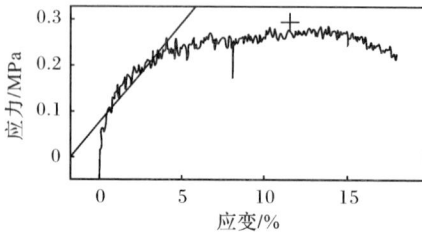

图 5.20　试件 5B-2 应力-应变曲线

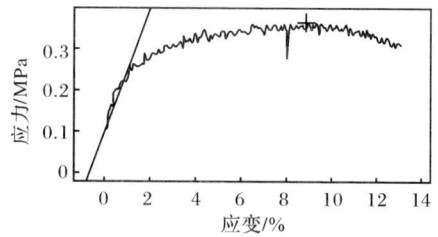

图 5.21　试件 5B-3 应力-应变曲线

表 5.8　材料力学性质试验结果

编号	极限应力/kPa		弹性模量/MPa	
	测试值	平均值	测试值	平均值
1-1	833.10		85.20	
1-2	852.40	842.75	41.87	63.54
2-1	758.11		78.08	
2-2	888.45	823.28	25.29	51.69
3-1	853.76		128.47	
3-2	775.63	814.70	135.47	131.97
4-1	754.91		204.26	
4-2	600.44	677.68	73.67	138.97
5A-1	370.82		23.24	
5A-2	297.05	327.44	4.34	11.60
5A-3	314.45		7.21	
5B-1	317.96		4.16	
5B-2	297.05	326.02	4.34	7.77
5B-3	363.05		14.80	

5.5.2　相似材料试验结果分析

由以上结果可以看出,所做材料配比试验均基本符合强度要求。与依托工程地质勘察实际测试的离石黄土的力学性质相比,第一组和第二组相似材料的应力和弹性模量均大于实际黄土性质,试验时模型的几何尺寸是将连拱隧道开挖轮廓缩小而得,若采用该两组配比,模型畸变较大。再考虑到黄土的塑性强,而塑性试件弹性模量的选取具有一定的随机性,故采用极限强度作为评价指标。根据黄土类隧道围岩的级别综合属于 Ⅳ 级围岩中较差的情况,则可选取第五组试验结果,其极限强度可取 326.02kPa,弹性模量为 7.77MPa,与实际黄土力学性质接近,塑性也较好。因此选取该配合比的相似材料作为黄土连拱隧道相似模型试验的相似材料。其主要相似比见表 5.9。

表 5.9　相似模型试验的相似系数

围岩类别	比例	备注
几何相似比	44	试验系统确定
容重相似比	0.825	—
弹性模量相似比	1.287	—
应力相似比	1.074	—
时间相似比	12~24	设定

5.6　离石黄土连拱隧道洞身Ⅳ级围岩段模型试验

5.6.1　相似模型制作

由 5.5 节配比试验已知模拟离石黄土连拱隧道洞身 Ⅳ 级围岩段的最佳材料配比是 3532 号,其密度为 19.30kN/m³,模型净尺寸为 1.6m×1.6m×2.4m,则按材料配比准备河砂、膨润土、石膏粉、水泥,按分层捣实成型法制作相似模型试件;在试件下半部分制作完成后,安装好内加载系统,然后再制作试件上半部分,试件制作中按配比试验时击实度控制,拌和水量一律取 1/7,模型制作时严格控制每层厚度,并且模型一次制作完毕,试件制作如图 5.22~图 5.24 所示。

图 5.22　内加载系统安装

图 5.23　试验模型浇筑

图 5.24 模型试验外加载系统安装

三天后拆除外模板,将相似模型试件置于通风干燥的地方,当模型试件干燥度与配比试验干燥度相当时,加设外传力板,牵引试件就位。

5.6.2 相似模型试验

1. 隧道原岩应力的确定

在地下工程(包括隧道工程)未实施之前,原岩中有原岩应力存在。原岩应力在岩体空间有规律的分布状态称为原岩应力场。原岩应力状态是岩体工程的空间与时间的函数,但是除少数构造活动带外,时间上的变化可以不予考虑。目前,一般习惯把原岩应力场分为重力应力场和构造应力场。由上覆岩体的重力所引起的应力称为重力应力;地层中由于历次构造运动和现今正在活动与变化的应力、地质因素作用残存的应力统称为构造应力。实际的原岩应力场等于两类应力场的叠加。

1) 构造应力场

在对岩石应力进行测量之前的很长一段时间里,人们都认为原岩应力仅仅是由重力应力引起。从重力应力场的分析可知,重力应力场中最大主应力的方向是铅垂方向,然而大量的实测资料表明原岩应力并不完全符合重力应力场的规律,如测得水平应力大于垂直应力的实例很多。

构造应力是地质构造作用在岩体内积存着的应力,其可分为三种情况。

(1) 与构造形迹相联系的原始构造力,是每一次构造运动在地壳中留下的构造形迹,可用地质力学的方法判断。

(2) 残余构造应力。虽然远古时期的地质构造运动使岩体变形,以弹性能的方式储存于地层之中,形成构造应力,但是经过漫长的地质年代,由于应力松弛,应力随之减少,而且每一次新的构造运动都会引起上一次构造应力的应力释放,地貌的变动也会引起应力释放,使原始构造应力大大降低,这种经过显著降低的原始构造应力称为残余构造应力。

(3) 现代构造应力。有的构造应力不是与构造形迹有关,而是与现代构造运动密切相关,由现代构造运动产生的应力称为现代构造应力。

2) 重力应力场

研究岩体的重力应力,一般把岩体视为均匀、连续且各向同性的弹性体,可引用连续介质力学的原理来探讨岩体的重力应力场问题。

将岩体视为半无限体,即上部的地表为界,下部及水平方向均无界限,岩体中某点的应力仅由上方覆盖岩体的重力产生。

对埋藏深度为 H 的单元体,垂直应力可按式(5.9)计算:

$$\sigma_z = \gamma H \tag{5.9}$$

式中,γ 为岩体容重,g/cm^3;H 为埋藏深度,m。

单元体因受铅垂应力 σ_z 的作用而产生横向变形的趋向,因单元体受横向相邻单元体约束,不能产生横向变形,相应产生水平应力 σ_x、σ_y。因视岩体为各向同性的弹性体,故它的水平应力 σ_x、σ_y 相等,水平应变 ε_x、ε_y 也相等,即

$$\begin{cases} \sigma_x = \sigma_y \\ \varepsilon_x = \varepsilon_y = 0 \end{cases} \tag{5.10}$$

根据广义胡克定律有

$$\begin{cases} \varepsilon_x = \dfrac{1}{E}[\sigma_x - \mu(\sigma_y + \sigma_z)] \\ \varepsilon_y = \dfrac{1}{E}[\sigma_y - \mu(\sigma_x + \sigma_z)] \end{cases} \tag{5.11}$$

由式(5.10)、式(5.11)可解得

$$\sigma_x = \sigma_y = \frac{\mu}{1-\mu}\sigma_z \tag{5.12}$$

即

$$\sigma_x = \sigma_y = \lambda \gamma H \tag{5.13}$$

当深度 H 内有多层岩石,各层岩石容重不同时,最大主应力

$$\sigma_1 = \sum_{i=1}^{n} V_i H_i \tag{5.14}$$

式中,V_i 为第 i 层岩石容重($i=1,2,\cdots,n$);H_i 为第 i 层岩石厚度(铅重方向)。

由前所述,原岩应力是各种应力场综合的结果,通过大量实测资料表明,一般原始的构造应力并不明显,且无现代构造应力,故其原岩应力以重力应力为主。

对于离石隧道,围岩均为Ⅳ级围岩段,取隧道最大埋深为 39m,根据以上分析可得隧道的原岩应力为

$$\sigma_z = \gamma H = 0.6825\text{MPa}$$

查阅资料,取黄土的泊松比 $\mu = 0.35$,则

$$\lambda = \frac{0.35}{1 - 0.35} = \frac{0.35}{0.65} = 0.538$$

则 $\sigma_x = \sigma_y = \lambda \sigma_z = 0.367 \text{MPa}$。

2. 试验加载方案

配比试验表明,第五组相似材料的物理力学性质与离石隧道Ⅳ级围岩段的物理、力学性质相近,其物理力学性质及相似系数见表 5.7、表 5.8、表 5.9。

模型试验时竖直方向压力

$$\sigma_{mv} = \frac{\sigma_z}{C_\sigma} = \frac{0.6825}{1.074} = 0.635(\text{MPa})$$

模型实验时水平方向压力

$$\sigma_{mh} = \frac{\sigma_x}{C_\sigma} = \frac{0.367}{1.074} = 0.342(\text{MPa})$$

考虑模型试验试件在外加载和内加载的作用下,在模拟试验前应处于平衡状态,再考虑内加载为一圆形,计算复杂,一般情况下取内加载压力为外加载竖直方向和水平方向压力的平均值

$$\sigma_{mi} = \frac{0.635 + 0.342}{2} = 0.489(\text{MPa})$$

通过围压换算,可得模型实验时每支竖直油缸最终稳定压力为 66.82MPa,侧压油缸为 35.98MPa,内加载油缸为 15.254MPa。实验时内、外油缸加载时分 5 级加载,其加载方案见表 5.10。其模型加载最后稳定图如图 5.25 所示。

表 5.10　离石隧道Ⅳ级围岩段相似模拟试验加载方案

| 分级阶段 | 外加载/MPa | | | | 内加载/MPa | | 加载稳定时间/min | 加载时刻 |
| | 顶部油缸 | | 侧面油缸 | | | | | |
	实际油缸压力	计算油缸压力	实际油缸压力	计算油缸压力	实际油缸压力	计算油缸压力		
1	11.15		6.0		2.55		15	7:05
2	22.30		12.0		5.10		30	7:20
3	33.45		18.0		7.65		30	7:50
4	44.60	66.82	24.0	35.98	10.20	15.254	30	8:20
5	55.75		30.0		12.75		30	8:50
6	66.80		36.0		15.30		60	9:50

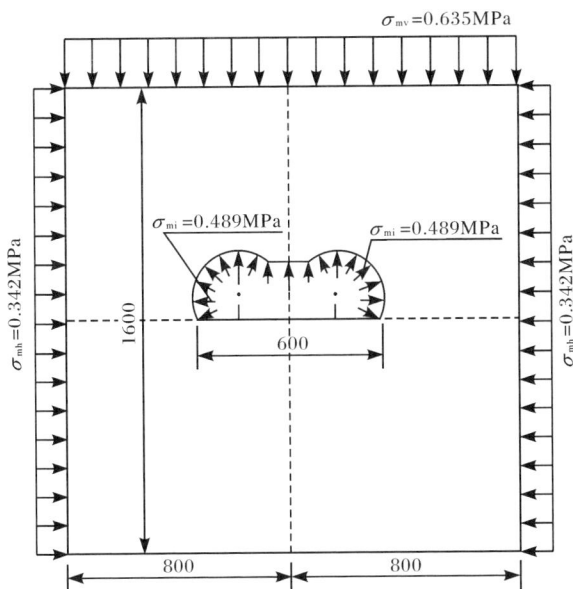

图 5.25　离石隧道Ⅳ级围岩段模型试验加载模式图

3. 相似模拟试验方案

离石隧道为双连拱二车道公路隧道,对该隧道的相似模型试验采用前面介绍的内加载系统,其模拟断面及位移测点分布展开示意图如图 5.26 所示。

断面编号		L1	L2	L3	L4	L5	L6	L7	L8	L9	L10	L11	L12
左洞	测点编号	L1-1	L2-1	L3-1	L4-1	L5-1	L6-1	L7-1	L8-1	L9-1	L10-1	L11-1	L12-1
		L1-2	L2-2	L3-2	L4-2	L5-2	L6-2	L7-2	L8-2	L9-2	L10-2	L11-2	L12-2
中隔墙		L1-3	L2-3	L3-3	L4-3	L5-3	L6-3	L7-3	L8-3	L9-3	L10-3	L11-3	L12-3
右洞		L1-4	L2-4	L3-4	L4-4	L5-4	L6-4	L7-4	L8-4	L9-4	L10-4	L11-4	L12-4
		L1-5	L2-5	L3-5	L4-5	L5-5	L6-5	L7-5	L8-5	L9-5	L10-5	L11-5	L12-5

图 5.26　双连拱公路隧道内加载系统分布展开图

为了模拟离石隧道深埋Ⅳ级围岩段,根据试验系统特点和前面介绍的两种试验方案,采用先中隔墙开挖支护,再先后行洞均采用侧壁导坑(开挖方案Ⅰ)开挖模拟顺序及时间见表 5.11。其中导坑超前 3 个断面开挖。采用先中隔墙开挖支护,再先后行洞均采用上下台阶(开挖方案Ⅱ)开挖的开挖模拟顺序及时间见表 5.12。其中上台阶超前 3 个断面开挖。

表 5.11　开挖方案 I 的开挖模拟顺序

断面编号		L1	L2	L3	L4	L5	L6	L7	L8	L9	L10	L11	L12
左洞	测点编号	L1-1 14	L2-1 15	L3-1 16	L4-1 17	L5-1 18	L6-1 19	L7-1 20	L8-1 21	L9-1 22	L10-1 23	L11-1 24	L12-1 25
		L1-2 17	L2-2 18	L3-2 19	L4-2 20	L5-2 21	L6-2 22	L7-2 23	L8-2 24	L9-2 25	L10-2 26	L11-2 27	L12-2 28
中隔墙		L1-3 1	L2-3 2	L3-3 3	L4-3 4	L5-3 5	L6-3 6	L7-3 7	L8-3 8	L9-3 9	L10-3 10	L11-3 11	L12-3 12
右洞		L1-4 32	L2-4 33	L3-4 34	L4-4 35	L5-4 36	L6-4 37	L7-4 38	L8-4 39	L9-4 40	L10-4 41	L11-4 42	L12-4 43
		L1-5 29	L2-5 30	L3-5 31	L4-5 32	L5-5 33	L6-5 34	L7-5 35	L8-5 36	L9-5 37	L10-5 38	L11-5 39	L12-5 40

注:第13步为中隔墙支护。

表 5.12　开挖方案 II 的开挖模拟顺序

断面编号		L1	L2	L3	L4	L5	L6	L7	L8	L9	L10	L11	L12
左洞	测点编号	L1-1 17	L2-1 18	L3-1 19	L4-1 20	L5-1 21	L6-1 22	L7-1 23	L8-1 24	L9-1 25	L10-1 26	L11-1 27	L12-1 28
		L1-2 15	L2-2 16	L3-2 17	L4-2 18	L5-2 19	L6-2 20	L7-2 21	L8-2 22	L9-2 23	L10-2 24	L11-2 25	L12-2 26
中隔墙		L1-3 1	L2-3 2	L3-3 3	L4-3 4	L5-3 5	L6-3 6	L7-3 7	L8-3 8	L9-3 9	L10-3 10	L11-3 11	L12-3 12
右洞		L1-4 29	L2-4 30	L3-4 31	L4-4 32	L5-4 33	L6-4 34	L7-4 35	L8-4 36	L9-4 37	L10-4 38	L11-4 39	L12-4 40
		L1-5 32	L2-5 33	L3-5 34	L4-5 35	L5-5 36	L6-5 37	L7-5 38	L8-5 39	L9-5 40	L10-5 41	L11-5 42	L12-5 43

注:第13步为中隔墙支护。

4. 相似模型试验

首先分别将内加载、外加载系统按加载方案(表 5.10)分级加载,加载完成并稳定 1h 后启动数据采集及分析系统,测试各断面各测点位移计初始位移,并时刻监测内、外加载油缸出力。

对应相似模拟方案,再分别按表 5.11 和表 5.12 模拟顺序释放内加载系统油缸出力,分别模拟各断面开挖(分部开挖),同时测定各断面位移及跟踪内、外加载系统出力,并记录测量结果。隧道相似模拟时第13步为中隔墙支护,回顶内加载出力的 80% 作为支护衬砌应力。

5.6.3　模型试验结果分析

通过对离石隧道开挖进行模型试验研究,获得以下结论:

(1) 对于研究隧道开挖过程的力学形态的地质力学模型,控制试验相似程度的主要力学参数除几何尺寸、边界条件外,主要的物理量是密度、强度、弹性模量,相似材料最佳配比的选择以 $C_\sigma = C_L C_r$ 和 $C_\sigma = C_E$ 控制。

(2) 隧道时间位移是相当复杂的函数,而且位移变化速率不均匀,难以得到适当的普遍适用的函数。根据开挖面的时空效应,截取距开挖面前后 2 倍洞径之间的典型测点做曲线拟合后发现,采用 Richards 模型曲线拟合与试验曲线最为接近,其位移时间曲线方程为: $y = a/(1+e^{b-ct})^{1/d}$。

(3) 隧道的径向位移随开挖的阶段体现出阶段性增长,大部分测点在所在断面开挖时台阶增长幅度最大,空间效应反映比较明显。

(4) 洞周位移表现出较明显的黏弹塑性性质,已经开挖的断面距工作面较远时仍然有较大的位移产生。因此在实际隧道施工中,模筑衬砌不能施作太早,更不能以永久支护紧跟开挖面来取代初期支护。另外衬砌要承受黄土后续变形,因而衬砌不仅要考虑安全储备,还要考虑土体的变形压力。

(5) 中导洞开挖时,洞周径向位移较小,表明小洞径的黄土隧道自稳能力较强,但随着开挖面的增大,隧道位移逐渐变大,所以施工中应勤观测,注意拱顶、边墙、中隔墙、拱脚的位移发展情况,据此调整初期支护参数。

(6) 本试验系统能较好地模拟两车道黄土连拱隧道开挖施工的全过程,有条件地揭示了黄土连拱隧道的施工力学特性,但黄土连拱公路隧道国际上尚属首个工程实例,其试验结果尚待工程实际验证,但试验达到了研究黄土连拱隧道的要求。

(7) 在相似模型试验条件下,即黄土连拱隧道除中隔墙采取了一定的支护措施外,其余均为毛洞,无支护衬砌,试验结果表明,开挖方案 I 最终位移不大,其最大位移仅为 1mm,按相似比换算为实际情况,其最大实际位移为 44mm,因此隧道围岩大部分处于稳定状态,在实际施工中采用一定的支护措施和超前预支护手段,隧道围岩在施工中将更为稳定,但应注意某些断面的位移速率较大,建议施工时应支护及时,采取必要的超前支护措施辅助施工开挖。

(8) 在试验条件下,两车道黄土连拱隧道采用开挖方案 II 的安全性不及开挖方案 I,但该结论是在隧道除中隔墙采取了一定的支护措施外,其余均为毛洞,无支护衬砌的条件下得到的,不排除开挖方案 II 在采取一定的支护措施控制隧道围岩变形,并辅以一定的超前支护措施后同样也能保证隧道围岩施工安全。

5.7　本　章　小　结

本章基于相似理论对黄土连拱隧道开挖进行了相似模型试验研究,主要研究成果如下:

(1) 结合离石黄土连拱隧道,通过室内试验方法获得了黄土连拱隧道物理模型试验的相似材料。

(2) 对离石黄土连拱隧道的Ⅳ级围岩段进行模型试验研究,通过探讨不同开挖方案下隧道的位移和应力变化情况,得出先开挖中导洞,再用侧壁导坑法开挖左右主洞的方案。

第6章 黄土连拱隧道施工方案优化研究

6.1 概 述

6.1.1 工程背景

离石隧道是我国第一条黄土连拱隧道,没有可以借鉴的经验。结合该工程实际,开展黄土连拱隧道的施工力学研究,不仅对山西离石连拱隧道工程的修建具有直接的指导意义,以确保隧道施工的安全和经济合理性,并保障运营期间的安全,而且能够进一步完善连拱隧道的理论研究。该研究的主要内容有以下几个方面。

(1) 对可能遇到的浅埋偏压与深埋,土质为 Q_2 或 Q_3 情况的四车道黄土连拱隧道分别进行施工力学研究:①施工方案研究。正台阶法与侧壁导洞法比较研究。②施工次序研究。先左洞施工方案和先右洞施工方案的对比。③确定中隔墙的合理厚度。

(2) 考虑经济发展,对可能出现的六车道黄土连拱隧道进行研究。

(3) 研究方法。黄土连拱隧道开挖方法的比较研究(正台阶法与侧壁导洞法比较),先左洞施工方案和先右洞施工方案的对比数值模拟及确定中隔墙的厚度,均采用有限元模型的平面应变弹塑性数值模拟。采用三维弹塑性数值分析来确定在开挖前洞多长距离时进行后洞的开挖。

(4) 研究目标。通过一系列的黄土连拱隧道数值分析,得出合理的施工方法和施工顺序,提出施工注意事项。

6.1.2 隧道支护设计参数

(1) 初期支护采用 20cm 厚的 C25 喷射混凝土,锚杆长 3.5m,钢筋直径 22mm,间距为 100cm×100cm,采用梅花形布置;为保证初期支护尽早承载,使用 20a 型工字钢支护,纵向间距 80cm,同时还有超前支护。

(2) 中隔墙为 C25 钢筋混凝土。

(3) 仰拱为 25cm 厚的 C25 喷射混凝土及 45cm 厚的 C25 钢筋混凝土。

(4) 二次衬砌为 50cm 厚的 C25 钢筋混凝土。

6.1.3　支护结构的力学参数

支护结构的力学参数见表 6.1。

表 6.1　支护结构的力学参数

参数	密度 $\rho/(\text{kg/m}^3)$	弹性模量 E/GPa	泊松比 μ	黏聚力 c/MPa	内摩擦角 $\varphi/(°)$	厚度/m
中隔墙	2500	29	0.167	2.00	55	—
初次支护	2400	23	0.167	1.50	52	0.20
二次衬砌	2500	29	0.167	2.00	55	0.50
Q_2黄土	1760	0.136	0.300	0.08	25	—
Q_3黄土	1700	0.064	0.300	0.04	13	—
锚杆	7850	210	0.300	—	—	—

6.2　Ⅳ级围岩浅埋偏压段施工方案对比

6.2.1　侧壁导坑法施工方案模拟

1）计算断面

隧道埋深 26m，单洞净宽 10.7m，初期支护（喷射混凝土）0.20m，二次衬砌 0.5m，中隔墙厚 3.32m（包括二次衬砌厚度）。隧道浅埋段计算断面如图 6.1 所示，隧道设计断面如图 6.2 所示。

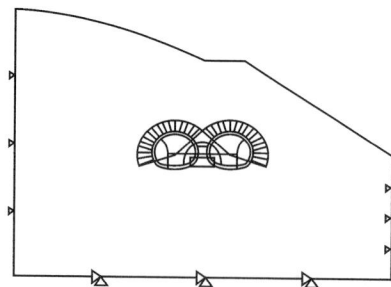

图 6.1　浅埋段计算断面　　　　　图 6.2　隧道设计断面

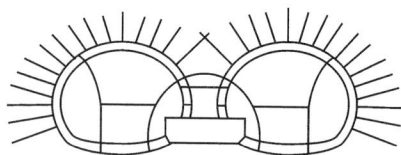

2）有限元模型建立

数值计算采用大型有限元计算软件 ANSYS，按照平面应变建立模型。其有限元网格划分如图 6.3 所示。

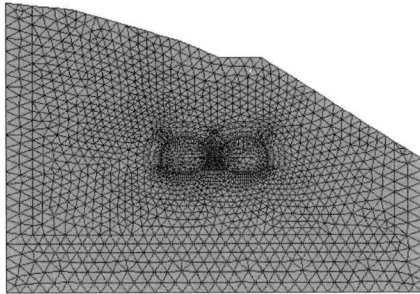

图 6.3　有限元网格划分

围岩(黄土)采用 6 节点三角形单元 PLANE2 模拟;初期支护喷射的 25cm 厚混凝土采用梁单元模拟,其厚度在实常数中输入;二次衬砌结构采用三角形平面单元 PLANE2 模拟;中隔墙采用三角形平面单元 PLANE2 模拟;锚杆单元采用梁单元 BEAM3 模拟。由于锚杆纵向间距为 1m,故本次平面应变模型在纵向为 1m。

计算范围:左右两侧自隧道边起取 3 倍直径范围,下部自隧道底部取 25m,上部取至地表。

边界条件:左右两侧水平约束,下部固定,上部边界为自由边界,如图 6.1 所示。

本次计算过程中,有限元前后处理过程中采用的数据除特别说明外,均采用国际标准单位。

3) 材料本构模型的选择

ANSYS 程序中提供的岩土本构模型有 Drucker-Prager 理想弹塑性模型,程序中采用的屈服准则为莫尔-库仑外接圆 Drucker-Prager 屈服准则。

$$F = \alpha I_1 + \sqrt{J_2} = k \tag{6.1}$$

式中,I_1、J_2 分别为应力张量的第一不变量和应力偏张量的第二不变量,$I_1 = \sigma_1 + \sigma_2 + \sigma_3$,$J_2 = \dfrac{1}{6} \left[(\sigma_1 - \sigma_2)^2 + (\sigma_1 - \sigma_3)^2 + (\sigma_2 - \sigma_3)^2 \right]$;$\alpha$、$k$ 为与岩土材料内摩擦角 φ 和黏聚力 c 有关的常数,$\alpha = \dfrac{2\sin\varphi}{\sqrt{3}(3 - \sin\varphi)}$,$k = \dfrac{6c\cos\varphi}{\sqrt{3}(3 - \sin\varphi)}$。

研究表明,采用该外接圆 Drucker-Prager 屈服准则与传统莫尔-库仑屈服准则的计算结果有较大误差,在实际工程中如果采用该准则进行工程设计是偏不安全的。

试验和工程实践已证实,莫尔-库仑屈服准则能较好地描述土壤、岩石等材料的破坏行为,在岩土工程领域得到了广泛的应用,土力学中边坡稳定、土压力和地基承载力这三大经典问题都直接或间接地借助了这一准则。

对于图 6.4 中的二维平面应变问题,围岩和混凝土衬砌结构采用平面应变条件下与莫尔-库仑准确匹配的 Drucker-Prager 准则,采用关联流动法则,此时剪胀角等于内摩擦角,其表达式如下:

$$\alpha = \frac{\sin\varphi}{\sqrt{3}\sqrt{3+\sin^2\varphi}}, \quad k = \frac{3c\cos\varphi}{\sqrt{3}\sqrt{3+\sin^2\varphi}} \tag{6.2}$$

对于强度问题,平面应变条件下与莫尔-库仑匹配的 Drucker-Prager 准则实际上就是传统的莫尔-库仑准则,这样就解决了在 ANSYS 程序中材料屈服准则的使用问题。锚杆钢筋按照线弹性材料处理。对于三维问题则采用莫尔-库仑等面积圆屈服准则来近似代替莫尔-库仑准则,其表达式如下:

$$\alpha = \frac{2\sqrt{3}\sin\varphi}{\sqrt{2\sqrt{3}\pi(9-\sin^2\varphi)}}, \quad k = \frac{6\sqrt{3}c\cos\varphi}{\sqrt{2\sqrt{3}\pi(9-\sin^2\varphi)}} \tag{6.3}$$

各屈服准则在子午平面得屈服曲线如图 6.4 所示。

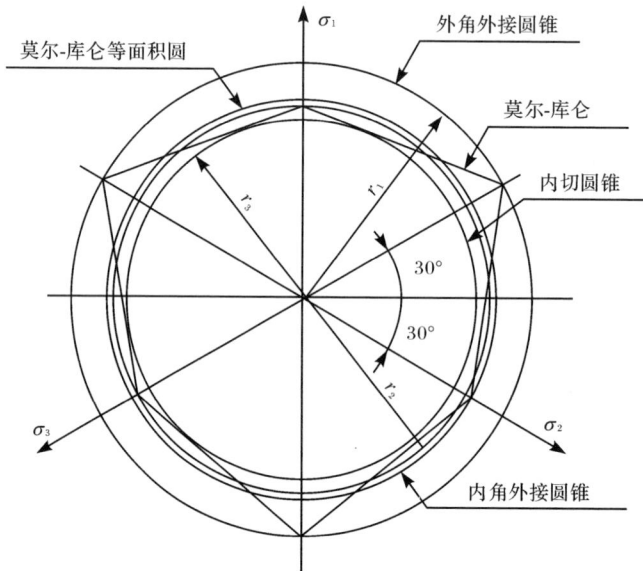

图 6.4 各屈服准则在 π 平面上的曲线

4) 在 ANSYS 程序中实现不同屈服准则的一种方法

由于 ANSYS 程序中采用的屈服准则为外接圆 Drucker-Prager 屈服准则,如何在ANSYS程序中实现前面提到的平面应变莫尔-库仑匹配 Drucker-Prager 准则呢? 下面介绍在ANSYS程序中的具体实现步骤。

c_1、φ_1 为已知的初始黏聚力和内摩擦角,c_2、φ_2 为采用与莫尔-库仑匹配的 Drucker-Prager 屈服准则时在 ANSYS 程序中输入的黏聚力和内摩擦角。对与莫

尔-库仑匹配的 Drucker-Prager 屈服准则,其 α_1、k_1 表示为

$$\alpha_1 = \frac{\sin\varphi_1}{\sqrt{3}\sqrt{3+\sin^2\varphi_1}}, \quad k_1 = \frac{3c_1\cos\varphi_1}{\sqrt{3}\sqrt{3+\sin^2\varphi_1}} \tag{6.4}$$

ANSYS 程序采用的是外接圆 Drucker-Prager 屈服准则,α_2、k_2 表示为

$$\alpha_2 = \frac{2\sin\varphi_2}{\sqrt{3}(3-\sin^2\varphi_2)}, \quad k_2 = \frac{6c_2\cos\varphi_2}{\sqrt{3}(3-\sin\varphi_2)} \tag{6.5}$$

令 $\alpha_1 = \alpha_2, k_1 = k_2$,有

$$\alpha_1 = \frac{\sin\varphi_1}{\sqrt{3}\sqrt{3+\sin^2\varphi_1}} = \frac{2\sin\varphi_2}{\sqrt{3}(3-\sin\varphi_2)} = \alpha_2 \tag{6.6}$$

$$k_1 = \frac{3c_1\cos\varphi_1}{\sqrt{3}\sqrt{3+\sin^2\varphi_1}} = \frac{6c_2\cos\varphi_2}{\sqrt{3}(3-\sin\varphi_2)} = k_2 \tag{6.7}$$

联立上述两个等式,即可求解得到 c_2、φ_2,此时的 c_2、φ_2 即为采用与莫尔-库仑准则相匹配的 Drucker-Prager 屈服准则时在 ANSYS 程序中输入的黏聚力和内摩擦角。

以上过程可以通过在 Excel 中编制程序实现,见表 6.2。

表 6.2　在 ANSYS 中采用莫尔-库仑等面积圆 Drucker-Prager 屈服准则的计算示例数据

初始黏聚力 c_0/kPa	初始内摩擦角 φ_0/(°)	在 ANSYS 中输入的黏聚力 c_2/kPa	在 ANSYS 中输入的内摩擦角 φ_2/(°)
76	23	55.77	17.30
40	13	31.98	10.46
1500	52	703.39	31.00
2000	55	871.51	31.90

注:在 ANSYS 中定义的材料编号。1. 黄土;2. C25 混凝土(初次支护);3. C25 钢筋混凝土(中隔墙以及二次衬砌混凝土);4. 锚杆。

实常数编号。1. 250mm 厚的混凝土梁单元的宽度 $b=1.0$m,高 $H=0.25$m,惯性矩 $I=bH^3/12=0.0013$m^4,实常数编号为 1;2. 锚杆单元(link1)信息:钢筋截面积 $s=3.1415\times0.011^2=0.00038$m^2,实常数编号为 2。

5) 隧道开挖施工步骤的模拟

采用 ANSYS 程序提供的荷载步功能来模拟隧道的开挖施工过程。隧道的开挖采用"杀死"单元来模拟,衬砌结构的施工采用"激活"单元来模拟。

所谓"杀死"单元,就是将单元刚度矩阵乘以一个很小的因子(如 10^{-6}),死单元的荷载为 0,从而不对荷载向量生效,死单元的质量也设置为 0,单元的应变在单元被"杀死"的同时也将设为 0。

与上面的过程相似,单元的"出生",并不是将其加到模型中,而是重新激活它

们,其刚度、质量、单元荷载等将恢复原始的数值。重新激活的单元没有应变记录,以实参形式输入的初应变不为单元生死所影响,所有单元需要事先划分好。

1. 方案一(先左洞后右洞)

1) 方案一施工过程模拟步骤

第1步:隧道未开挖,模拟原始地应力状态。

第2步:中导洞开挖,施作临时支护,喷射 C25 混凝土。

第3步:浇筑连拱隧道中隔墙。

第4步:左洞左侧导洞开挖,导洞进行初期支护。

第5步:左洞上半断面开挖,左洞上半断面施作初期支护。

第6步:左洞下半断面开挖。

第7步:左洞施作二次衬砌和仰拱。

第8步:右洞右侧导洞开挖,进行初期支护。

第9步:右洞上半断面开挖,右洞上半断面施作初期支护。

第10步:右洞下半断面开挖。

第11步:右洞施作二次衬砌和仰拱。

计算时,将这些要"杀死"或者"激活"的单元事先定义成组,并赋予不同的名称,然后编制一段 APDL 程序来让 ANSYS 自动一次执行以上计算过程。

2) 方案一施工过程计算结果

第1步:隧道未开挖,模拟原始地应力状态,如图 6.5 所示。

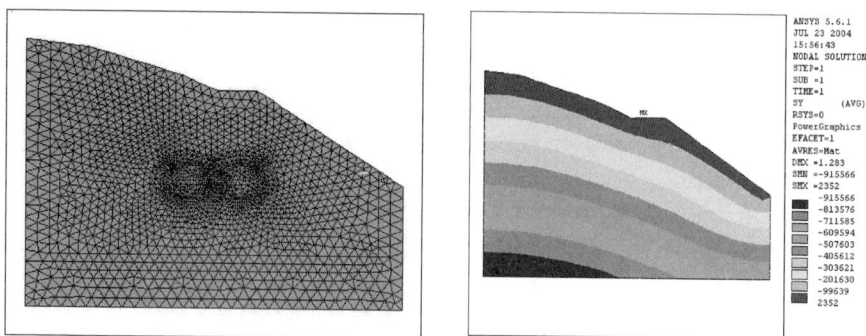

(a) 网格模型

(b) 节点竖向应力 SY 等值云图

图 6.5　第1步:自重下的应力图

图 6.6(b)为第2步中导洞开挖后的竖向应力分布,图 6.6(c)为第2步中导洞开挖引起的节点位移运动矢量图,由开挖后的位移减去开挖前的位移得到,从图 6.6(d)可知,隧道拱顶最大下沉位移为 17mm,底部向上隆起 33mm,说明底鼓严重。

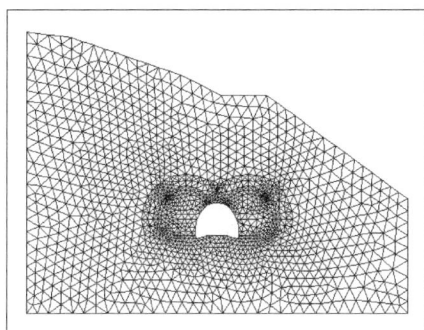

(a) 网格图

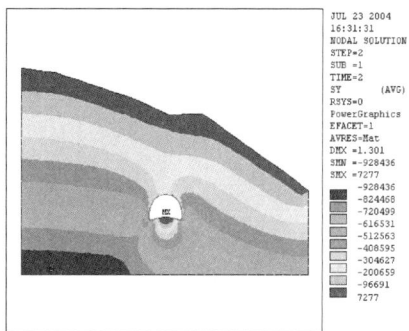

(b) 节点竖向应力 SY 等值云图

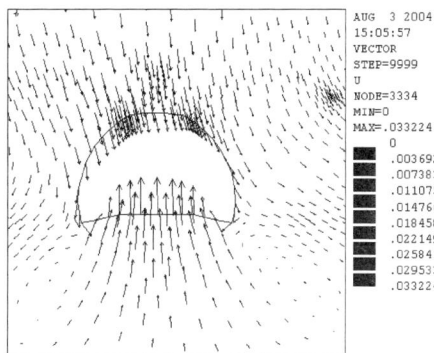

(c) 节点位移运动矢量图

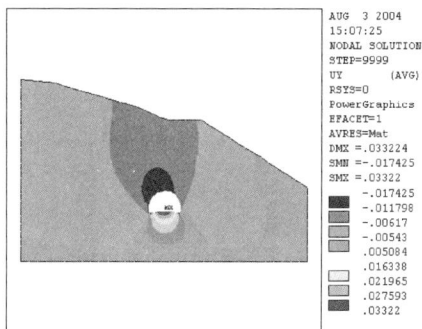

(d) 节点竖向位移 UY 等值云图

图 6.6　第 2 步:中导洞开挖后的网格图及应力云图

从图 6.7 中隔墙的塑性区分布可知,中隔墙没有塑性区(应力与强度比率小于 1.0),还处于弹性状态。

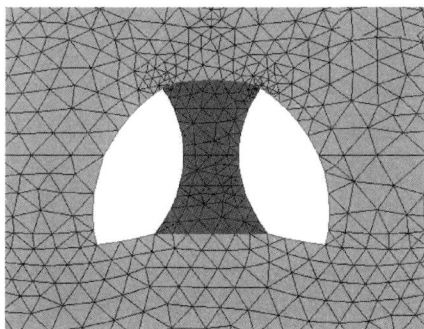

(a) 网格图

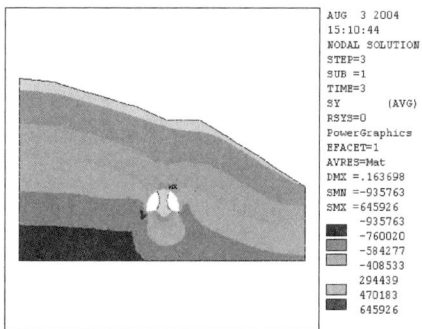

(b) 节点竖向应力 SY 等值云图

图 6.7　第 3 步:中隔墙浇筑后的网格图及应力云图

(a) 网格图

(b) 节点竖向应力 SY 等值云图

(c) 节点运动矢量图

(d) 锚杆轴力分布

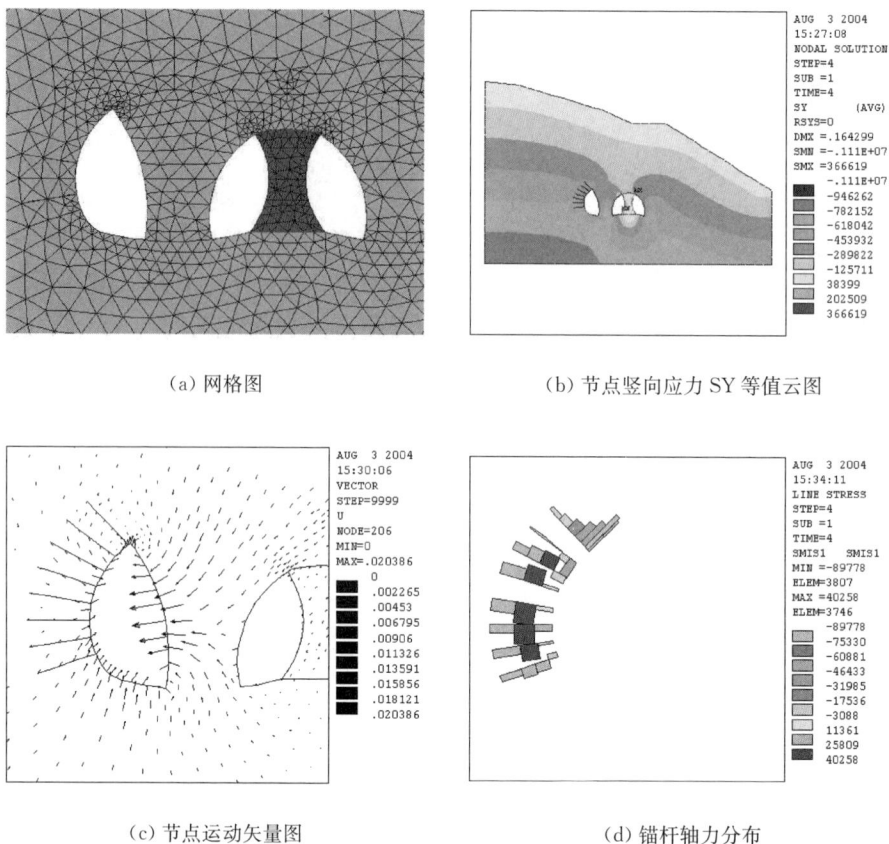

图 6.8　第 4 步:左洞左侧导洞开挖后的网格图及应力云图

从图 6.8 可知,左侧导洞开挖后,围岩向左侧导洞内变形。

从图 6.9(b)可知中隔墙受力不对称;图 6.9(d)显示左洞上半断面开挖后中隔墙右侧出现塑性区,另外左下角处由于应力集中,也出现塑性区。可见,第 5 步后,中隔墙的右侧受拉,其第 1 主应力超过了 C25 混凝土的抗拉设计强度,此处也出现塑性区。按照《铁路隧道设计规范》(TB 10003—2005),C25 混凝土的抗压强度设计值为 12.5MPa,抗拉强度设计值为 1.33MPa。

由图 6.10(b)可知,第 6 步引起的位移和第 5 步的计算结果变化不大;由锚杆的轴力分布可以看出,左洞左下侧锚杆受力较大(拉为正,压为负);由中隔墙节点运动矢量分布图图 6.10(e)可见,由于左侧隧道的开挖,引起中隔墙发生偏转。

从图 6.11 第 7 步后的竖向应力可见,此时中隔墙的受力不对称,左侧受压,右侧受拉。由图 6.11(d)可见,左侧隧洞二次衬砌施工后,中隔墙的塑性区大大减小。

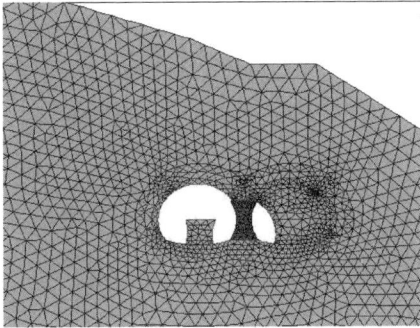

(a) 网格图

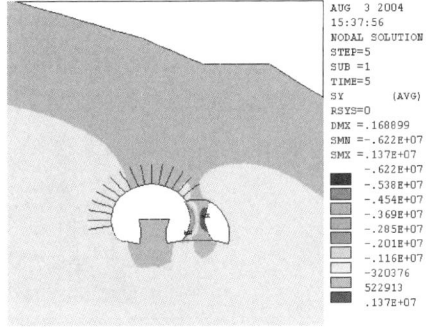

(b) 节点竖向应力 SY 等值云图

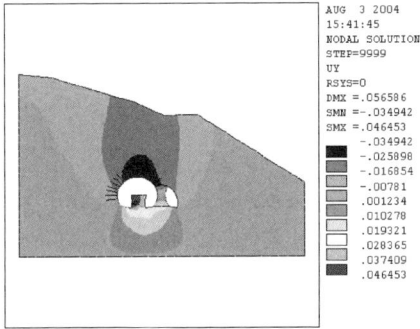

(c) 节点竖向位移 UY 等值云图

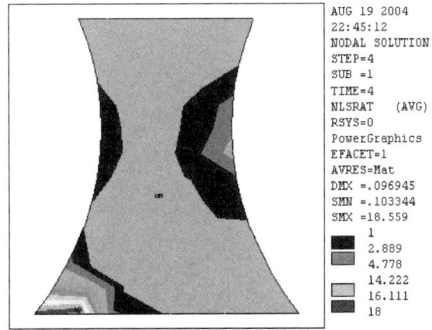

(d) 中隔墙的塑性区分布(图中有色部分)

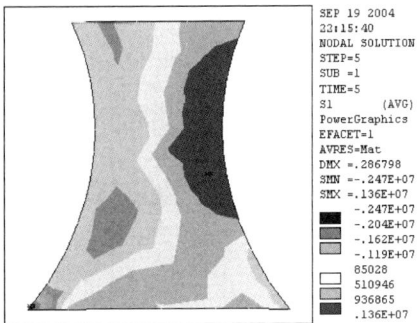

(e) 中隔墙的第 1 主应力分布

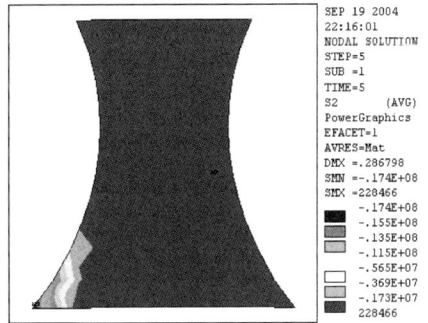

(f) 中隔墙的第 2 主应力分布

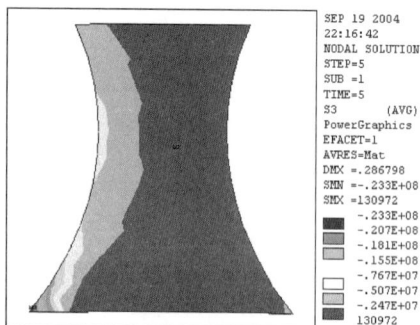

(g) 中隔墙的第 3 主应力分布

图 6.9　第 5 步:左洞上半断面开挖后的网格图及应力云图

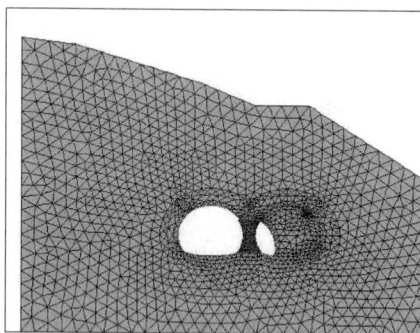

(a) 网格图

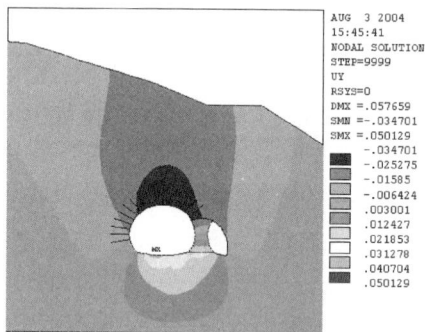

(b) 节点总的竖向位移 UY 等值云图

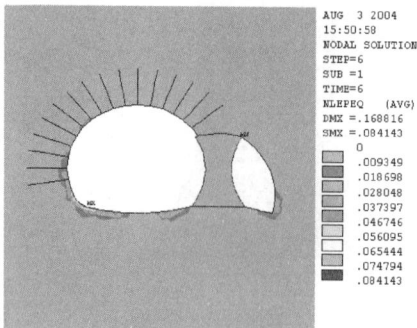

(c) 塑性应变等值云图

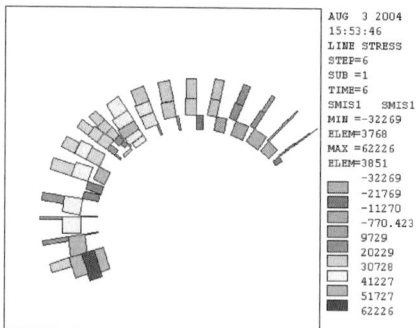

(d) 锚杆轴力分布

(e) 中隔墙节点位移矢量图

(f) 中隔墙的塑性区

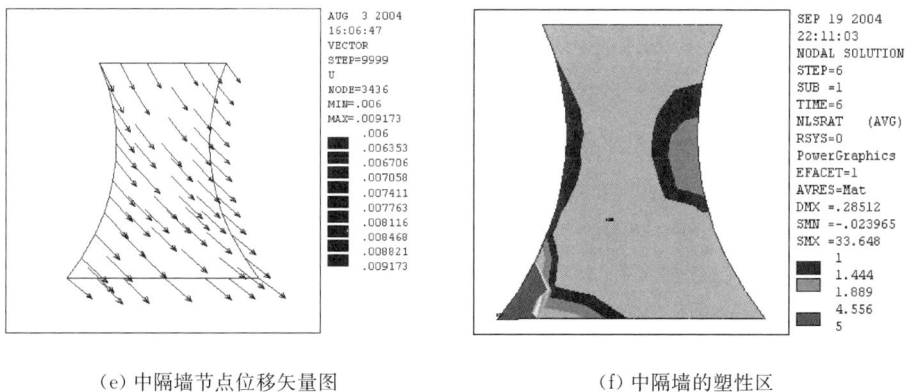

图 6.10　第 6 步:左洞下半断面开挖后的网格图及应力云图

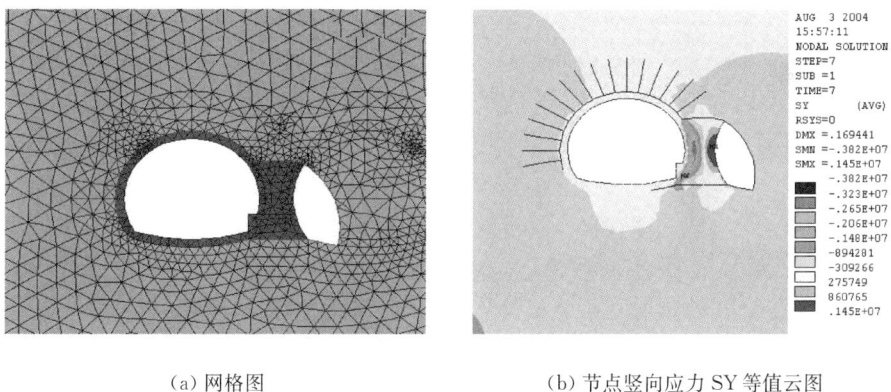

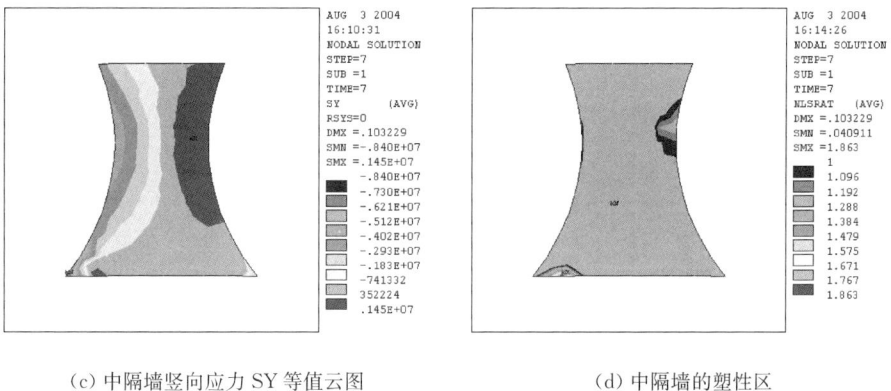

(a) 网格图

(b) 节点竖向应力 SY 等值云图

(c) 中隔墙竖向应力 SY 等值云图

(d) 中隔墙的塑性区

图 6.11　第 7 步:左洞施作二次衬砌和仰拱后的网格图及应力云图

从图 6.12～图 6.15 中的中隔墙应力云图可见,随着左右隧洞二次衬砌的浇筑,中隔墙受力状况得到改善,塑性区基本消失。

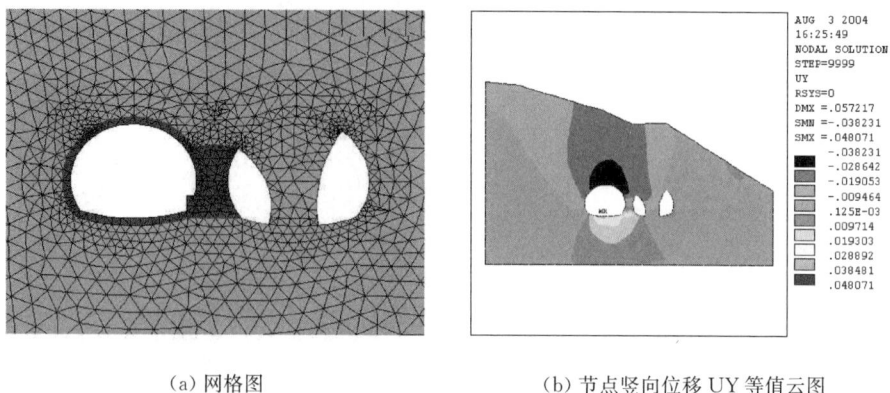

（a）网格图　　　　　　　　　　　（b）节点竖向位移 UY 等值云图

图 6.12　第 8 步:右洞右侧导洞开挖后的网格图及应力云图

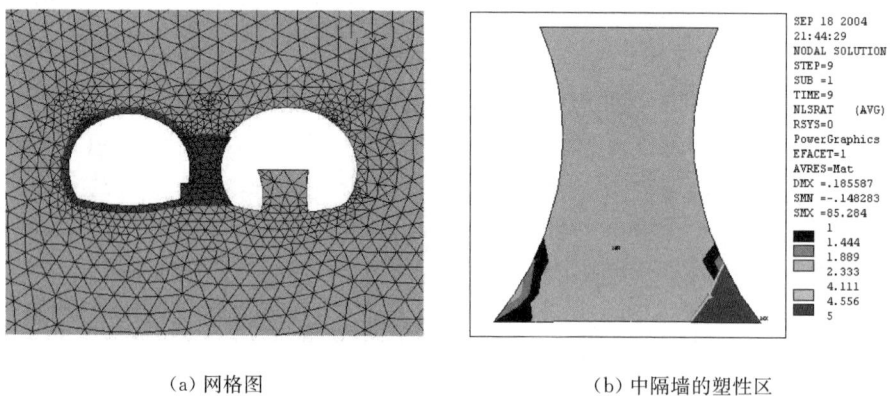

（a）网格图　　　　　　　　　　　（b）中隔墙的塑性区

图 6.13　第 9 步:右洞上半断面开挖后的网格图及应力云图

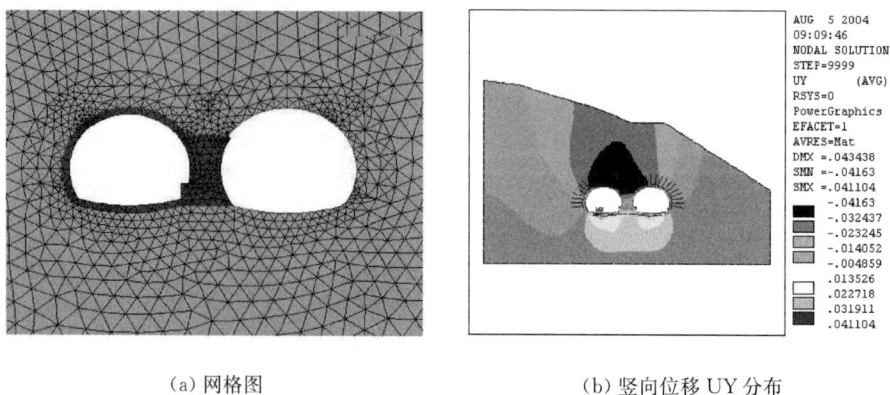

（a）网格图　　　　　　　　　　　（b）竖向位移 UY 分布

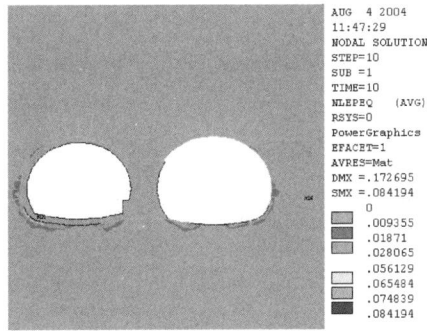

（c）等效塑性应变分布

图 6.14　第 10 步：右洞下半断面开挖后的网格图及应力云图

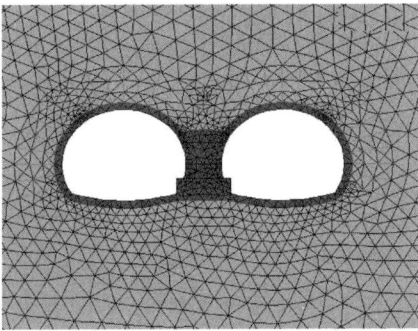

（a）网格图

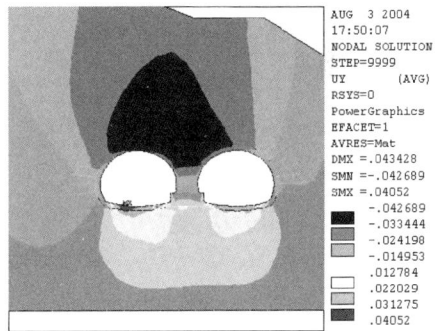

（b）竖向位移 UY 分布

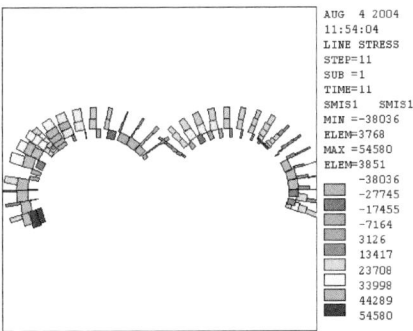

（c）锚杆轴应力分布

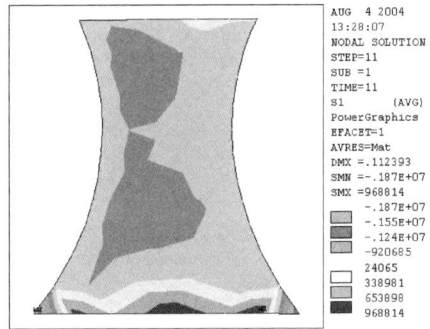

（d）中隔墙的第 1 主应力分布

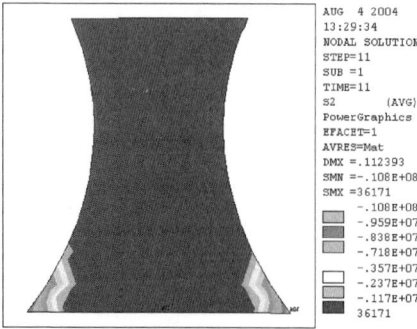

（e）中隔墙的第 2 主应力 S2 分布

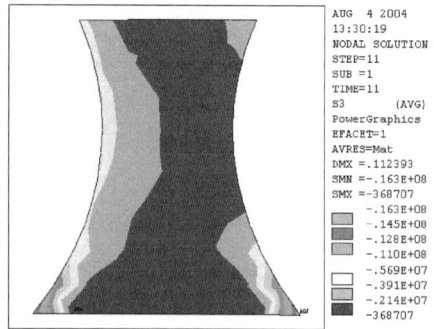

（f）中隔墙的第 3 主应力 S3 分布

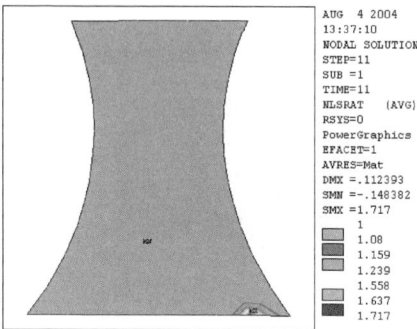

（g）中隔墙的塑性区分布（图中有色部分）

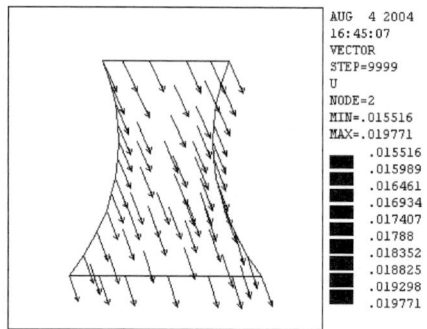

（h）中隔墙的位移矢量图

图 6.15　第 11 步：右洞施作二次衬砌和仰拱后的网格图及应力云图

观察左洞拱顶（47 号节点）、右洞拱顶（39 号节点）、中隔墙顶部（674 号节点）在各个施工步的位移变化情况，如图 6.16 所示。

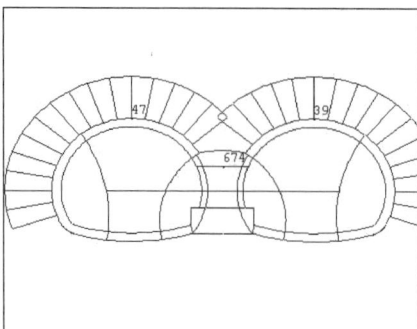

（a）节点位置示意图

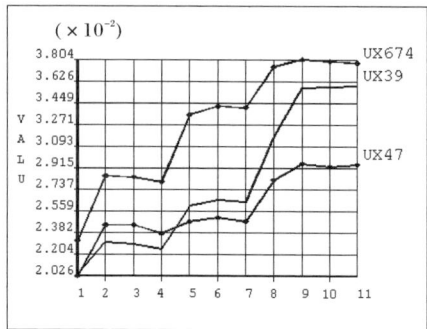

（b）节点水平位移 UX 随施工步（荷载步）的变化曲线

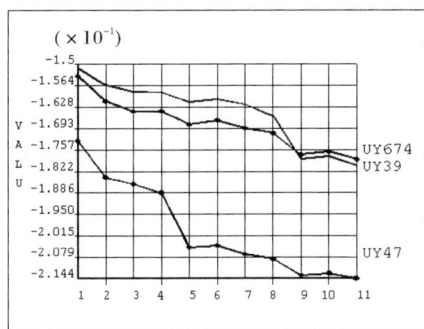

(c) 节点的竖向位移 UY 随施工步(荷载步)的变化曲线

图 6.16　47、39、674 号节点变化曲线

从图 6.16 可以看出,引起上述节点水平位移变化较大的施工步是第 5 步(左洞上半断面开挖)和第 8 步(右洞右侧导洞开挖)、第 9 步(右洞上半断面开挖)。引起节点竖向位移变化较大的施工步是第 5 步和第 9 步,左洞拱顶 47 号节点的竖向位移最大。

可见,施工中影响最大的步骤是左右洞上半断面的开挖,这两步施工时,一方面要加强监测;另一方面要加强支护。

计算结果还表明,隧道开挖过程中,如果初期支护没有及时跟上,隧道呈不稳定状态,如图 6.17 所示,会产生很大塑性应变,且计算不收敛。

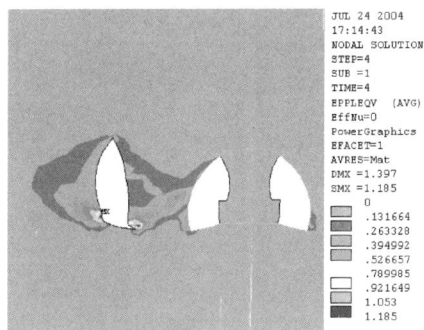

图 6.17　左洞左侧,导洞开挖后不支护时的等效塑性应变分布

2. 方案二(先右洞后左洞)

1) 方案二施工过程模拟步骤

先开挖右洞后开挖左洞的计算步骤如下:

第 1 步:隧道未开挖,模拟原始地应力状态。

第 2 步：中导坑开挖，并进行临时支护，喷射 250mm 的混凝土。

第 3 步：浇筑连拱隧道中隔墙。

第 4 步：右洞右侧导洞开挖，并进行初期支护：打锚杆，喷射混凝土。

第 5 步：右洞上半断面开挖，并进行初期支护：打锚杆，喷射混凝土。

第 6 步：右洞下半断面开挖，并进行初期支护：打锚杆，喷射混凝土。

第 7 步：右洞施作二次衬砌和仰拱。

第 8 步：左洞左侧导洞开挖，并进行初期支护：喷射混凝土，打锚杆。

第 9 步：左洞上半断面开挖，并进行初期支护：打锚杆，喷射混凝土。

第 10 步：左洞下半断面开挖，并进行初期支护：打锚杆，喷射混凝土。

第 11 步：左洞施作二次衬砌和仰拱。

2) 方案二(先右洞后左洞)施工方案计算结果

第 1~3 步计算结果与方案一相同，此处不再赘述。

第 4 步：右侧右导洞开挖，并进行初期支护：喷射混凝土，打锚杆，如图 6.18 所示。

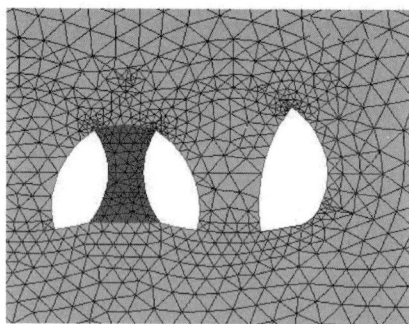

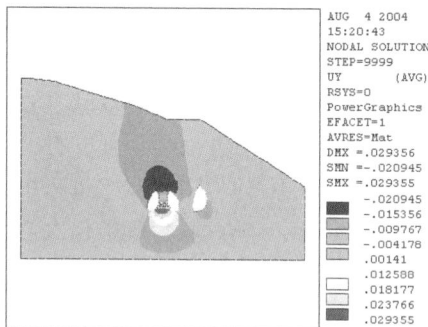

(a) 网格图　　　　　　　　　　　(b) 总的竖向位移 UY 分布

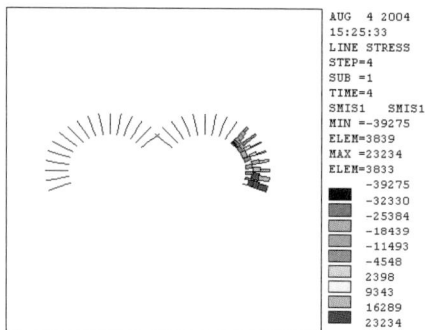

(c) 锚杆轴力分布

图 6.18　第 4 步：右洞右侧导洞开挖后的网格图及应力云图

从图 6.19 可以看出上半断面开挖导致中隔墙出现较大的塑性区、偏转；导致变形增加较多。

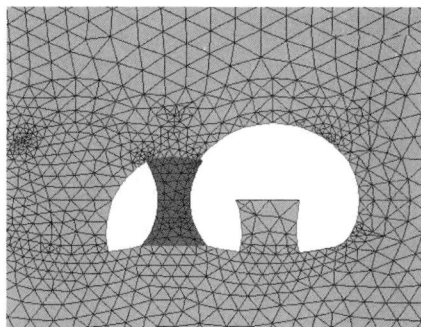

（a）网格图

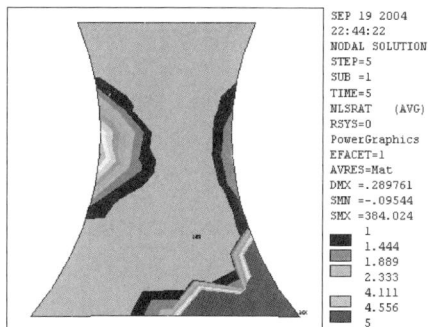

（b）中隔墙的塑性区分布

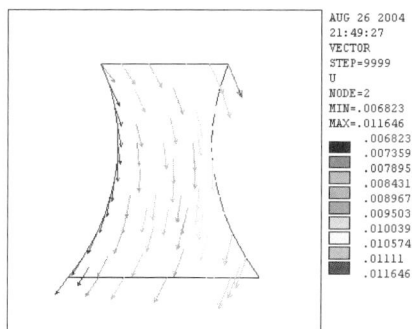

（c）中隔墙的单元节点位移矢量分布

图 6.19　第 5 步：右洞上半断面开挖后的网格图及变形图

从图 6.20 可以看出右洞下半断面开挖的影响不大。

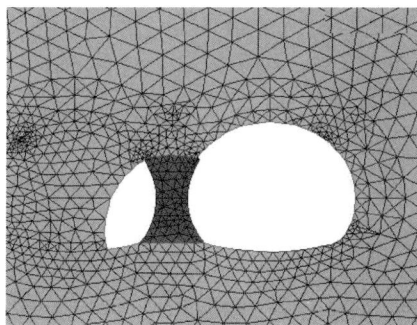

（a）网格图

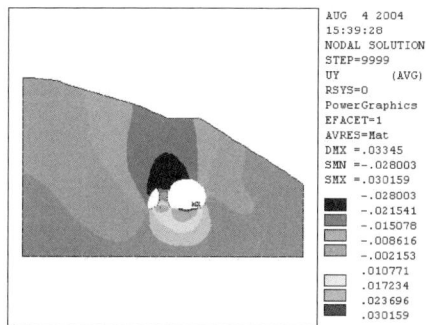

（b）竖向位移 UY 分布

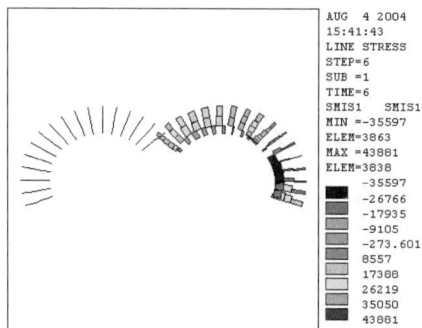

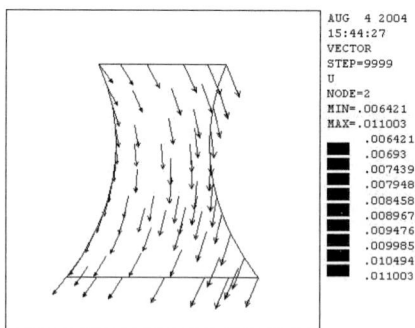

（c）锚杆轴力分布　　　　　　　　　　　　（d）中隔墙节点位移运动矢量图

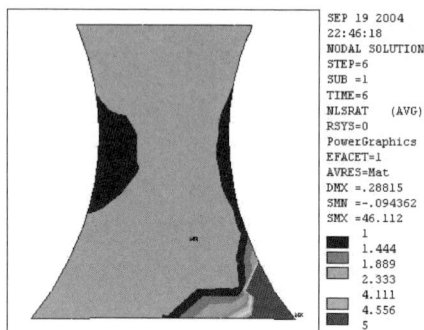

（e）中隔墙的塑性区分布　　　　　　　　　　（f）中隔墙的第 1 主应力分布

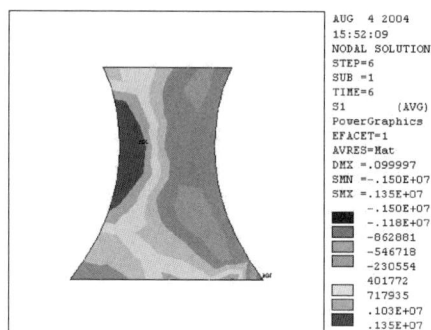

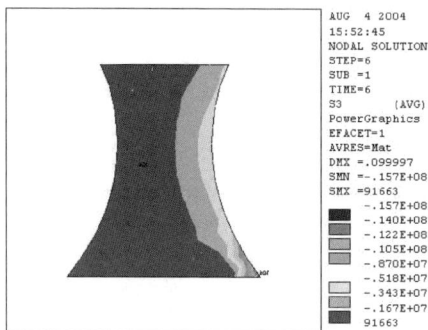

（g）中隔墙的第 3 主应力分布

图 6.20　第 6 步:右洞下半断面开挖后的网格图及应力云图

从图 6.21 可以看出右洞二衬封闭后,中隔墙的应力状态大为改善。

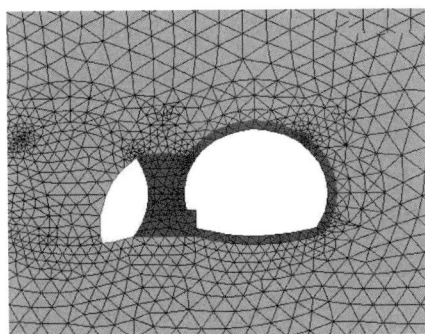

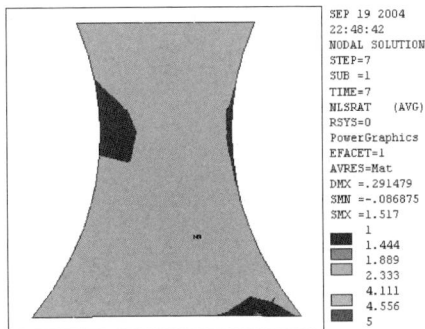

（a）网格图　　　　　　　　　　　　（b）中隔墙的塑性区分布

图 6.21　第 7 步：右洞施作二次衬砌和仰拱后的网格图及应力云图

从图 6.22 可以看出左洞的导洞开挖，使左洞右侧的锚杆产生较大的拉力。
对中隔墙的影响不大。

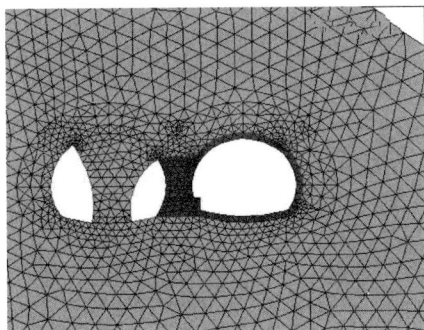

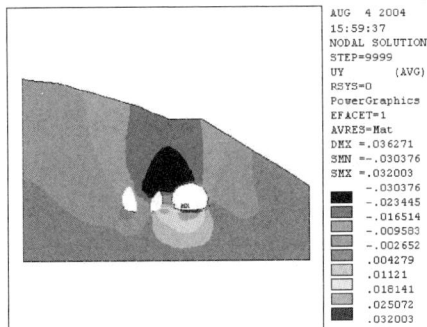

（a）网格图　　　　　　　　　　　　（b）总的竖向位移 UY 分布

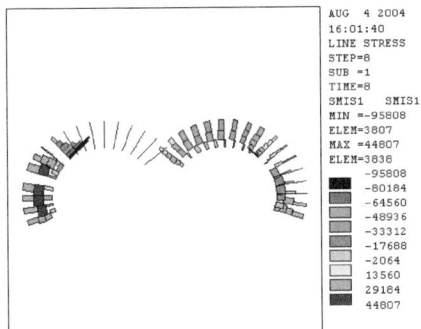

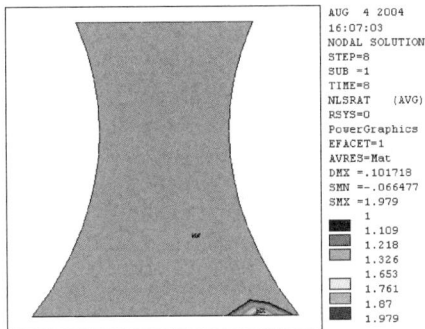

（c）锚杆轴力分布　　　　　　　　　（d）中隔墙的塑性区分布

图 6.22　第 8 步：左洞左侧导洞开挖后的网格图及应力云图

由图 6.23 可见,左洞上半断面的开挖使中隔墙的脚部,尤其是左脚部产生较大的应力集中,使左洞围岩产生显著的变形,右洞围岩的变形也产生较大的增长。

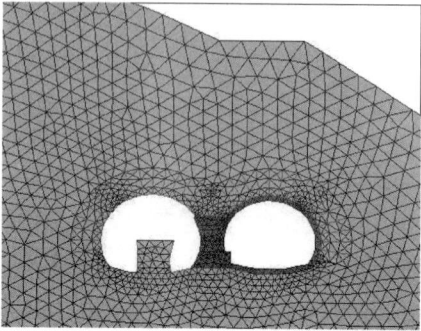

(a) 网格图

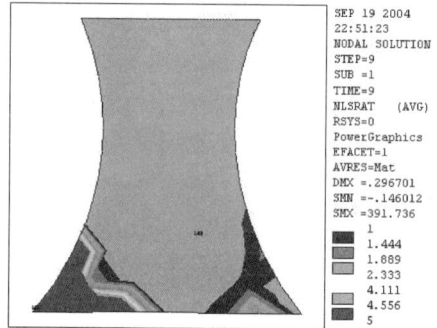

(b) 中隔墙的塑性区

图 6.23　第 9 步:左洞上半断面开挖后的网格图及应力云图

由图 6.24 可见,左洞下半部分开挖影响较小。

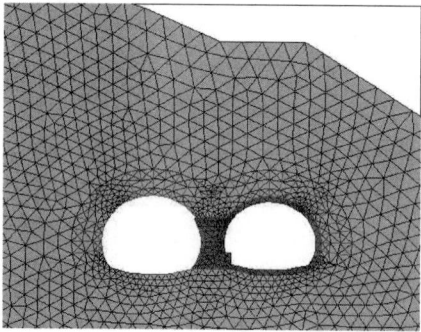

(a) 网格图

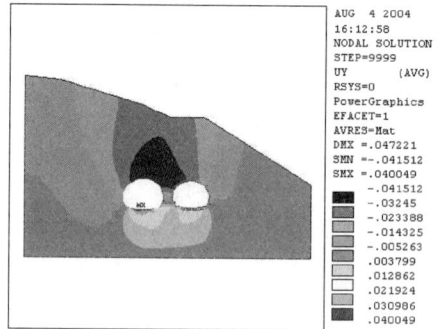

(b) 总的竖向位移 UY 分布

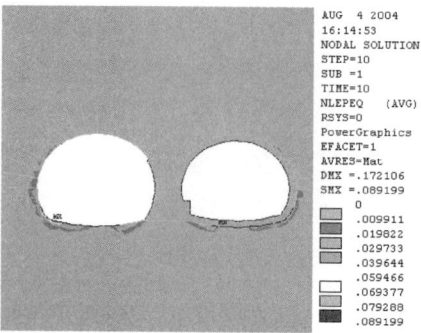

(c) 等效塑性应变分布

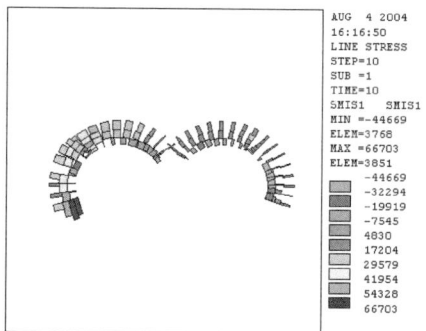

(d) 锚杆的轴力分布

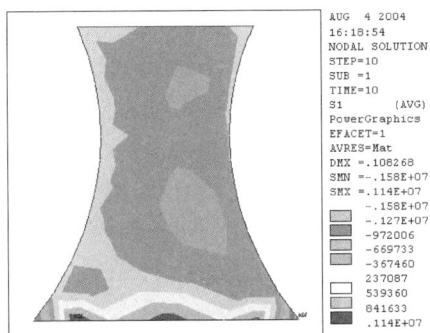

（e）中隔墙的第 1 主应力 S1 分布　　　　　　（f）中隔墙的第 3 主应力 S3 分布

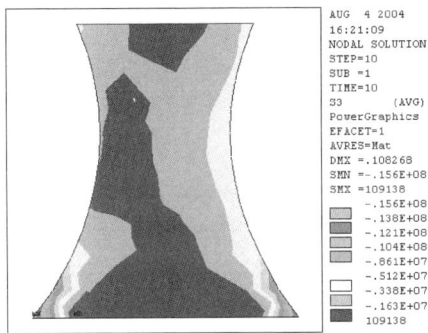

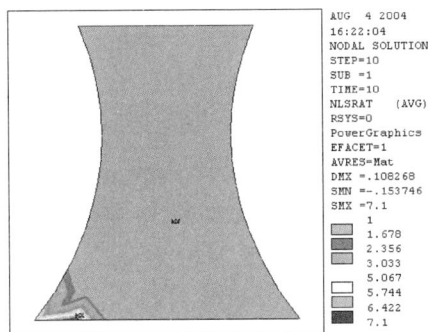

（g）中隔墙的塑性区分布　　　　　　　　（h）中隔墙的位移矢量图

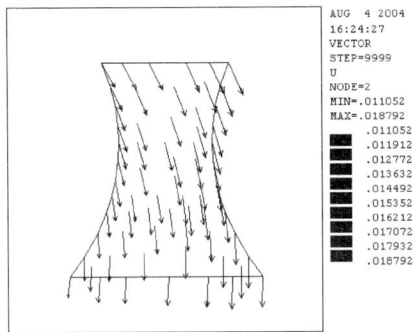

图 6.24　第 10 步：左洞下半断面开挖的应力图

由图 6.25 可见，两洞二次衬砌完成后，中隔墙的应力状态和锚杆受力都得到了较大的改善。

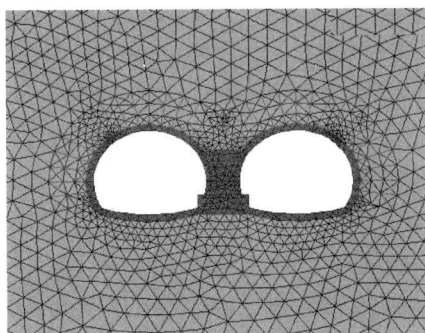

（a）左洞二次衬砌·施工结束　　　　　　（b）总的竖向位移 UY 分布

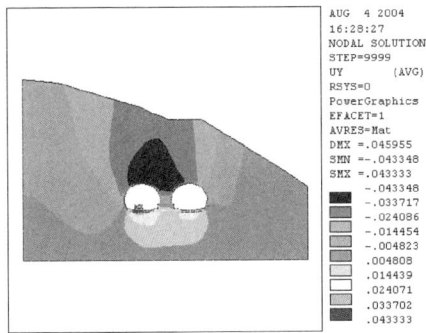

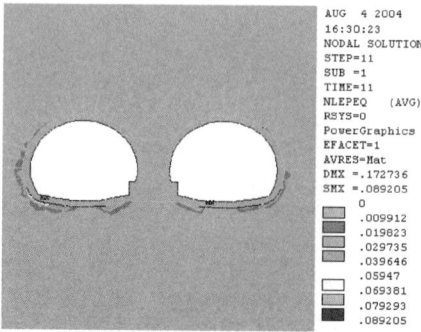

（c）等效塑性应变分布

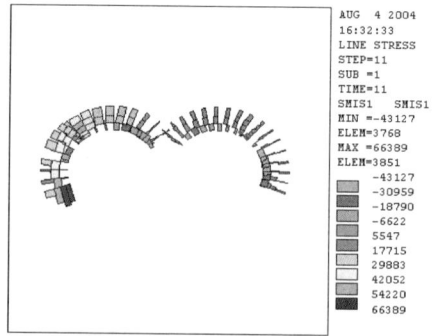

（d）锚杆轴应力分布

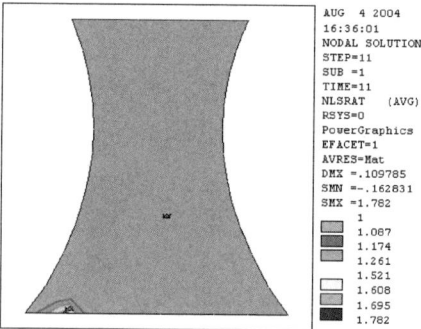

（e）中隔墙的塑性区（左下彩色部分）

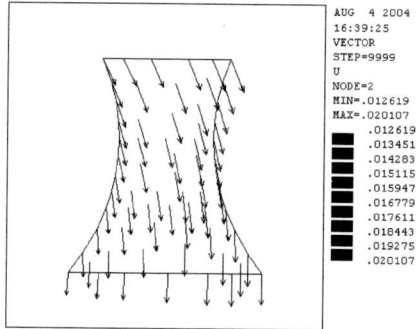

（f）中隔墙的单元位移矢量图

图 6.25　第 11 步:左洞施作二次衬砌和仰拱后的网格图及应力云图

观察左洞拱顶（47 号节点）、右洞拱顶（39 号节点）、中隔墙顶部（674 号节点）在各个施工步的位移变化情况，如图 6.26 所示。

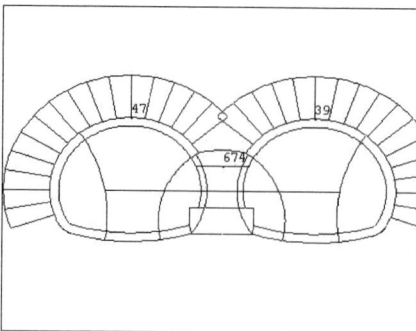

（a）节点位置示意

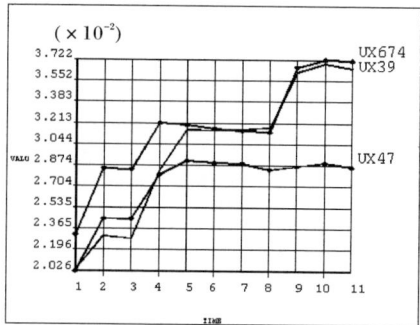

（b）节点水平位移 UX 随施工步（荷载步）的变化

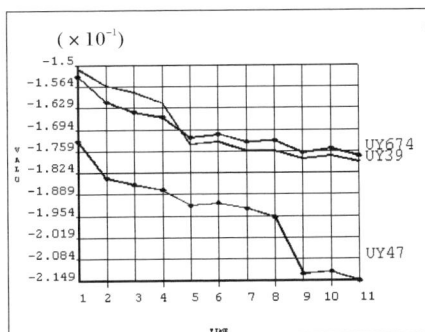

(c) 竖向位移 UY 随施工步(荷载步)的变化曲线

图 6.26　47 号、39 号、674 号节点的变化曲线

　　从图 6.26 可以看出,引起上述节点水平位移变化较大的施工步是第 4 步(右洞导洞开挖)、第 5 步(右洞上半断面开挖)和第 9 步(左洞上半断面开挖)。引起节点竖向位移变化较大的施工步是第 5 步和第 9 步,左洞拱顶 47 号节点的竖向位移最大。

　　综上所述,先右洞后左洞的侧壁导坑法影响最大的施工步骤也是左右两洞上半断面的开挖。

　　3. 两种方案计算结果对比分析

　　两种方案计算结果对比见表 6.3。

表 6.3　两种开挖方案计算结果对比

观测项目	方案一 (先左洞后右洞)	方案二 (先右洞后左洞)
拱顶最大下沉量/mm	42.6	43.3
地表最大下沉量/mm	31.5	32.2
最大等效塑性应变	0.084	0.089
中隔墙最大竖向位移/mm	18.5	19.0
中隔墙最大单元位移矢量/mm	19.7	20.1
最大锚杆轴力/kN	54.58	66.39

　　(1) 从两个方案各步的开挖过程计算来看,两者的规律是相似的。从表 6.3 可见,方案一(先左洞后右洞)引起的拱顶最大下沉量、地表最大下沉量、最大等效塑性应变、中隔墙位移以及锚杆轴应力都与方案二比较接近,方案一稍小一点。因此先左洞后右洞的侧壁导坑法开挖方案优越于先右洞后左洞的施工方案。

（2）两个方案施工过程中中隔墙受力最不利的工况是第6步：一侧洞开挖完毕，此时二次衬砌尚没有施工，另一侧洞也没有开挖。这种不对称开挖，使中隔墙受力不平衡，引起中隔墙发生偏转，其位移值方案一达到19mm，方案二达到20mm。由于左右两侧隧道开挖不同步，再加上偏压的存在，施工中极易使中隔墙受偏压而倾斜开裂，务必引起重视，可采用中导洞回填或钢支撑加以缓解。当施工结束，两洞二次衬砌浇筑完成后，中隔墙受力状态大为改善，塑性区基本消失。

（3）计算还表明，由于黄土的强度较低，弹性模量相对较小，隧洞开挖后，如果初次支护不及时，隧道是不稳定的，因此隧道的初次支护一定要及时跟上，甚至包括底部的反鼓支护（做仰拱），因为计算表明开挖除会引起较大的拱顶下沉外，还可能引起较大的底鼓（包括中导洞）。

（4）引起围岩变形或地表沉降最大的施工步骤是两洞上半断面开挖，这两步施工时，一方面要加强监测，另一方面要加强支护。

6.2.2 上下台阶法施工方案模拟

该施工方案模拟的计算参数以及计算模型同前，但开挖和支护的顺序不同。正台阶法也采用两种施工方案。方案一：先左洞后右洞；方案二：先右洞后左洞。两种方案中都要先开挖中导洞，然后做中隔墙。

1. 方案一（先左洞后右洞）

1）施工步骤

采用9道工序，分别是：

第1步：隧道未开挖，模拟原始地应力状态。

第2步：中导洞开挖，并进行临时支护和初期支护。

第3步：施作中隔墙。

第4步：左洞上半断面开挖，并施作初期支护。

第5步：左洞下半断面开挖，并施作初期支护。

第6步：左洞施作二次衬砌和仰拱。

第7步：右洞上半断面开挖，并施作初期支护。

第8步：右洞下半断面开挖，并施作初期支护。

第9步：右洞施作二次衬砌和仰拱。施工结束。

2）模拟结果

第1~3步与侧壁导洞法计算结果一样，此处不再赘述。

由图6.27可见，左洞上半断面开挖引起左洞围岩的变形、中隔墙的塑性变形与偏压有显著的增长。左洞左下部的锚杆所受的轴向拉力较大。

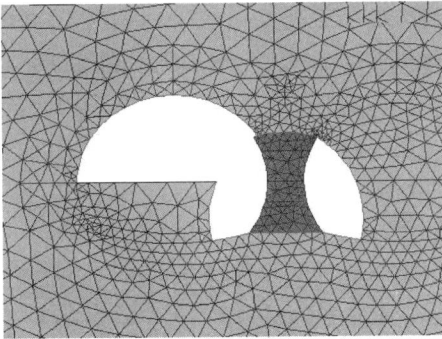

(a) 网格图

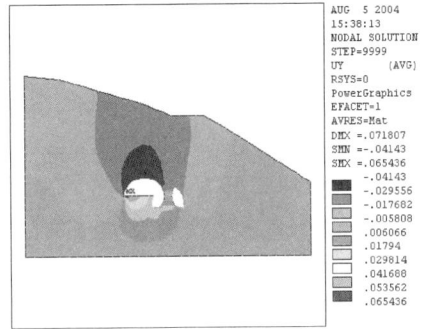

(b) 总的竖向位移 UY 分布

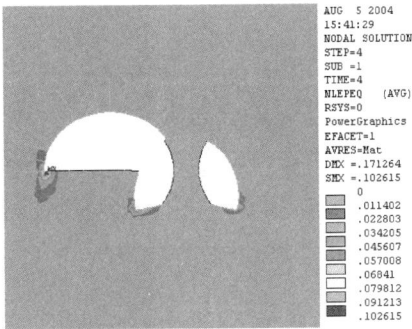

(c) 等效塑性应变分布

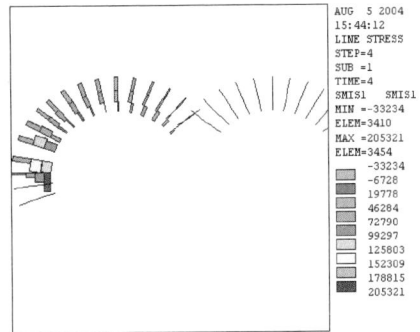

(d) 锚杆轴力分布

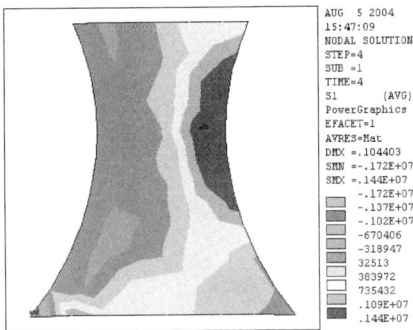

(e) 中隔墙第 1 主应力 S1 分布

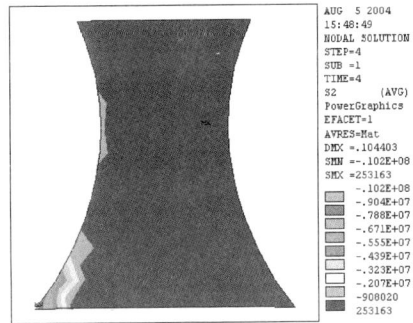

(f) 中隔墙第 2 主应力 S2 分布

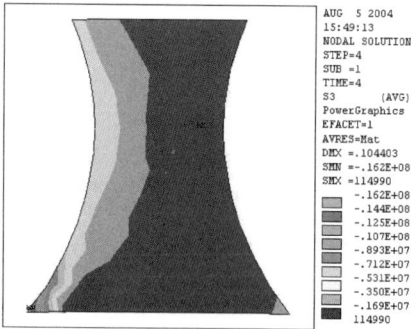

（g）中隔墙第 3 主应力 S3 分布　　　　　　（h）中隔墙节点位移运动矢量图

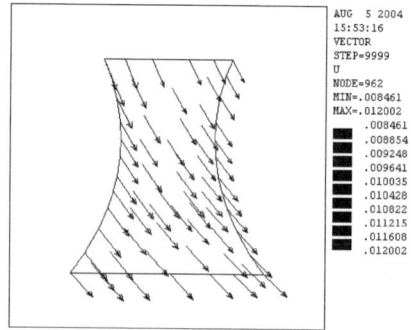

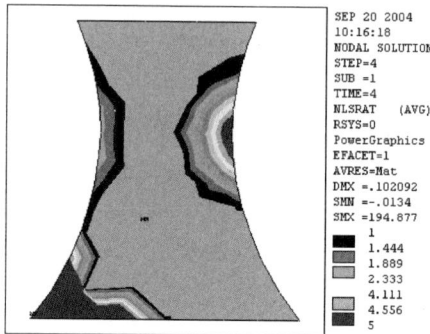

（i）第 4 步后中隔墙的塑性区分

图 6.27　　第 4 步：左洞上半断面开挖后的网格图及应力云图

　　从图 6.28 等效应变以及锚杆轴力分布可以看出，左洞侧壁受力较大。但从整体来看，左洞下半断面开挖的影响相对较小。

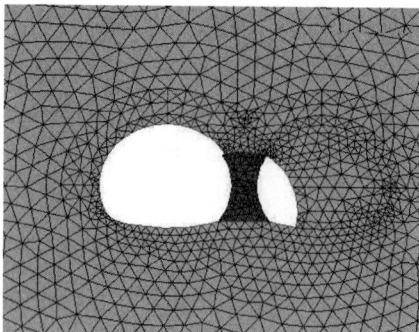

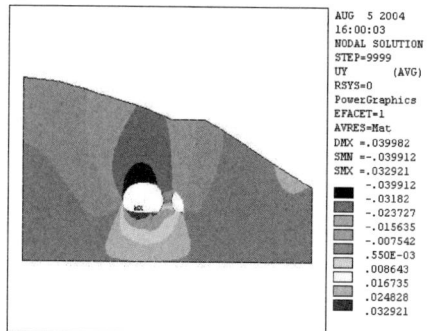

（a）网格图　　　　　　　　　　　　（b）总的竖向位移 UY 分布

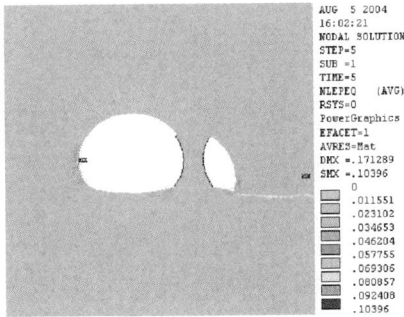

(c) 等效塑性应变分布

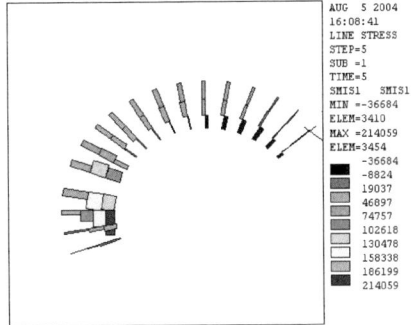

(d) 锚杆轴力分布

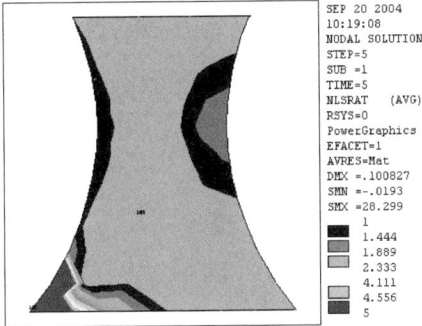

(e) 中隔墙的塑性区分布

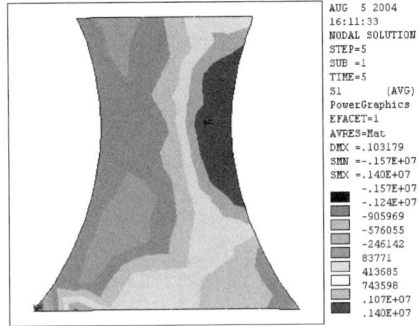

(f) 中隔墙第 1 主应力 S1 分布

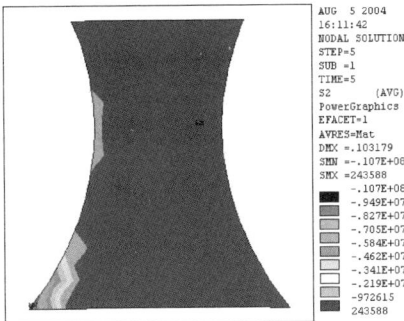

(g) 中隔墙第 2 主应力 S2 分布

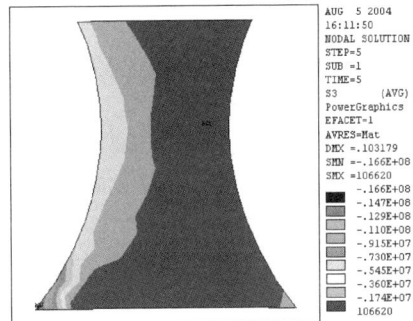

(h) 中隔墙第 3 主应力 S3 分布

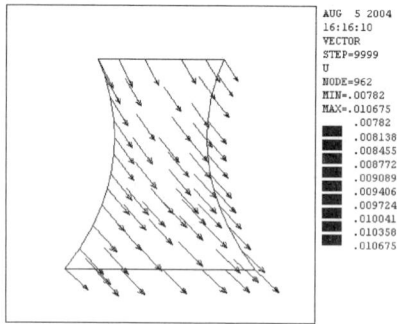

(i) 中隔墙节点位移运动矢量图

图 6.28　第 5 步:左洞下半断面开挖后的网格图及应力云图

由图 6.29 可见,左洞二次衬砌施作完成后,中隔墙的受力状态、偏压大为改善。塑性区大为减小。

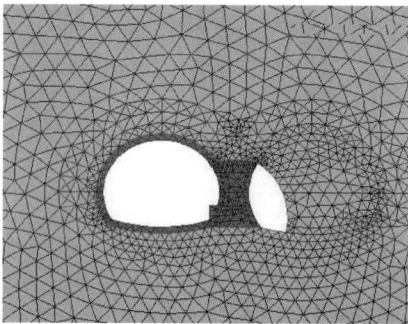

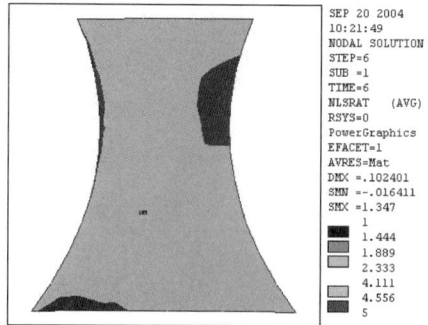

(a) 网格图　　　　　　　　　　　　　(b) 中隔墙的塑性区分布

图 6.29　第 6 步:左洞施作二次衬砌和仰拱后的网格图及应力云图

由图 6.30 可见,右洞上半断面开挖引起的围岩变形、锚杆轴力都有较大增长。中隔墙的偏压有一定的加剧,在其脚部产生一定的应力集中(尤其右下角部)。

相对而言,右洞下半断面开挖影响较小,如图 6.31 所示。

两洞二次衬砌完成后,引起的围岩应力状态、锚杆与中隔墙的受力状态都得到了较大改善,如图 6.32 所示。

观察左洞拱顶(44 号节点)、右洞拱顶(52 号节点)、中隔墙顶部(669 号节点)在各个施工步的位移变化情况,如图 6.33 所示。

从图 6.33 可以看出,引起节点水平位移变化较大的施工步是第 4 步(开挖左

洞上半断面)和第 7 步(开挖右洞上半断面),引起节点竖向位移变化较大的施工
步也是第 4 步和第 7 步。

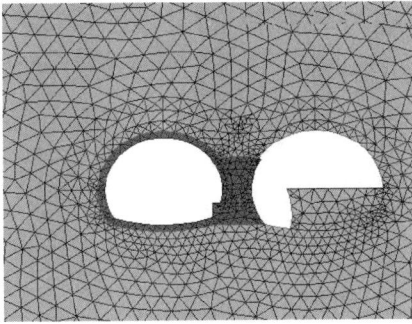

（a）网格图

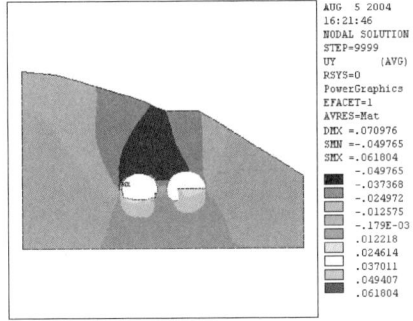

（b）总的竖向位移

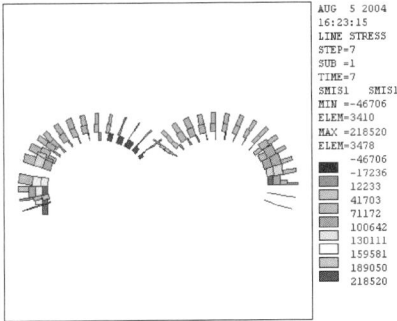

（c）锚杆轴力分布

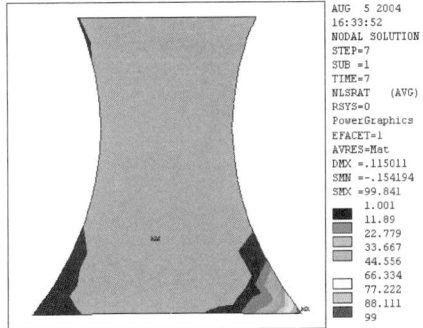

（d）中隔墙的塑性区分布

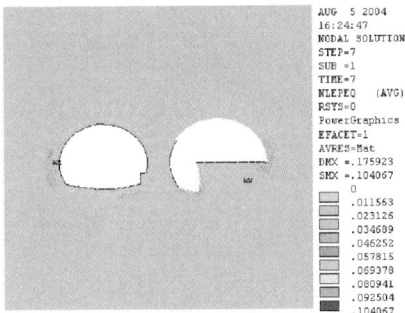

（e）等效塑性应变分布

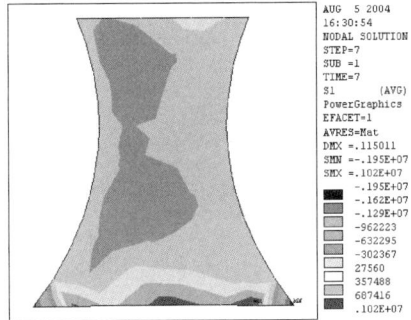

（f）中隔墙第 1 主应力 S1 分布

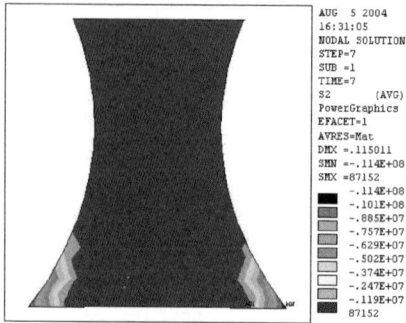

(g) 中隔墙第 2 主应力 S2 分布

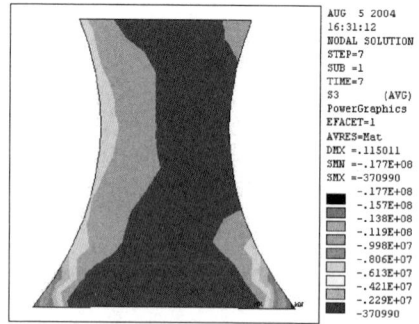

(h) 中隔墙第 3 主应力 S3 分布

图 6.30　第 7 步:右洞上半断面开挖的应力图

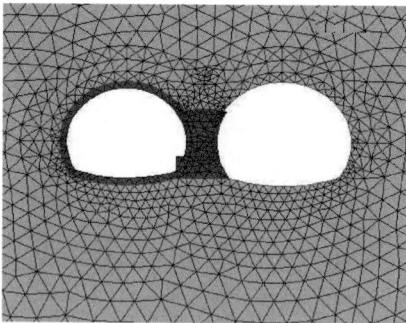

(a) 网格图

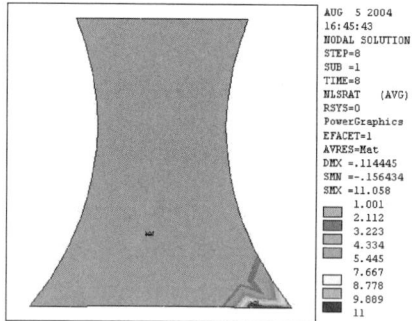

(b) 中隔墙的塑性区分布

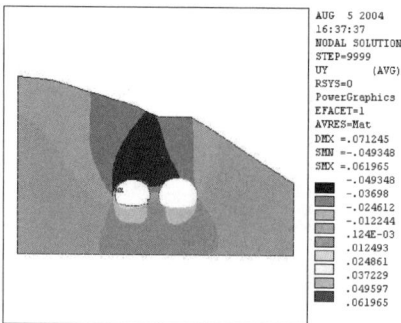

(c) 总的竖向位移 UY 分布

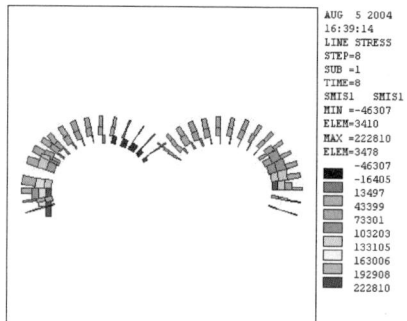

(d) 锚杆轴力分布

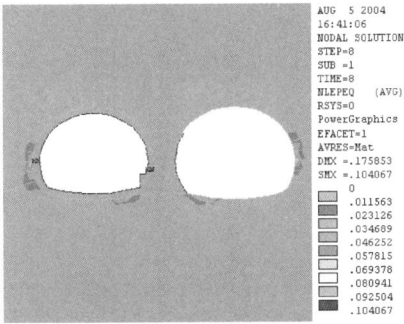

（e）等效塑性应变分布

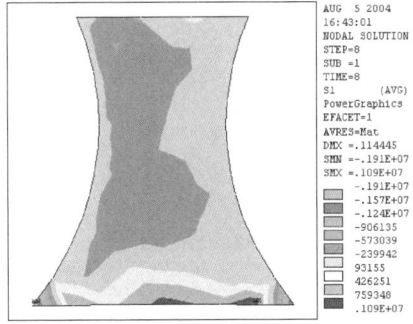

（f）中隔墙第 1 主应力 S1 分布

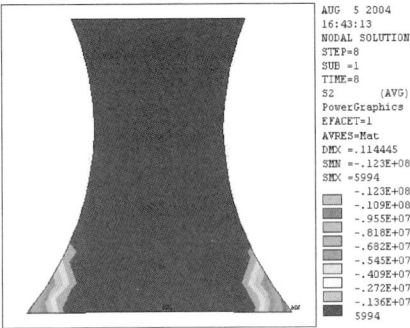

（g）中隔墙第 2 主应力 S2 分布

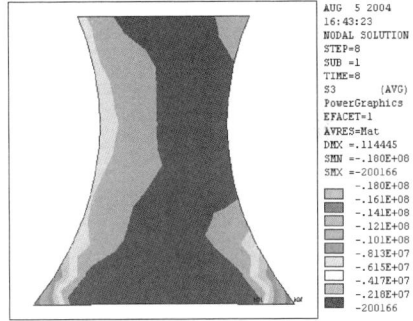

（h）中隔墙第 3 主应力 S3 分布

图 6.31　第 8 步：右洞下半断面开挖后的网格图及应力云图

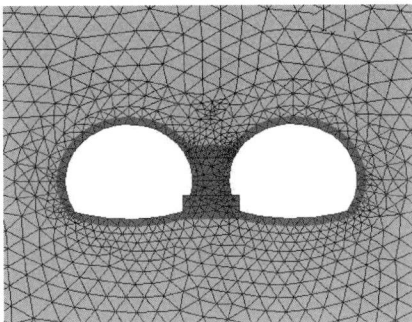

（a）网格图

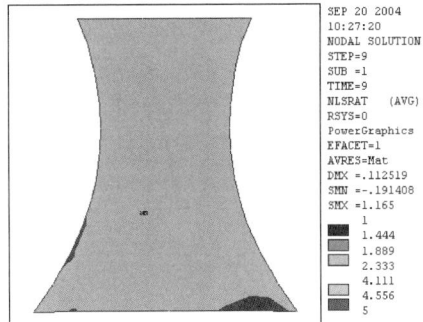

（b）中隔墙的塑性区分布

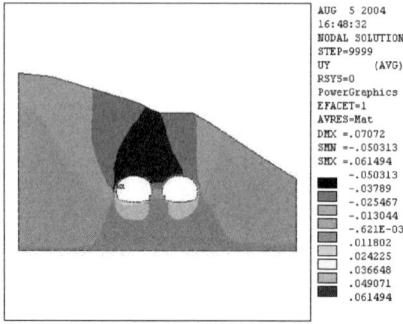

(c) 竖向位移分布

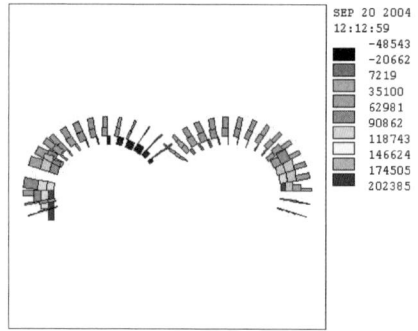

(d) 锚杆轴力分布

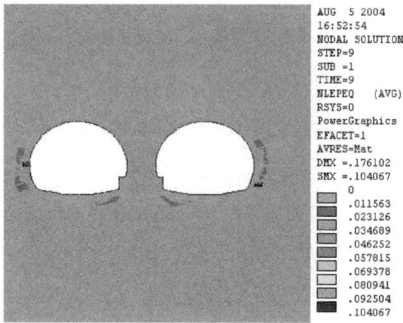

(e) 等效塑性应变分布

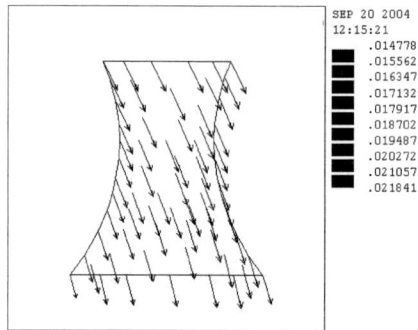

(f) 中隔墙位移运动矢量图

图 6.32　第 9 步:右洞施作二次衬砌和仰拱后的网格图及应力云图

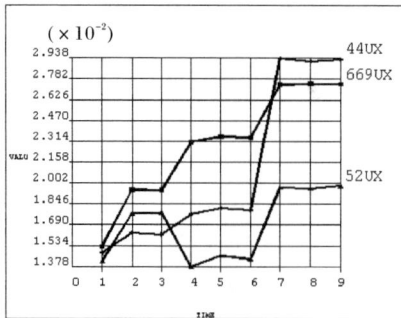

(a) 水平位移 UX 随开挖步(荷载步)的
变化曲线

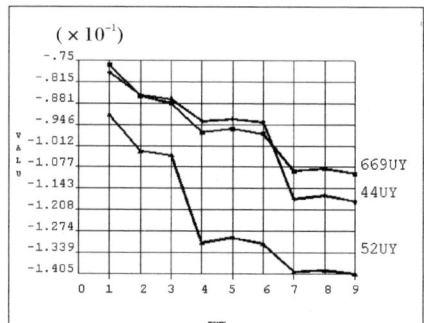

(b) 竖向位移 UY 随开挖步(荷载步)的
变化曲线

图 6.33　669 号、52 号、44 号变化曲线

2. 方案二（先右洞后左洞）

1）施工步骤

采用 9 道工序，分别是：

第 1 步：隧道未开挖，模拟原始地应力状态。

第 2 步：中导洞开挖，并进行临时支护和初期支护。

第 3 步：施作中隔墙。

第 4 步：右洞上半断面开挖，并施作初期支护。

第 5 步：右洞下半断面开挖，并施作初期支护。

第 6 步：右洞施作二次衬砌和仰拱。

第 7 步：左洞上半断面开挖，并施作初期支护。

第 8 步：左洞下半断面开挖，并施作初期支护。

第 9 步：左洞施作二次衬砌和仰拱。

2）计算结果

由图 6.34 可见，第 4 开挖步后中隔墙的塑性区最大，此时中隔墙处于最不利的受力状况，以后随着左洞的开挖以及二次衬砌的实施，中隔墙的受力得到改善，塑性区明显减小。

观察左洞拱顶（44 号节点）、右洞拱顶（52 号节点）、中隔墙顶部（669 号节点）在各个施工步的位移变化情况，如图 6.35 所示。

从图 6.35 可以看出，引起节点位移变化较大的施工步也是两洞上半断面的开挖。

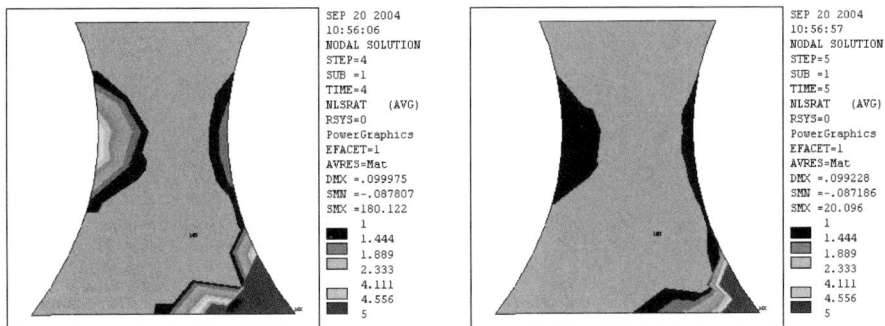

（a）第 4 步后中隔墙的塑性区　　　　　　　（b）第 5 步后中隔墙的塑性区

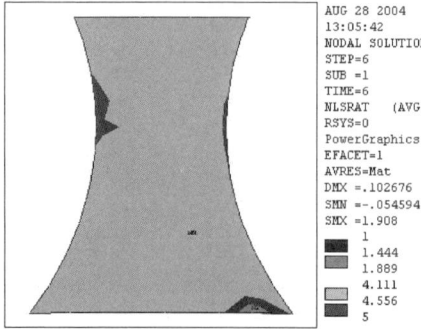

（c）第 6 步后中隔墙的塑性区　　　　　　　（d）第 7 步后中隔墙的塑性区

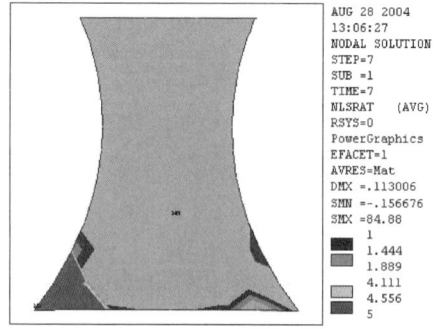

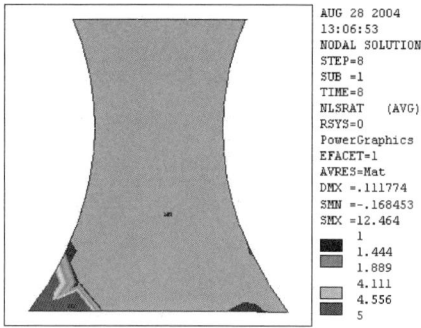

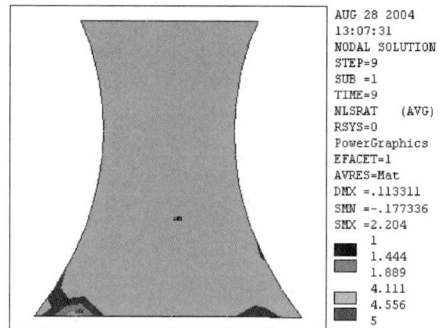

（e）第 8 步后中隔墙的塑性区　　　　　　　（f）第 9 步后中隔墙的塑性区

图 6.34　中隔墙的塑性区分布

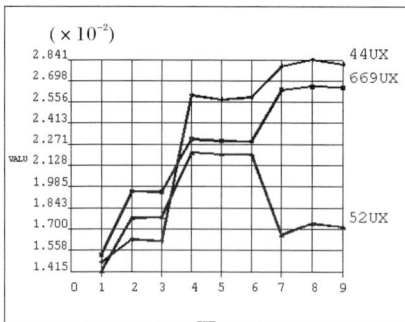

（a）水平位移 UX 随开挖步（荷载步）的　　　　　（b）竖向位移 UY 随开挖步（荷载步）的
　　　变化曲线　　　　　　　　　　　　　　　　　变化曲线

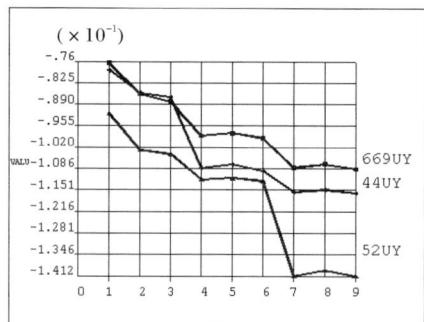

图 6.35　669 号、52 号、44 号节点变化曲线

3. 两种方案计算结果对比分析

两种方案计算结果对比见表 6.4。

表 6.4 两种开挖方案计算结果对比

观测项目	方案一 （先左洞后右洞）	方案二 （先右洞后左洞）
拱顶最大下沉量/mm	50.3	51.3
地表最大下沉量/mm	38.2	38.6
最大等效塑性应变	0.104	0.116
中隔墙最大竖向位移/mm	20.3	22.4
中隔墙最大位移矢量/mm	21.8	23.5
右洞拱顶 52 号节点竖向位移/mm	46.0	49.6
最大锚杆轴力/kN	202.4	220.9

（1）从各步计算来看，两方案的规律性是一致的。在上下台阶法中，先左洞后右洞的施工方案引起的最大竖向位移、最大锚杆轴力、最大等效塑性应变要比先右洞后左洞方案稍小，即先左洞后右洞的施工方案优于先右洞后左洞的方案。这一点与侧壁导坑法结论一致。

（2）两方案施工过程中中隔墙受力最不利的工况是第 5 步：一侧洞开挖完毕，此时二次衬砌尚没有施工，另一侧洞也没有开挖。这种不对称开挖，使中隔墙受力不平衡，引起中隔墙发生偏转，其位移值方案一达到 21.8mm，方案二达到 23.5mm。由于左右两侧隧道开挖不同步，再加上偏压的存在，施工中极易使中隔墙受偏压而倾斜开裂，务必引起重视，可采用中导洞回填或钢支撑加以缓解。当施工结束，两洞二次衬砌浇筑完成后，中隔墙受力状态大为改善，塑性区基本消失。

（3）计算还表明，左右洞侧壁处的单元产生了一定的塑性变形，此处的锚杆轴力也相对较大，因此进行初期支护时该部位需加强支护。

（4）引起围岩变形或地表沉降最大的施工步骤也是两洞上半断面开挖，这两步施工时，一定要高度重视和严密监测。

（5）计算结果表明，正洞采用上下台阶法施工引起的拱顶最大下沉量、地表最大下沉量、最大等效塑性应变、中隔墙位移以及锚杆轴应力都要比侧壁导坑法大，说明对于黄土连拱隧道，侧壁导洞法明显优于上下台阶法。

综上而言，对于浅埋黄土连拱隧道应采用侧壁导坑法的先左洞（深埋侧）后右洞的施工方案。

6.3 Ⅳ级围岩深埋段施工方案对比

6.3.1 侧壁导坑法施工方案模拟

1. 方案一(先左洞后右洞)

1)施工过程模拟步骤

第1步:隧道未开挖,模拟原始地应力状态。

第2步:中导坑开挖,施作临时支护,喷射C25混凝土。

第3步:浇筑连拱隧道中隔墙。

第4步:左洞左侧导洞开挖,导洞进行初期支护。

第5步:左洞上半断面开挖,左洞上半断面施作初期支护。

第6步:左洞下半断面开挖。

第7步:左洞施作二次衬砌和仰拱。

第8步:右洞右侧导洞开挖,进行初期支护。

第9步:右洞上半断面开挖,右洞上半断面施作初期支护。

第10步:右洞下半断面开挖。

第11步:右洞施作二次衬砌和仰拱。

2)计算结果

第1步:隧道未开挖,模拟原始地应力状态。

从图6.36可见深埋段也存在一定的偏压现象。

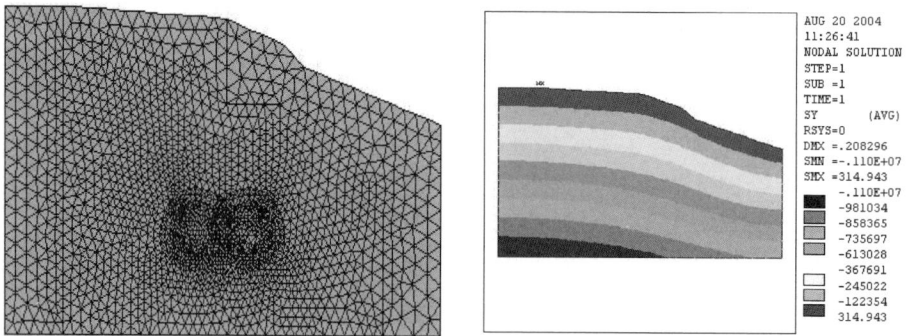

(a)网格图	(b)竖直方向应力SY等值云图

图6.36 第1步:隧道开挖前的网格图及应力云图

（a）中导洞开挖

（b）竖直方向应力 SY 等值云图

（c）节点竖向位移 UY 等值云图

（d）节点位移运动矢量图

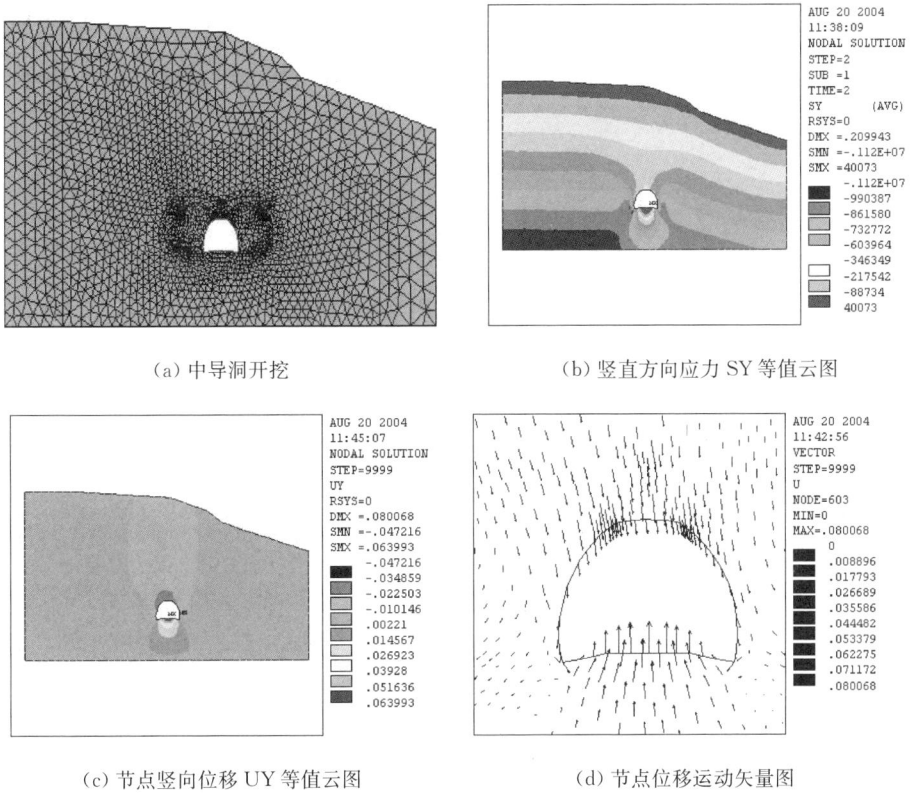

图 6.37 第 2 步：中导洞开挖，并作临时支护后的网格图及应力云图

图 6.37 为中导洞开挖引起的竖向位移 UY 分布，由开挖后的位移减去开挖前的位移，即用第 2 步的位移减去第 1 步的位移。

从图 6.38 可见浇筑中隔墙后，中导洞围岩的应力状态有所改善。

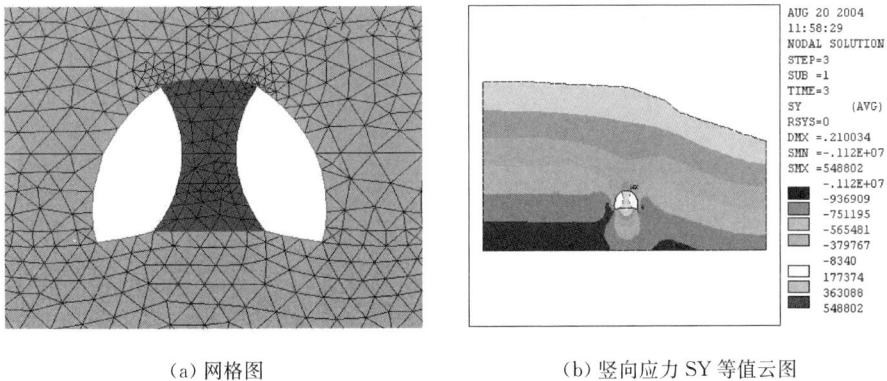

（a）网格图

（b）竖向应力 SY 等值云图

图 6.38 第 3 步：浇筑连拱隧道中隔墙后的网格图及应力云图

从图 6.39 可见，左导洞开挖对中隔墙的影响不大。但明显可以看出锚杆受力明显比浅埋同等情况下要大。

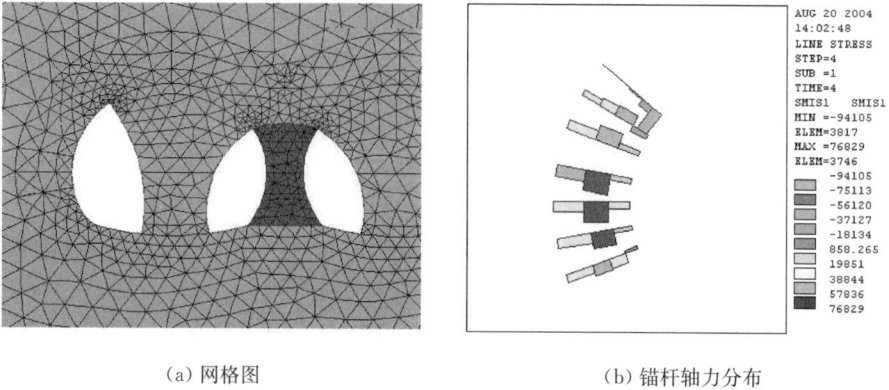

（a）网格图　　　　　　　　　　　　　　（b）锚杆轴力分布

图 6.39　第 4 步：左洞左侧导洞开挖，并进行初期支护后的网格图及应力云图

从图 6.40 可见，左洞上半断面开挖引起围岩变形，中隔墙偏压明显加剧，锚杆受力明显增大。

从图 6.41 可见，左洞下半断面开挖影响不大。此时左洞左下侧锚杆受力较大。

从图 6.42 可见，左洞二次衬砌施工完毕后，中隔墙受力状态明显改善，中隔墙塑性区大大减小。

从图 6.43 和图 6.44 可见右洞导洞开挖对中隔墙应力状态与围岩变形的影响都不大。

从图 6.45 可见，随着右洞的开挖，中隔墙的不对称受力得到改善，塑性区面积减小。

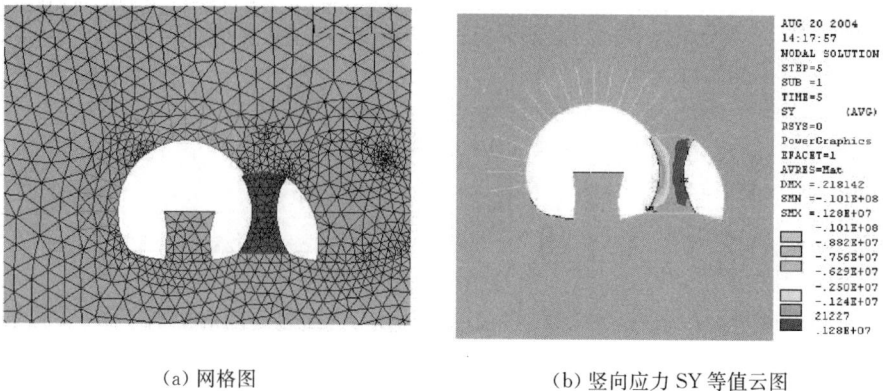

（a）网格图　　　　　　　　　　　　　　（b）竖向应力 SY 等值云图

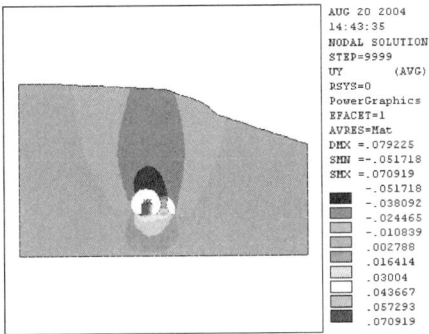

（c）总的竖向位移等值云图

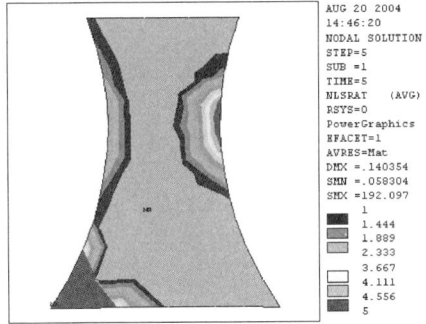

（d）中隔墙的塑性区

图 6.40　第 5 步：左洞上半断面开挖，左洞上半断面施作初期支护后的网格图及应力云图

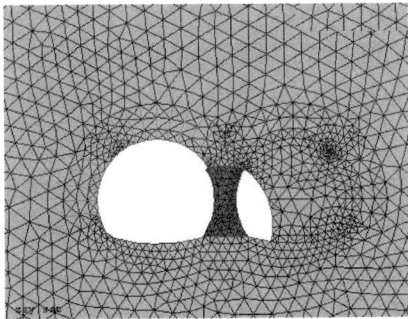

（a）网格图

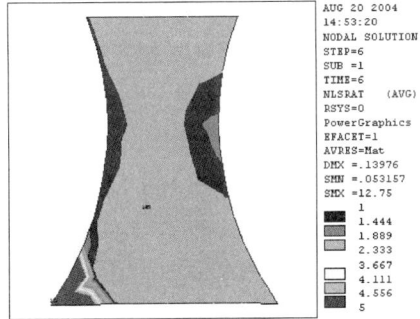

（b）中隔墙的塑性区

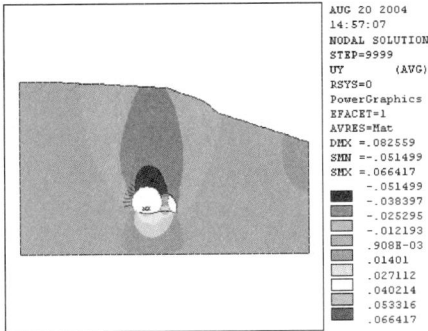

（c）竖向位移 UY 等值云图

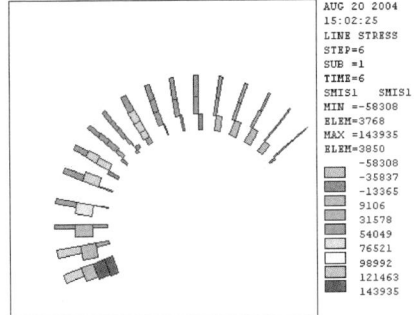

（d）锚杆轴力分布

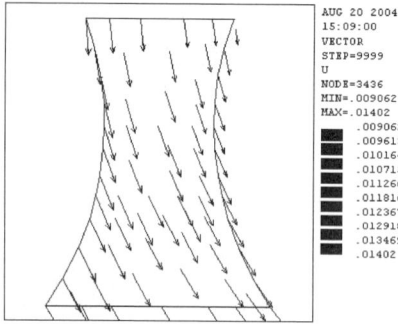

(e) 中隔墙节点位移矢量图

图 6.41　第 6 步:左洞下半断面开挖后的网格图及应力云图

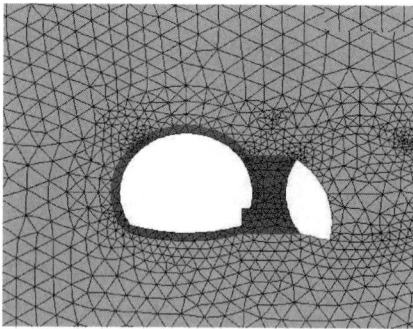

(a) 网格图

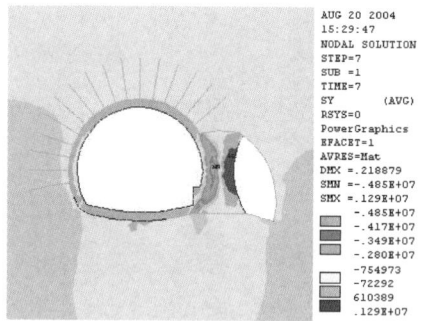

(b) 竖向应力 SY 分布

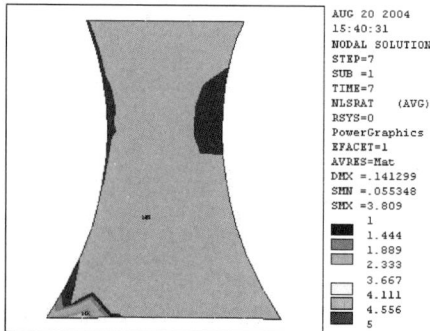

(c) 中隔墙的塑性区分布

图 6.42　第 7 步:左洞施作二次衬砌和仰拱后的网格图及应力云图

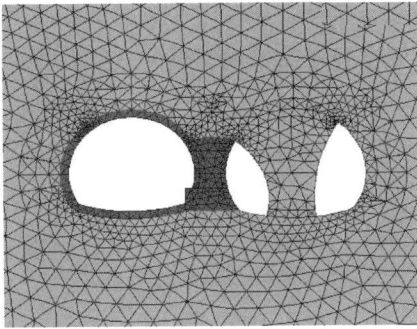

（a）网格图

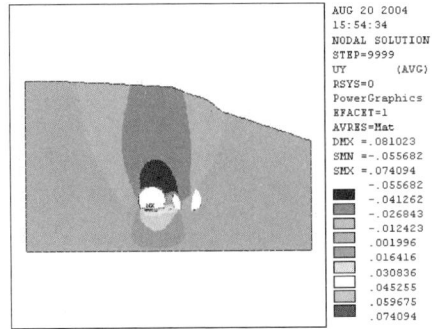

（b）竖向位移 UY 分布

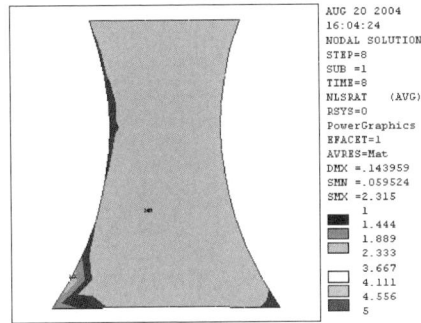

（c）中隔墙的塑性区

图 6.43　第 8 步:右洞右侧导洞开挖后的网格图及应力云图

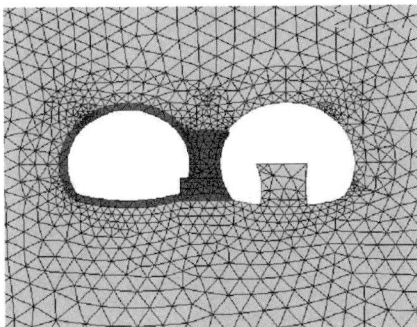

（a）网格图

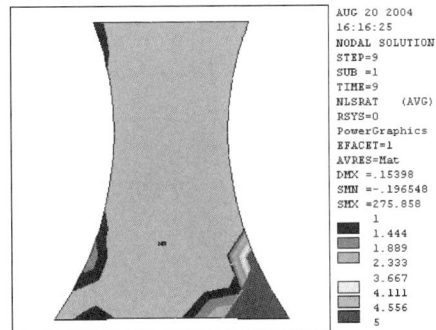

（b）中隔墙的塑性区分布

图 6.44　第 9 步:右洞上半断面开挖后的网格图及应力云图

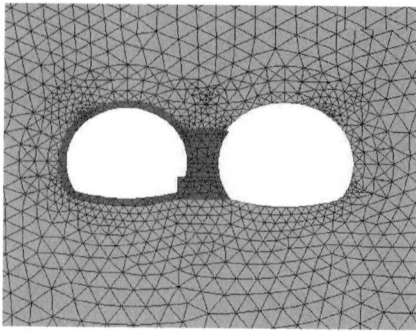

（a）网格图

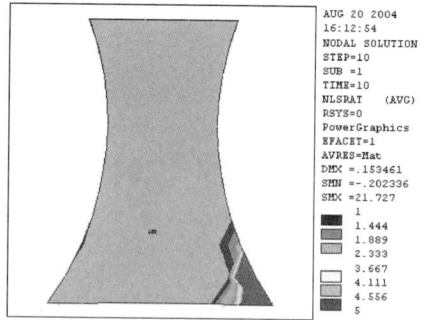

（b）中隔墙的塑性区分布

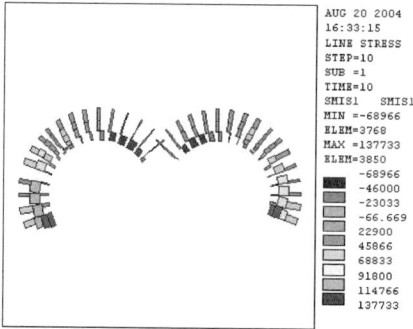

（c）锚杆轴力分布

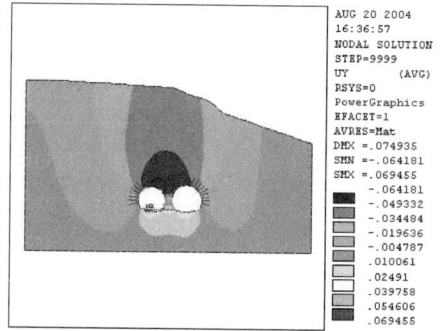

（d）竖向位移 UY 分布

图 6.45　第 10 步：右洞下半断面开挖后的网格图及应力云图

　　从图 6.46 可见，右洞二次衬砌完成后，整个结构的受力状态得到改善，中隔墙的塑性区已基本消失（右侧墙脚出现局部塑性）。隧道两侧墙脚处锚杆的轴力较大。

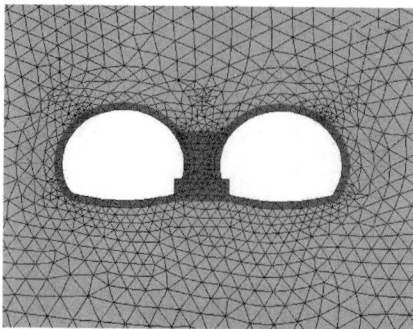

（a）网格图

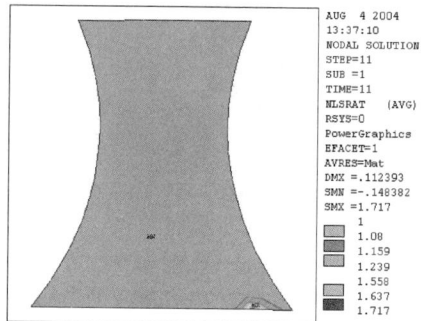

（b）中隔墙的塑性区分布

（c）竖向位移 UY 分布

（d）锚杆轴应力分布

（e）中隔墙的位移矢量图

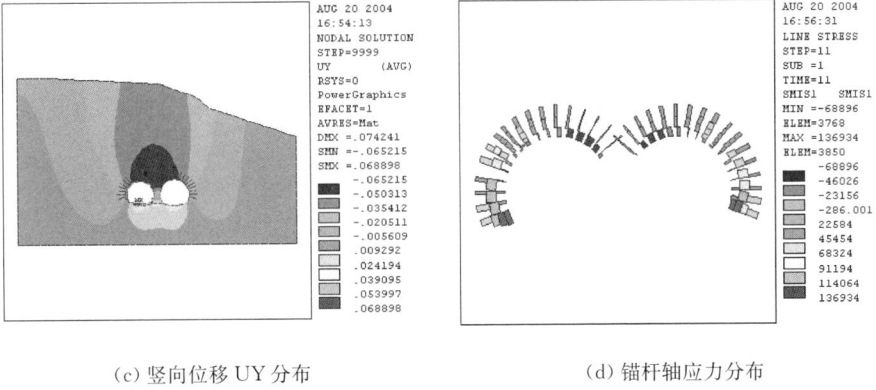

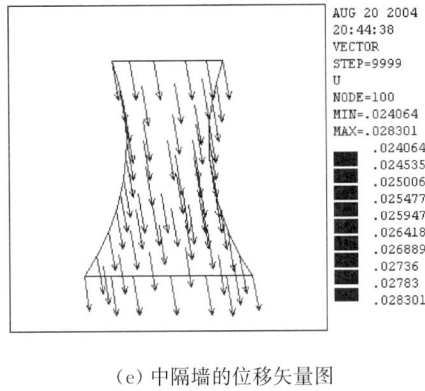

图 6.46　第 11 步：右洞施作二次衬砌和仰拱后的网格图及应力云图

观察左洞拱顶（47 号节点）、右洞拱顶（39 号节点）、中隔墙顶部（674 号节点）在各个施工步的位移变化情况，如图 6.47 所示。

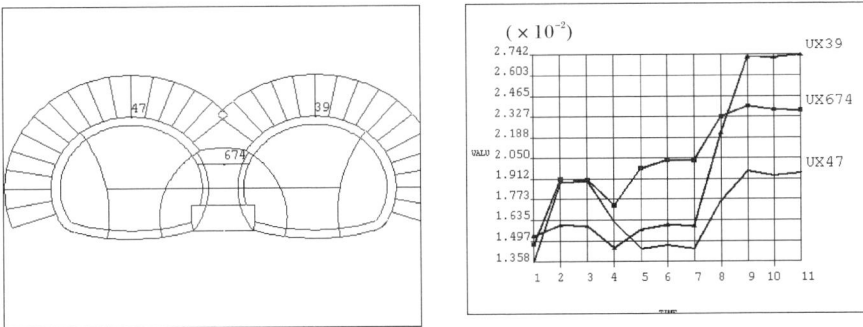

（a）节点位置示意图

（b）水平位移 UX 随施工步（荷载步）的变化曲线

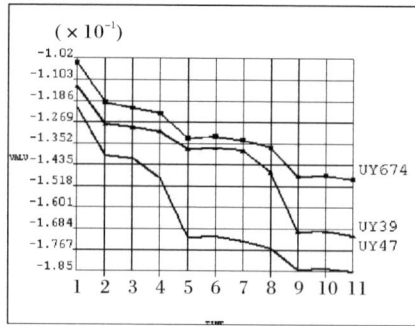

(c) 竖向位移 UY 随施工步(荷载步)的变化曲线

图 6.47　47 号、39 号、674 号节点变化曲线

从图 6.47 可以看出,引起上述节点水平位移变化较大的施工步也是第 4 步(左导洞开挖)、第 5 步(左洞上半断面开挖)和第 8 步、第 9 步(右导洞开挖与右洞上半断面开挖)。引起节点竖向位移变化较大的施工步是第 5 步(左洞上半断面开挖)和第 9 步(右洞上半断面开挖),且左洞拱顶 47 号节点的竖向位移最大。

2. 方案二(先右洞后左洞)

1) 施工过程模拟步骤

先开挖右洞后开挖左洞的计算步骤如下。

第 1 步:隧道未开挖,模拟原始地应力状态。

第 2 步:中导坑开挖,并作临时支护,喷射 250mm 的混凝土。

第 3 步:浇筑连拱隧道中隔墙。

第 4 步:右洞右侧导洞开挖,并进行初期支护:打锚杆,喷射混凝土。

第 5 步:右洞上半断面开挖,并进行初期支护:打锚杆,喷射混凝土。

第 6 步:右洞下半断面开挖。

第 7 步:右洞施作二次衬砌和仰拱。

第 8 步:左洞左侧导洞开挖,并进行初期支护:喷射混凝土,打锚杆。

第 9 步:左洞上半断面开挖,并进行初期支护:打锚杆,喷射混凝土。

第 10 步:左洞下半断面开挖。

第 11 步:左洞施作二次衬砌和仰拱,这里采用改变材料属性的方法,即将材料编号改变为 3。

2) 计算结果

第 1～3 步计算结果与方案一相同,此处不再赘述。

由图 6.48 可见,右导洞开挖时中隔墙的应力安全度均小于 1.0,此时中隔墙还处于弹性状态。

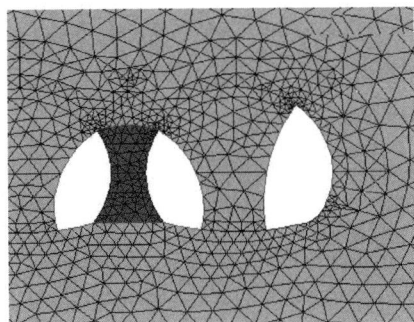

(a) 网格图

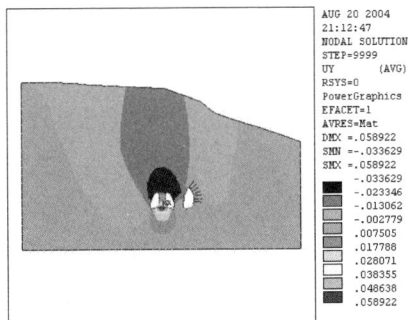

(b) 竖向位移 UY 分布

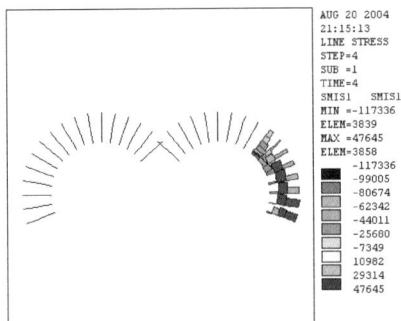

(c) 锚杆轴力分布

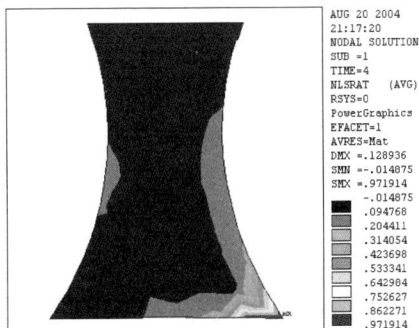

(d) 中隔墙的应力安全度分布

图 6.48　第 4 步：右洞右侧导洞开挖后的网格图及应力安全度分布图

　　由图 6.49 可见右洞上半断面开挖引起围岩变形、锚杆轴力、中隔墙偏压明显加大。中隔墙出现较大的塑性区。

　　由图 6.50 可见，右洞下半断面开挖的影响相对较小。

　　由图 6.51 可见，右洞二次衬砌完成后，围岩应力状态、锚杆受力状态、中隔墙偏压明显改善。中隔墙塑性区也明显减小。

　　由图 6.52 可见，左导洞开挖对围岩变形、锚杆轴力、中隔墙偏压影响不大。

　　由图 6.53 可见，左洞上半断面开挖引起围岩变形、锚杆轴力、中隔墙偏压明显加大。中隔墙在脚部出现较大的应力集中（尤其是左脚部）。

　　由图 6.55 可见，左洞二次衬砌完成后整个结构的受力状态大为改善，中隔墙只在左脚部产生较小的塑性区。

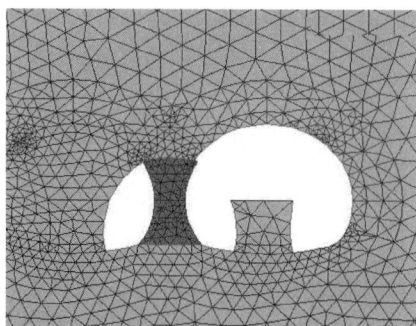

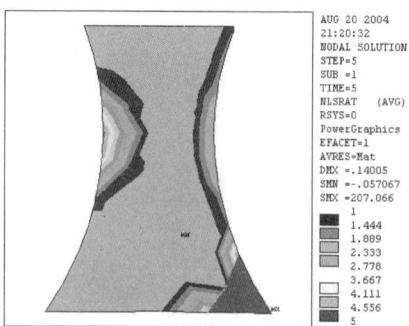

(a) 网格图　　　　　　　　　　　　　　(b) 中隔墙的塑性区分布

图 6.49　第 5 步:右洞上半断面开挖后的网格图及应力云图

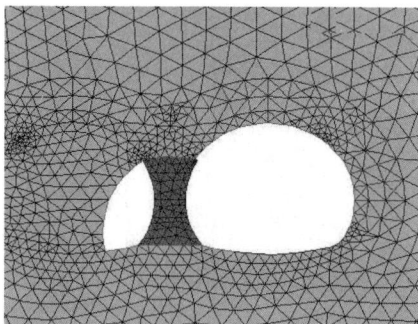

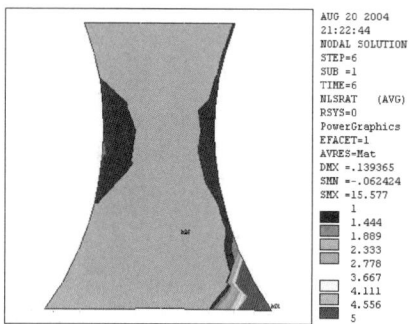

(a) 网格图　　　　　　　　　　　　　　(b) 中隔墙的塑性区

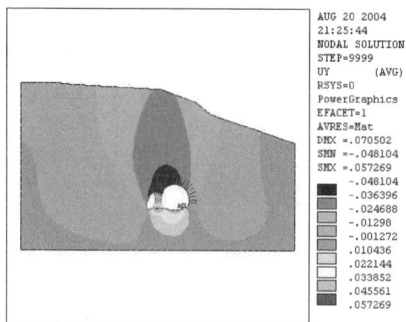

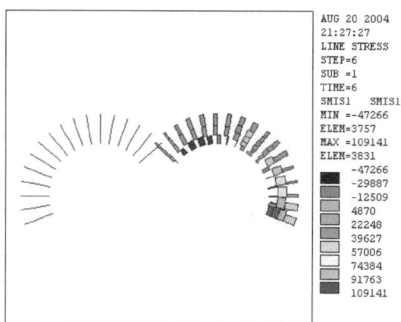

(c) 竖向位移 UY 分布　　　　　　　　　　(d) 锚杆轴力分布

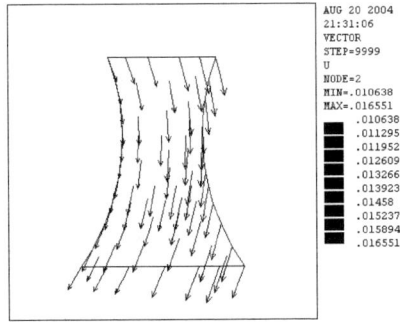

(e) 中隔墙节点位移运动矢量图

图 6.50　第 6 步:右洞下半断面开挖后的网格图及应力云图

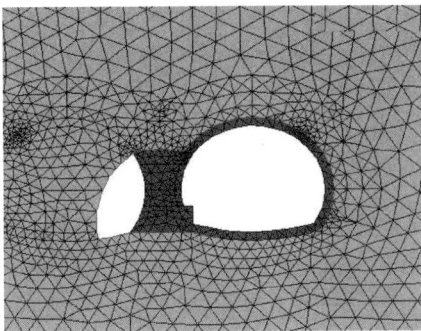

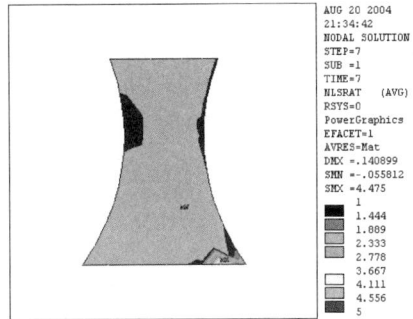

（a）网格图　　　　　　　　　　　　（b）中隔墙的塑性区

图 6.51　第 7 步:右洞施作二次衬砌和仰拱的应力图

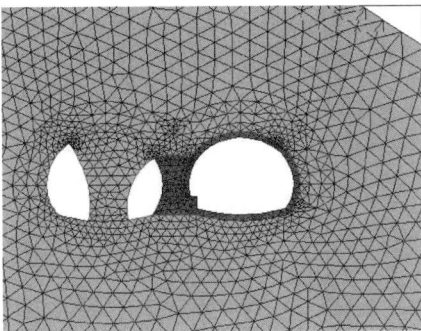

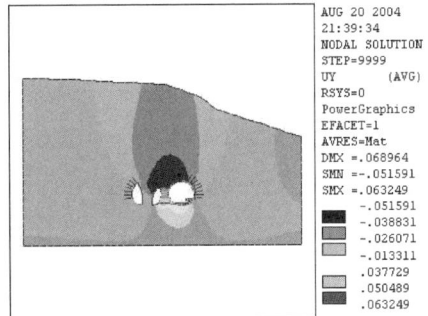

（a）网格图　　　　　　　　　　　　（b）竖向位移 UY 分布

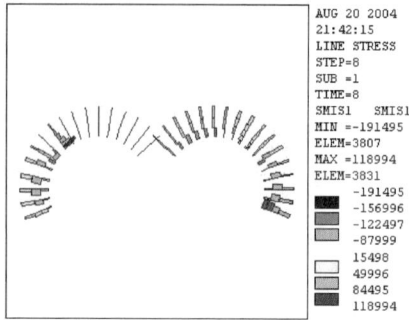

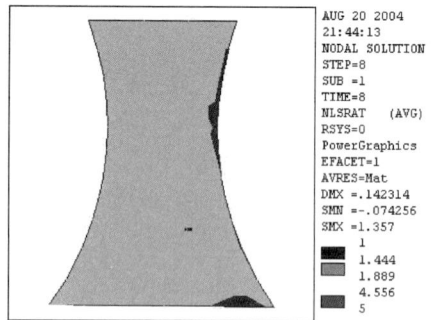

(c) 锚杆轴力分布　　　　　　　　　(d) 中隔墙的塑性区分布

图 6.52　第 8 步:左洞左侧导洞开挖后的网格图及应力云图

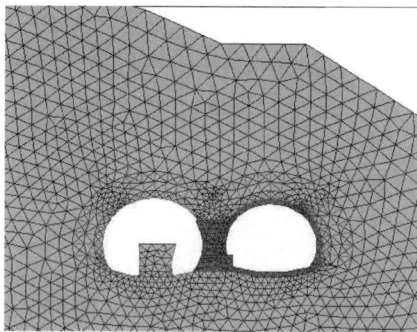

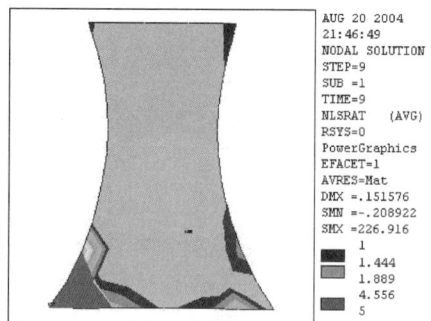

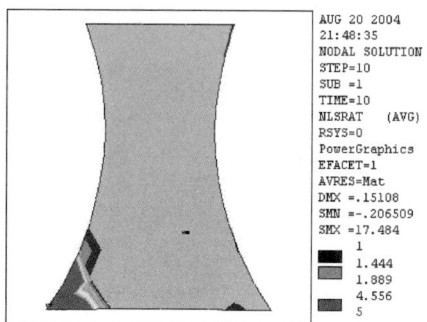

(a) 网格图　　　　　　　　　　(b) 中隔墙的塑性区分布

图 6.53　第 9 步:左洞上半断面开挖后的网格图及应力云图

从图 6.54 可见,右洞下半断面开挖影响较小。

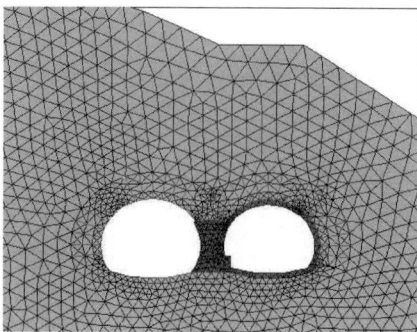

(a) 网格图　　　　　　　　　　(b) 中隔墙的塑性区分布

(c) 竖向位移 UY 分布

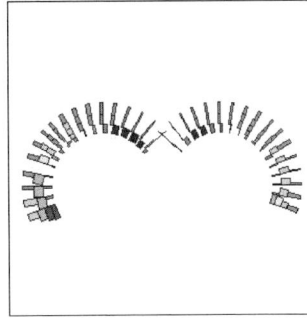

(d) 锚杆的轴力分布

图 6.54　第 10 步:左洞下半断面开挖的应力图

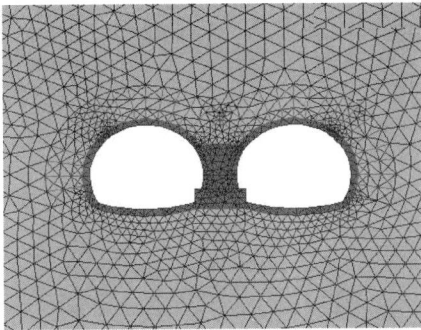

(a) 网格图

(b) 竖向位移 UY 分布

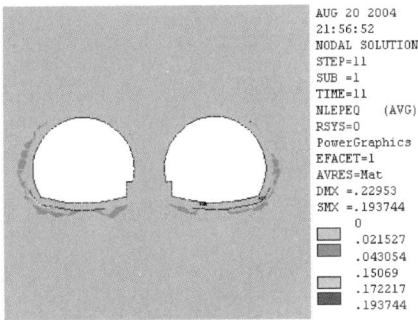

(c) 等效塑性应变分布

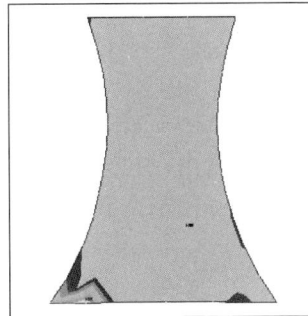

(d) 中隔墙的塑性区

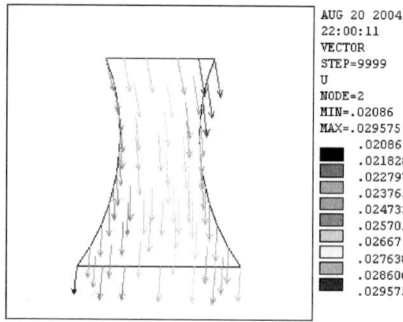

(e) 中隔墙的单元位移矢量图

图 6.55　第 11 步：左洞施作二次衬砌和仰拱后的网格图及应力云图

观察左洞拱顶（47 号节点）、右洞拱顶（39 号节点）、中隔墙顶部（674 号节点）在各个施工步的位移变化情况，如图 6.56 所示。

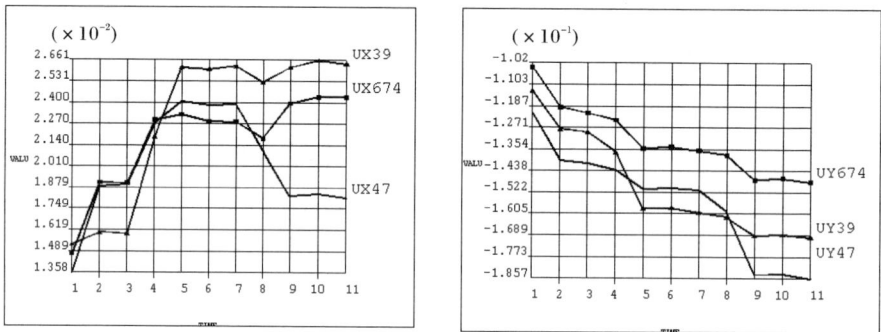

(a) 水平位移 UX 随施工步（荷载步）的变化曲线　　(b) 竖向位移 UY 随施工步（荷载步）的变化曲线

图 6.56　47 号、39 号、674 号节点变化曲线

从图 6.56 可以看出，引起上述节点水平位移变化较大的施工步也是第 4、5 步和第 8、9 步（即左右导洞与两洞上半断面开挖），引起上述节点竖向位移变化较大的施工步也是第 5 步和第 9 步（即两洞上半断面开挖）。

3. 两种方案计算结果对比分析

两种方案计算结果对比见表 6.5。

表 6.5　两种开挖方案计算结果对比

观测项目	方案一 （先左洞后右洞）	方案二 （先右洞后左洞）
拱顶最大下沉量/mm	65.2	66.7
地表最大下沉量/mm	40.7	40.8
最大等效塑性应变	0.17	0.19
中隔墙最大单元位移矢量/mm	28.3	29.6
最大锚杆轴力/kN	136.9	160.0

（1）先左洞施工方案的各步计算结果的规律性与先右洞施工方案是相似的。从表 6.5 可见,方案一引起的拱顶最大下沉量、地表最大下沉量、最大等效塑性应变、中隔墙位移以及锚杆轴力都比方案二稍小。先左洞后右洞的施工方案优越于先右洞后左洞的施工方案,这一规律与浅埋段一致,当然深埋段仍存在一定的偏压。

（2）和浅埋段相比,深埋段引起的围岩变形、中隔墙塑性区、锚杆轴力等均比浅埋段略大。

（3）两方案施工过程中隔墙受力最不利的工况是第 6 步:一侧洞开挖完毕,此时二次衬砌尚没有施工,另一侧洞也没有开挖。这种不对称开挖,使中隔墙受力不平衡,引起中隔墙发生偏转,其位移方案一达到 28.3mm,方案二达到 29.6mm。由于左右两侧隧道开挖不同步,再加上偏压的存在,施工中极易使中隔墙受偏压而倾斜开裂,务必引起重视,可采用中导洞回填或钢支撑加以缓解。当施工结束,两洞二次衬砌浇筑完成后,中隔墙受力状态大为改善,塑性区基本消失。这一规律与浅埋段一致。

（4）计算还表明,由于黄土的强度较低,弹性模量相对较小,隧洞开挖后,如果初次支护不及时,隧道是不稳定的,因此隧道的初次支护一定要及时跟上,甚至包括底部的反鼓支护(做仰拱)。

（5）引起围岩变形或地表沉降最大的施工步骤是两洞上半断面开挖,这两步施工时,一方面要加强监测,另一方面要加强支护。

6.3.2　上下台阶法施工方案模拟

计算参数以及计算模型同前,只不过开挖和支护的顺序不同,也就是在 ANSYS 程序中采用不同的单元"杀死"和"激活"顺序。正台阶法也采用两种施工方案。方案一:先左洞后右洞;方案二:先右洞后左洞。两种方案中都要先开挖中导洞,然后浇筑中隔墙。

1. 方案一(先左洞后右洞)

1) 施工步骤

采用如下 9 道工序。

第 1 步:隧道未开挖,模拟原始地应力状态。

第 2 步:中导洞开挖,并进行临时支护和初期支护。

第 3 步:施作中隔墙。

第 4 步:左洞上半断面开挖,并施作初期支护。

第 5 步:左洞下半断面开挖,并施作初期支护。

第 6 步:左洞施作二次衬砌和仰拱。

第 7 步:右洞上半断面开挖,并施作初期支护。

第 8 步:右洞下半断面开挖,并施作初期支护。

第 9 步:右洞施作二次衬砌和仰拱。

2) 模拟结果

第 1~3 步与侧壁导洞法计算结果一样,此处不再赘述。

由图 6.57 可见,左洞上半断面开挖引起左洞围岩变形和锚杆轴力的显著增长。中隔墙的偏压加剧,中隔墙产生较大的塑性区。

由图 6.58 和图 6.59 可见,左洞下半断面开挖影响较小,从锚杆轴力分布看出左洞侧壁受力较大,此处需要加强支护。

由图 6.60 可见,右洞上半断面开挖使围岩变形、锚杆受力与中隔墙偏压都有较大的加剧,中隔墙的脚部产生塑性区,尤其是右脚部产生较大的应力集中。

由图 6.61 可见,右洞下半断面开挖的影响相对较小。

由图 6.62 可见,右洞二次衬砌浇筑后,围岩、锚杆受力与中隔墙的受力状态都有较大的改善,中隔墙的塑性区基本消失。

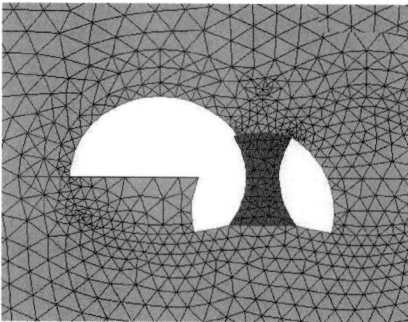

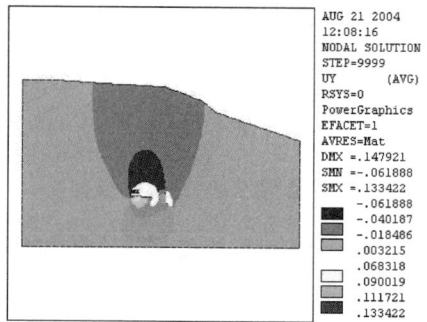

(a) 网格图　　　　　　　　(b) 竖向位移 UY 分布

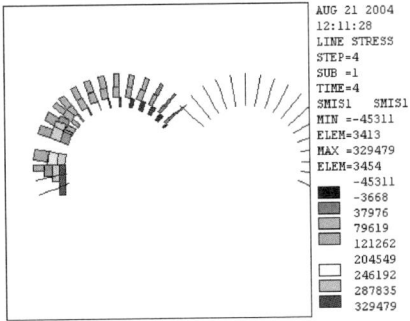

（c）锚杆轴力分布

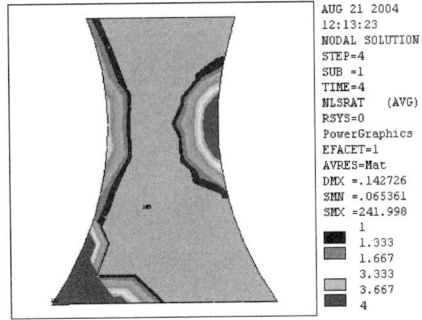

（d）中隔墙的塑性区

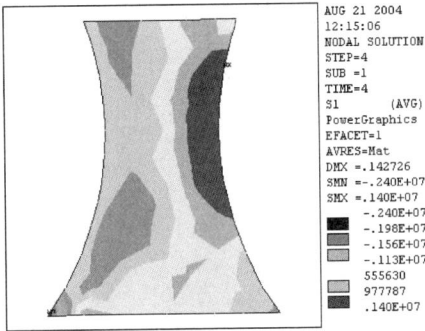

（e）中隔墙第 1 主应力 S1 分布

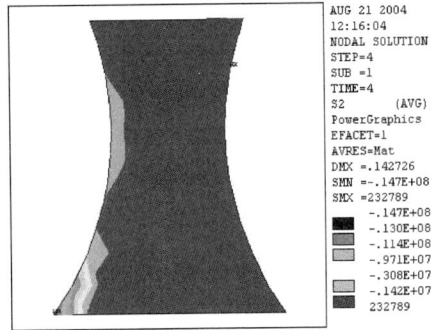

（f）中隔墙第 2 主应力 S2 分布

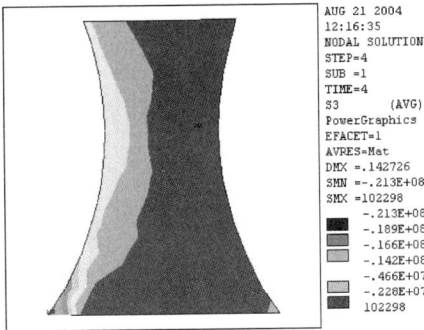

（g）中隔墙第 3 主应力 S3 分布

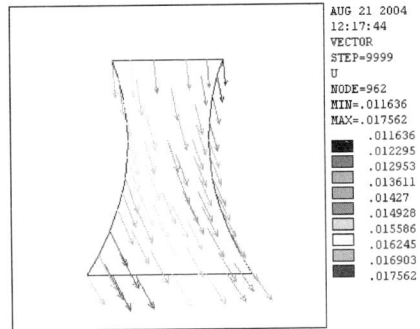

（h）中隔墙节点位移运动矢量图

图 6.57　第 4 步：左洞上半断面开挖后的网格图及应力云图

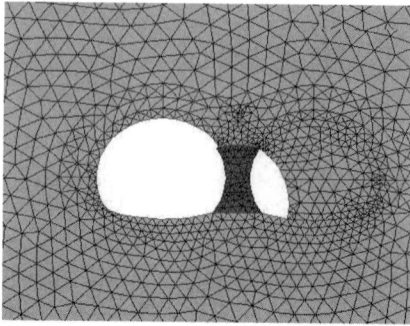

（a）网格图

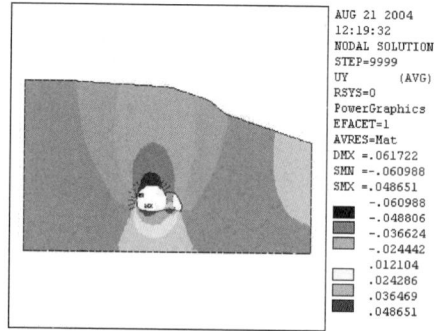

（b）竖向位移 UY 分布

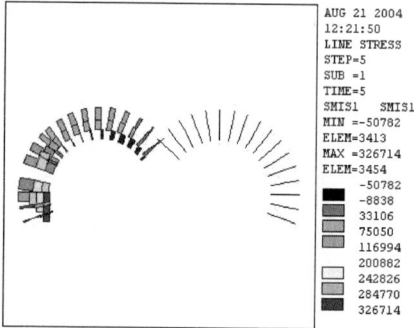

（c）锚杆轴力分布

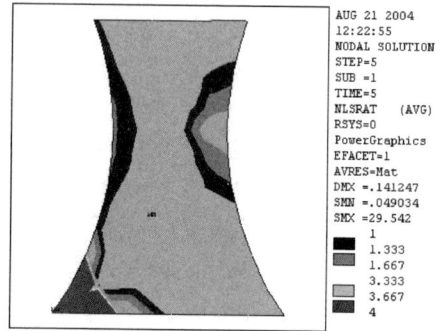

（d）中隔墙的塑性区分布

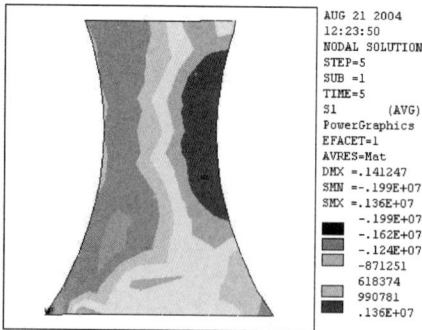

（e）中隔墙第 1 主应力 S1 分布

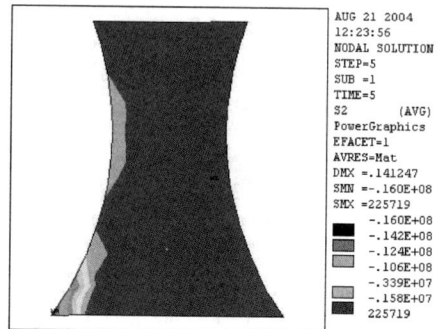

（f）中隔墙第 2 主应力 S2 分布

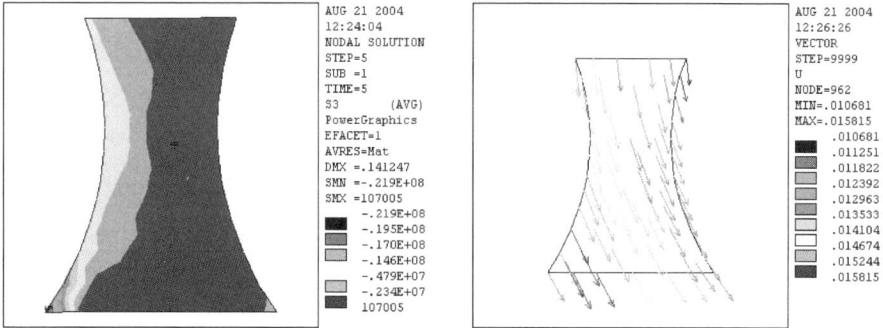

(g) 中隔墙第 3 主应力 S3 分布　　　　　　　　(h) 中隔墙节点位移运动矢量图

图 6.58　第 5 步:左洞下半断面开挖后的网格图及应力云图

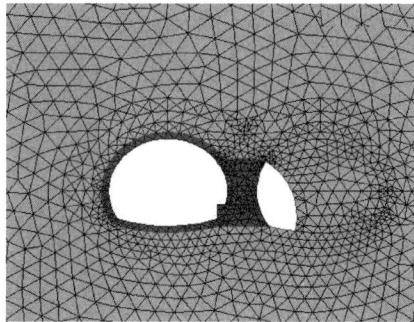

图 6.59　第 6 步:左洞二次衬砌网格图

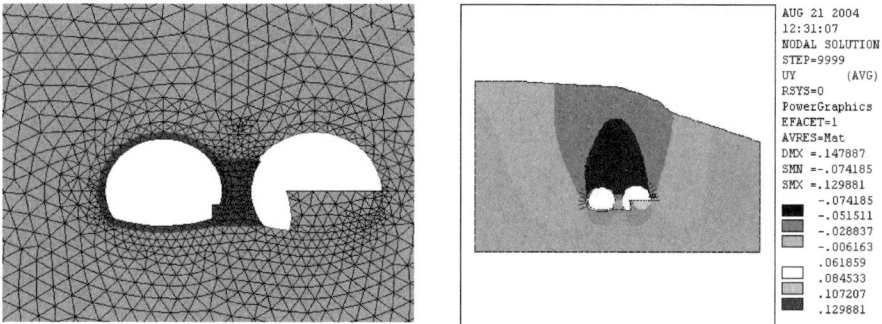

(a) 网格图　　　　　　　　　　　　　　　(b) 竖向位移 UY 分布

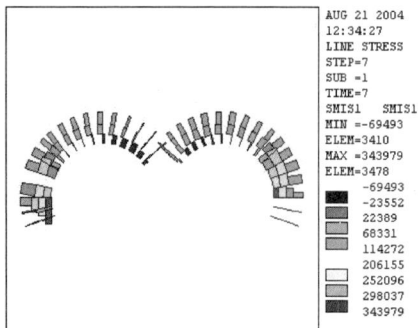

（c）锚杆轴力分布

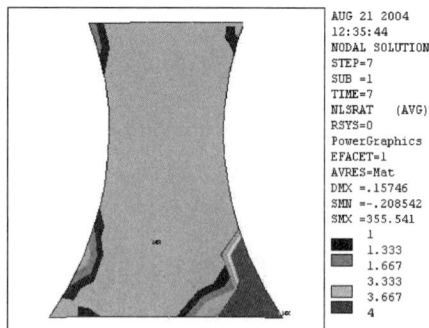

（d）中隔墙的塑性区分布

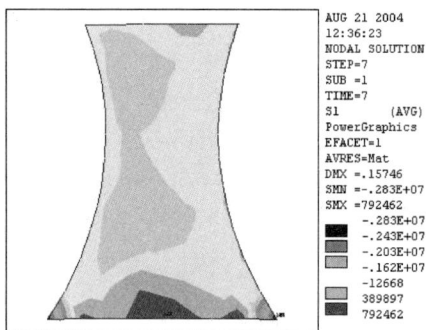

（e）中隔墙第 1 主应力 S1 分布

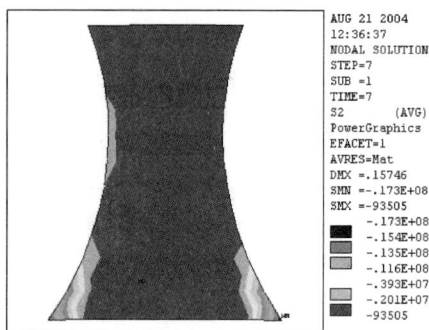

（f）中隔墙第 2 主应力 S2 分布

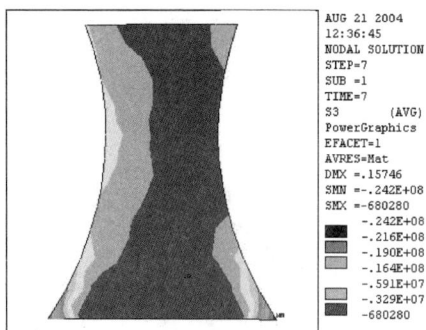

（g）中隔墙第 3 主应力 S3 分布

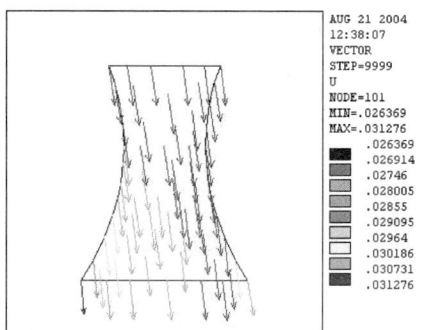

（h）中隔墙节点位移运动矢量图

图 6.60　第 7 步:右洞上半断面开挖后的网格图及应力云图

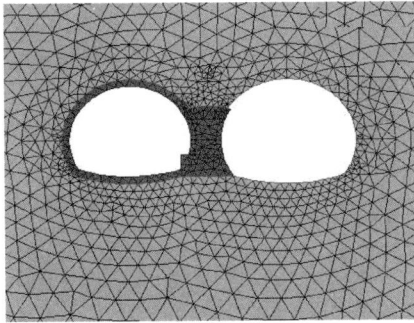

（a）网格图

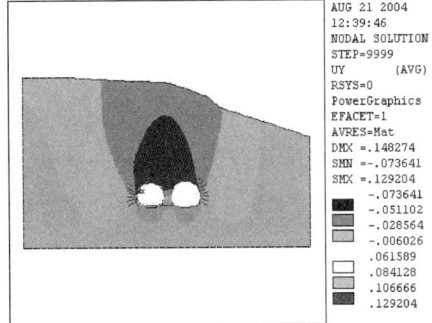

（b）竖向位移 UY 分布

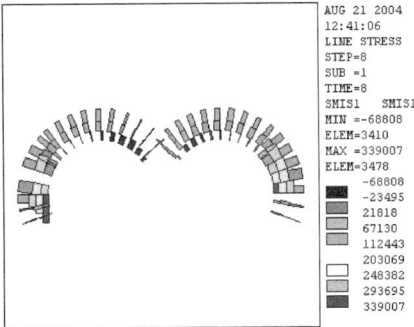

（c）锚杆轴力分布

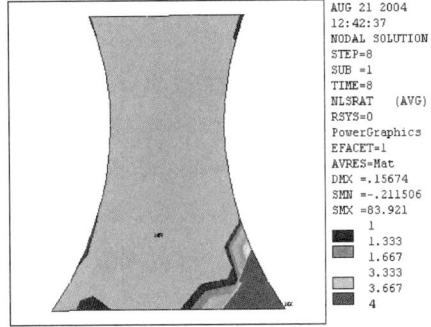

（d）中隔墙的塑性区分布

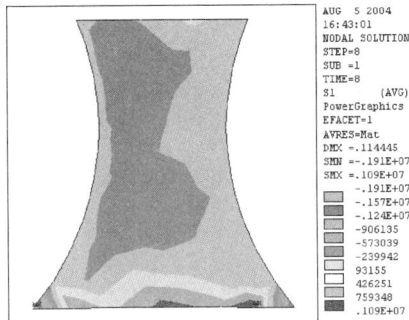

（e）中隔墙第 1 主应力 S1 分布

图 6.61　第 8 步:右洞下半断面开挖后的网格图及应力云图

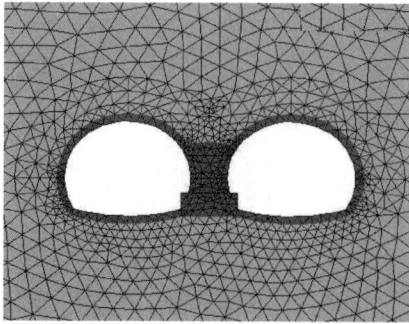

(a) 网格图

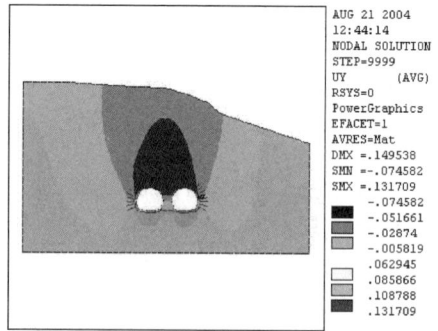

(b) 竖向位移 UY 分布

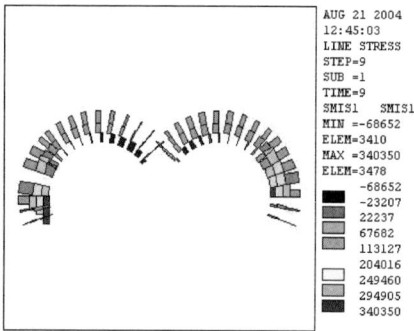

(c) 锚杆轴力分布

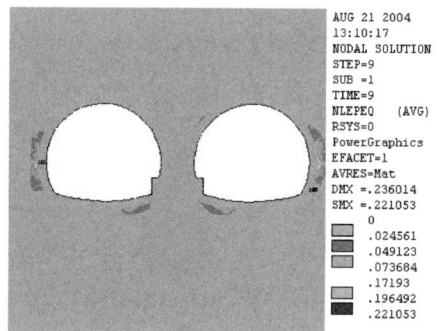

(d) 塑性区分布

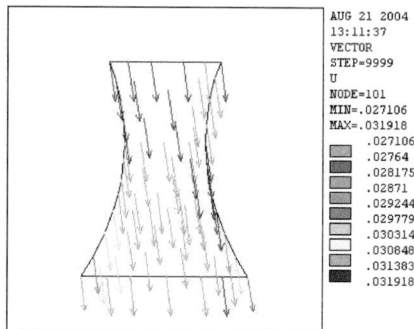

(e) 中隔墙位移运动矢量图

图 6.62　第 9 步:右洞施作二次衬砌和仰拱后的网格图及应力云图

　　观察左洞拱顶(52 号节点)、右洞拱顶(44 号节点)、中隔墙顶部(669 号节点)在各个施工步的位移变化情况,如图 6.63 所示。

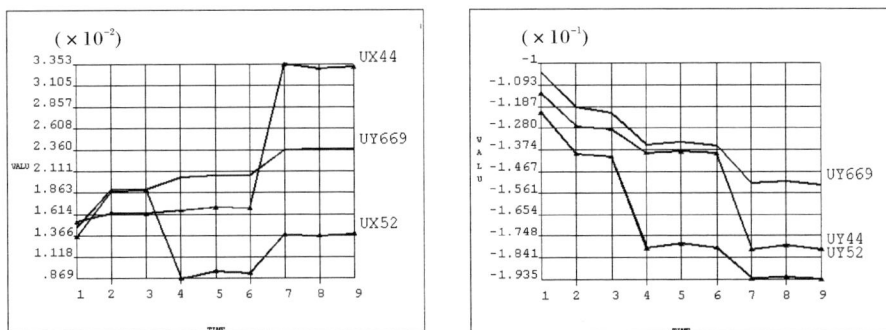

(a) 水平位移 UX 随开挖步(荷载步)的变化曲线　(b) 竖向位移 UY 随开挖步(荷载步)的变化曲线

图 6.63　669 号、52 号、44 号节点变化曲线

从图 6.63 可以看出,影响较大的施工步还是左右两洞上半断面的开挖。

2. 方案二(先右洞后左洞)

1) 模拟步骤

采用如下 9 道工序。

第 1 步:隧道未开挖,模拟原始地应力状态。

第 2 步:中导洞开挖,并进行临时支护和初期支护。

第 3 步:施作中隔墙。

第 4 步:右洞上半断面开挖,并施作初期支护。

第 5 步:右洞下半断面开挖,并施作初期支护。

第 6 步:右洞施作二次衬砌和仰拱。

第 7 步:左洞上半断面开挖,并施作初期支护。

第 8 步:左洞下半断面开挖,并施作初期支护。

第 9 步:左洞施作二次衬砌和仰拱。

2) 模拟结果

计算结果规律与方案一类似。第 4 开挖步(右洞上半断面开挖)后中隔墙的塑性区最大,此时中隔墙处于最不利的受力状况,之后随着左洞的开挖以及二次衬砌的实施,中隔墙的受力得到改善,塑性区明显减小,如图 6.64 所示。

从有代表性的 669(中隔墙顶部)节点、52(左洞拱顶)节点、44(右洞拱顶)节点在各开挖步的水平位移值(包括初始位移)与竖向位移值(包括初始位移)来看,影响最大的还是左右两洞上半断面的开挖,如图 6.65 所示。

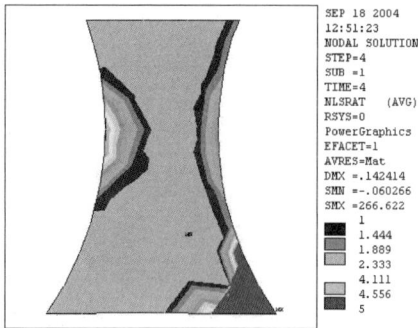

（a）第 4 步后中隔墙的塑性区

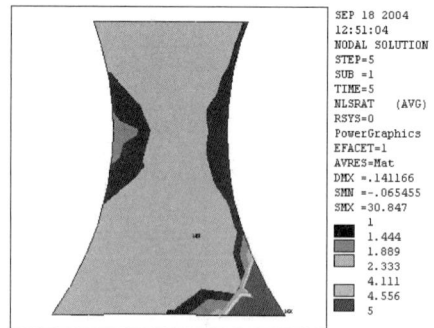

（b）第 5 步后中隔墙的塑性区

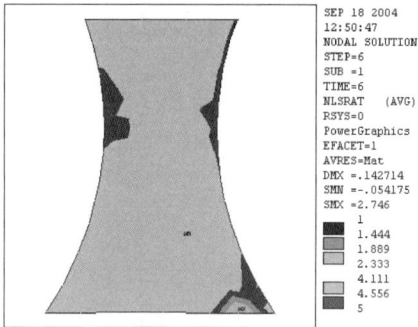

（c）第 6 步后中隔墙的塑性区

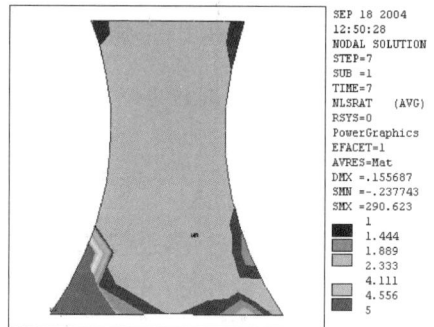

（d）第 7 步后中隔墙的塑性区

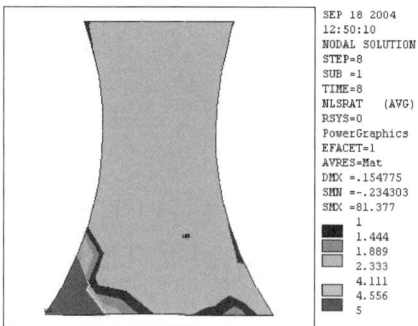

（e）第 8 步后中隔墙的塑性区

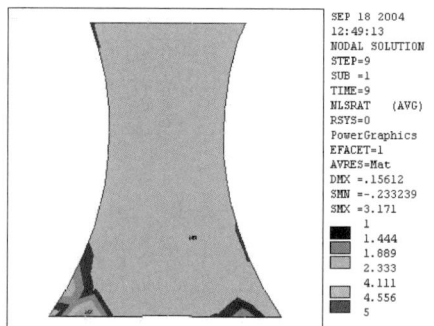

（f）第 9 步后中隔墙的塑性区

图 6.64　中隔墙的塑性区分布

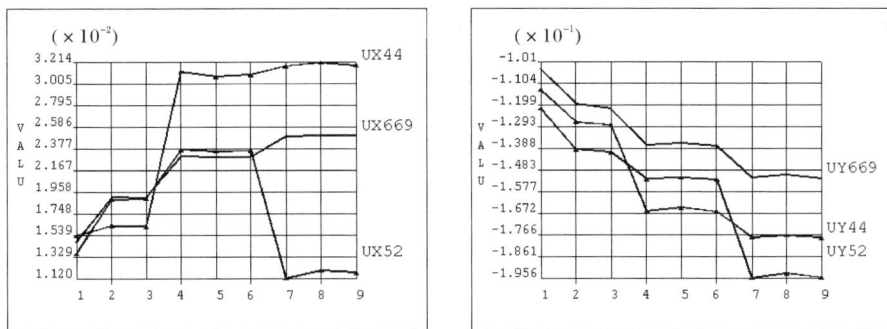

(a) 水平位移 UX 随开挖步(荷载步)的变化曲线　　(b) 竖向位移 UY 随开挖步(荷载步)的变化曲线

图 6.65　669 号、52 号、44 号节点变化曲线

3. 两种方案计算结果对比分析

两种方案计算结果对比见表 6.6。

表 6.6　两种开挖方案计算结果对比

观测项目	方案一 (先左洞后右洞)	方案二 (先右洞后左洞)
拱顶最大下沉量/mm	75	77
地表最大下沉量/mm	47	48
最大等效塑性应变	0.22	0.25
施工过程中引起的中隔墙最大 单元位移矢量/mm	31.9	33.3
最大锚杆轴力/kN	340.3	352.0

(1) 先左洞开挖与先右洞开挖方案的各施工步的规律性是相似的。从计算的拱顶最大下沉量、地表最大下沉量、最大等效塑性应变、中隔墙位移以及锚杆轴应力来看,先左洞后右洞的施工方案的计算值比先右洞后左洞的施工方案稍小,即先左洞后右洞的上下台阶法施工方案较好。这点与侧壁导坑法的结论一致。

(2) 两方案施工过程中隔墙受力最不利的工况是第 5 步:一侧洞开挖完毕,此时二次衬砌尚没有施工,另一侧洞也没有开挖。这种不对称开挖,使中隔墙受力不平衡,引起中隔墙发生偏转,其位移方案一达到 31.9mm,方案二达到 33.3mm。由于左右两侧隧道开挖不同步,再加上偏压的存在,施工中极易使中隔墙受偏压而倾斜开裂,务必引起重视,可采用中导洞回填或钢支撑加以缓解。当施工结束,两洞二次衬砌浇筑完成后,中隔墙受力状态大为改善,塑性区基本消失。这点与侧壁导坑法的结论一致。

(3) 计算还表明,最大塑性应变出现在左右洞侧壁处,此处的锚杆轴力也相对较大,因此此处在初期支护时需要加强。

(4) 由于黄土的强度较低,弹性模量相对较小,隧洞开挖后,如果初次支护不及时,隧道是不稳定的,因此隧道的初次支护一定要及时跟上,甚至包括底部的反鼓支护(做仰拱),因为计算表明开挖除引起较大的拱顶下沉外,还引起较大的底鼓(包括中导洞中隔墙底部两侧)。

(5) 引起围岩变形或地表沉降最大的施工步骤也是两洞上半断面开挖,这两步施工时,一定要严密注意。

(6) 计算结果表明,正洞采用上下台阶法施工引起的拱顶最大下沉量、地表最大下沉量、最大等效塑性应变、中隔墙位移以及锚杆轴应力都明显要比侧壁导洞法得到的大,说明对于黄土深埋连拱隧道,侧壁导坑法优于上下台阶法。

综合而言,对于深埋的黄土连拱隧道,应采用侧壁导坑法的先左洞后右洞的施工方案。

6.4　Ⅴ级围岩浅埋偏压段施工方案优化

Ⅴ级围岩浅埋偏压段采用侧壁导坑法开挖,有限元模型的建立,施工步骤的模拟同 6.2.1 节,此处不再赘述。

1. 方案一(先左洞后右洞)

原始地应力云图,如图 6.66 所示。中导洞开挖后,围岩变形情况如图 6.67 所示,浇筑中隔墙后,其网格划分如图 6.68 所示。

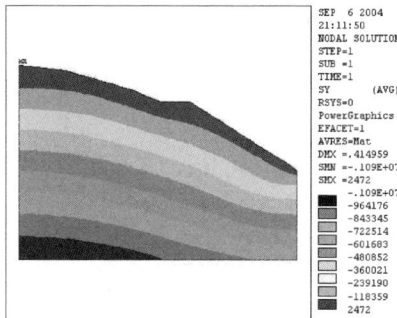

图 6.66　第 1 步:原始地应力状态

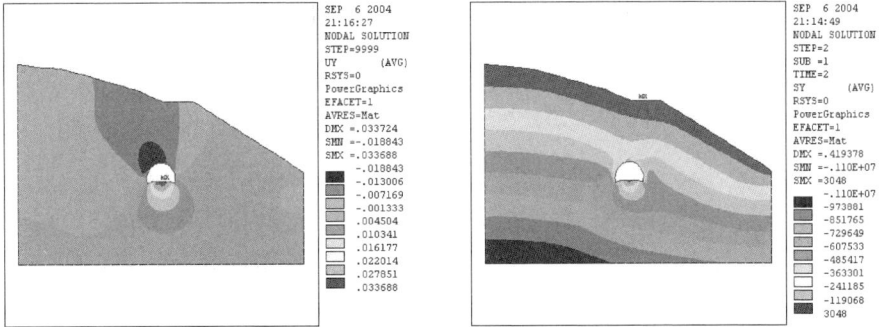

(a) 竖向应力 SY 等值云图　　　　　　　　　　(b) 竖向位移分布

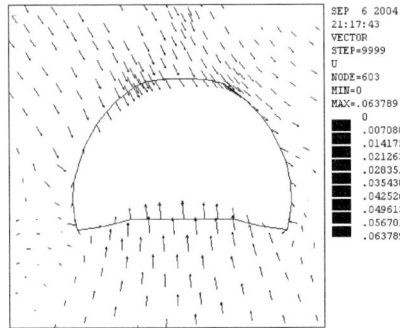

(c) 节点位移运动矢量图

图 6.67　第 2 步:中导洞开挖后的应力云图

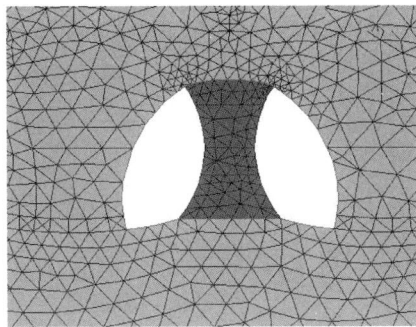

图 6.68　第 3 步:浇筑连拱隧道中隔墙的网格图

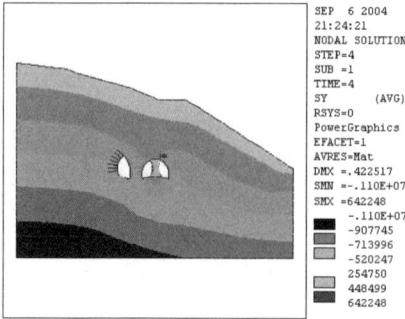

(a) 竖向应力 SY 等值云图

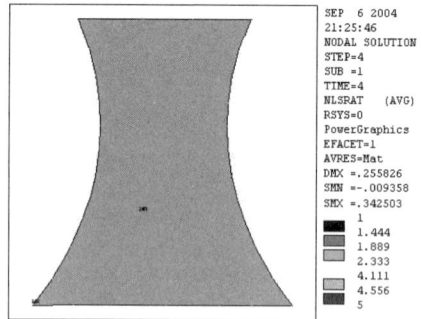

(b) 中隔墙的塑性区分布

图 6.69　第 4 步:左侧导洞开挖及支护后的应力图

由图 6.69 可见,第 4 步后中隔墙单元没有塑性区出现,还处于弹性状态。

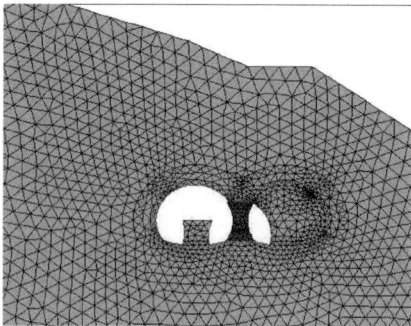

(a) 网格图

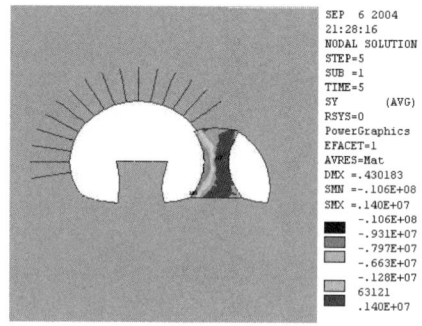

(b) 竖向应力 SY 等值云图

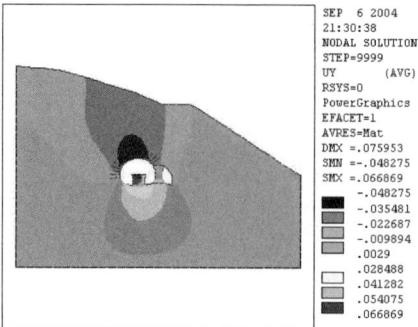

(c) 竖向位移等值云图

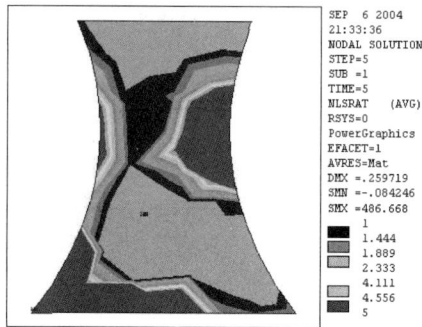

(d) 中隔墙的塑性区分布

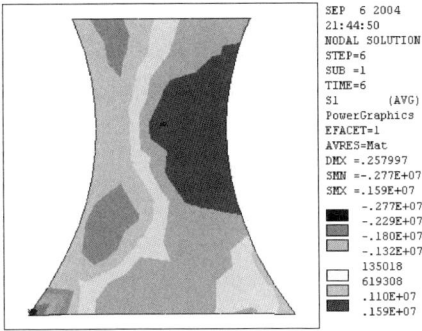

（e）中隔墙的第 1 主应力 S1 分布

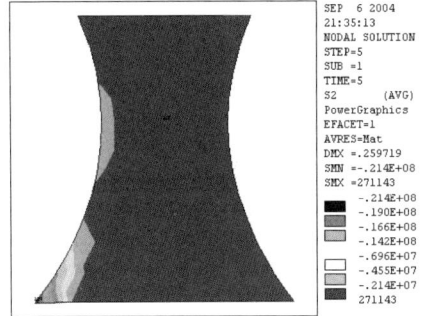

（f）中隔墙的第 2 主应力 S2 分布

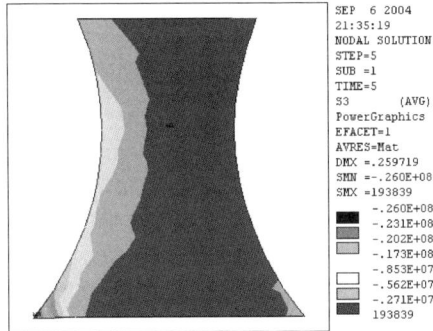

（g）中隔墙的第 3 主应力 S3 分布

图 6.70　第 5 步：左洞上半断面开挖及支护后的网格及应力云图

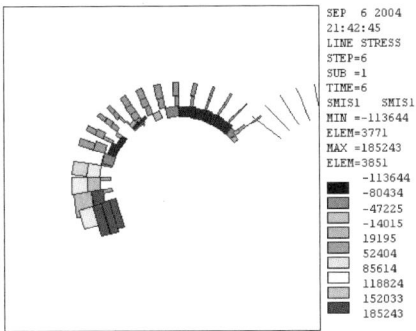

（a）锚杆轴力分布

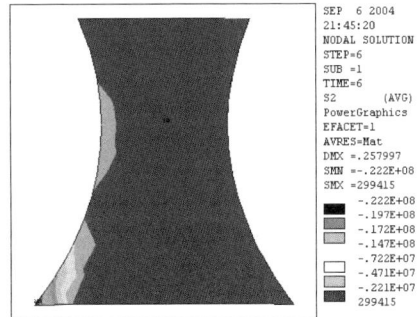

（b）中隔墙的第 1 主应力 S1 分布

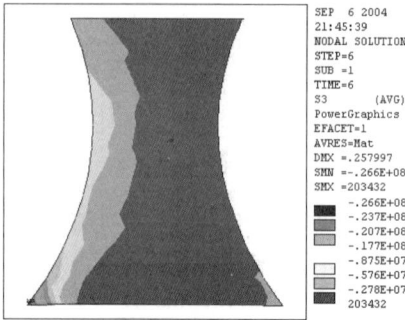

（c）中隔墙的第 2 主应力 S2 分布　　　　　（d）中隔墙的第 3 主应力 S3 分布

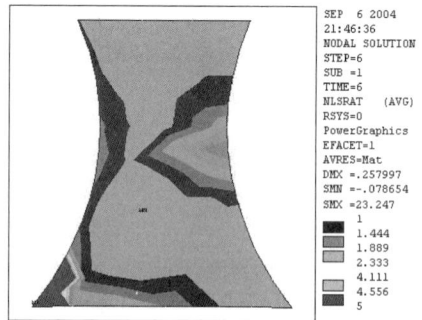

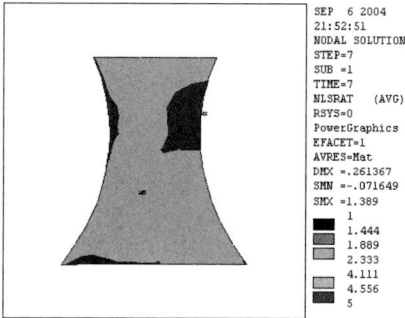

（e）中隔墙的塑性区　　　　　（f）引起的中隔墙节点位移矢量图

图 6.71　第 6 步:左洞下半断面开挖及支护后的应力图

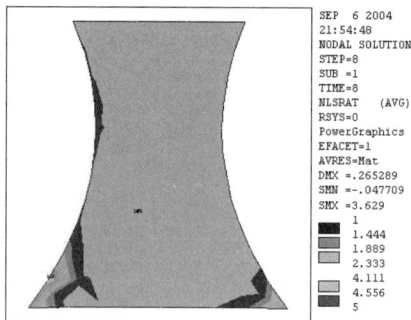

图 6.72　第 7 步:左洞施作二次衬砌及仰拱后的
中隔墙的塑性区分布图

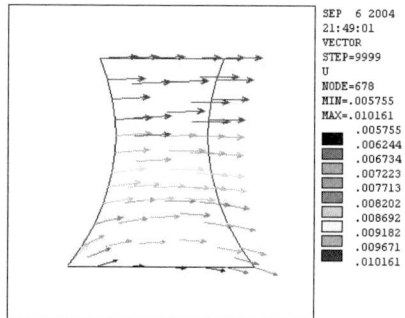

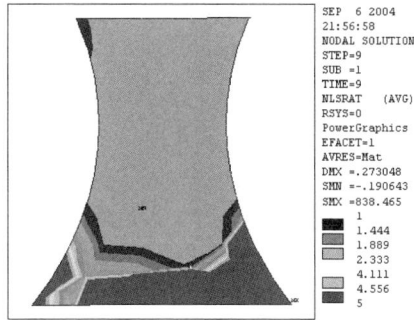

图 6.73　第 8 步:右洞右侧导洞开挖及支护后中隔墙的塑性区分布

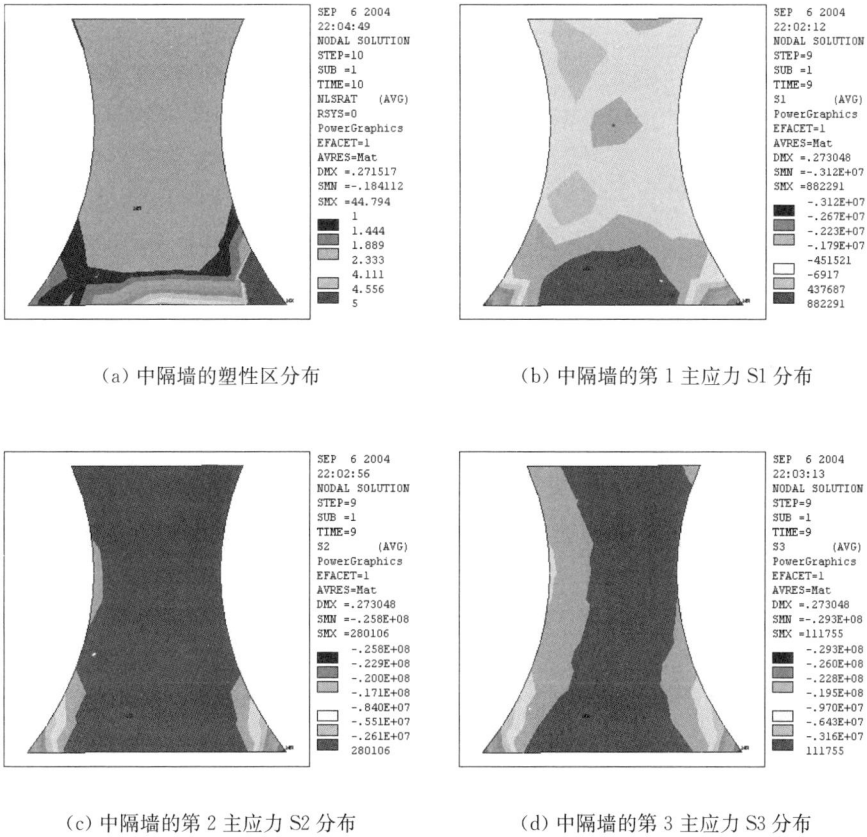

（a）中隔墙的塑性区分布

（b）中隔墙的第 1 主应力 S1 分布

（c）中隔墙的第 2 主应力 S2 分布

（d）中隔墙的第 3 主应力 S3 分布

图 6.74　第 9 步:右洞上半断面开挖及支护后的应力云图

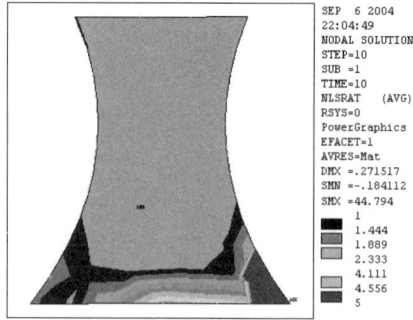

图 6.75　第 10 步:右洞下半断面开挖后的中隔墙塑性区分布

由图 6.76 可见,随着左右隧洞二次衬砌的实施,中隔墙的受力状况得到改善,塑性区几乎消失。

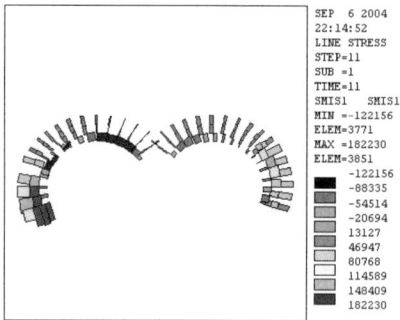

（a）锚杆轴应力分布

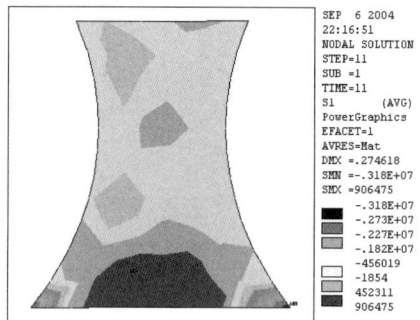

（b）中隔墙的第 1 主应力 S1 分布

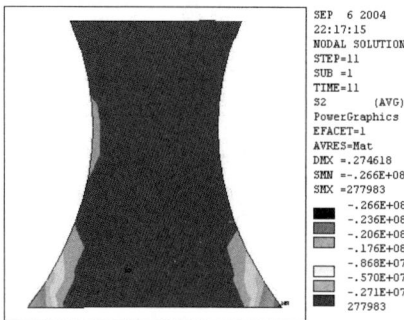

（c）中隔墙的第 2 主应力 S2 分布

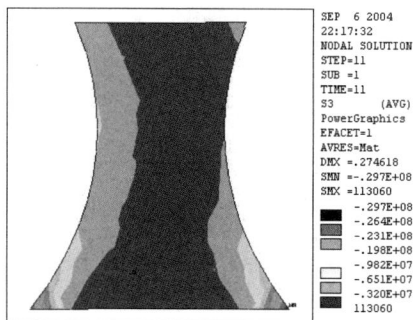

（d）中隔墙的第 3 主应力 S3 分布

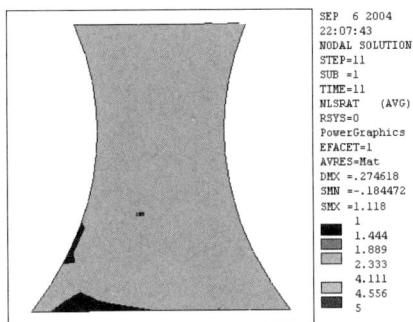

(e) 中隔墙的塑性区分布　　　　　　　　(f) 中隔墙的位移矢量图

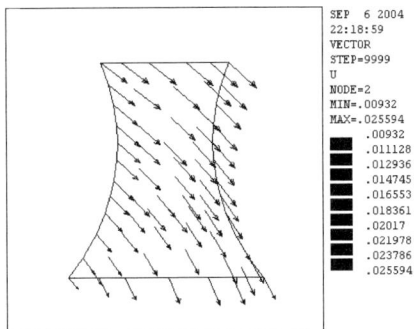

图 6.76　第 11 步：右洞施作二次衬砌及仰拱后的应力图

观察左洞拱顶（47 号节点）、右洞拱顶（39 号节点）、中隔墙顶部（674 号节点）在各个施工步的位移变化情况，如图 6.77 所示。

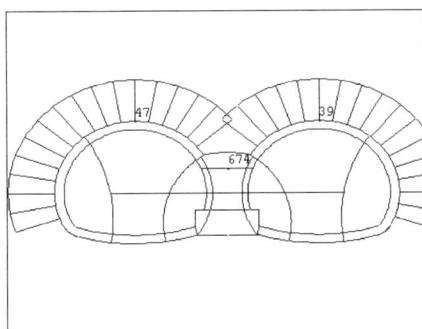

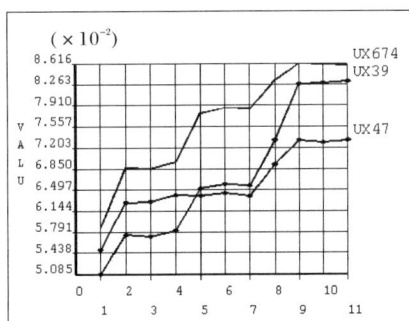

（a）节点位置示意图　　　　　　（b）点的水平位移 UX 随施工步（荷载步）的变化曲线

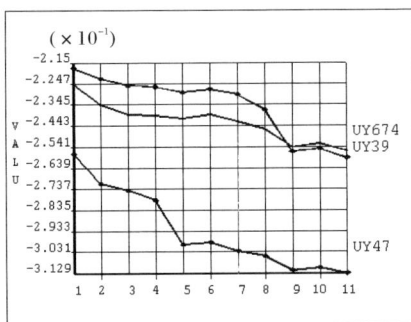

（c）竖向位移 UY 随施工步（荷载步）的变化曲线

图 6.77　47 号、39 号、674 号节点变化曲线

从图 6.77 可以看出,引起上述节点水平位移变化较大的施工步是第 5 步和第 8、9 步。引起节点竖向位移变化较大的施工步是第 5 步和第 9 步,左洞拱顶 47 号节点的竖向位移最大。

2. 方案二(先右洞后左洞)

第 1~3 步计算结果与方案一相同,此处不再赘述。

第 4 步:右侧右导洞开挖,并进行初期支护:喷射混凝土,打锚杆。

由图 6.78 可见,此时中隔墙各点的应力均处于弹性状态,没有塑性区出现。

第 6 步:右洞下半断面开挖,并作初期支护,喷射混凝土。

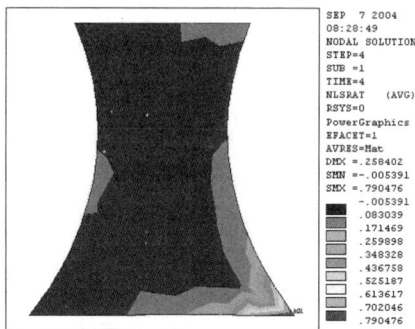

图 6.78　第 4 步:右洞右侧导洞开挖及支护后中隔墙塑性区分布

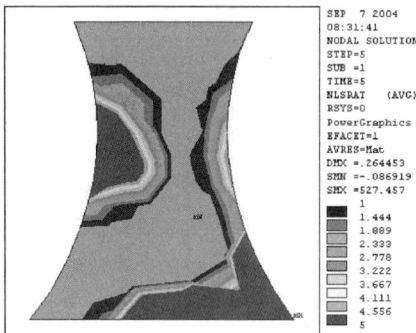

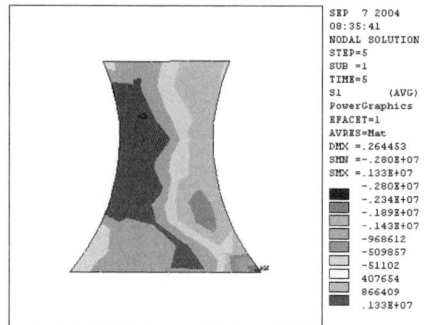

(a)中隔墙的塑性区分布　　　　　　　(b)中隔墙的第 1 主应力 S1 分布

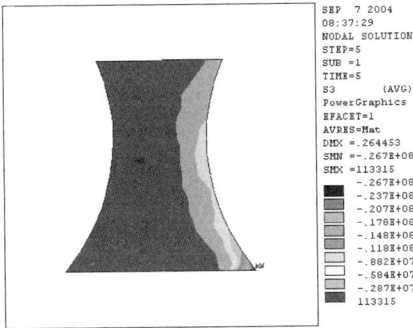

(c) 中隔墙的第 3 主应力 S3 分布

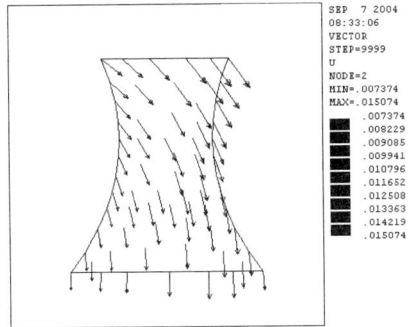

(d) 中隔墙的节点位移矢量分布

图 6.79　第 5 步：右洞上半断面开挖及支护后的应力图

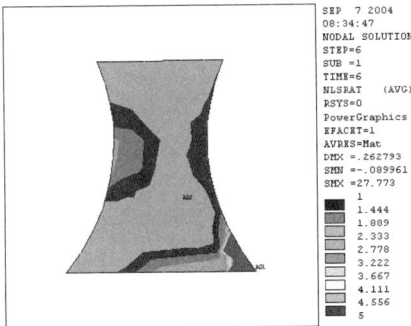

图 6.80　第 6 步后中隔墙的塑性区
　　　　　分布

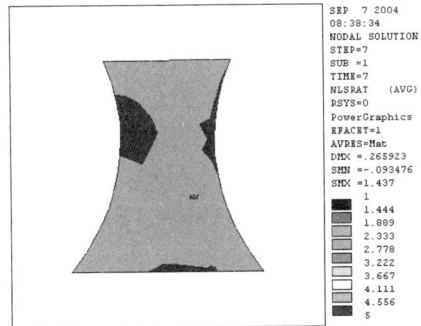

图 6.81　第 7 步后中隔墙的塑性区分布

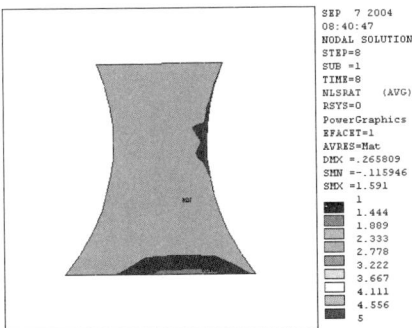

图 6.82　第 8 步后中隔墙的塑性区分布

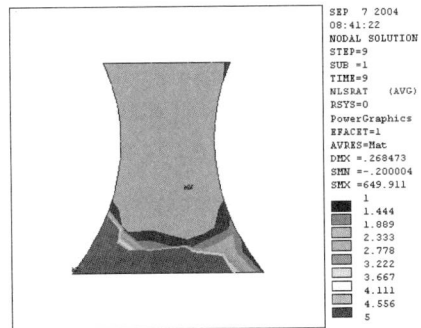

图 6.83　第 9 步后中隔墙的塑性区分布

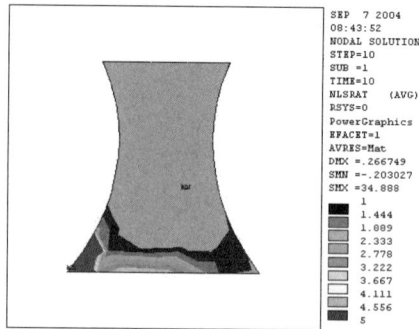

图 6.84　第 10 步后中隔墙的塑性区分布

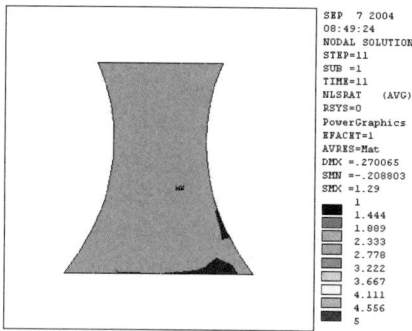

（a）中隔墙的塑性区

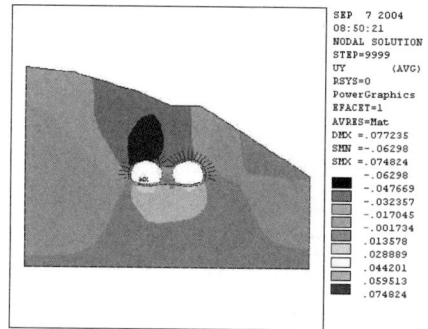

（b）总的竖向位移 UY 分布

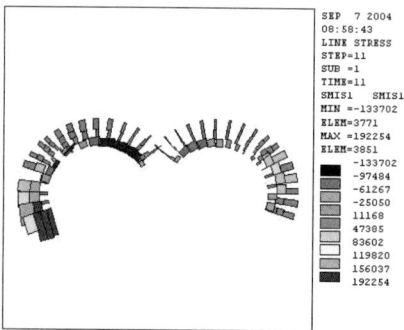

（c）锚杆轴应力分布

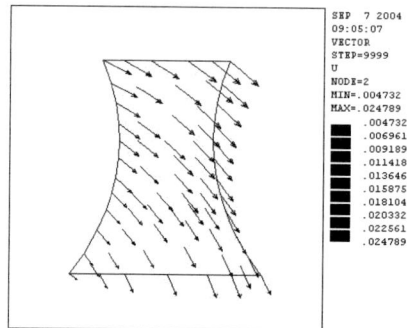

（d）中隔墙的单元位移矢量图

图 6.85　第 11 步:左洞施作二次衬砌和仰拱后的应力图

观察左洞拱顶(47 号节点)、右洞拱顶(39 号节点)、中隔墙顶部(674 号节点)在各个施工步的位移变化情况,如图 6.86 所示。

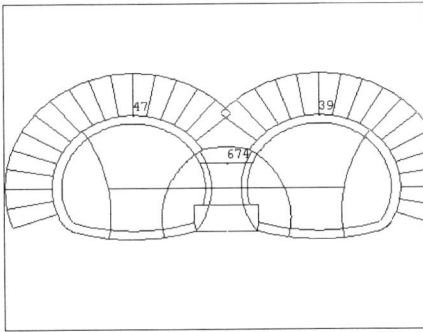

（a）节点位置示意图

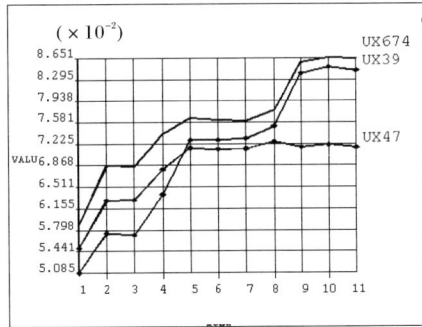

（b）节点的水平位移 UX 随
施工步（荷载步）的变化曲线

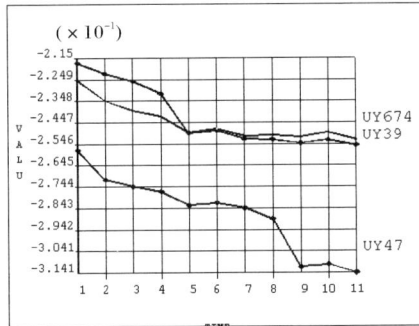

（c）点的竖向位移 UY 随施工步（荷载步）的变化曲线

图 6.86　47 号、39 号、674 号节点变化曲线

从图 6.86 可以看出，引起上述节点水平位移变化较大的施工步是第 5 步和第 9 步。

3. 两种方案计算结果对比分析

两种开挖方案计算结果对比见表 6.7。

表 6.7　两种开挖方案计算结果对比

观测项目	方案一 （先左洞后右洞）	方案二 （先右洞后左洞）
拱顶最大下沉量/mm	60.8	63.0
地表最大下沉量/mm	45.7	46.5

续表

观测项目	方案一 （先左洞后右洞）	方案二 （先右洞后左洞）
最大等效塑性应变	0.415	0.448
最大锚杆轴力/kN	182.20	192.54
中隔墙最大竖向位移/mm	19.9	17.2
中隔墙最大水平位移/mm	17.4	17.9

（1）先左洞施工方案与先右洞施工方案，各施工步计算结果的规律性是相似的，由表6.7可见，方案一引起的最大下沉量（包括拱顶和地表）、最大等效塑性应变以及锚杆轴应力都比方案二稍小。不管是方案一还是方案二，施工引起的最大竖向位移均出现在左洞上方拱顶处。因此，对于Ⅴ级围岩黄土连拱隧道，先左洞后右洞的侧壁导坑法开挖方案优越于先右洞后左洞的施工方案。结论与Ⅳ级围岩黄土连拱隧道开挖规律一致。

（2）从计算结果看来，Ⅴ级围岩浅埋情况的规律性与Ⅳ级围岩是一致的，只是在加强了初期支护后，围岩变形、锚杆轴力、最不利情况下中隔墙的塑性区数值上要大一些。

（3）两方案施工过程中隔墙受力最不利的工况是第6步。一侧洞开挖完毕，此时二次衬砌尚没有施工，另一侧洞也没有开挖。这种不对称开挖，使中隔墙受力不平衡，引起中隔墙发生偏转。由于左右两侧隧道开挖不同步，再加上偏压的存在，施工中极易使中隔墙受偏压而倾斜开裂，务必引起重视，可采用中导洞回填或钢支撑加以缓解。当施工结束，两洞二次衬砌浇筑完成后，中隔墙受力状态大为改善，塑性区基本消失。这一规律与Ⅳ级围岩黄土连拱隧道开挖规律一致。

（4）计算还表明，对于Ⅴ级围岩黄土，由于黄土的内摩擦角和黏聚力都比较低，弹性模量相对较小，隧洞开挖后，初期支护如果仅仅只喷射厚250mm混凝土，打锚杆，隧道是不稳定的。本次计算中，隧道出现很大的塑性变形，有限元计算也不收敛。本次计算隧道设计还采用了小导管超前注浆加固，钢拱架支撑等强支护。但这些措施在有限元模型中不好考虑，因此本次计算时将初期支护中的喷射混凝土参数适当提高（即将初期喷射混凝土梁单元的厚度增大到350mm，梁单元惯性矩也相应增加）来等效代替以上措施，保证隧道的稳定性，以此来分析不同的开挖施工方案。

（5）引起围岩变形或地表沉降最大的施工步骤是两洞上半断面开挖，这两步施工时，一方面要加强监测，另一方面要加强支护。

6.5 Ⅴ级围岩深埋段施工方案数值模拟

对 Q₃黄土深埋段隧道采用侧壁导坑法开挖,对两种不同的施工顺序进行模拟分析,方案一为先左洞后右洞的施工方案,方案二为先右洞后左洞的施工方案。有限元模型的建立,施工过程的模拟与浅埋段相同。隧道开挖前原始地应力分布如图 6.87 所示。

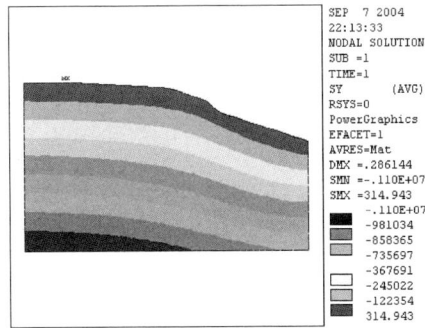

图 6.87 第 1 步:竖向应力 SY 等值云图

1. 方案一(先左洞后右洞)

方案一中,中导洞开挖至左右洞二次衬砌施作完毕,各施工步应力与位移分布如图 6.88~图 6.96 所示。

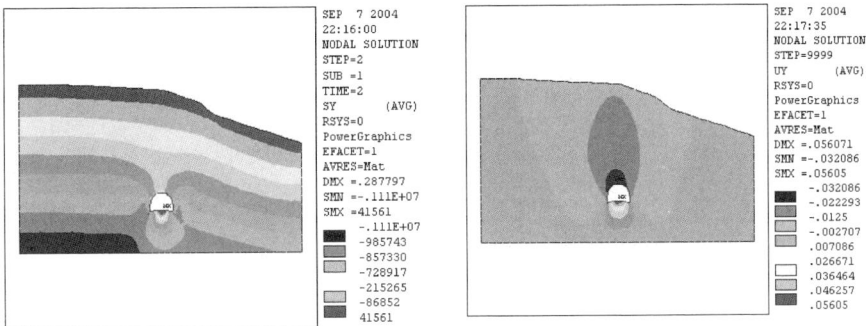

(a) 竖向应力 SY 等值云图   (b) 竖向位移分布

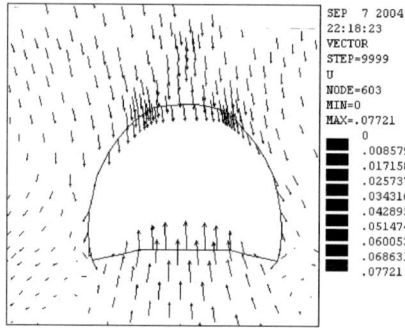

（c）节点位移运动矢量图

图 6.88　第 2 步中导洞开挖后的应力图

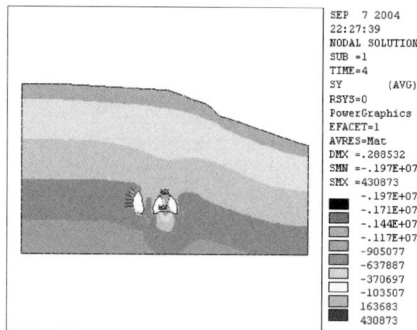

图 6.89　第 4 步后的竖向应力 SY 等值云图

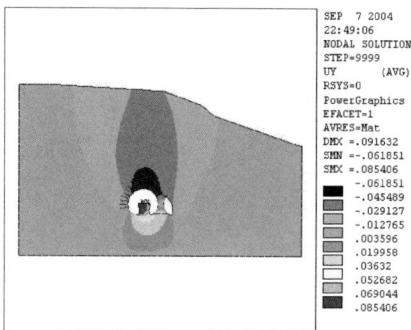

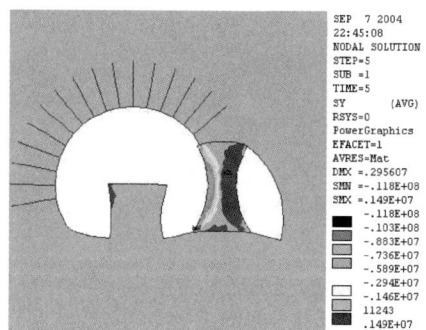

（a）竖向应力 SY 等值云图　　　　　　　　　（b）竖向位移 UY 等值云图

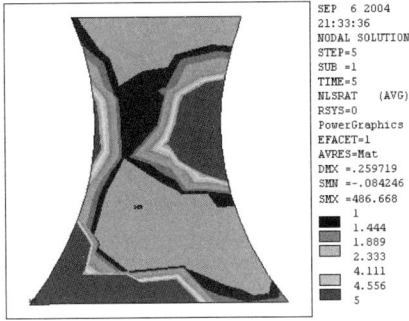

（c）中隔墙的塑性区分布

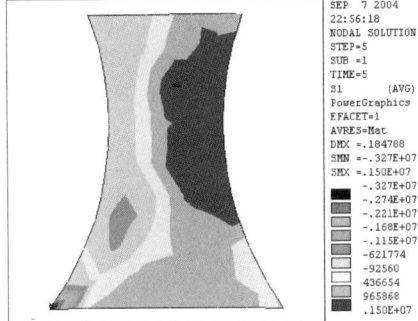

（d）中隔墙的第 1 主应力 S1 分布

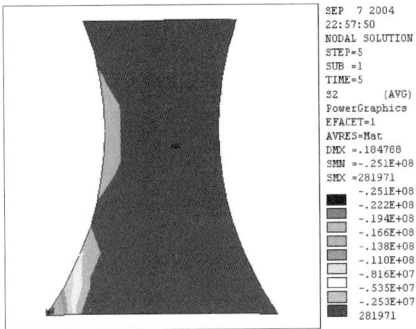

（e）中隔墙的第 2 主应力 S2 分布

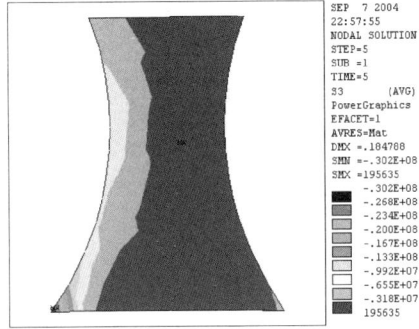

（f）中隔墙的第 3 主应力 S3 分布

图 6.90　第 5 步:左洞上半断面开挖后的应力图

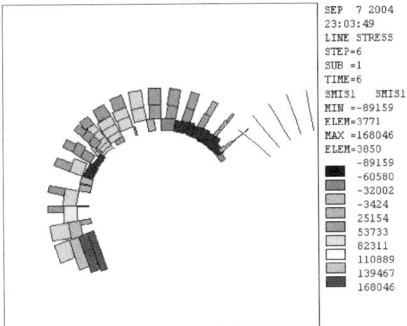

（a）左洞开挖完毕后锚杆轴力分布

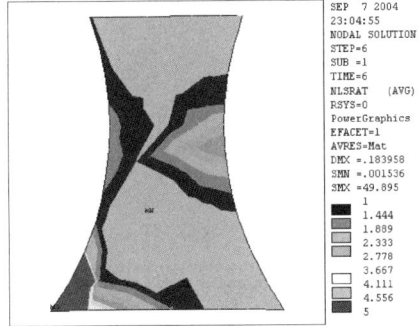

（b）中隔墙的塑性区

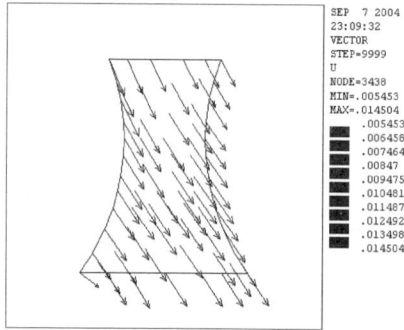

（c）中隔墙节点位移矢量图

图 6.91　第 6 步应力图

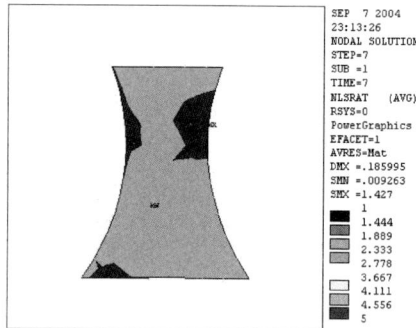

图 6.92　第 7 步后中隔墙的塑性区分布

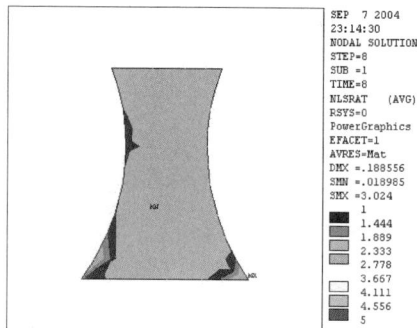

图 6.93　第 8 步后中隔墙的塑性区分布

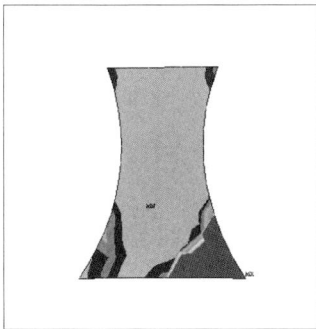

(a) 中隔墙的塑性区分布

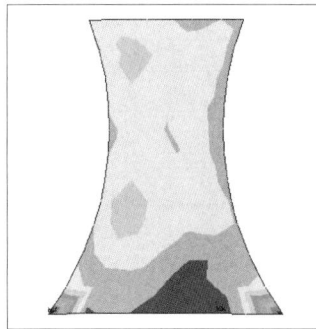

(b) 中隔墙的第 1 主应力 S1 分布

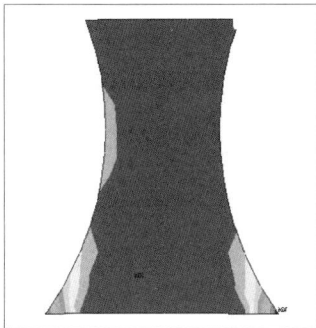

(c) 中隔墙的第 2 主应力 S2 分布

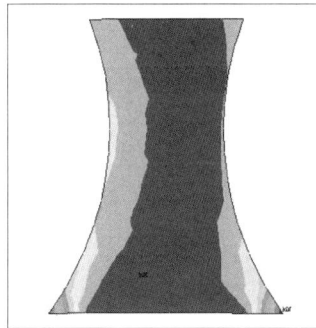

(d) 中隔墙的第 3 主应力 S3 分布

图 6.94 第 9 步应力图

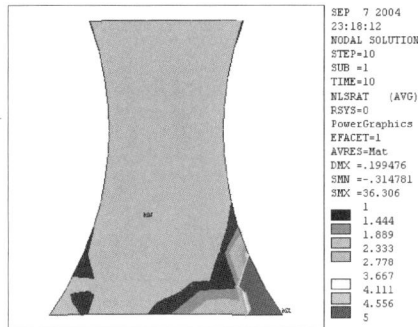

图 6.95 第 10 步后的塑性区分布

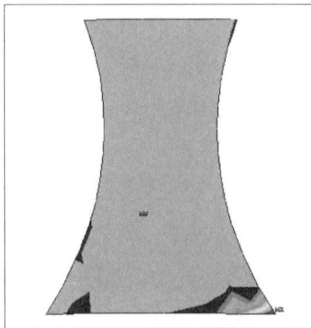

（a）中隔墙的塑性区分布

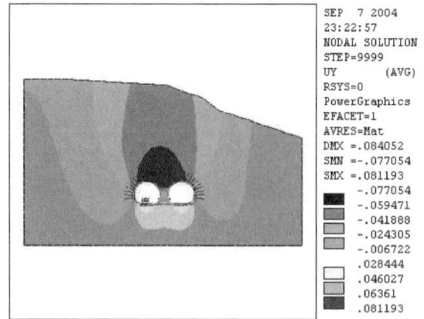

（b）引起的总的竖向位移 UY 分布

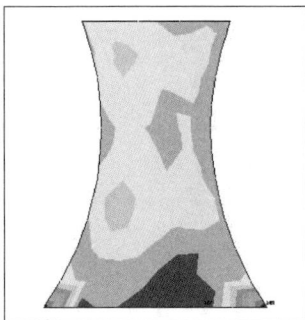

（c）锚杆轴应力分布

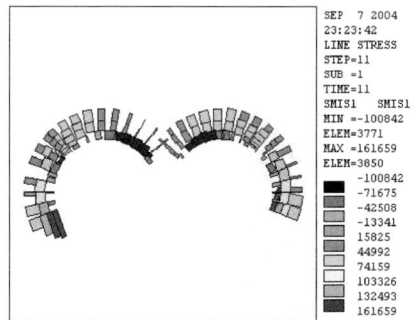

（d）中隔墙的第 1 主应力分布

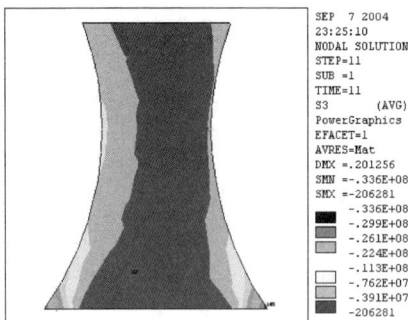

（e）中隔墙的第 3 主应力 S3 分布

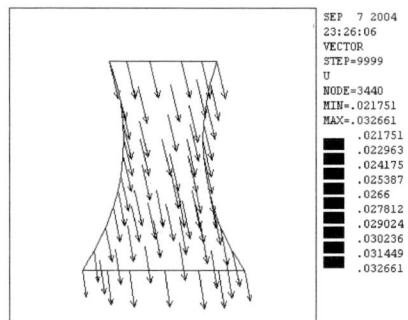

（f）中隔墙的位移矢量图

图 6.96　第 11 步应力图

观察左洞拱顶(47 号节点)、右洞拱顶(39 号节点)、中隔墙顶部(674 号节点)在各个施工步的位移变化情况,如图 6.97 所示。

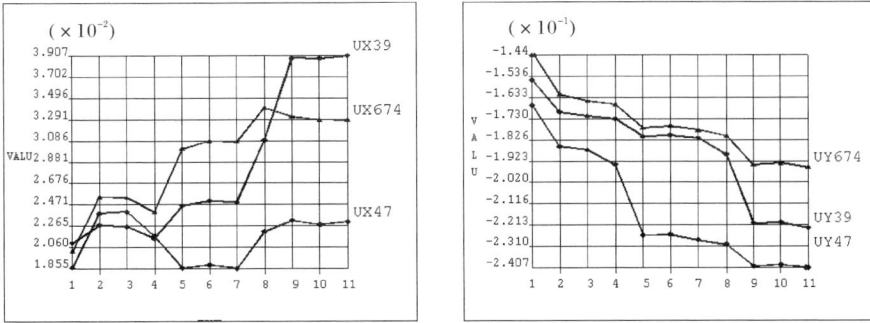

(a) 水平位移 UX 随施工步(荷载步)
的变化曲线

(b) 竖向位移 UY 随施工步(荷载步)
的变化曲线

图 6.97　47 号、39 号、674 号节点变化曲线

从图 6.97 可以看出,引起上述节点水平位移变化较大的施工步是第 5 步和第 8、9 步。可见,引起节点竖向位移变化较大的施工步是第 5 步和第 9 步。

2. 方案二(先右洞后左洞)

第 1~3 步计算结果与方案一相同,此处不再赘述。

由图 6.99 可见,由于左侧上断面的开挖,中隔墙下部又出现塑性。

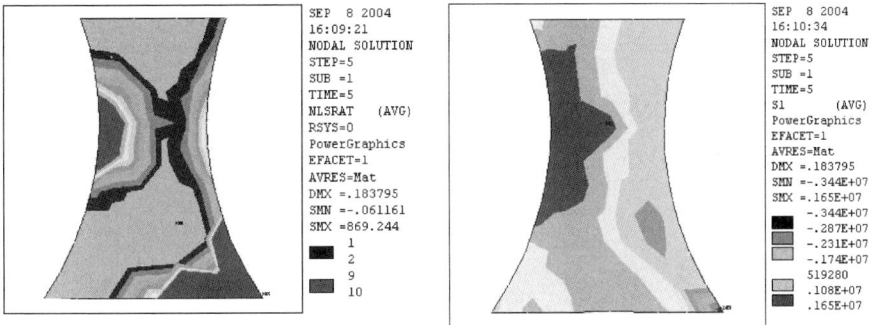

(a) 中隔墙的塑性区分布

(b) 中隔墙的第 1 主应力 S1 分布

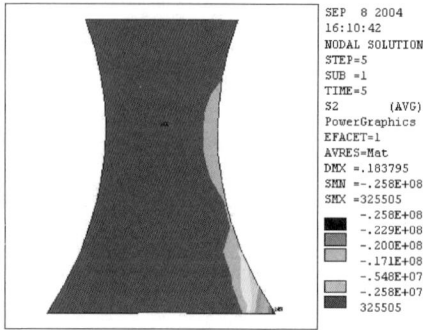

(c) 中隔墙的第 2 主应力 S2 分布

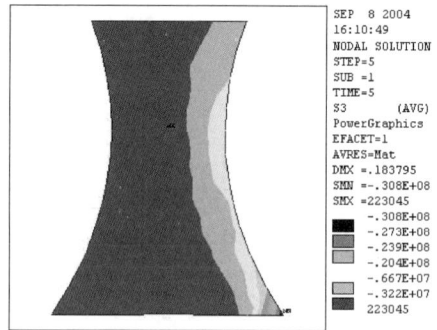

(d) 中隔墙的第 3 主应力 S3 分布

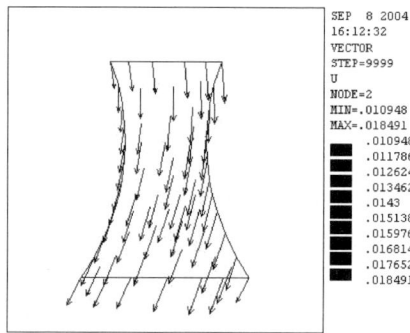

(e) 中隔墙的单元节点位移矢量分布

图 6.98　第 5 步中隔墙应力图

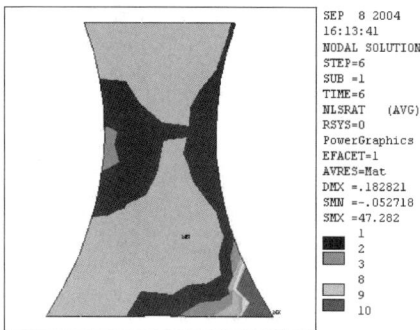

(a) 第 6 步后中隔墙的塑性区分布

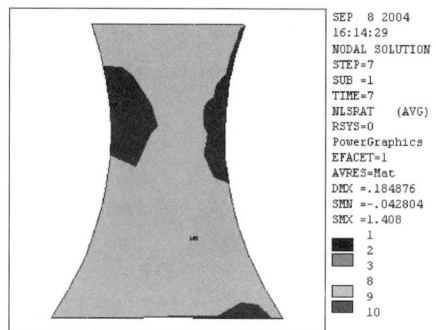

(b) 第 7 步后中隔墙的塑性区分布

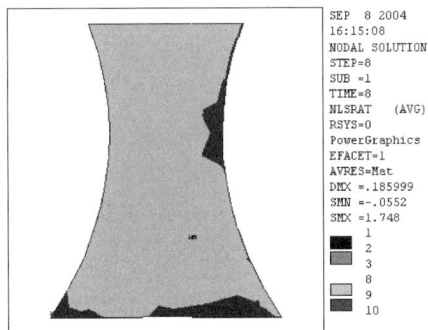

（c）第 8 步后中隔墙的塑性区分布

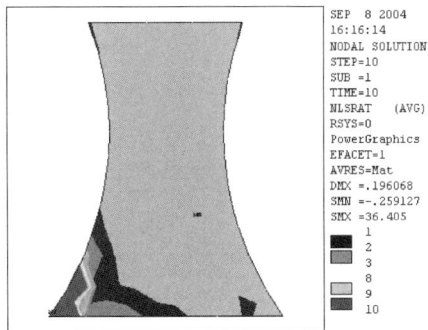

（d）第 9 步后中隔墙的塑性区分布

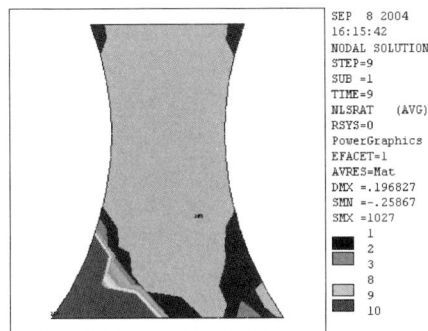

（e）第 10 步后中隔墙的塑性区分布

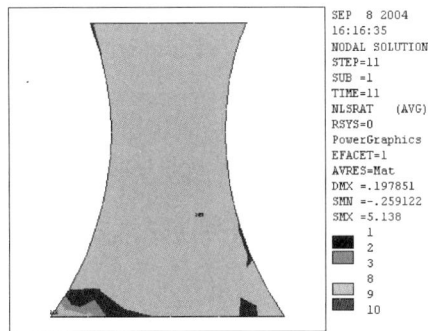

（f）第 11 步后中隔墙的塑性区

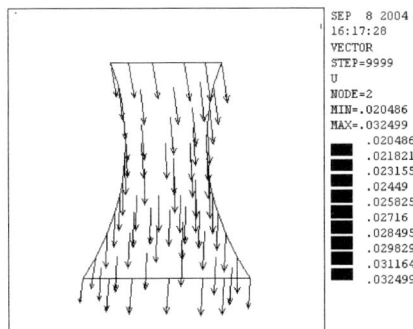

（g）第 11 步后中隔墙的单元位移矢量图

图 6.99　中隔墙的塑性区分布图

观察左洞拱顶(47 号节点)、右洞拱顶(39 号节点)、中隔墙顶部(674 号节点)在各个施工步的位移变化情况,如图 6.100 所示。

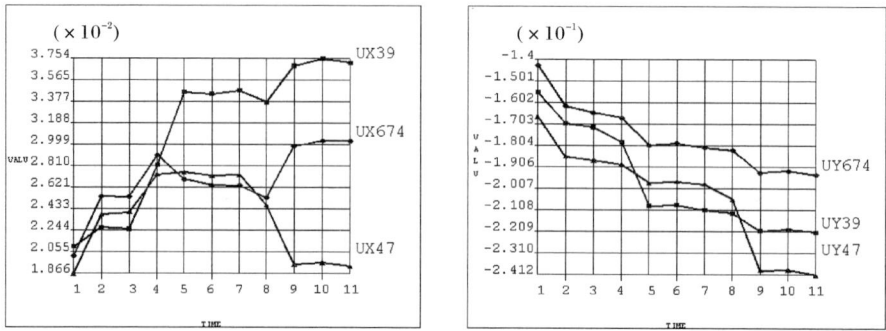

(a) 水平位移 UX 随施工步(荷载步)的变化曲线　　(b) 竖向位移 UY 随施工步(荷载步)的变化曲线

图 6.100　47 号、39 号、674 号节点变化曲线

从图 6.100 中可以看出,引起上述节点水平位移变化较大的施工步是第 5 步和第 9 步。可见,引起节点竖向位移变化较大的施工步是第 5 步和第 9 步。

3. 两种开挖方案计算结果对比分析

两种开挖方案计算结果对比见表 6.8。

表 6.8　两种开挖方案计算结果对比

观测项目	方案一 (先左洞后右洞)	方案二 (先右洞后左洞)
拱顶最大下沉量/mm	77.0	78.4
地表最大下沉量/mm	47.7	48.3
最大等效塑性应变	0.29	0.30
最大锚杆轴力/kN	161.7	183.5
中隔墙最大单元位移矢量/mm	32.7	32.5

(1) 先左洞施工方案与先右洞施工方案,各施工步的计算结果的规律性是相似的,从表 6.8 可见,方案一引起的最大下沉量(包括拱顶和地表)、最大等效塑性应变以及锚杆轴应力都比方案二稍小。不管是方案一还是方案二,施工引起的最大竖向位移均出现在左洞上方拱顶处。因此,对于Ⅴ级围岩深埋黄土连拱隧道,先左洞后右洞的侧壁导坑法开挖方案优越于先右洞后左洞的施工方案。结论与Ⅳ级围岩黄土隧道一致。

(2) 从计算结果看来,Ⅴ级围岩深埋黄土连拱隧道的规律性与Ⅳ级围岩条件下是一致的,只是在加强了初期支护后,围岩变形、锚杆轴力、最不利情况下中隔墙的塑性区数值上要大一些。

(3) 两方案施工过程中隔墙受力最不利的工况是第 6 步。一侧洞开挖完毕,此时二次衬砌尚没有施工,另一侧洞也没有开挖。这种不对称开挖,使中隔墙受力不平衡,引起中隔墙发生偏转。由于左右两侧隧道开挖不同步,再加上偏压的存在,施工中极易使中隔墙受偏压而倾斜开裂,务必引起重视,可采用中导洞回填或钢支撑加以缓解。当施工结束,两洞二次衬砌浇筑完成后,中隔墙受力状态大为改善,塑性区基本消失。这一规律与Ⅳ级围岩黄土隧道一致。

(4) 计算还表明,对于Ⅴ级围岩,由于黄土的内摩擦角和黏聚力都比较低,弹性模量相对较小,隧洞开挖后,初期支护如果仅仅只喷射厚 250mm 混凝土,打锚杆,隧道是不稳定的。本次计算中,隧道出现很大的塑性变形,有限元计算也不收敛。本次计算隧道设计还采用了小导管超前注浆加固、钢拱架支撑等强支护。但这些措施在有限元模型中不好考虑,因此本次计算时将初期支护中的喷射混凝土参数适当提高,将初期喷射混凝土梁单元的厚度增大到 350mm,梁单元惯性矩也相应增加,来等效代替以上措施,保证隧道的稳定性,以此来分析不同的开挖施工方案。

(5) 引起围岩变形或地表沉降最大的施工步骤是两洞上半断面开挖,这两步施工时,一方面要加强监测,另一方面要加强支护。

6.6　黄土连拱隧道施工方法的敏感性研究

6.6.1　施工方法选择敏感性的定义

本节所述施工方法选择的敏感性是指在某种开挖条件下,采用不同开挖方法施工后导致的围岩应力、位移等施工力学效应的最大差值。现将该最大差值定义为敏感值,包括位移敏感值和应力敏感值。敏感值作为衡量施工方法选择敏感性大小的标准。例如,在Ⅳ级围岩条件下开挖两车道隧道,分别模拟全断面法、上下台阶法、三导洞法等三种方法的开挖,该三种方法开挖后拱顶处的竖向位移值分别为 U_1、U_2、U_3,那么这三个位移值的最大差值即位移敏感值可作为拱顶竖向位移敏感性的衡量标准。敏感值越大,施工方法选择的敏感性越强,施工方法的选择就越重要。

施工方法的优劣,可以由施工后围岩的施工力学效应来判断,如位移、应力、塑性区等。因此,研究施工方法选择的敏感性可以从研究施工力学效应的敏感性入手。

6.6.2 埋深对施工方法选择的敏感性分析

隧道结构上的荷载通常包括永久荷载、可变荷载和偶尔荷载。在其他条件不变的情况下,在一定范围内隧道埋置深度的不同,可导致围岩压力的不同,从而直接影响到隧道采取什么样的设计和施工方法,进而影响到经济效益。由于荷载的不确定性,目前在大多数情况下仍按工程类比法确定。

本节分别对Ⅳ级围岩下埋深为 30m、50m 和 100m 的黄土连拱隧道进行有限元分析,通过对计算结果的分析比较,探讨埋深在不同情况下对连拱隧道施工方法的敏感性。

1. 应力计算结果的分析

本节通过对在 30m、50m 和 100m 埋深下连拱隧道采用三种开挖方式的 9 个模型的有限元平面模拟,得到各特征节点的应力计算结果,并以最大应力差值来衡量施工方法的敏感性,探讨不同埋深下连拱隧道施工方法对应力计算结果的敏感性分析。以上下台阶法为例,图 6.101~图 6.103 为连拱隧道分别在三种不同埋深下开挖完成后的应力云图。

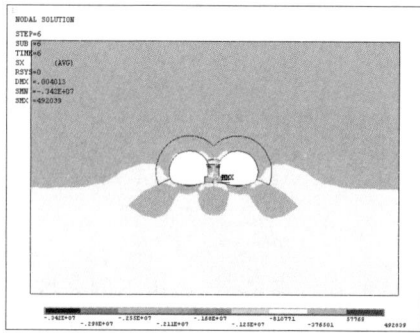

(a) 水平方向应力　　　　　　　　　　　(b) 竖直方向应力

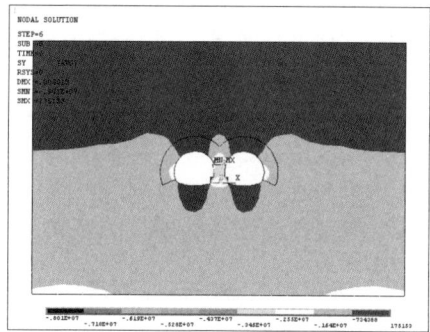

图 6.101　30m 埋深连拱隧道开挖完成后应力云图

下面分别对拱顶、拱腰和拱底特征节点的平均应力计算结果列表分析(表 6.9),并根据不同埋深下三种不同施工方法得到的应力最大差值作为敏感性依据,绘制敏感性曲线,探讨在一定埋深范围内,不同埋深下施工方法对应力的敏感性。

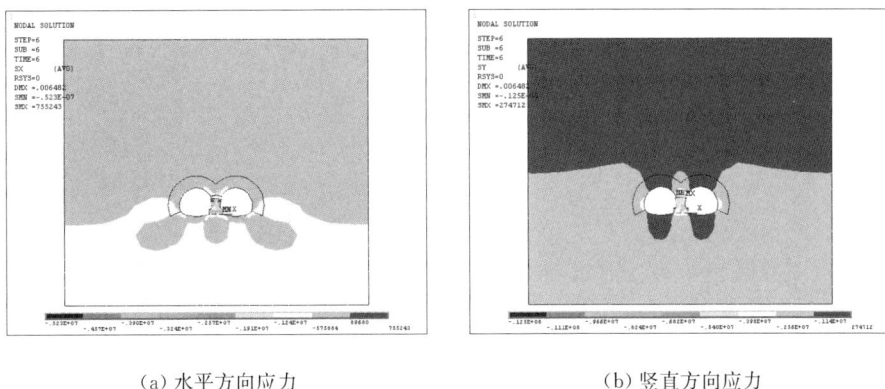

(a) 水平方向应力　　　　　　　　　　(b) 竖直方向应力

图 6.102　50m 埋深连拱隧道开挖完成后应力云图

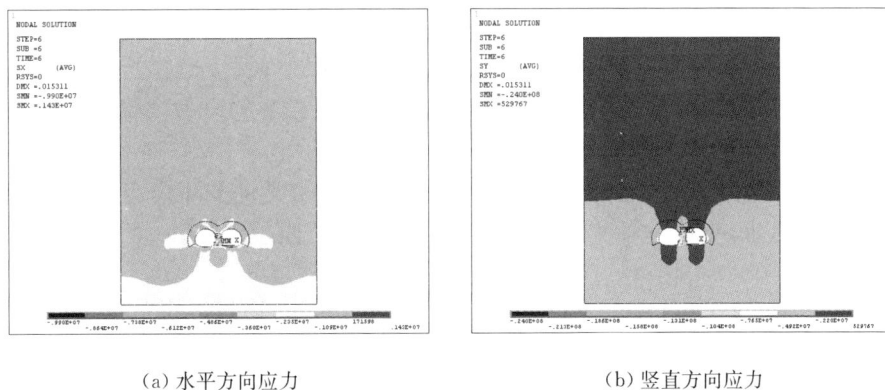

(a) 水平方向应力　　　　　　　　　　(b) 竖直方向应力

图 6.103　100m 埋深连拱隧道开挖完成后应力云图

表 6.9　不同开挖方法拱顶特征节点应力及其敏感性　　（单位：Pa）

埋深	应力	全断面法	上下台阶法	三导洞法	敏感性
30m	σ_x	115665	127705	133680	18015
	σ_y	29158	34618	32550.5	5460
50m	σ_x	206415	224215	251225	44810
	σ_y	51536	74642	63780.5	23106
100m	σ_x	419545	459620	517535	97990
	σ_y	109350	166010	77936.5	88073.5

从表 6.9 中数据和图 6.104 中敏感性曲线可以看出：

（1）在一定埋深围内，拱顶特征节点水平方向和竖直方向的拉应力随埋深增大而增加，采用不同的施工方法得到的应力计算结果有显著差异。

　　(2)由不同施工方法最大应力差值确定的水平方向和竖直方向的应力敏感性曲线均呈明显线性上升趋势,说明在一定范围内,施工方法对拱顶应力的敏感性随埋深呈显著变化。

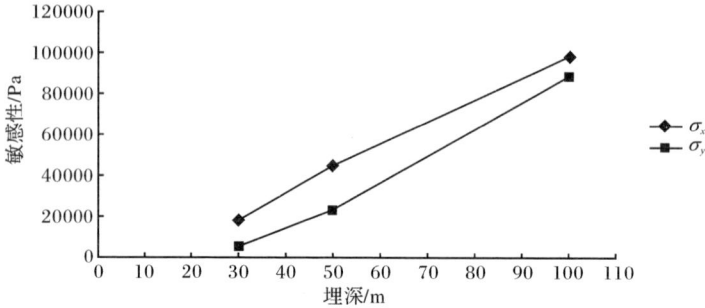

图 6.104　不同埋深下拱顶特征节点敏感性曲线

　　表 6.10 列出了三种不同施工方法分别在三种不同埋深下的拱腰特征节点的应力,图 6.105 是以最大应力差值为参考的在不同埋深下的应力敏感性曲线。从表中数据和图中曲线可以看出:

　　(1)拱腰特征节点受到压应力,且水平方向和竖直方向的压应力在一定范围内随埋深增大而增加,三种施工方法在相同埋深下得到的竖直方向的应力差异较为显著。

　　(2)水平方向的应力敏感曲线在埋深为 30m 和 50m 时变化较平缓,当埋深由 50m 变为 100m 时,敏感性曲线出现上扬趋势。由此说明,在埋深相对较浅时,施工方法对拱腰水平方向应力敏感性变化较小;当达到一定埋深后,施工方法的敏感性较大。

　　(3)竖直方向的应力敏感性曲线在三种不同埋深下呈近似线性上升,说明在一定埋深范围内,施工方法对拱腰竖直方向的应力敏感性随埋深近似呈线性变化。

表 6.10　不同开挖方法拱腰特征节点应力及其敏感性　　　　　（单位:Pa）

埋深	应力	全断面法	上下台阶法	三导洞法	敏感性
30m	σ_x	−168735	−155893	−154310	14425
	σ_y	−2231800	−2207250	−2251400	44150
50m	σ_x	−264990	−251485	−258985	13505
	σ_y	−3475100	−3465100	−3682850	217750
100m	σ_x	−511155	−472740	−515335	42595
	σ_y	−6677650	−6544250	−6984450	440200

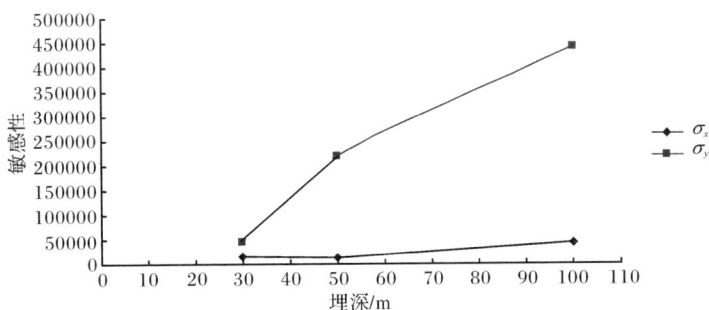

图 6.105　不同埋深下拱腰特征节点敏感性曲线

从表 6.11 中数据和图 6.106 中敏感性曲线可以看出:

(1) 拱底特征节点应力水平方向拉应力随埋深增大而增加,竖直方向压应力变化不大,近似为 0,与实际竖向应力略有出入。

(2) 三种不同开挖方法得到的最大应力差值,水平方向随埋深的不同有明显变化,竖直方向则变化不大,由此得到的水平方向拱底应力敏感性曲线较为陡峭,而竖直方向的敏感性曲线较平缓,但在埋深由 50m 变为 100m 时,曲线较前阶段有上翘的趋势,说明在一定埋深范围内,埋深越大,施工方法对拱底应力敏感性也越大。

表 6.11　不同开挖方法拱底特征节点应力及其敏感性　　　（单位:Pa)

埋深	应力	全断面法	上下台阶法	三导洞法	敏感性
30m	σ_x	86969	85246	82537.5	4431.5
	σ_y	−8079	−11798.5	−12287	4208
50m	σ_x	127855	123400	116009	11846
	σ_y	−13482	−15371.5	−17402.5	3920.5
100m	σ_x	218570	219355	187800	31555
	σ_y	−20084.5	−20052.5	−25542	5489.5

2. 位移计算结果的分析

隧道开挖后,通过对围岩位移的监测可以直接了解围岩的变形情况,以保证隧道处于围岩变形安全的情况下施工。本节通过对在 30m、50m 和 100m 埋深下连拱隧道采用三种开挖方式的 9 个模型的有限元平面模拟,得到各特征节点的位移计算结果,进而探讨不同埋深下连拱隧道施工方法对应力计算结果的敏感性。以上下台阶法为例,图 6.107~图 6.109 为连拱隧道分别在三种不同埋深下开挖完成后的位移云图。

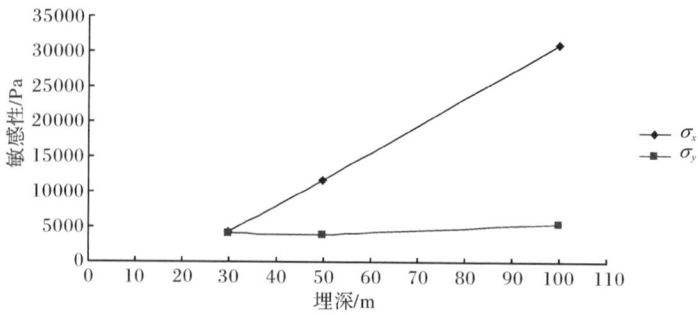

图 6.106　不同埋深下拱底特征节点敏感性曲线

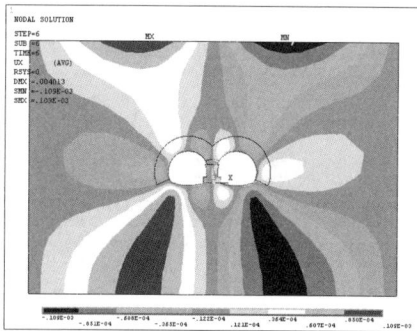

（a）水平方向位移　　　　　　　　　　　　（b）竖直方向位移

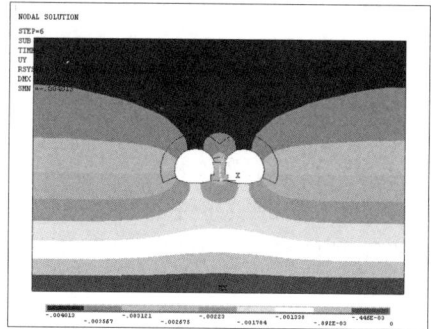

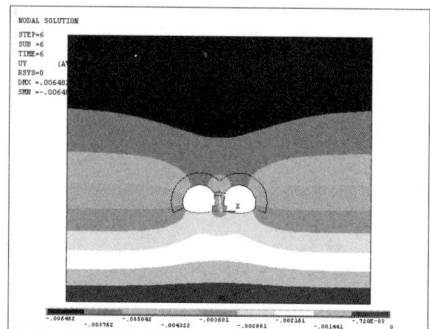

图 6.107　30m 埋深连拱隧道开挖完成后位移云图

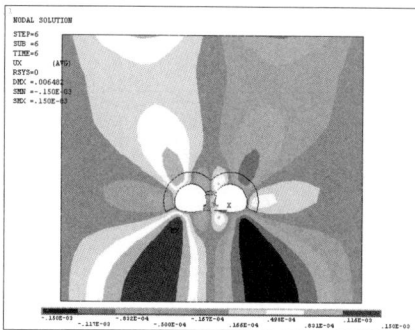

（a）水平方向位移　　　　　　　　　　　　（b）竖直方向位移

图 6.108　50m 埋深连拱隧道开挖完成后位移云图

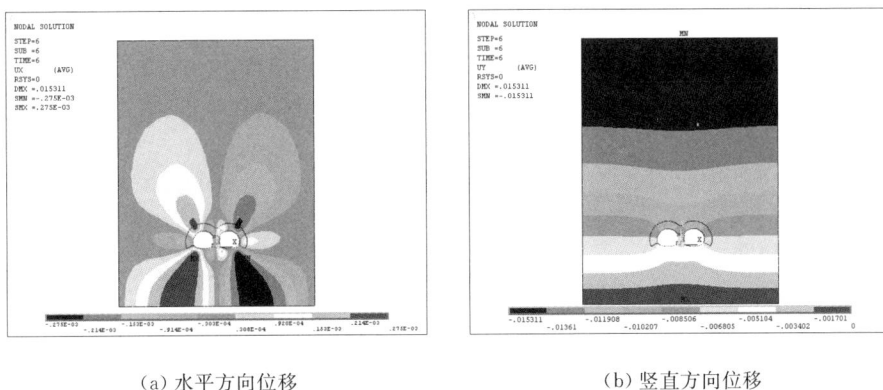

(a) 水平方向位移　　　　　　　　　　　　(b) 竖直方向位移

图 6.109　100m 埋深连拱隧道开挖完成后位移云图

　　下面分别对拱顶、拱腰和拱底特征节点的平均位移计算结果列表分析,表中符号规定同前,并根据不同埋深下三种不同施工方法得到的位移最大差值作为敏感性依据,绘制敏感性曲线,探讨一定埋深范围内,不同埋深下施工方法对位移的敏感性。

　　从表 6.12 和图 6.110 可以看出:

　　(1) 在一定埋深范围内,拱顶特征节点水平方向的位移变化很小,近似为 0;而竖直方向沉降随埋深改变较大,埋深越大,拱顶沉降量越大。

　　(2) 水平方向的位移值和敏感曲线均说明在一定埋深范围内,施工方法对拱顶水平方向的位移敏感性较小。相对而言,施工方法对拱顶竖直方向的位移敏感性较水平方向大。

表 6.12　不同开挖方法拱顶特征节点位移及其敏感性　　　(单位:mm)

埋深	位移	全断面法	上下台阶法	三导洞法	敏感性
30m	U_x	0.004559	0.004562	0.004209	0.000353
	U_y	-3.64745	-3.64570	-3.64720	0.00175
50m	U_x	-0.00602	-0.00567	-0.00609	0.000426
	U_y	-5.26040	-5.25735	-5.25965	0.00305
100m	U_x	-0.01863	-0.01851	-0.01910	0.000587
	U_y	-9.37475	-9.36945	-9.37315	0.00530

　　从表 6.13 和图 6.111 可以看出:

　　(1) 在一定埋深范围内,拱腰特征节点水平方向位移较小,在埋深为 100m时,最大水平位移向洞室内部移动的位移值约为 0.1mm;竖直方向的沉降值则随着埋深增大而增大。

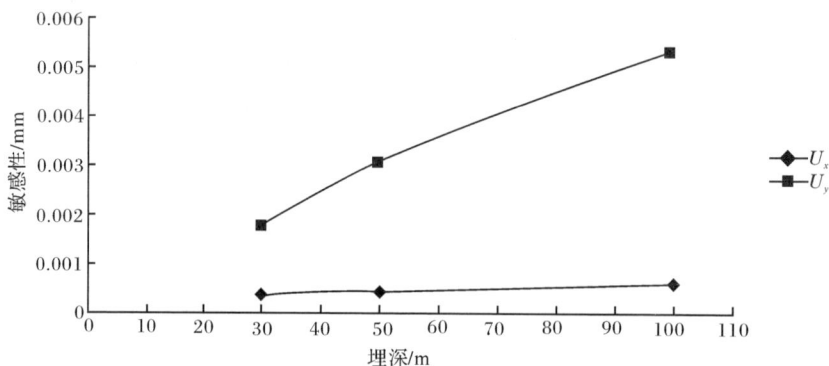

图 6.110　拱顶特征节点位移敏感性曲线

　　（2）在不同埋深下，拱腰特征节点采用三种不同施工方法得到的水平方向和竖直方向最大位移差值随埋深的增大而变大，敏感性曲线随埋深的增大呈上升趋势。由此说明，在一定埋深范围内，埋深越大，施工方法对拱腰位移的敏感性越大。

表 6.13　不同开挖方法拱腰特征节点位移及其敏感性　　（单位：mm）

埋深	位移	全断面法	上下台阶法	三导洞法	敏感性
30m	U_x	−0.018050	−0.021710	−0.018210	0.003653
	U_y	−2.88210	−2.90380	−2.774550	0.12925
50m	U_x	−0.047090	−0.055670	−0.045650	0.010015
	U_y	−4.04835	−4.08620	−3.90405	0.18215
100m	U_x	−0.098160	−0.108940	−0.093730	0.015204
	U_y	−6.99805	−7.06235	−6.67415	0.38820

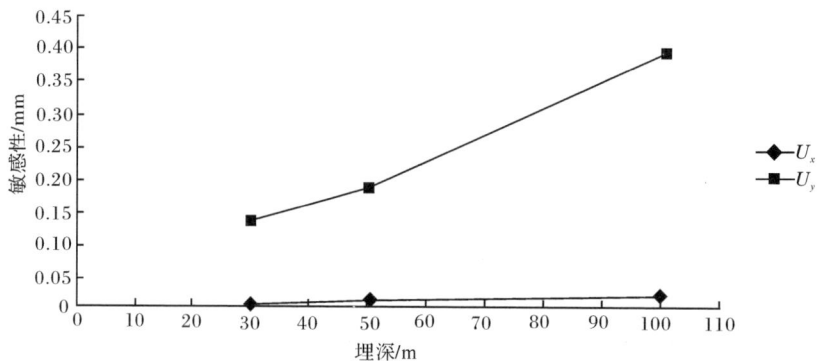

图 6.111　拱腰特征节点位移敏感性曲线

从表 6.14 中数据和图 6.112 中敏感性曲线可以看出：

（1）在三种不同埋深下，拱底特征节点水平方向的位移始终都很小，近似为 0；竖直方向的沉降值随埋深变化较大，但与拱顶和拱腰特征节点的沉降值相比要小，这主要是洞室开挖卸荷后拱顶出现一定程度的上拱，从而减小了拱底沉降值。

（2）随着埋深的增大，不同施工方法得到的最大位移差值逐渐增大，敏感性曲线也始终呈上升趋势。由此说明，在一定埋深范围内，埋深越大，施工方法对拱底位移的敏感性也就越大。

表 6.14　开挖方法拱底特征节点位移及其敏感性　　　　（单位：mm）

埋深	位移	全断面法	上下台阶法	三导洞法	敏感性
30m	U_x	0.001668	0.002475	0.003034	0.001366
	U_y	−1.75240	−1.75315	−1.75350	0.00110
50m	U_x	−0.001800	−0.002510	−0.004590	0.002787
	U_y	−2.31695	−2.31725	−2.31825	0.00138
100m	U_x	−0.005160	−0.004720	−0.014890	0.010172
	U_y	−3.74790	−3.74830	−3.75015	0.00225

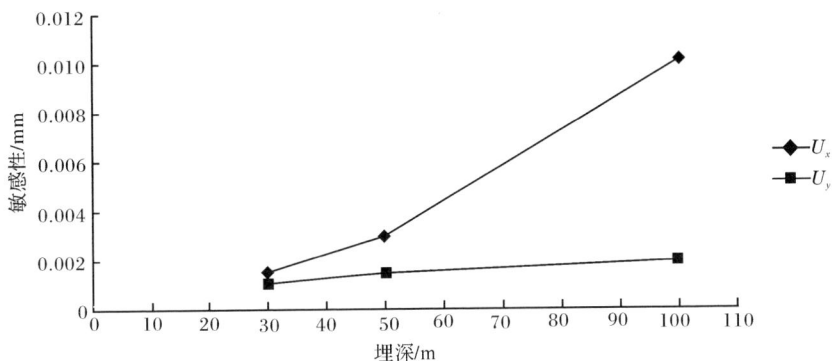

图 6.112　拱底特征节点位移敏感性曲线

6.6.3　不同跨度连拱隧道施工方法的敏感性分析

目前，在两车道隧道的设计和施工方面，我国已有了一定的理论和实践经验。在三车道大断面公路隧道设计方面，国内外多采用以新奥法理论为基础的复合衬砌结构，可供借鉴的经验不多；而四车道大断面公路隧道更少。两连拱隧道的跨度一般为：两车道大于 20m；三车道达 30m 以上。

由于大跨度连拱隧道从受力的角度分析存在许多不利因素，因此，设计和施工都有相当大的难度。目前，国内外可供借鉴的工程经验很少，相应的施工技术和方法还不完善,处于摸索、积累经验阶段,尚没有一套完善的适用于大跨度连拱隧道的施工方法和配套技术。

本节分别对两车道、三车道和四车道黄土连拱隧道建立有限元数值模型,通过对三种不同施工方法得到的应力和位移计算结果进行分析,研究不同跨度连拱隧道施工方法的敏感性。

1. 应力计算结果分析

本节通过对两车道、三车道和四车道连拱隧道采用三种开挖方式的 9 个模型的有限元平面模拟,得到各特征节点的应力计算结果,并以最大应力差值来衡量施工方法的敏感性,探讨不同埋深下连拱隧道施工方法对应力计算结果的敏感性。以三导洞法为例,图 6.113～图 6.115 为连拱隧道分别在三种不同埋深下开挖完成后的应力云图。

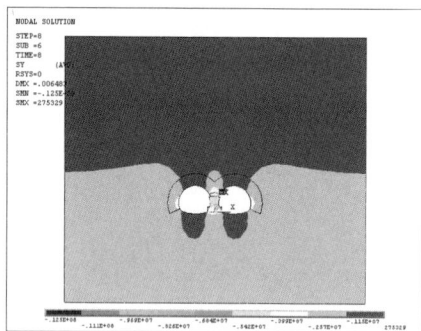

（a）水平方向应力　　　　　　　　　　　　（b）竖直方向应力

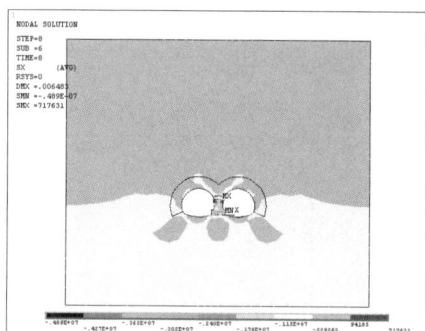

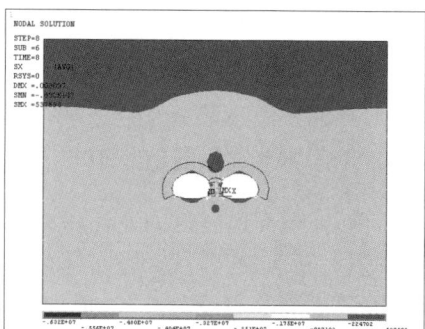

图 6.113　两车道连拱隧道开挖完成后应力云图

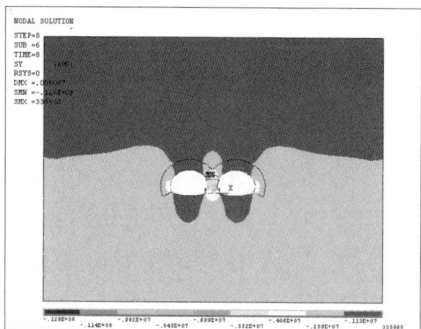

（a）水平方向应力　　　　　　　　　　　　（b）竖直方向应力

图 6.114　三车道连拱隧道开挖完成后应力云图

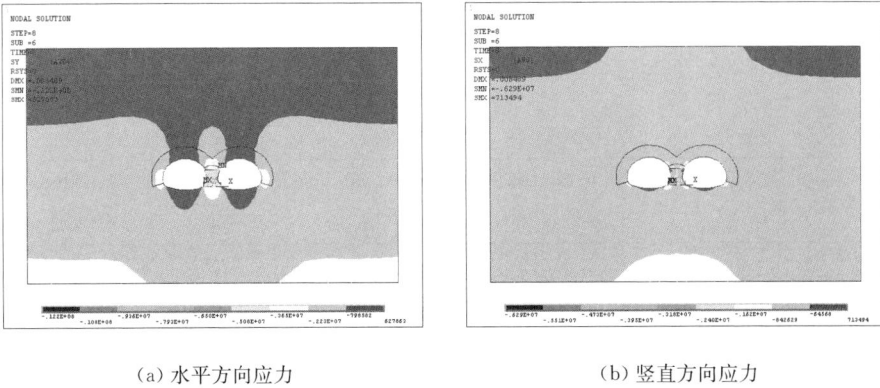

（a）水平方向应力　　　　　　　　　　　　（b）竖直方向应力

图 6.115　四车道连拱隧道开挖完成后应力云图

　　表 6.15～表 6.17 和图 6.116～图 6.118 为两车道、三车道和四车道连拱隧道在不同施工方法下得到的拱顶、拱腰和拱底特征节点的应力和由最大应力差值绘制成的在不同跨度下施工方向对应力的敏感性曲线。

表 6.15　不同开挖方法拱顶特征节点应力及其敏感性　　　　（单位：Pa）

隧道跨度	应力	全断面法	上下台阶法	三导洞法	敏感性
两车道	σ_x	206415	224215	251225	44810
	σ_y	51536.0	74642.0	63780.5	23106.0
三车道	σ_x	101287.9	115076.0	129758.0	28470.1
	σ_y	16091.5	19179.0	16630.5	3087.5
四车道	σ_x	151114	161276	194890	43776
	σ_y	36462.5	37606.5	40136.0	3673.5

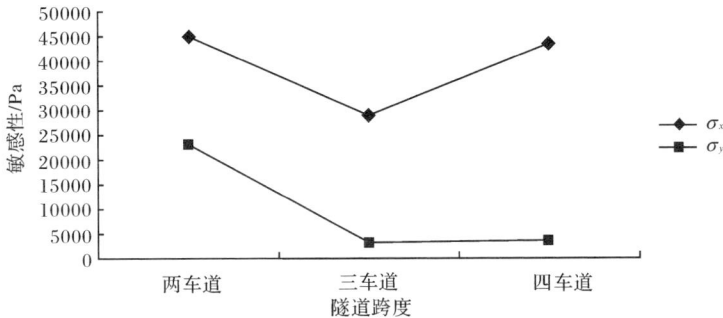

图 6.116　不同跨度拱顶特征节点敏感性曲线

表 6.16　不同开挖方法拱腰特征节点应力及其敏感性　　（单位：Pa）

隧道跨度	应力	全断面法	上下台阶法	三导洞法	敏感性
两车道	σ_x	−264990	−251485	−258985	13505
	σ_y	−3475100	−3465100	−3682850	217750
三车道	σ_x	−266160	−337160	−267070	71000
	σ_y	−4300150	−4171450	−4098450	201700
四车道	σ_x	−338415	−287540	−220310	118105
	σ_y	−3877200	−2072000	−3577150	1805200

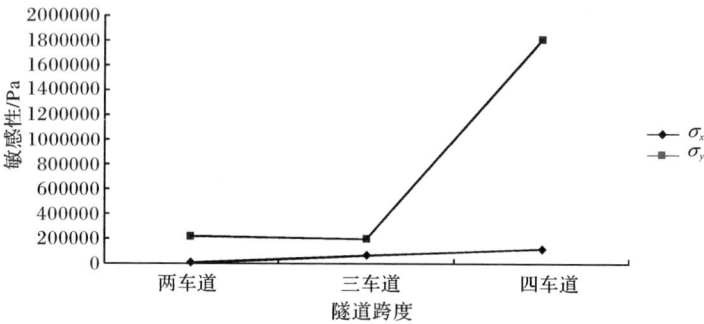

图 6.117　不同跨度拱腰特征节点敏感性曲线

表 6.17　不同开挖方法拱底特征节点应力及其敏感性　　（单位：Pa）

隧道跨度	应力	全断面法	上下台阶法	三导洞法	敏感性
两车道	σ_x	127855	123400	116009	11846
	σ_y	−13482.0	−15371.5	−17402.5	3920.5
三车道	σ_x	161160	156380	162030	5650
	σ_y	−3357.5	−3273.5	−3338.0	84.0
四车道	σ_x	239425	234230	244965	10735
	σ_y	−9230.5	−9233.5	−7672.0	1561.5

　　从表 6.15 和表 6.17 中的数据可以看出,两车道连拱隧道不同施工方法产生的拱顶和拱底特征节点的最大应力差值较三车道和四车道时大,三车道时最小;此外,图 6.116 和图 6.118 拱顶和拱底敏感性曲线上的变化为从两车道到三车道时曲线下降,而三车道到四车道时曲线上升。这可能是由于两车道连拱隧道模型断面类似圆形,而三车道和四车道连拱隧道断面较扁平,故变化趋势不太一致。但从断面扁平度相似的三车道和四车道的拱顶特征节点的应力来看,跨度越大,不同施工方法对拱顶和拱底特征节点的应力差值越大,反映出施工方法的敏感性

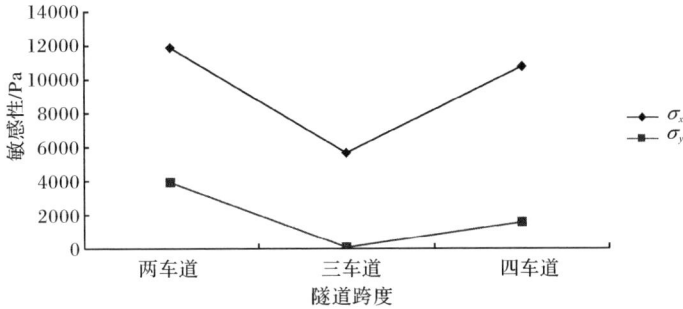

图 6.118　不同跨度拱底特征节点敏感性曲线

随跨度增加而增大。

从表 6.16 和图 6.117 可以看出,拱腰水平方向应力的敏感性随跨度增加而增大,竖直方向应力在两车道和三车道时敏感性曲线几乎为水平,而由三车道转变为四车道时,敏感性曲线急剧上升,由此说明跨度越大,施工方法对拱腰竖直方向应力的敏感性越大。

2. 位移计算结果分析

以三导洞法为例,图 6.119~图 6.121 为两车道、三车道和四车道连拱隧道开挖完成后的位移云图。

表 6.18~表 6.20 和图 6.122~图 6.124 为两车道、三车道和四车道连拱隧道采用不同施工方法得到的拱顶、拱腰和拱底特征节点的位移和由最大位移差值绘制成的跨度不同时连拱隧道施工方向对位移的敏感性曲线。

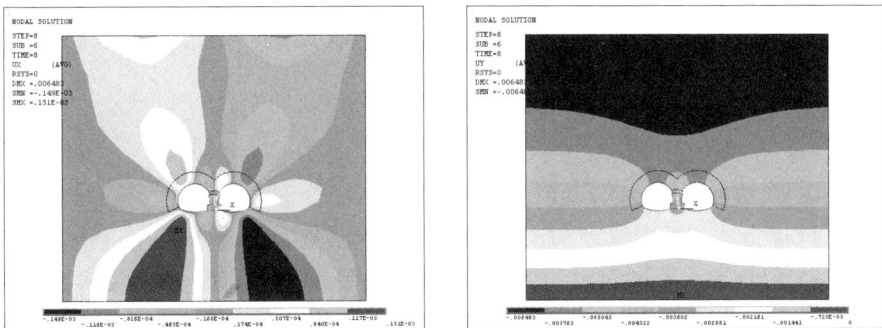

（a）水平方向位移　　　　　　　　　（b）竖直方向位移

图 6.119　两车道连拱隧道开挖完成后位移云图

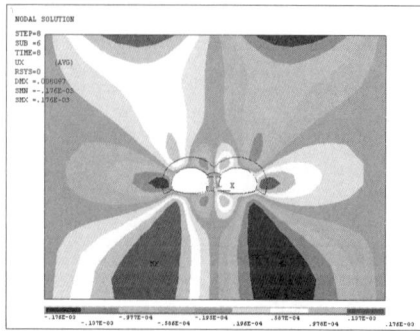

（a）水平方向位移　　　　　　　　　　　　（b）竖直方向位移

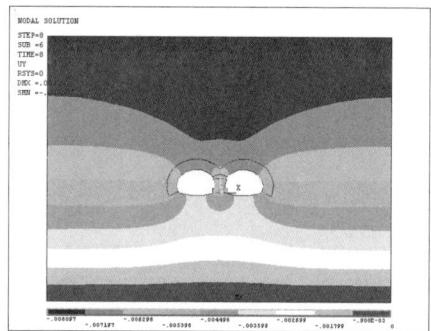

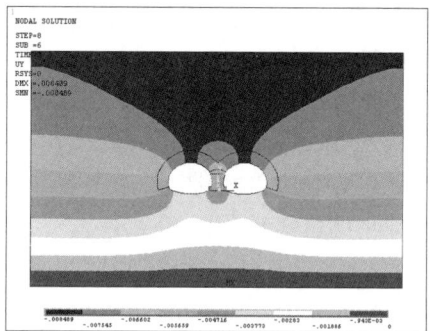

图 6.120　三车道连拱隧道开挖完成后位移云图

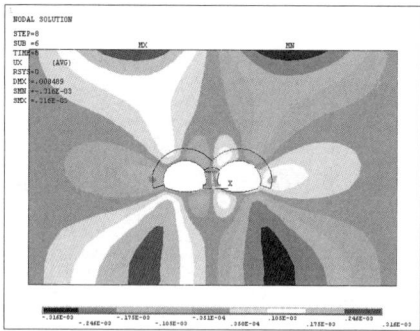

（a）水平方向位移　　　　　　　　　　　　（b）竖直方向位移

图 6.121　四车道连拱隧道开挖完成后位移云图

从表 6.18 中数据和图 6.122 敏感性曲线可知：

（1）在不同跨度下，拱顶特征节点水平方向的位移较小，三车道时约为 0.02mm，四车道时约为 0.03mm。

（2）拱顶特征节点竖直方向的沉降值在四车道时约为 7.65mm，沉降量比三车道时大。这是由于跨度越大，围岩自身越难稳定，因为对于深埋隧道来说，跨度越大，隧道上方的塌落拱高度越高，那么同等地质条件下作用在拱上的岩体荷载越大，隧道也越容易发生坍塌，故在开挖大跨度隧道时应密切关注围岩的变形动态。

表 6.18　不同开挖方法拱顶特征节点位移及其敏感性　（单位：mm）

隧道跨度	位移	全断面法	上下台阶法	三导洞法	最大差值
两车道	U_x	−0.006020	−0.005670	−0.006090	0.000426
	U_y	−5.26040	−5.25735	−5.25965	0.00305
三车道	U_x	0.025059	0.023460	0.023242	0.001818
	U_y	−7.01300	−7.01215	−7.01570	0.00355
四车道	U_x	0.036510	0.034582	0.033496	0.003015
	U_y	−7.64860	−7.65240	−7.65090	0.00380

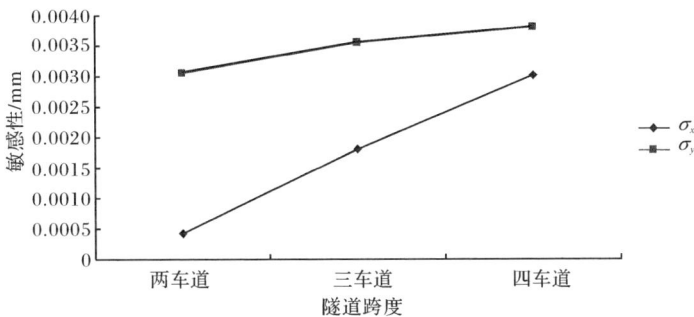

图 6.122　拱顶特征节点位移敏感性曲线

从表 6.19 和图 6.123 可知：

(1) 拱腰特征节点位移随跨度的增大而增大，竖直方向位移较水平方向大，采用不同施工方法得到的最大位移差值也较水平方向大，由此说明跨度对竖直方向位移的影响较水平方向大，且施工方法对竖直方向位移的敏感性也较水平方向大。

(2) 随着跨度的增大，施工方法对竖直方向位移敏感性曲线先下降，后又上升，这可能是由于两车道模型隧道断面与三车道和车道模型断面的形状差异较大引起的。

表 6.19　不同开挖方法拱腰特征节点位移及其敏感性　（单位：mm）

隧道跨度	位移	全断面法	上下台阶法	三导洞法	最大差值
两车道	U_x	−0.047090	−0.055670	−0.045650	0.010015
	U_y	−4.04835	−4.08620	−3.90405	0.18215
三车道	U_x	0.058233	0.057520	0.057632	0.000713
	U_y	−5.48580	−5.49790	−5.51380	0.02800
四车道	U_x	0.028146	0.027715	0.025871	0.002275
	U_y	−5.64665	−5.67255	−5.79985	0.15320

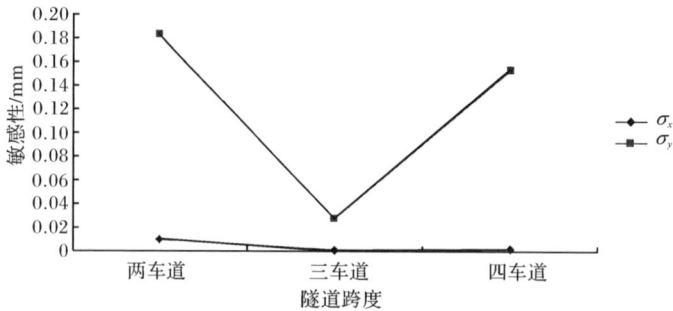

图 6.123 拱腰特征节点敏感性曲线

从表 6.20 和图 6.124 可以看出：

(1) 拱底特征点水平方向的位移较小，且随跨度的变化不大，而竖直方向位移则随跨度增大而增大。

(2) 由采用不同施工方法产生的最大位移差值确定的敏感性曲线，水平方向在三车道时较两车道时稍有下降，而四车道较三车道时急剧上升，竖直方向则变化较小，说明跨度越大，施工方法对拱底水平方向位移的敏感性就越大。

表 6.20 开挖方法拱底特征节点位移及其敏感性   （单位：mm）

隧道跨度	位移	全断面法	上下台阶法	三导洞法	最大差值
两车道	U_x	−0.001800	−0.002510	−0.004590	0.002787
	U_y	−2.31695	−2.31725	−2.31825	0.00130
三车道	U_x	0.029214	0.029056	0.027879	0.001335
	U_y	−3.36430	−3.36440	−3.36545	0.00115
四车道	U_x	0.007034	0.006667	0.061584	0.054917
	U_y	−3.03380	−3.03320	−3.03430	0.00110

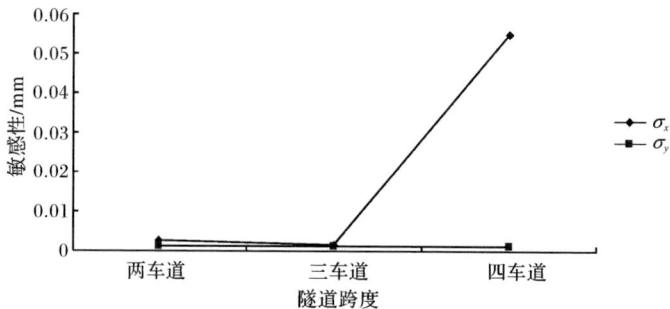

图 6.124 拱底特征节点敏感性曲线

6.7　本　章　小　结

本章采用数值方法对黄土连拱隧道施工方案进行了优化研究,主要研究成果如下:

(1) 由数值分析可知,不管是采用三导洞法,还是上下台阶法施工,对于本次计算的偏压连拱隧道(包括浅埋和深埋),中导洞施工后,先左洞施工的方案引起的最大竖向位移(包括拱顶和地表)、最大锚杆轴力、最大等效塑性应变均大于先右洞后左洞的施工方案。因此先左洞后右洞的施工方案优越于先右洞后左洞的施工方案。采用上下台阶法施工引起的拱顶最大下沉量、地表最大下沉量、最大等效塑性应变、中隔墙位移以及锚杆轴应力都要比三导洞法得到的明显要大。说明三导洞法明显优越于上下台阶法。上述结论对于 Q_2、Q_3 黄土都是一致的,因此对于黄土连拱隧道应采用先开挖靠山一侧的三导洞法进行施工。

(2) 通过对 30m、50m 和 100m 埋深下三种施工方法进行施工全过程数值模拟,从各特征节点应力和位移计算结果的比较分析可知,在不同埋深下,由三种施工方法得到的拱顶特征节点水平方向和竖直方向的最大应力差值均较大,拱腰竖直方向和拱底水平方向的最大应力差值也较大;拱顶和拱腰特征点的竖向沉降值随埋深增大而显著增大,最大位移差值均随埋深而增大,尤其是拱顶和拱腰的最大竖向沉降差值以及拱底的最大水平位移差值随埋深变化较为显著。因此,在一定埋深范围内,连拱隧道施工方法的敏感性随埋深的增大而增大。

(3) 通过对三种施工方法在两车道、三车道和四车道三种不同跨度下进行施工全过程的数值模拟,得到不同跨度下拱顶、拱腰和拱底特征节点的应力和位移计算结果。通过对计算结果的对比分析,可以看出不同跨度下采用三种施工方法得到的应力和位移的变化情况。从一定程度上得出连拱隧道施工方法的敏感性随跨度的变化情况。

第7章　黄土连拱隧道中隔墙形式及最小厚度分析

7.1　概　　述

连拱隧道中隔墙在隧道开挖中的受力特点和位移情况在隧址区工程地质条件既定的情况下,主要取决于中隔墙的类型、几何尺寸、隧道的施工工序以及中隔墙基础的力学性质等诸多因素。本节针对连拱隧道中隔墙的不同类型、几何尺寸以及基础条件,运用 ANSYS 有限元程序建立了二维有限元计算模型,通过模拟开挖过程,分析中隔墙在施工过程中的应力与变形规律。

7.1.1　平面有限元模型的建立

为便于将计算结果与现场监控量测结果作比较,本节平面分析模型选取离石连拱隧道进口段 K71+825 断面为计算的原型。该隧道位于晋陕黄土高原黄土丘陵区,围岩级别为Ⅳ、Ⅴ级,该断面上部围岩为一明显斜坡,因此处于偏压状态。基于这一断面,模型的边界所取的范围为:水平方向上,隧道左侧的长度为洞跨的2.5 倍,右侧为实际地形尺寸;垂直方向上,隧道下方的距离为洞高的 3 倍,隧道上方为实际地形尺寸。

曲中隔墙模型Ⅰ中,中隔墙高 4.9m,最窄处宽 3.0m,用来模拟较大截面尺寸情况下中隔墙的受力特点。曲中隔墙Ⅱ中,中隔墙高 4.9m,最窄处宽 2m,用来模拟较小截面尺寸下的受力特点。直中隔墙模型高 4.7m,中隔墙宽度为 2m,在选择这一模型的尺寸时,主要考虑到可以同曲中隔墙模型Ⅱ作比较。有限元模型如图 7.1 所示。

根据隧道围岩的物理力学性质,在本节的有限元计算中,采用了理想弹塑性材料进行非线性计算。围岩材料的本构模型采用 Drucker-Prager 模型,以考虑结构的非线性变形。隧道施工的分步开挖过程通过软件提供的单元的“生(alive)”和“死(kill)”来实现。模型采用 PLANE42 来划分单元。围岩和支护结构的物理力学参数依据设计资料中的参数确定,同时,锚杆和钢拱架根据等效原则来考虑。即提高围岩的黏聚力和内摩擦角来代替锚杆的作用,提高喷射混凝土的弹性模量来代替钢拱架的作用。在软弱围岩中中隔墙基础的力学性能将直接影响中隔墙的沉降情况,因而模型中对中隔墙基础作了模拟加固,具体物理力学参数见表 6.1。

计算时所施加的边界约束条件为:地表为自由边界,未受任何约束;计算模型的左右边界分别受到 x 轴方向的位移约束,模型的地层下部边界受到 y 轴方向的位移约束。

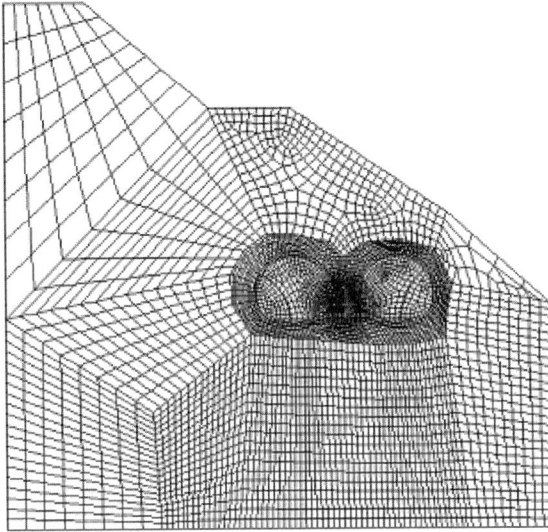

(a) 曲中隔墙 I 二维有限元模型

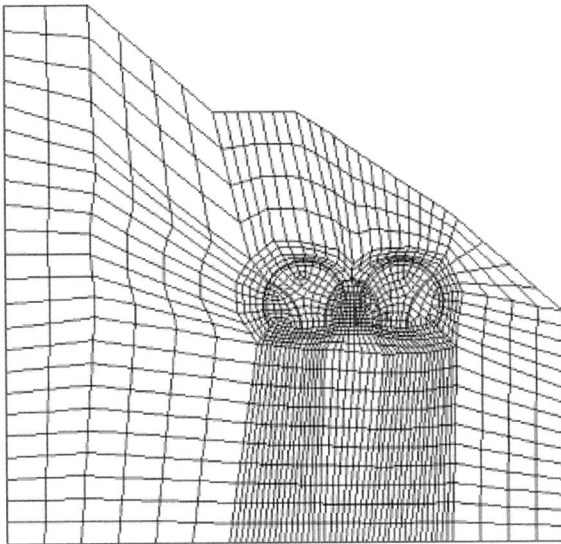

(b) 曲中隔墙 II 二维有限元模型

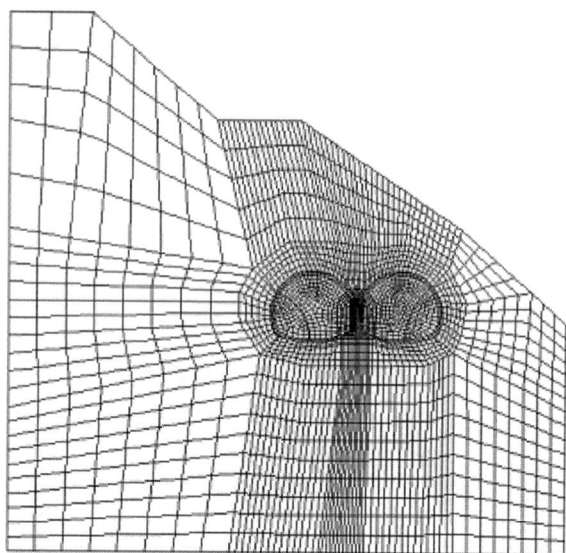

（c）直中隔墙二维有限元模型

图 7.1　中隔墙有限元模型

7.1.2　三导洞法的开挖过程

　　离石连拱隧道在施工过程中采用的是三导洞法，其具体的施工顺序是：①开挖中导洞及支护、浇筑中隔墙；②开挖左侧导洞及支护；③开挖右侧导洞及支护；④开挖左主洞上部及支护；⑤开挖右主洞上部及支护；⑥左洞仰拱与二衬浇筑；⑦右洞仰拱与二衬浇筑。施工工序如图 7.2～图 7.8 所示。

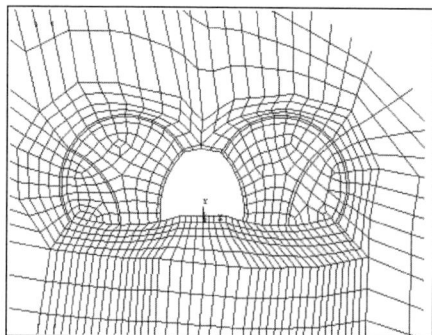

（a）开挖中导洞及支护　　　　　　　　　　　　（b）浇筑中隔墙

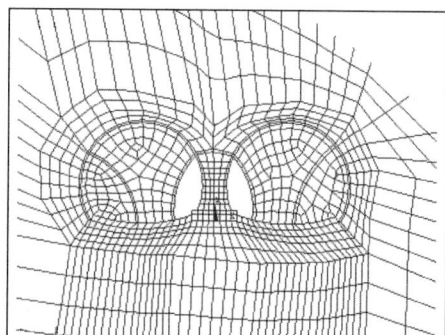

图 7.2　开挖中导洞及支护、浇筑中隔墙

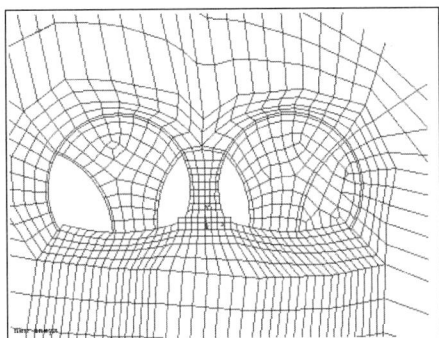

图 7.3　开挖左侧导洞及支护

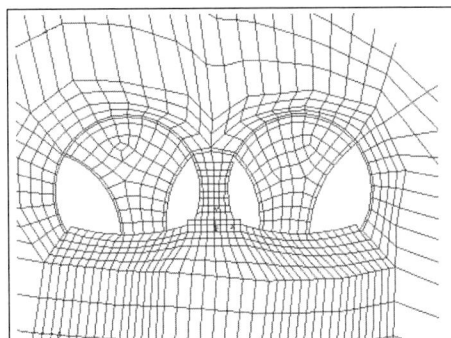

图 7.4　开挖右侧导洞及支护

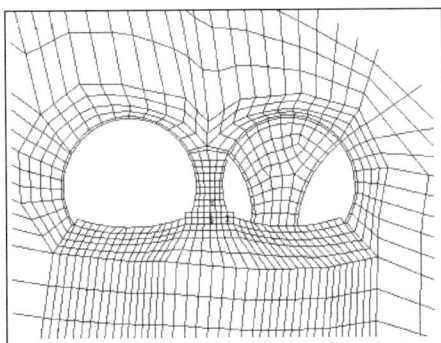

图 7.5　开挖左主洞及支护

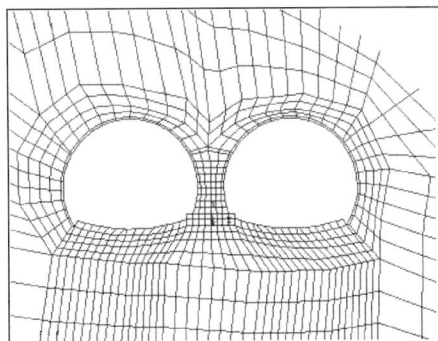

图 7.6　开挖右主洞及支护

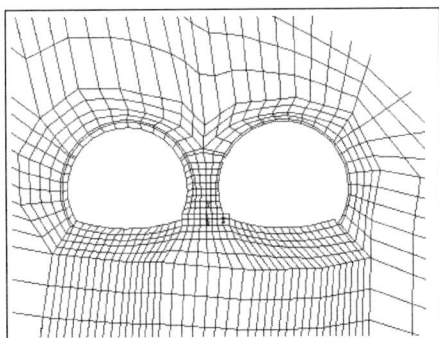

图 7.7　左洞仰拱与二衬浇筑

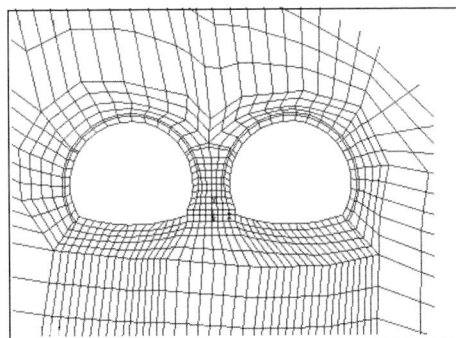

图 7.8　右洞仰拱与二衬浇筑

7.2　中隔墙形式及其受力研究

7.2.1　曲中隔墙模型Ⅰ开挖过程结构受力分析

1. 中隔墙应力分析

按照施工步骤,得到了曲中隔墙模型Ⅰ的中隔墙在各个施工阶段的应力图。由于在黄土地质条件下,围岩的各项力学指标较低,且隧道属于浅埋隧道,计算中主要考虑的是围岩的自重。应力分布主要以竖向应力为主。图7.9~图7.13显示了在各个开挖步骤中中隔墙竖向和水平向的应力变化情况。

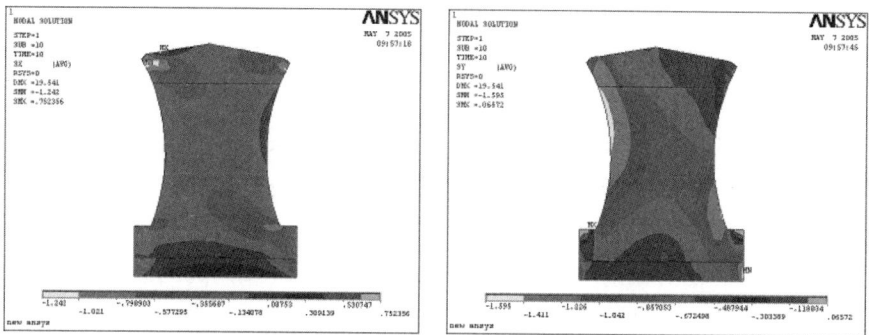

| (a) x 方向 | (b) y 方向 |

图7.9　中隔墙顶部回填后墙体的应力分布

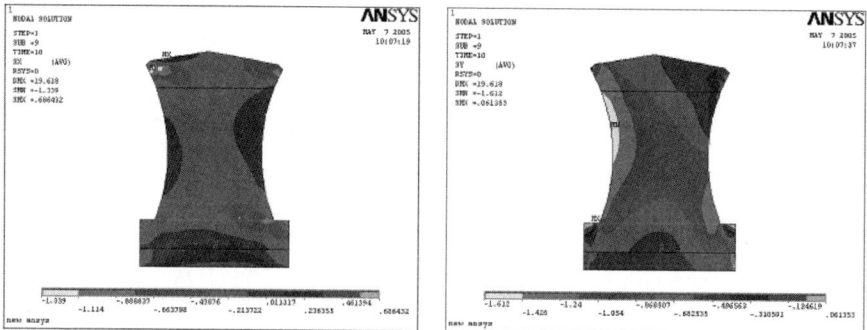

| (a) x 方向 | (b) y 方向 |

图7.10　左导洞开挖后墙体的应力分布

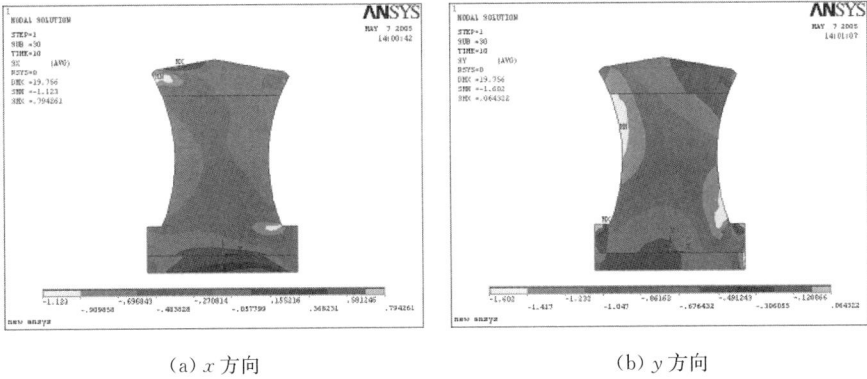

(a) x 方向   (b) y 方向

图 7.11 右导洞开挖后墙体的应力分布

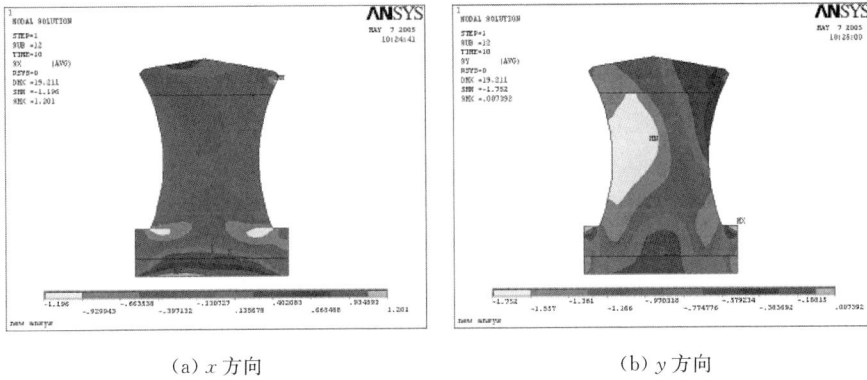

(a) x 方向   (b) y 方向

图 7.12 左主洞开挖后墙体的应力分布

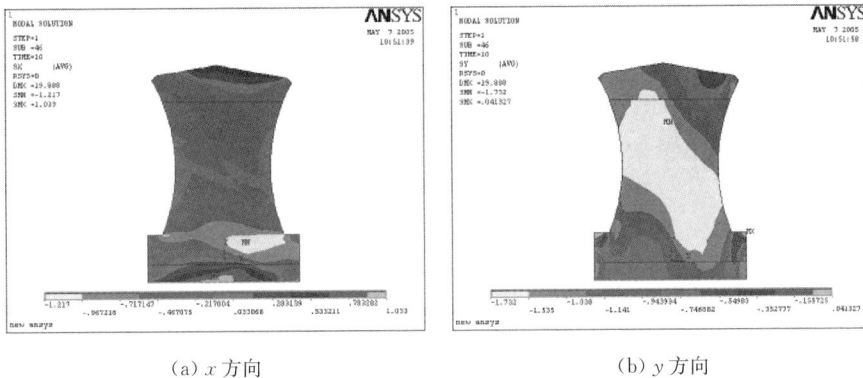

(a) x 方向   (b) y 方向

图 7.13 右主洞开挖后墙体的应力分布

由于计算模型将中导洞的支护考虑成临时柔性支护,在中隔墙顶部回填后中隔墙即开始承受由墙顶围岩传递而来的部分围岩自重荷载,此时中隔墙主要受到围岩和墙体自身的自重应力。从图 7.9～图 7.13 的应力分布可知。

1) 水平应力

(1) 中隔墙水平应力在中隔墙顶部回填以后主要分布在中隔墙的左上部和右下部,最大值出现在中隔墙顶部左侧,大小为 1.04MPa,水平应力主要由偏压荷载引起,中隔墙底部与中隔墙基础出现了拉应力,其值较小,仅为 0.24MPa。拉应力的出现主要是由于离石连拱隧道在中隔墙基础的设计时加固强度不够,引起中隔墙基础出现较大沉降,曲中隔墙底部中间出现拉应力。

(2) 左导洞开挖后,中隔墙的水平应力最大值依旧出现在顶部左侧,大小为 1.24MPa,有 0.2MPa 的增加。中隔墙底部和基础仍有拉应力存在,大小为 0.35MPa,有 0.11MPa 的增幅。

(3) 右导洞开挖后,中隔墙水平应力的分布有了较大的变化,最大值出现在中隔墙左上部和右下部,但数值减少到 0.985MPa,而且中隔墙底部和基础的拉应力区也明显变小,最大拉应力降到 0.11MPa,可见右导洞的开挖引起的围岩扰动,使中隔墙顶部的荷载有所减少,而且也降低了偏压荷载对中隔墙的影响。

(4) 左主洞的开挖引起了中隔墙水平应力的很大变化,墙身整体出现分布较均匀的压应力,数值为 1.12MPa。值得注意的是,中隔墙底部的拉应力竟达到 0.54MPa,较右导洞开挖时有 0.43MPa 的增加。拉应力最大值出现在中隔墙底部左侧。

(5) 右主洞开挖后,隧道的初期支护基本完成,中隔墙水平压应力再度降低,最大水平压应力为 1.08MPa,墙底拉应力增加较大,最大拉应力为 0.98MPa。这表明基础受到较大的竖向荷载。

2) 竖向应力

中隔墙的竖向应力主要反映中隔墙在竖向上的拉压应力情况,可以用来考察中隔墙竖向荷载的作用。

(1) 在顶部回填后,中隔墙竖向应力较小,最大值在左侧上部,大小为 1.02MPa,竖向应力的较大值主要分布在中隔墙的中部和上部左侧以及下部右侧,这和水平方向应力的分布有些类似,没有拉应力出现。

(2) 左导洞开挖后,中隔墙竖向应力的分布规律同第一步很接近,最大应力增加了 0.24MPa,达到 1.26MPa,可见左导洞的开挖对中隔墙的竖向应力影响较小。

(3) 右导洞开挖后,中隔墙竖向应力的分布规律同左导洞开挖后接近,最大应力增加了 0.5MPa,达到 1.76MPa,可见右导洞的开挖对中隔墙竖向应力的影响比较小。

(4) 左主洞的开挖对中隔墙的竖向应力有较大的影响,中隔墙左半部分截面的应力值几乎都接近压应力的极大值,可见,左主洞开挖后中隔墙顶部左侧受到了较大的压应力,这时中隔墙的压应力最大值为 2.54MPa,增幅很大。中隔墙底部中间压应力较小,而底部两侧的压应力相对较大,这也验证了前面提到的水平应力在中隔墙底部出现拉应力的推断。由于中隔墙基础较中隔墙软弱,中隔墙底部的受力状态接近地基梁。

（5）右主洞开挖后,中隔墙竖向应力再次出现大的变化,除左侧下部和右侧上部两个区域外,中隔墙的竖向应力都很大,是中隔墙的主要受力区,最大竖向压应力进一步增加,达到 3.61MPa。

从上述曲中隔墙模型 I 的水平和竖向应力在施工过程中的变化趋势来看,由于模型的截面尺寸较大,中隔墙的受力总体来说较小,墙体中部分区域起到了承受荷载的作用,可见大截面模型在受力机理上不尽合理,也偏于安全。

2. 中隔墙位移分析

按照施工步骤,得到了曲中隔墙模型 I 的中隔墙在各个施工阶段的位移图。黄土地质下围岩的弹性模量较小,易出现大位移,另外,本节的依托工程离石隧道存在较大的偏压荷载。因而在考察中隔墙稳定性时,有必要对中隔墙的位移情况作适当的了解。图 7.14～图 7.18 显示了在各个开挖步骤中中隔墙竖向和水平向位移的变化情况。

从图 7.14～图 7.18 的位移分布可知,曲中隔墙模型 I 的水平位移是相当小的,最大位移值仅为 3.24mm,相对中隔墙截面尺寸而言影响不大。需要指出的是,中隔墙水平位移等值线图呈条状分布,只是在基础底部有一定的倾斜分布,一定程度上表现了中隔墙底部存在不均匀沉降。

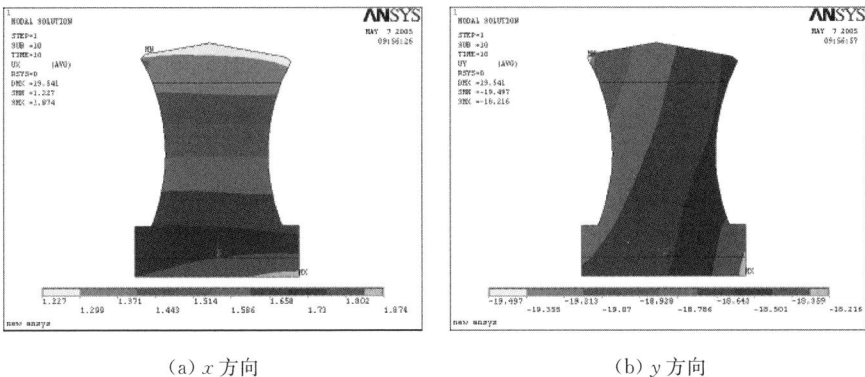

(a) x 方向　　　　　　　　　　　(b) y 方向

图 7.14　中隔墙顶部回填后墙体的位移图

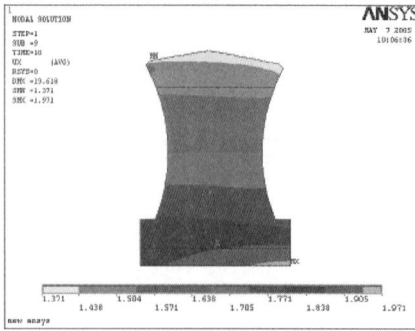
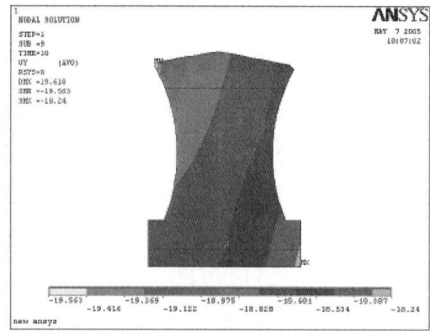

(a) x 方向　　　　　　　　　　　　　　(b) y 方向

图 7.15　左导洞开挖后墙体的位移图

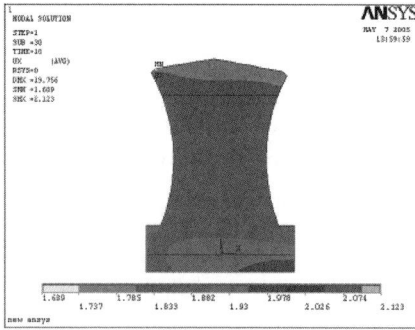
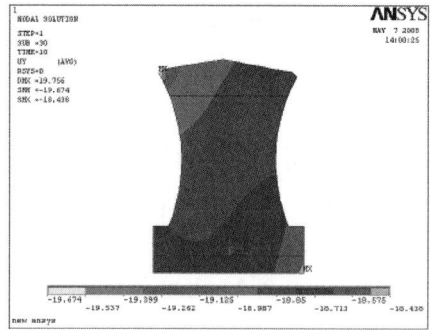

(a) x 方向　　　　　　　　　　　　　　(b) y 方向

图 7.16　右导洞开挖后墙体的位移图

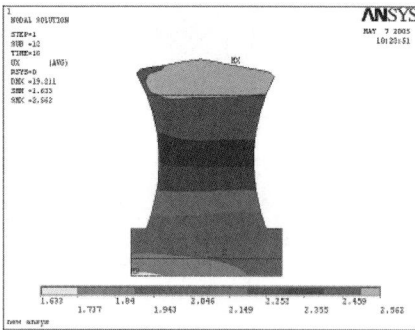
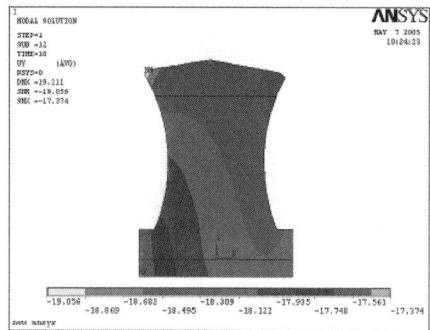

(a) x 方向　　　　　　　　　　　　　　(b) y 方向

图 7.17　左主洞开挖后墙体的位移图

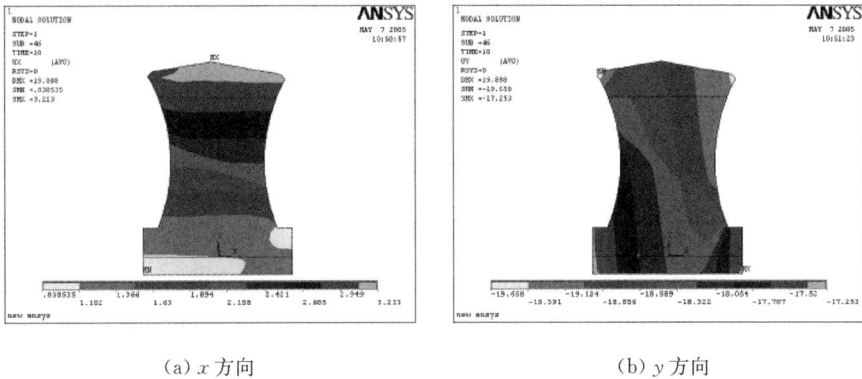

(a) x 方向　　　　　　　　　　　　(b) y 方向

图 7.18　右主洞开挖后墙体的位移图

中隔墙发生的主要是竖向位移:

(1) 中隔墙顶部回填后,由于自重和中导洞顶部围岩自重荷载的共同作用,其最大竖向位移出现在墙体顶部左侧,为 16.7mm。中隔墙其他部位的位移值同最大值相差 2~3mm,中隔墙底部的各个关键点位移值很接近,可见,此时中隔墙发生的是整体性的竖向位移,没有偏转。

(2) 左导洞开挖后,中隔墙的位移值变化不大,最大值为 17.5mm,位移等值线的分布规律也和第一步相当。

(3) 右导洞开挖后,中隔墙的竖向位移同样表现为整体式的下沉,最大值为 17.9mm,有一定的提高。

(4) 左主洞的开挖引起了中隔墙一定程度的顺时针偏转,中隔墙底部 6 个关键点的沉降值见表 7.1。其中最大的沉降值达到 22.64mm。

表 7.1　中隔墙底部关键点沉降值　　　　　　　(单位:mm)

步骤	关键点 1	关键点 2	关键点 3	关键点 4	关键点 5	关键点 6
④	17.62	18.57	19.51	20.41	21.75	22.64
⑤	19.24	21.71	21.64	22.67	22.77	21.84

(5) 右导洞的开挖使中隔墙的偏转程度降低,中隔墙底部的位移表现为中间较大而两头较小。

7.2.2　曲中隔墙模型 Ⅱ 开挖过程结构受力分析

1. 中隔墙应力分析

按照施工步骤,得到了曲中隔墙模型 Ⅱ 的中隔墙在各个施工阶段的应力图。图 7.19~图 7.23 显示了在各个开挖步骤中的中隔墙竖向和水平向应力变化情况。

　　在中隔墙顶部回填后中隔墙即开始承受由墙顶围岩传递而来的部分围岩自重荷载,此时中隔墙主要受到围岩和墙体自身的自重应力。从图 7.19～图 7.23 的应力分布可知。

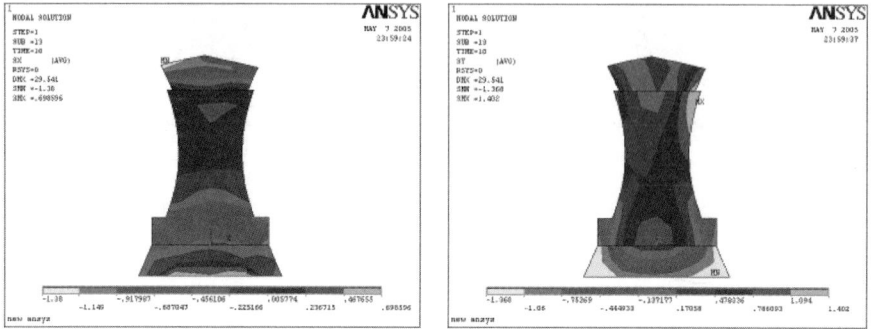

(a) x 方向　　　　　　　　　　(b) y 方向

图 7.19　中隔墙顶部回填后墙体的应力分布图

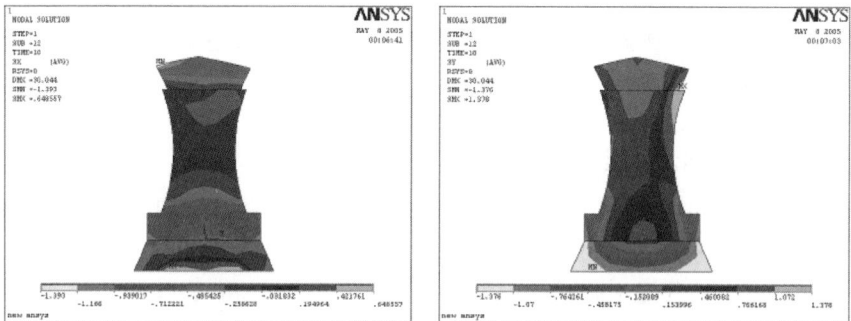

(a) x 方向　　　　　　　　　　(b) y 方向

图 7.20　左导洞后墙体的应力分布图

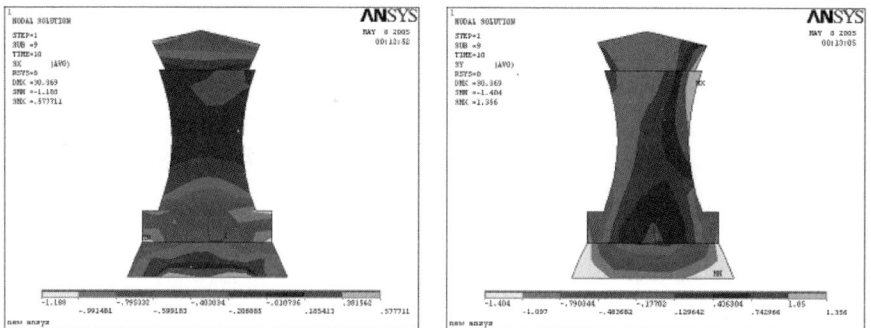

(a) x 方向　　　　　　　　　　(b) y 方向

图 7.21　右导洞开挖后墙体的应力分布图

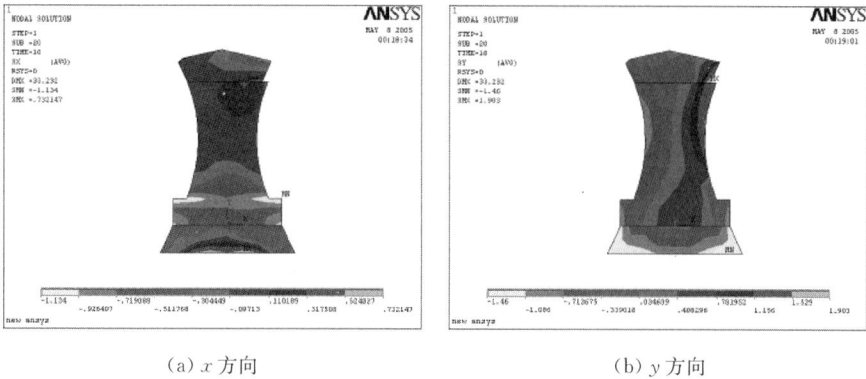

(a) x 方向　　　　　　　　　　　　　　(b) y 方向

图 7.22　左主洞开挖后墙体的应力分布图

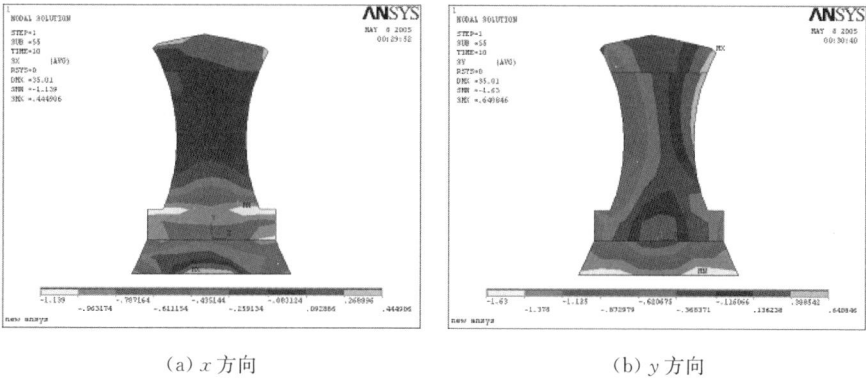

(a) x 方向　　　　　　　　　　　　　　(b) y 方向

图 7.23　右主洞开挖后墙体的应力分布图

1) 水平应力

(1) 中隔墙水平应力在中隔墙顶部回填后呈现出条状分布,大的应力区主要集中在墙顶的回填区和墙底基础,最大值出现在中隔墙顶部左侧,大小为 1.25MPa;水平应力主要由偏压荷载引起,中隔墙基础底部出现了两个分布在中隔墙轴线两侧的拉应力区,其值较小,仅为 0.108MPa。拉应力的出现是由于离石连拱隧道在中隔墙基础的设计时加固强度不够,引起中隔墙基础出现较大沉降,曲中隔墙底部中间出现拉应力。

(2) 左导洞开挖后,中隔墙的水平应力的分布情况和上一步基本一致,最大值 1.31MPa,略有增加。中隔墙基础底部仍有拉应力存在,大小为 0.124MPa。

(3) 右导洞开挖后,中隔墙水平应力的分布有了较大变化,最大值出现在中隔墙上部和底部,但数值减少到 0.847MPa,而且中隔墙底部和基础的拉应力区也明显变小,可见右导洞开挖引起的围岩扰动使中隔墙顶部的荷载有所减少,而且也降低了偏压荷载对中隔墙的影响。

（4）左主洞的开挖引起了中隔墙水平应力的很大变化,大的应力值主要分布在中隔墙底部和基础,中隔墙顶部右侧也有一定的分布,最大值为 1.15MPa。值得注意的是,中隔墙底部的拉应力突变到 0.61MPa,较右导洞开挖时有 0.38MPa 的增加。拉应力最大值出现在中隔墙底部左侧。

（5）右主洞开挖后,隧道的初期支护已经基本完成,中隔墙的水平压应力再度降低,最大水平压应力为 1.08MPa,压应力主要集中在中隔墙的底部。墙底拉应力增加较大,最大拉应力为 0.84MPa。这表明基础受到较大的荷载。

2）竖向应力

中隔墙的竖向应力主要反映中隔墙竖向上的拉压应力情况,可以用来考察中隔墙竖向荷载的作用。

（1）在顶部回填后,中隔墙竖向应力较小,最大压应力分布在中隔墙基础部分,最大值仅 1.47MPa,这和水平方向应力的分布有些类似,偏压荷载引起中隔墙右侧边缘上部出现了 0.69MPa 的拉应力。

（2）左导洞开挖后,中隔墙竖向应力的分布规律同第一步很接近,最大应力增加了 0.37MPa,达到 1.84MPa,中隔墙右侧上部边缘的压应力区范围较第一步有所减小,最大值也减少到 0.54MPa,可见左导洞的开挖对中隔墙的竖向应力影响较小。

（3）右导洞开挖后,中隔墙左侧上部受到的压应力较右侧下部要大得多,这和曲中隔墙模型 I 的计算结果相差较大,可见截面尺寸变小后,偏压荷载对中隔墙的作用影响增大。最大应力在数值上有 0.48MPa 的增加,达到 2.32MPa,可见右导洞的开挖对中隔墙竖向应力的影响也比较小。

（4）左主洞的开挖对中隔墙的竖向应力有较大的影响,中隔墙左侧大部分截面的应力值几乎都接近压应力的极大值,可见,左主洞开挖后中隔墙顶部左侧受到了较大的压应力,这时中隔墙的压应力最大值为 3.41MPa,增幅很大。中隔墙底部中间压应力较小,而底部两侧的压应力相对较大,这也验证了前面提到的水平应力在中隔墙底部出现拉应力的推断,即由于中隔墙基础较中隔墙软弱,中隔墙底部的受力状态接近地基梁。此时中隔墙右侧仍然有较大的拉应力存在,最大值达到 1.65MPa。

（5）右主洞开挖后,中隔墙竖向应力再次出现大的变化,除左侧下部和右侧上部两个区域外,中隔墙的竖向应力都很大,是中隔墙的主要受力区,最大竖向压应力进一步增加,达到 4.51MPa。中隔墙右侧上部边缘的拉应力区范围变小,最大值也减少到 0.78MPa。

从上述曲中隔墙模型 II 的水平和竖向应力在施工过程中的变化趋势来看,由于模型的截面尺寸相对较小,中隔墙受到偏压荷载的影响要比曲中隔墙模型 I 大得多,在中隔墙右侧上部始终存在一定量的拉应力,最大拉应力在左主洞开挖后出现,达到 1.65MPa,小于混凝土的抗拉强度 2MPa,可见,如果中隔墙截面尺寸再减小的话,将引起中隔墙开裂。从应力分布上看,曲中隔墙模型 Ⅱ 受到的压力主要分布于中隔墙的左半部分,究其原因:一方面是由于中隔墙受到来自左上侧的偏压荷载;另一方面则是由于在开挖工序中先开挖左主洞所引起的。

2. 中隔墙位移分析

按照施工步骤,得到了曲中隔墙模型 Ⅱ 的中隔墙在各个施工阶段的位移图。图 7.24～图 7.28 显示了在各个开挖步骤中隔墙竖向和水平向位移的变化情况。

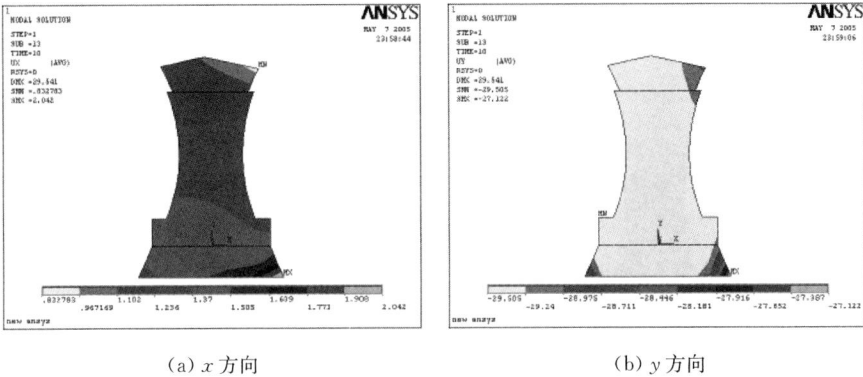

(a) x 方向　　　　　　　　　　　　　(b) y 方向

图 7.24　中隔墙顶部回填后墙体的位移图

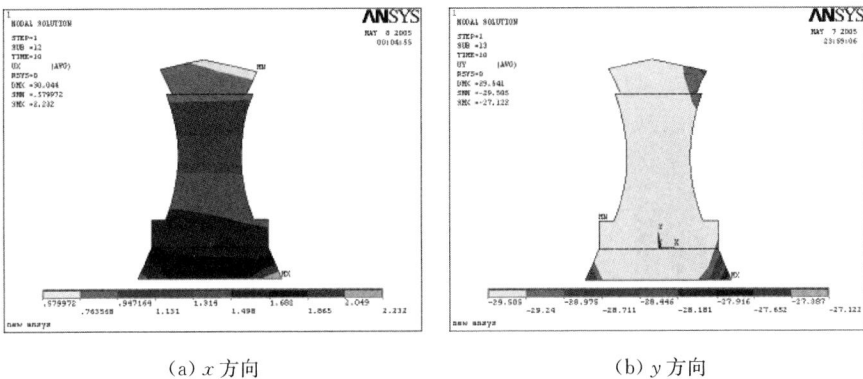

(a) x 方向　　　　　　　　　　　　　(b) y 方向

图 7.25　左导洞开挖后墙体的位移图

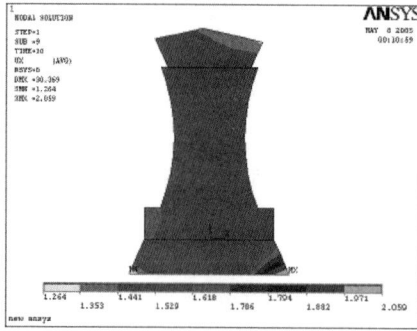
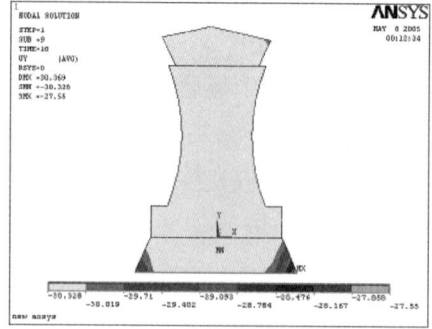

(a) x 方向　　　　　　　　　　　　　　　(b) y 方向

图 7.26　右导洞开挖后墙体的位移图

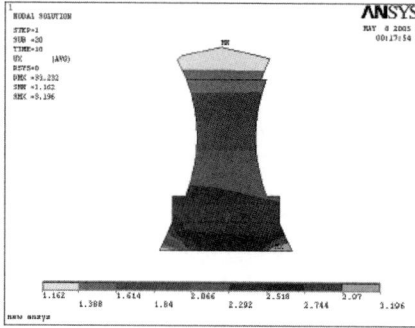
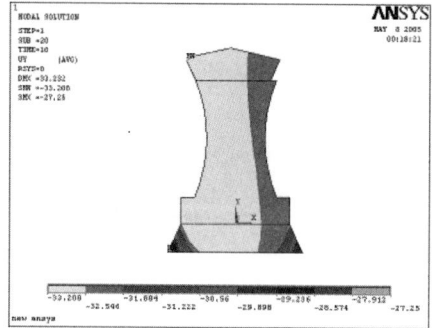

(a) x 方向　　　　　　　　　　　　　　　(b) y 方向

图 7.27　左主洞开挖后墙体的位移图

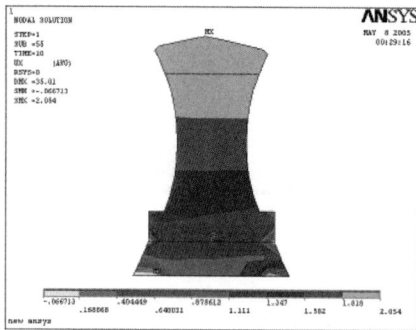
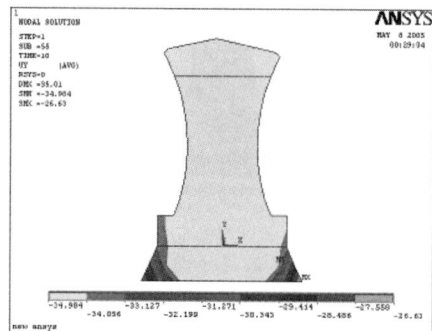

(a) x 方向　　　　　　　　　　　　　　　(b) y 方向

图 7.28　右主洞开挖后墙体的位移图

从图 7.24～图 7.28 的位移分布可知,曲中隔墙模型 Ⅱ 的水平位移是相当小的,最大位移值仅为 4.25mm,相对中隔墙截面尺寸而言影响不大。需要指出的是,中隔墙水平位移等值线图呈条状分布,只是在基础底部有一定的倾斜分布,这在一定程度上反映了中隔墙底部存在不均匀沉降。

中隔墙主要发生的是竖向位移,由于模型中中隔墙基础的力学参数较大,中隔墙的竖向位移在各个开挖阶段都表现出整体下沉的规律,只是左主洞的开挖引起了中隔墙很小的逆时针偏转,此时中隔墙底部 6 个关键点的沉降值见表 7.2。

表 7.2　中隔墙底部关键点沉降值　　　　　　（单位:mm）

步骤	关键点 1	关键点 2	关键点 3	关键点 4	关键点 5	关键点 6
④	24.15	24.16	24.11	24.05	23.14	22.65

最大的沉降值为 24.16mm。右导洞开挖后不均匀沉降消失,中隔墙表现出整体的下沉。

7.2.3　直中隔墙模型开挖过程数值模拟计算结果与分析

1. 中隔墙应力分析

本节建立的直中隔墙模型为顶部接触型直中隔墙,中隔墙顶部不需回填。按照施工步骤,得到了直中隔墙模型中隔墙在各个施工阶段的应力图。应力分布主要以竖向应力为主,同时由于偏压荷载的存在,中隔墙中也出现了一定的水平应力。图 7.29～图 7.33 显示了在各个开挖步骤中中隔墙竖向和水平向应力的变化情况。

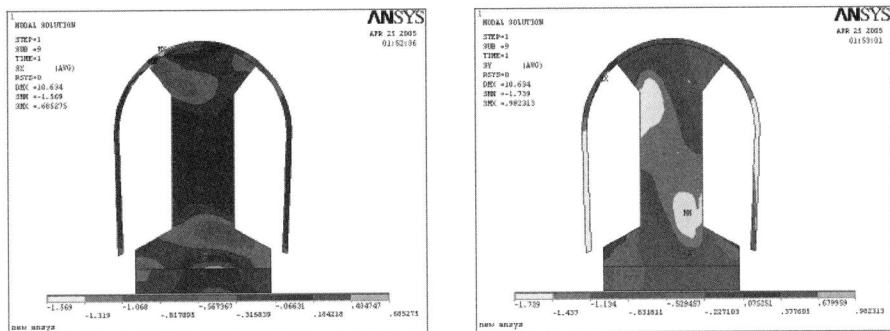

(a) x 方向　　　　　　　　　　　　　　　(b) y 方向

图 7.29　中隔墙修筑后墙体的应力分布图

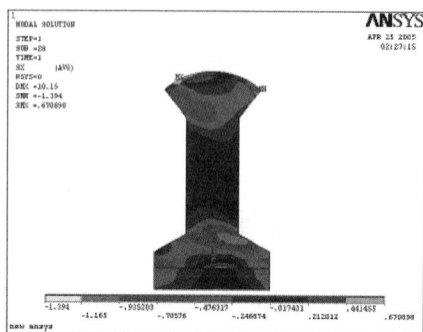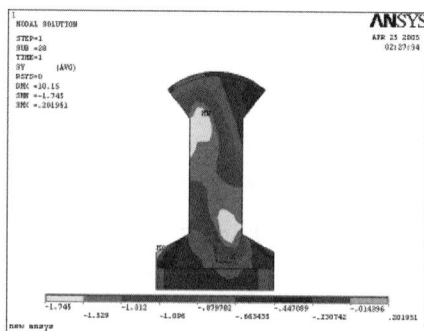

(a) x 方向 (b) y 方向

图 7.30 左导洞开挖后墙体的应力分布图

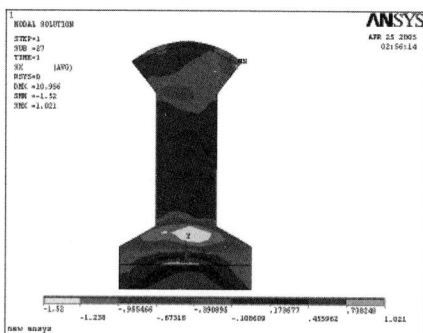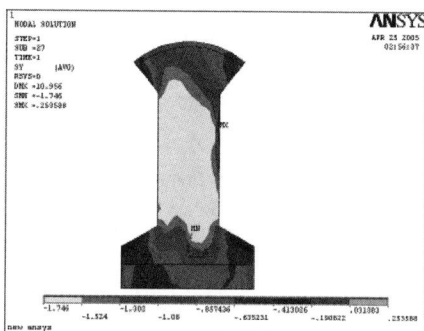

(a) x 方向 (b) y 方向

图 7.31 右导洞开挖后墙体的应力分布图

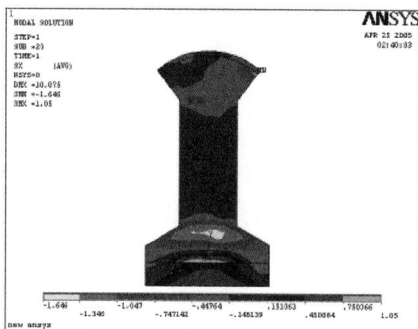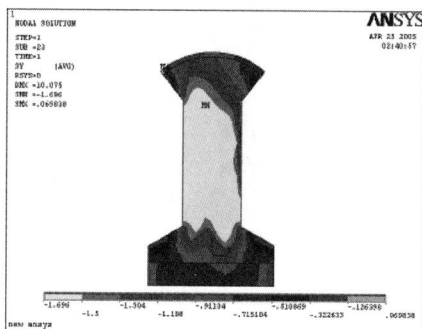

(a) x 方向 (b) y 方向

图 7.32 左主洞开挖后墙体的应力分布图

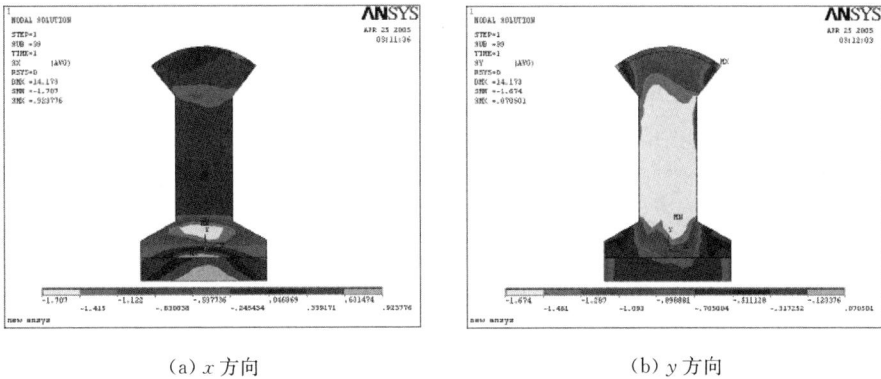

(a) x 方向　　　　　　　　　　　　　　(b) y 方向

图 7.33　右主洞开挖后墙体的应力分布图

计算模型将中导洞的支护考虑成临时柔性支护,中隔墙修筑后,即开始承受由墙顶围岩传递而来的部分围岩自重荷载,此时中隔墙主要受到围岩和墙体自身的自重应力。从图 7.29~图 7.33 的应力分布可知。

1) 水平应力

(1) 中隔墙的水平应力在中隔墙顶部回填以后主要分布在中隔墙的左上部和右下部,最大值出现在中隔墙顶部左侧,大小为 1.38MPa,水平应力主要由偏压荷载引起,中隔墙底部与中隔墙基础出现了拉应力,其值较小,仅为 0.34MPa。拉应力的出现主要是由于离石连拱隧道在中隔墙基础设计时加固强度不够,引起中隔墙基础出现较大沉降,使中隔墙底部中间出现拉应力。

(2) 左导洞开挖后,中隔墙的水平应力最大值依旧出现在顶部左侧,大小为 1.74MPa,有 0.36MPa 的增加。中隔墙底部和基础仍有拉应力存在,大小为 0.425MPa,有 0.08MPa 的增幅。

(3) 右导洞开挖后,中隔墙水平应力的分布有了较大变化,最大值出现在中隔墙下半部,但数值减少到 1.36MPa,而且中隔墙底部和基础的拉应力区也明显变小,最大拉应力降到 0.21MPa,可见右导洞开挖引起的围岩扰动,使中隔墙顶部的荷载有所减少,而且也降低了偏压荷载对中隔墙的影响。

(4) 左主洞的开挖引起了中隔墙水平应力的很大变化,墙身整体出现分布较均匀的压应力,数值为 1.12MPa。值得注意的是,中隔墙底部的拉应力竟达到 1.05MPa,较右导洞开挖时增加 0.84MPa。拉应力最大值出现在中隔墙底部偏左。

(5) 右主洞开挖后隧道的初期支护已基本完成,中隔墙水平压应力再度降低,最大水平压应力为 0.94MPa,而墙底拉应力增加较大,最大拉应力为 1.64MPa。这表明基础受到较大的荷载。

2）竖向应力

中隔墙的竖向应力主要反映中隔墙在竖向上的拉压应力情况，可以用来考察中隔墙竖向荷载的作用。

（1）顶部支持型中隔墙在修筑后，墙身在围岩压力和自重荷载下出现了局部应力集中，左上部和右下部应力集中明显，最大值为1.49MPa，中隔墙整个墙身都分布有较大的应力。

（2）左导洞开挖后，中隔墙竖向应力的分布情况同第一步相似，应力的最大值增加到1.84MPa，顶部右侧和底部左侧的应力值有所减少。

（3）右导洞开挖后，竖向应力分布变化不大，同第二步开挖后类似，最大值为2.15MPa。

（4）左主洞的开挖对中隔墙的竖向应力有较大的影响，中隔墙自拱腰以下，扩展基础以上都分布着较大的压应力。可见，左主洞开挖后中隔墙顶部左侧受到较大的压应力，这时中隔墙的压应力最大值为2.94MPa，增幅很大。中隔墙底部中间压应力较小，而底部两侧的压应力相对较大。

（5）右主洞开挖后，中隔墙竖向应力再次出现大的变化，中隔墙主体部分的竖向应力都很大，最大竖向压应力进一步增加，达到4.21MPa。

从上述直中隔墙模型的水平和竖向应力在施工过程中的变化趋势来看，顶部支持型的直中隔墙结构，在承受偏压荷载时，墙身没有出现曲中隔墙模型中出现的拉应力区，中隔墙的竖向应力分布在模拟开挖的过程中，一直呈现较均匀的分布，可见该模型的受力性能得到了充分的发挥。在开挖的各个步骤中，最大压应力为4.21MPa，对中隔墙的结构强度没有构成威胁。

2. 中隔墙位移分析

按照施工步骤，得到了直中隔墙模型的中隔墙在各个施工阶段的位移图。图7.34～图7.38显示了在各个开挖步骤中中隔墙竖向和水平向位移的变化情况。

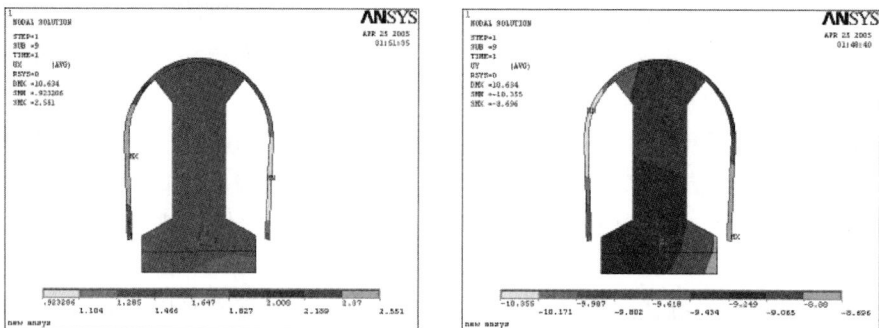

(a) x 方向　　　　　　　　　(b) y 方向

图 7.34　中隔墙顶部回填后墙体的位移分布图

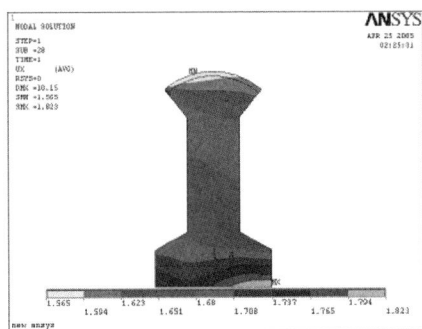
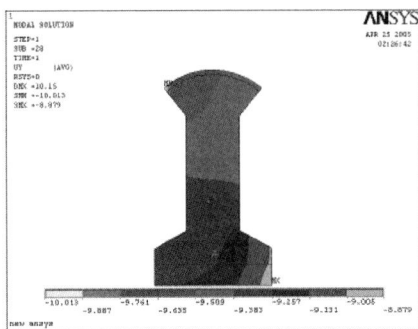

（a）x 方向　　　　　　　　　　　　　　（b）y 方向

图 7.35　左导洞开挖后墙体的位移分布图

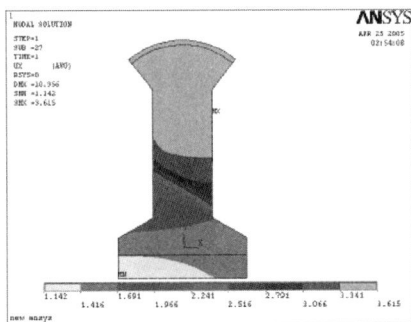
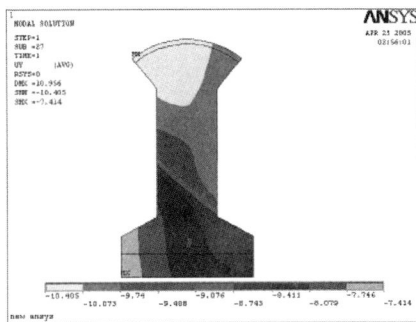

（a）x 方向　　　　　　　　　　　　　　（b）y 方向

图 7.36　右导洞开挖后墙体的位移分布图

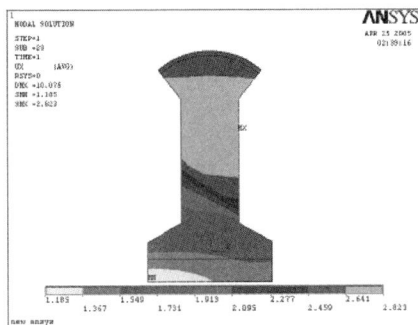
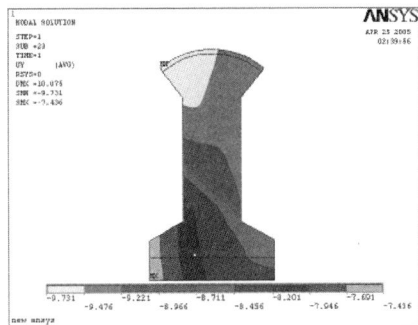

（a）x 方向　　　　　　　　　　　　　　（b）y 方向

图 7.37　左主洞开挖后墙体的位移分布图

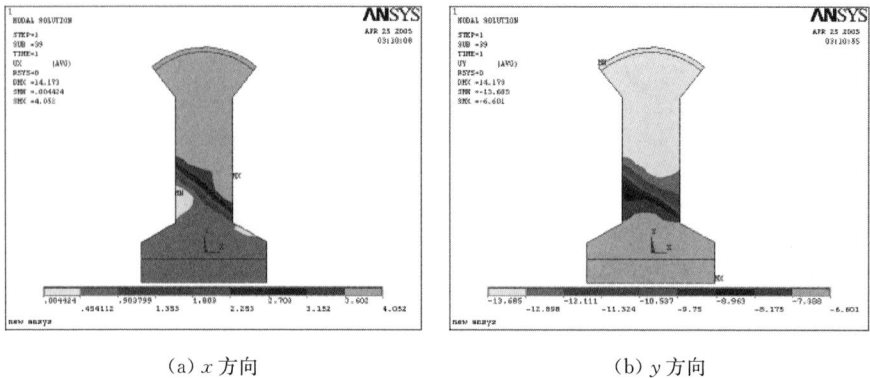

(a) x 方向　　　　　　　　　　(b) y 方向

图 7.38　右主洞开挖后墙体的位移分布图

从图 7.34～图 7.38 的位移分布可知,直中隔墙的位移图在三个平面模型中是最有特点的。就水平位移而言,中隔墙的水平位移在左导洞开挖后出现,主要分布在中隔墙顶部,基本上是水平向的条状分布,而在右导洞开挖后,中隔墙水平位移以中隔墙扩展基础右侧斜面的反向延长线为界分成两个区域,该延长线以上中隔墙水平位移较大,达到 3.41mm,而延长线以下则仅有 1.2mm,左主洞开挖后还是以该延长线为界,水平位移值有所增大,达到 5.16mm。右主洞开挖对中隔墙的水平位移影响不大。

直中隔墙的位移也主要发生在竖向上,在修筑后中隔墙就出现了一定量的位移,达到 9.4mm,左导洞开挖引起墙体上部左侧局部区域竖向位移增加,同时整体位移达到 10.2mm,右导洞开挖引起的位移变化不大,左导洞开挖使中隔墙竖向位移出现和该开挖步骤中出现的水平位移一样的规律,即沿上述延长线划分成上下两个截然不同的区域,上部的竖向位移要比下部大,最大位移值发生在墙顶左侧,达到 12.3mm,同时中隔墙底部出现了不均匀沉降,中隔墙底部 6 个关键点的沉降值见表 7.3。

表 7.3　中隔墙底部关键点沉降值　　　　　　　　（单位:mm）

步骤	关键点 1	关键点 2	关键点 3	关键点 4	关键点 5	关键点 6
④	7.51	8.24	8.63	9.12	9.84	10.55

最大的沉降值为 10.55mm。右导洞的开挖后,不均匀沉降消失,中隔墙表现出整体的下沉。延长线以上的位移达到 13.54mm,而基础底部的位移为 10.78mm。

7.2.4　三种中隔墙模型计算结果对比分析

7.2.1 节～7.2.3 节着重从应力和位移角度分析了曲中隔墙模型 Ⅰ、曲中隔墙模型Ⅱ、直中隔墙三个模型的计算结果,表 7.4 为三个模型间的比较关系。

表7.4　三个平面模型计算结果比较

特征项		曲中隔墙模型Ⅰ	曲中隔墙模型Ⅱ	直中隔墙模型
中隔墙类型		脚部支持顶部 回填型曲中隔墙	同左	顶部接触型直中隔墙
中隔墙尺寸		高 4.9m,最窄处宽 3.0m	高 4.9m,最窄处宽 2m	高 4.7m,宽 2m
是否偏压		是	是	是
中隔墙基础强度		$E=10$,代表较差基础	$E=25$,代表中等基础	$E=18$,代表较好基础
施工工序		先左洞后右洞	先左洞后右洞	先左洞后右洞
水平应力	最大值	1.12MPa	1.15MPa	1.74MPa
	出现部位	中隔墙底部	中隔墙底部	顶部左侧
	出现工序	左主洞开挖后	左主洞开挖	左导洞开挖后
竖向应力	最大值	3.61MPa	4.51MPa	4.21MPa
	出现部位	中隔墙底部	中隔墙核心处	中隔墙核心处
	出现工序	右洞开挖后	右主洞开挖后	右主洞开挖后
水平位移	最大值	3.24mm	4.25mm	5.16mm
	出现部位	顶部回填左侧	顶部回填右侧	中隔墙顶部
	出现工序	左主洞开挖后	左主洞开挖后	左主洞开挖后
竖向位移	最大值	22.64mm	24.16mm	10.55mm
	出现部位	中隔墙基础	中隔墙基础	墙顶左侧
	出现工序	右主洞开挖后	右主洞开挖后	右主洞开挖后
拉应力	最大值	0.98MPa	1.65MPa	1.64MPa
	出现部位	中隔墙基础底部	中隔墙右侧边缘	中隔墙基础底部
	出现工序	右导洞支护完成	左主洞开挖后	右主洞开挖后

从表 7.4 中可以看到,同一个隧道在施工工序也相同的情形下,不同类型的中隔墙其水平应力相差不大,最大水平应力基本上在中隔墙左侧围岩开挖后出现,可见,偏压荷载和施工工序是引起水平应力的主导因素。

曲中隔墙模型Ⅰ中的中隔墙截面较大,墙身中分布的竖向应力相应较小,不过由于偏压因素,大尺寸中隔墙应力集中较为明显,中隔墙受力不尽合理,在设计中需要作必要的优化处理。曲中隔墙模型Ⅱ中的中隔墙应力分布比模型Ⅰ要合理,在面积大为减小后竖向应力并没有比模型Ⅰ增大很多。顶部接触型直中隔墙在尺寸上和曲中隔墙模型Ⅱ接近,其竖向应力分布比模型Ⅱ更加合理,只是在偏压荷载的作用下中隔墙的水平位移较其他两个模型大。

中隔墙基础的力学性能对中隔墙的应力和位移影响均较大,不良的基础条件易引起中隔墙不均匀沉降,或导致中隔墙底部出现较大的拉应力区。在直中隔墙模型中采用较好的基础条件,中隔墙的竖向位移比两曲中隔墙模型明显减小。可见在黄土地质等软弱且易沉降的围岩中设计连拱隧道时,应充分意识到中隔墙基础的重要性,从而采取必要的加固措施来提高基础的力学性能。

7.3　最小中隔墙厚度数值模拟

在采矿领域的采煤方法研究中,存在一个预留煤柱尺寸的确定问题。煤柱屈服区宽度计算是煤柱稳定性分析中的一项重要内容,国内外采矿界对此历来极为关注,先后提出了一系列理论公式。这些理论都是以"煤柱可分为屈服区和核区两部分,核区受屈服区约束"这一事实为根据的,均有各自的合理成分和应用条件。Obert、Salamon 和 Wilson 经过大量的理论研究和实例分析,各自提出了自己的计算方程以及主要结论,但在大采出率条件下(大采出率是指工作面长度较大,相对工作面两侧所留煤柱宽度较小而言),其计算结果误差偏大。Obert、Salamon和 Wilson 是在分析煤柱强度的基础上,推导出煤柱宽度方程。他们认为,煤柱的强度决定了其支撑上覆岩层的承载能力,亦即,煤柱的破坏是由于上覆岩层重力作用所致。但是,在大采出率条件下,煤柱受力不仅仅包括覆岩自重,还包括由于开采条件变化出现的附加应力。岩土塑性理论与计算机模拟技术的发展,对煤柱合理宽度的研究起到了极大的推动作用。其允许研究人员在研究过程中可以考虑复杂的地质、地形、地貌情况及复杂的开采工艺。经过多年的计算机模拟结果与现场实况对比发现,合理的煤柱宽度应为在最不利受力状态下,煤柱塑性区面积不超过煤柱面积的 70%。显然最不利的受力状态为煤柱间煤层都开挖后的状态。

应该说煤柱宽度的计算与最小中隔墙厚度的计算有类似之处。煤柱的用途在于确保煤炭开挖时的安全,一旦煤炭采过一段距离后,是容许煤柱失效的。也就是说煤柱只要确保临时的稳定,不需要确保永久安全。连拱隧道的中隔墙也是这样:最不安全的应力状态为在施工过程中,一侧主洞开挖完毕,二衬还没有砌筑的时候;一旦隧道二次衬砌完成后,中隔墙的应力状态就大为改善,塑性区基本消失;也就是说中隔墙只需确保施工期间的稳定即可。鉴于此,作者认为中隔墙合理厚度的计算与煤柱合理宽度的计算原理是一致的,即取中隔墙最不利受力状态下的塑性区宽度为中隔墙宽度的 70%。

分别对中隔墙厚度为 0.9m、1.5m、1.8m、2.1m、2.4m、2.7m 的隧道建模分析,主要从中隔墙塑性区分布大小来分析最小中隔墙厚度,另外从应力大小进行辅助分析。按照《公路隧道设计规范》(JTG D70—2004),C25 混凝土的设计抗压强度为 12.5MPa,设计抗拉强度为 1.33MPa。

7.3.1　Ⅳ级围岩浅埋段最小中隔墙厚度

1. 中隔墙厚度为 0.9m 时的数值模拟分析

模型的建立和施工过程的模拟方法同前。这里指的中隔墙厚度 0.9m，不包括左右二次衬砌各 0.45m。施工采用侧壁导洞法，先开挖中导洞，浇筑中隔墙，然后左右洞分别开挖支护。

在施工过程中，最不利的工况是左洞开挖后，二次衬砌还没有来得及施工的时候，此时因为没有二次衬砌的支护，正洞仅仅有初期支护，中隔墙受偏压，如图 7.39 所示。

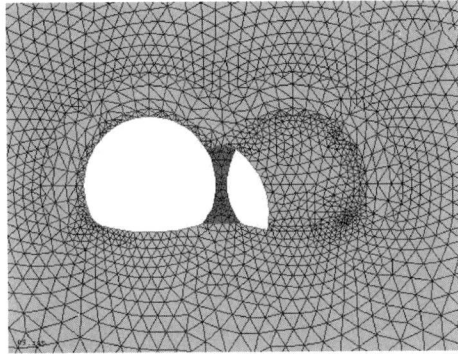

图 7.39　中隔墙受力最不利的工况

当左右正洞的二次衬砌做好后，二次衬砌要发挥作用，此时并不是最不利的工况，隧道的稳定问题主要出现在施工期间。

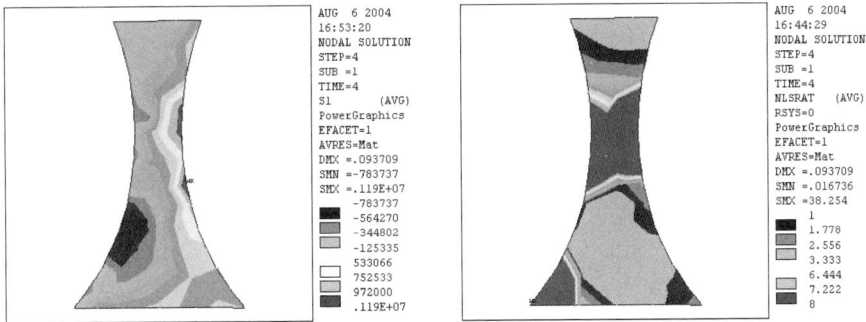

(a) 最不利工况下中隔墙塑性区分布　　　　　(b) 中隔墙第 1 主应力 S1 分布

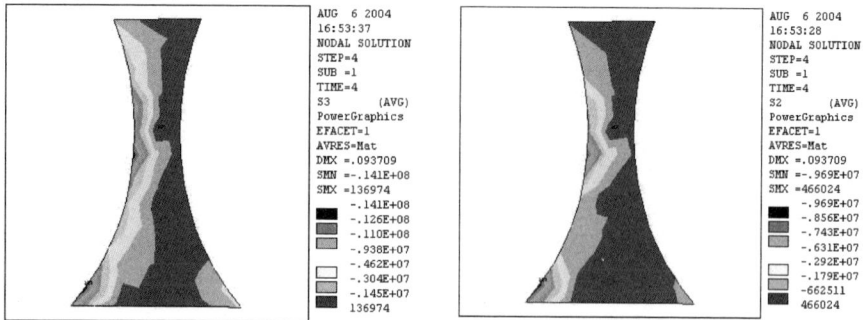

（c）中隔墙第 2 主应力 S2 分布　　　　　　　　（d）中隔墙第 3 主应力 S3 分布

图 7.40　最不利工况下中隔墙塑性区和主应力分布图

由图 7.40 可知,中隔墙的最大第 3 主应力超过了混凝土的抗压设计强度,且其塑性区已经贯通,可以认为,此时中隔墙已经处于不稳定状态,不能满足工程要求。

2. 中隔墙厚度为 1.5m 时的数值模拟分析

中隔墙厚度为 1.5m 时,有限元模型如图 7.41 所示。

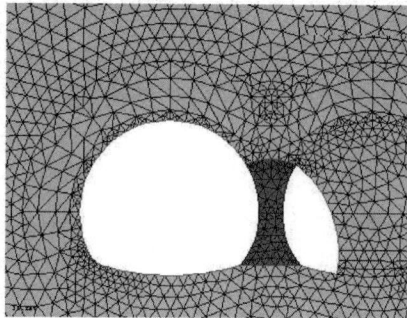

图 7.41　中隔墙厚度为 1.5m 的网格模型

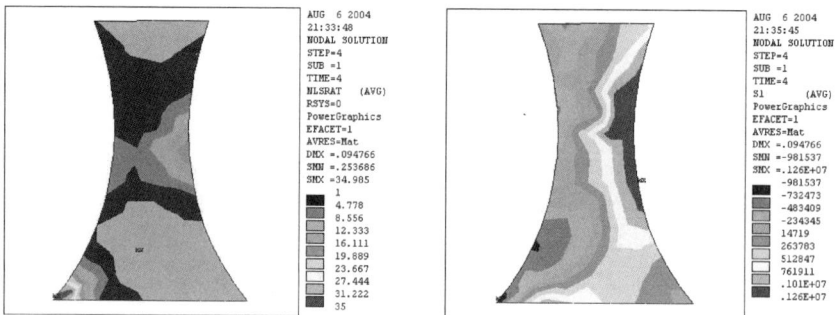

（a）最不利工况下中隔墙塑性区分布　　　　　　　（b）中隔墙第 1 主应力 S1 分布

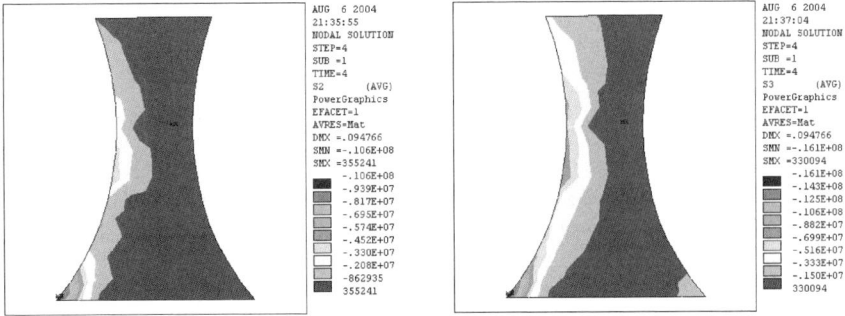

(c) 中隔墙第 2 主应力 S2 分布　　　　　　(d) 中隔墙第 3 主应力 S3 分布

图 7.42　最不利工况下中隔墙塑性区和主应力分布图

由图 7.42 可知,中隔墙厚度为 1.5m 中部塑性区已经贯通。显然,此中隔墙也不能满足工程要求。

3. 中隔墙厚度为 1.8m 时的数值模拟分析

中隔墙厚度为 1.8m 时,有限元模型如图 7.43 所示。

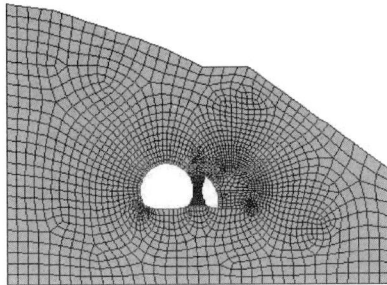

图 7.43　中隔墙厚度为 1.8m 的网格模型

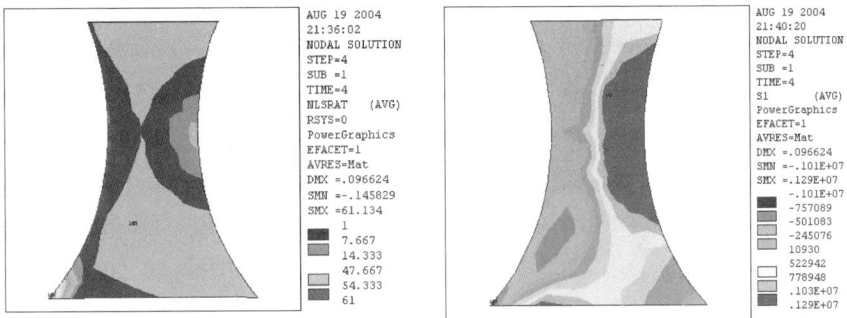

(a) 最不利工况下中隔墙塑性区分布　　　　　　(b) 中隔墙第 1 主应力 S1 分布

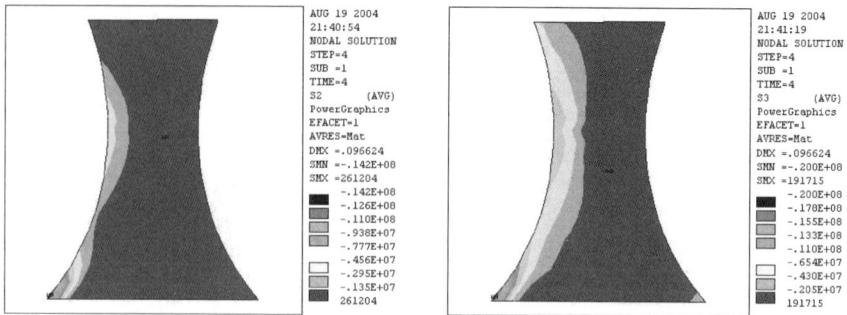

(c) 中隔墙第 2 主应力 S2 分布

(d) 中隔墙第 3 主应力 S3 分布

图 7.44　最不利工况下中隔墙塑性区和主应力分布图

由图 7.44 可知,中隔墙厚度为 1.8m 中部塑性区已经贯通。显然,此中隔墙也不能满足工程要求。

4. 中隔墙厚度为 2.1m 时的数值模拟分析

中隔墙厚度为 2.1m 时,有限元模型如图 7.45 所示。

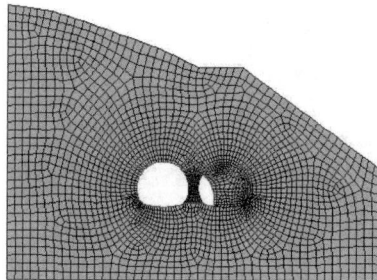

图 7.45　中隔墙厚度为 2.1m 的网格模型

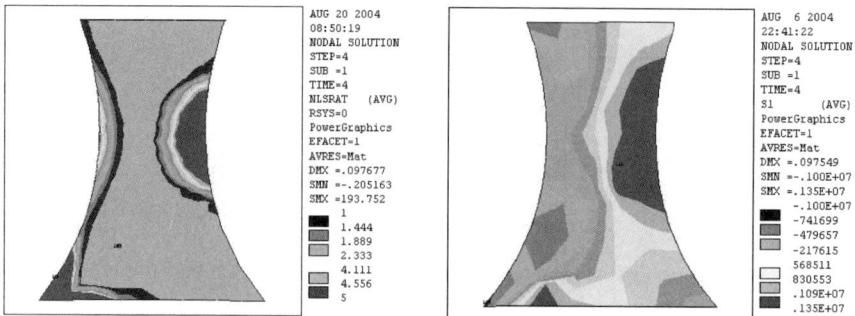

(a) 最不利工况下中隔墙塑性区分布

(b) 中隔墙第 1 主应力 S1 分布

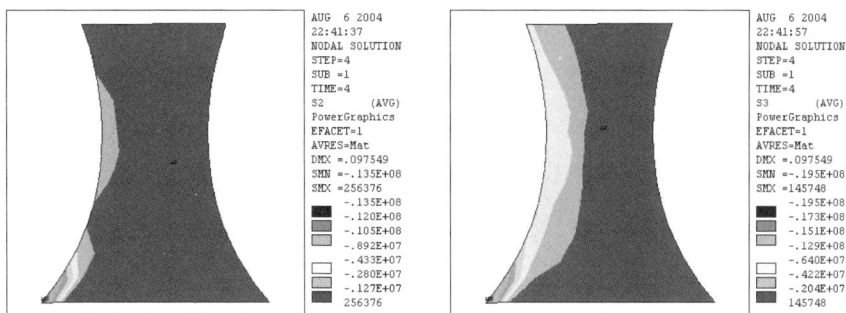

（c）中隔墙第 2 主应力 S2 分布　　　　　　（d）中隔墙第 3 主应力 S3 分布

图 7.46　最不利工况下中隔墙塑性区和主应力分布图

由图 7.46 可知，中隔墙厚度为 2.1m 时，中隔墙中部塑性区没有贯通，但其宽度约占中部宽度的 70%。

5. 中隔墙厚度为 2.4m 时的数值模拟分析

中隔墙厚度为 2.4m 时，有限元模型如图 7.47 所示。

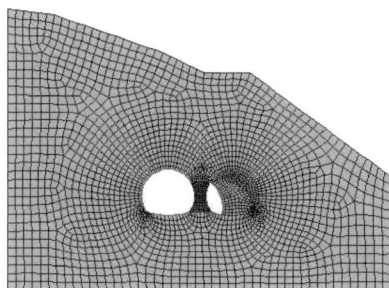

图 7.47　中隔墙厚度为 2.4m 的网格模型

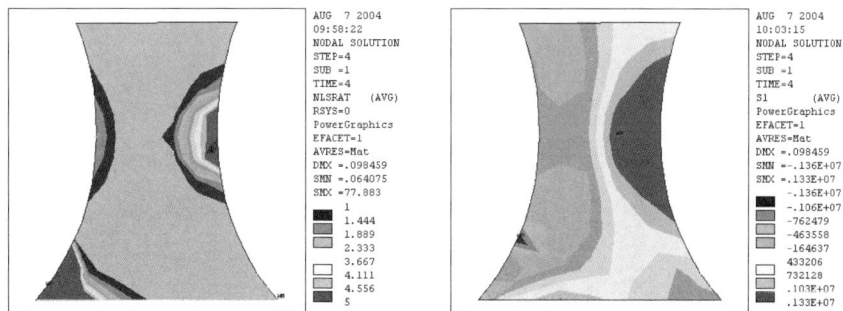

（a）最不利工况下中隔墙塑性区分布　　　　　　（b）中隔墙第 1 主应力 S1 分布

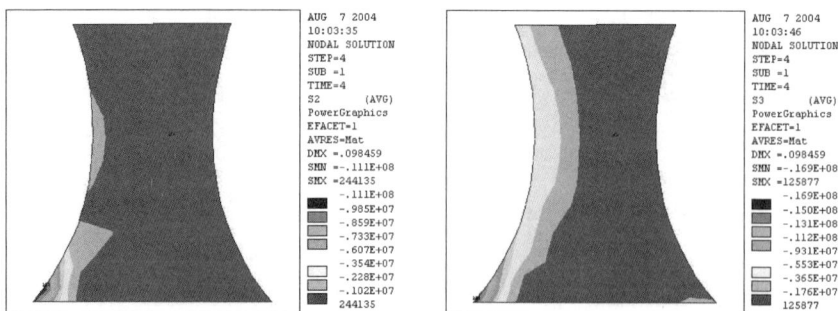

(c) 中隔墙第 2 主应力 S2 分布

(d) 中隔墙第 3 主应力 S3 分布

图 7.48　最不利工况下中隔墙塑性区和主应力分布图

由图 7.48 可知,当中隔墙厚度为 2.4m 时,中隔墙中部塑性区没有贯通,其宽度约占中隔墙宽度的 60%。

6. 中隔墙厚度为 2.7m 时的数值模拟分析

中隔墙厚度为 2.7m 时,有限元模型如图 7.49 所示。

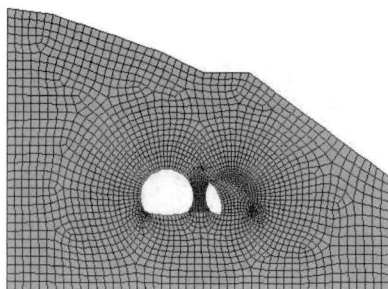

图 7.49　中隔墙厚度为 2.7m 的网格模型

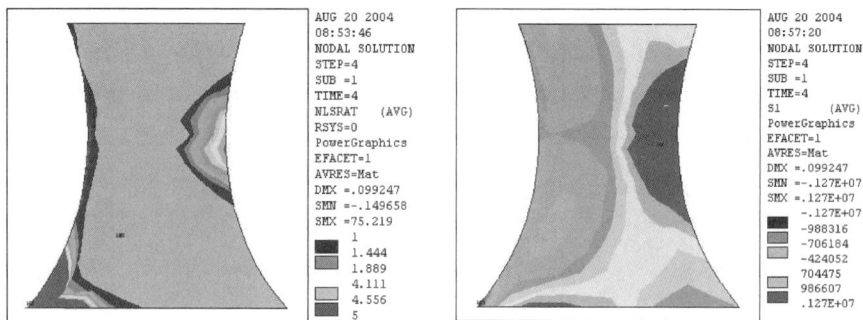

(a) 最不利工况下中隔墙塑性区分布

(b) 中隔墙第 1 主应力 S1 分布

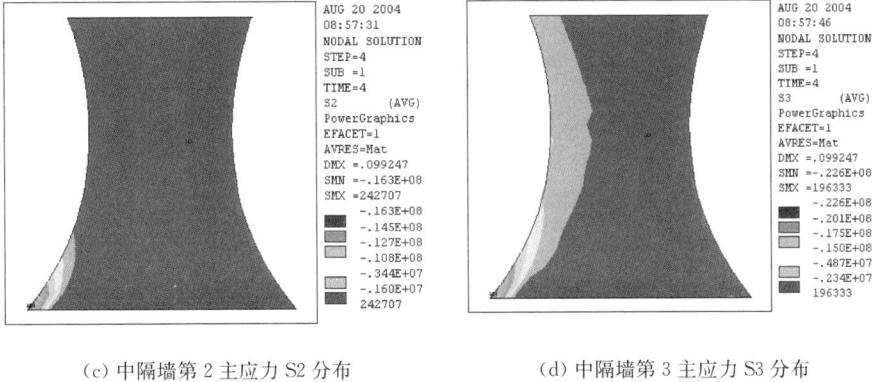

(c) 中隔墙第 2 主应力 S2 分布　　　　　　(d) 中隔墙第 3 主应力 S3 分布

图 7.50　最不利工况下中隔墙塑性区和主应力分布图

由图 7.50 可知,当中隔墙厚度为 2.7m 时,中隔墙中部塑性区没有贯通,其宽度约占中隔墙宽度的 45%。

7. 不同中隔墙厚度数值模拟结果综合分析

通过分别对中隔墙厚度为 0.9m、1.5m、1.8m、2.1m、2.4m、2.7m 的隧道进行数值模拟,结果表明中隔墙受力最不利阶段的塑性区主要出现在中部宽度最小处,在中隔墙厚度小于 1.8m 时,中隔墙中部的塑性区已经贯通。当中隔墙厚度为 2.1m 时,中隔墙中部塑性区宽度达到中部总宽度的 70% 左右,随着中隔墙厚度的增加,塑性区逐渐减小。当中隔墙厚度为 2.4m 时,中隔墙中部塑性区宽度达到总宽度的 60% 左右。当中隔墙厚度为 2.7m 时,中隔墙中部塑性区宽度达到总宽度的 45% 左右。根据前面的分析,为保证施工阶段的临时稳定,塑性区范围应控制在中隔墙宽度的 70% 以内,对于本次计算的 Q_2 黄土浅埋偏压隧道的最小中隔墙厚度控制在 2.1m 较为合适。加上二次衬砌的厚度,中隔墙的厚度应为 3m。

另外,在模拟过程中发现,中隔墙左侧底部尖角处均出现了应力集中,此处的第 1、第 2、第 3 主应力均超过了 C25 混凝土的抗拉强度。二次衬砌施工完毕后,中隔墙厚度增加 0.9m,中隔墙底部的尖角也不再存在。因此隧道二次衬砌施工完毕后,不管是二次衬砌结构还是中隔墙都不会再有问题,决定隧道的稳定性的关键主要在施工期间,尤其是在最不利工况下(一侧主洞开挖完毕,二次衬砌还没有浇筑;另一侧主洞还没有开挖的明显偏压状态)。

7.3.2　Ⅳ级围岩深埋段最小中隔墙厚度

连拱隧道中隔墙的设计直接影响隧道的稳定性,本次计算分别对中隔墙厚度为 1.8m、2.1m、2.4m、2.7m 的隧道进行数值模拟,分析最小中隔墙厚度。

模型的建立和施工过程的模拟方法同前。这里指的中隔墙厚度,不包括左右二次衬砌各 0.45m。施工过程采用侧壁导洞法,先开挖中导洞,浇筑中隔墙,然后左右洞分别开挖支护。

施工过程中,最不利的工况是左洞开挖,二次衬砌还没来得及施工时,此时因为没有二次衬砌的支护,正洞仅有初期支护,中隔墙受偏压。当左右正洞的二次衬砌做好后,二次衬砌发挥作用,此时并不是最不利的工况。

中隔墙的稳定性根据其塑性区发展情况以及最大拉应力、压应力与混凝土抗拉、抗压强度的比较来分析。按照《铁路隧道设计规范》(TB 10003—2005),C25混凝土的抗压强度设计值为 12.5MPa,抗拉强度设计值为 1.33MPa。

1. 中隔墙厚度为 1.8m 时的数值模拟分析

中隔墙厚度为 1.8m 时,有限元模型如图 7.51 所示。

由图 7.52 可知,此时中隔墙中部的塑性区已经贯通。在左下角处出现应力集中。中隔墙的第 1 主应力在中部右侧出现拉应力,且接近 C25 混凝土的抗拉强度设计值。

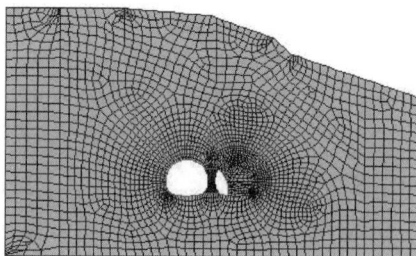

图 7.51 中隔墙厚度为 1.8m 的网格模型

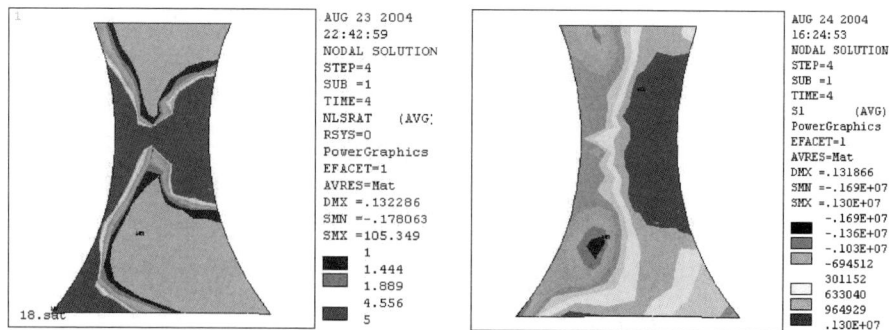

(a) 最不利工况下中隔墙塑性区分布　　　　(b) 中隔墙第 1 主应力 S1 分布

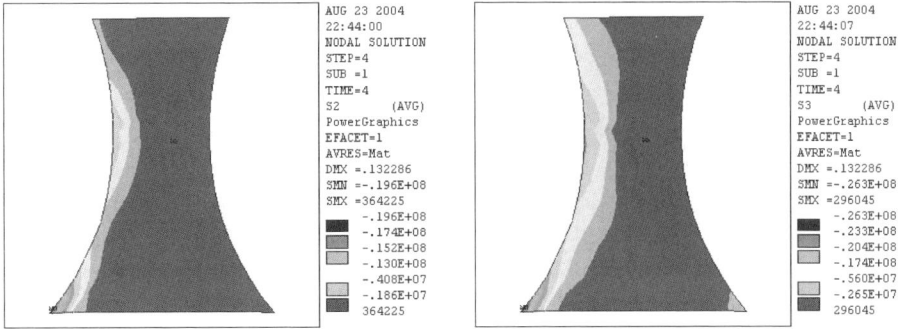

（c）中隔墙第 2 主应力 S2 分布　　　　　　（d）中隔墙第 3 主应力 S3 分布

图 7.52　最不利工况下中隔墙塑性区和主应力分布图

2. 中隔墙厚度为 2.1m 时的数值模拟分析

中隔墙厚度为 2.1m 时，有限元模型如图 7.53 所示。

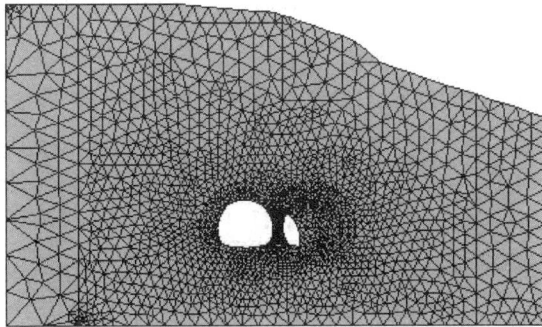

图 7.53　中隔墙厚度为 2.1m 的网格模型

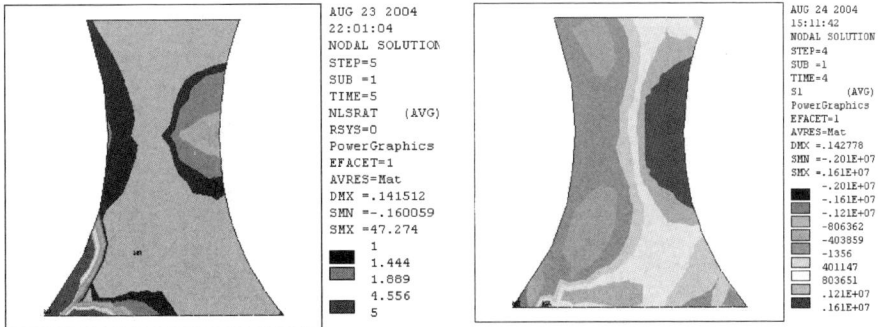

（a）最不利工况下中隔墙塑性区分布　　　　　　（b）中隔墙第 1 主应力 S1 分布

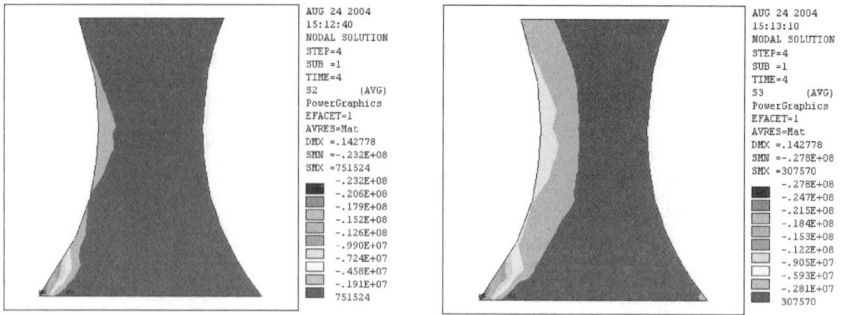

(c) 中隔墙第 2 主应力 S2 分布　　　　　　　(d) 中隔墙第 3 主应力 S3 分布

图 7.54　最不利工况下中隔墙塑性区和主应力分布图

由图 7.54 可知,当中隔墙厚度为 2.1m 时,中隔墙中部的塑性区达到 74%。在左下角处出现应力集中。

3. 中隔墙厚度为 2.4m 时的数值模拟分析

中隔墙厚度为 2.4m 时,有限元模型如图 7.55 所示。

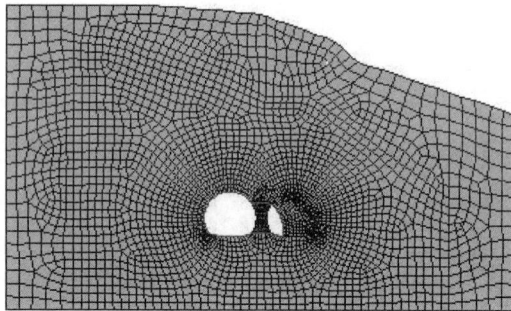

图 7.55　中隔墙厚度为 2.4m 的网格模型

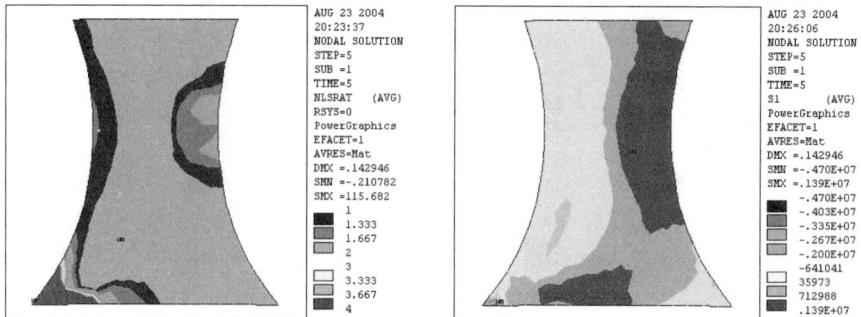

(a) 最不利工况下中隔墙塑性区分布　　　　　(b) 中隔墙第 1 主应力 S1 分布

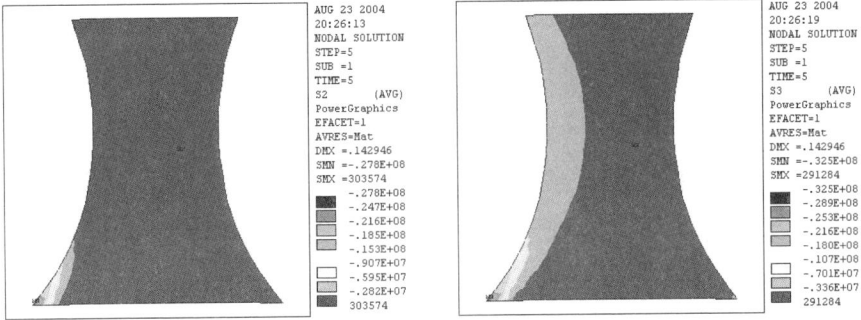

(c) 中隔墙第 2 主应力 S2 分布　　　　　(d) 中隔墙第 3 主应力 S3 分布

图 7.56　最不利工况下中隔墙塑性区和主应力分布图

由图 7.56 可知,当中隔墙厚度为 2.4m 时,中隔墙中部的塑性区达到 63%。在左下角处出现应力集中。

4. 中隔墙厚度为 2.7m 时的数值模拟分析

中隔墙厚度为 2.7m 时,有限元模型如图 7.57 所示。

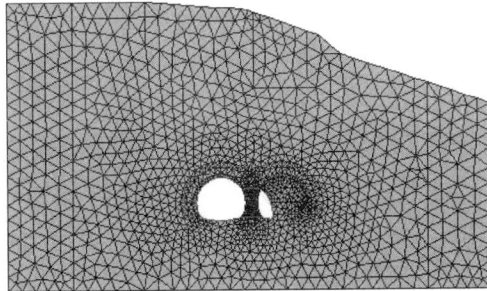

图 7.57　中隔墙厚度为 2.7m 的网格模型

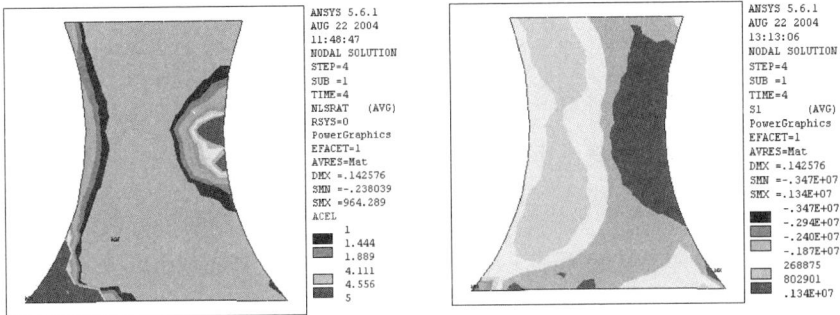

(a) 最不利工况下中隔墙塑性区分布　　　　　(b) 中隔墙第 1 主应力 S1 分布

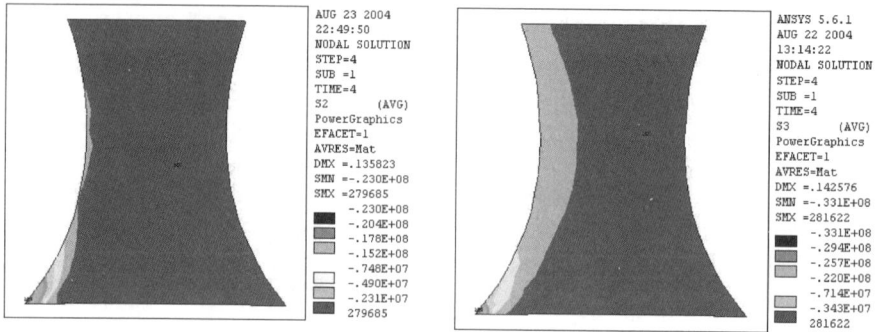

（c）中隔墙第 2 主应力 S2 分布　　　　　（d）中隔墙第 3 主应力 S3 分布

图 7.58　最不利工况下中隔墙塑性区和主应力分布图

由图 7.58 可知，当中隔墙厚度为 2.7m 时，中隔墙中部的塑性区达到 54％。在左下角处出现应力集中。

5. 不同中隔墙厚度数值模拟结果综合分析

有限元计算表明，中隔墙厚度分别为 1.8m、2.1m、2.4m、2.7m 时，中隔墙均不同程度地出现塑性区，塑性区主要出现在中隔墙的中部右侧以及左下侧的尖角处。最不利工况下，左下侧尖角处出现应力集中引起中隔墙中部右侧受拉，左侧受压。

当中隔墙厚度为 1.8m 时，中隔墙中部塑性区已经完全贯通。当中隔墙厚度为 2.1m 时，中隔墙中部塑性区接近中隔墙厚度的 74％。中隔墙厚度为 2.4m 时，中隔墙塑性区约占中隔墙厚度的 63％。当中隔墙厚度为 2.7m 时，中隔墙塑性区约占中隔墙厚度的 54％。根据经验，为保证施工阶段的临时稳定，塑性区范围应控制在中隔墙厚度的 70％以内，对于本次计算的 Q₂ 黄土深埋偏压隧道的最小中隔墙厚度控制在 2.4m 较为合适。加上二次衬砌的厚度，中隔墙的厚度应为 3.3m。

为了便于设计与施工，同一隧道应采用相同的中隔墙厚度，故对于 Q_2 黄土连拱隧道，中隔墙厚度统一取为 3.3m。

7.3.3　Ⅴ级围岩浅埋段最小中隔墙厚度

分别对中隔墙厚度为 2.4m、2.7m、3.0m 的连拱隧道建模进行数值模拟，分析最小中隔墙厚度，主要从最不利工况下中隔墙的塑性区分布以及中隔墙的应力分布来分析。按照《铁路隧道设计规范》(TB 10003—2005)，C25 混凝土的设计抗压强度为 12.5MPa，设计抗拉强度为 1.33MPa。

　　模型的建立和施工过程的模拟步骤同前。施工过程采用侧壁导洞法,先开挖中导洞,浇筑中隔墙,然后左右洞分别开挖支护。施工过程中,最不利的工况是左洞开挖后,二次衬砌还没有来得及施工时,此时因为没有二次衬砌的支护,正洞仅仅有初期支护,中隔墙受偏压,当左右正洞的二次衬砌做好后,二次衬砌发挥作用,此时并不是最不利的工况。

　　1. 中隔墙厚度为 2.4m 时的数值模拟分析

　　中隔墙厚度为 2.4m 时,最不利工况下中隔墙塑性区和主应力分布如图 7.59 所示,中隔墙厚度为 2.7m 时,最不利工况下中隔墙塑性区和主应力分布如图 7.60 所示,中隔墙厚度为 3.0m 时,最不利工况下中隔墙塑性区和主应力分布如图 7.61 所示。

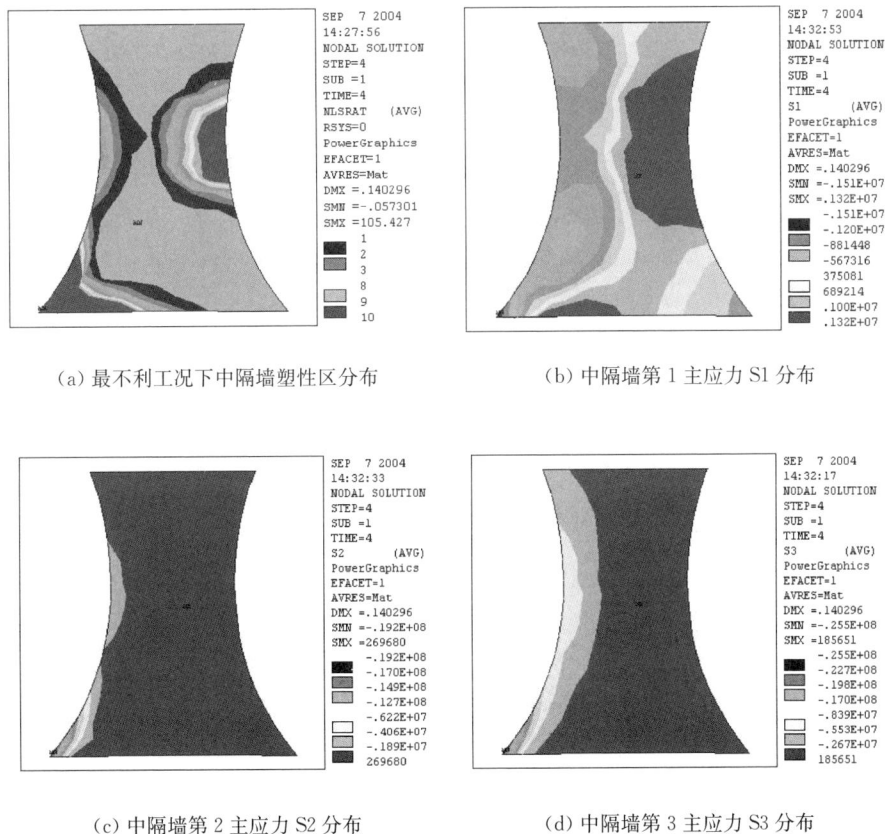

(a) 最不利工况下中隔墙塑性区分布　　　　　　(b) 中隔墙第 1 主应力 S1 分布

(c) 中隔墙第 2 主应力 S2 分布　　　　　　(d) 中隔墙第 3 主应力 S3 分布

图 7.59　最不利工况下中隔墙塑性区和主应力分布图(中隔墙厚度为 2.4m)

2. 中隔墙厚度为 2.7m 时的数值模拟分析

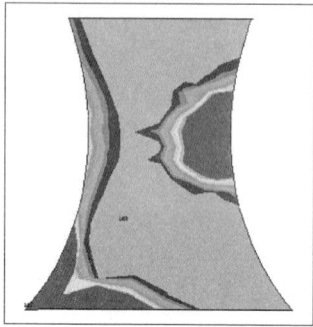

（a）最不利工况下中隔墙塑性区分布

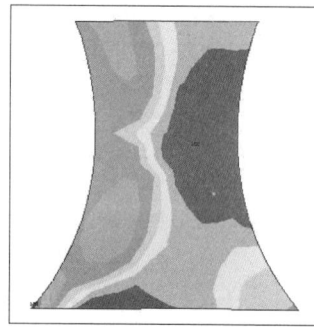

（b）中隔墙第 1 主应力 S1 分布

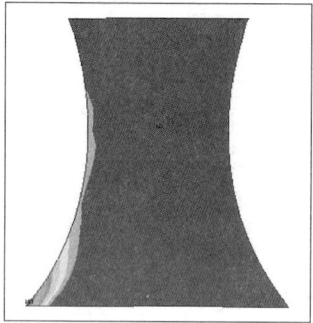

（c）中隔墙第 2 主应力 S2 分布

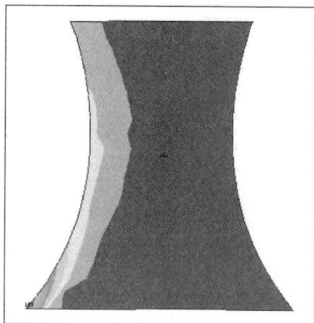

（d）中隔墙第 3 主应力 S3 分布

图 7.60　最不利工况下中隔墙塑性区和主应力分布图（中隔墙厚度为 2.7m）

3. 中隔墙厚度为 3.0m 时的数值模拟分析

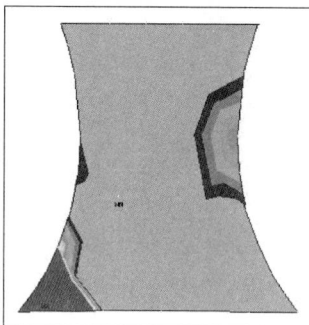

（a）最不利工况下中隔墙塑性区分布

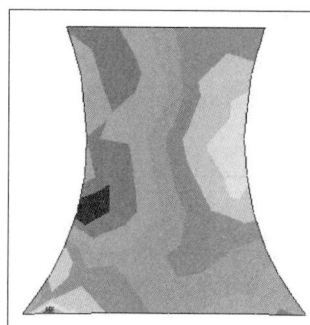

（b）中隔墙第 1 主应力 S1 分布

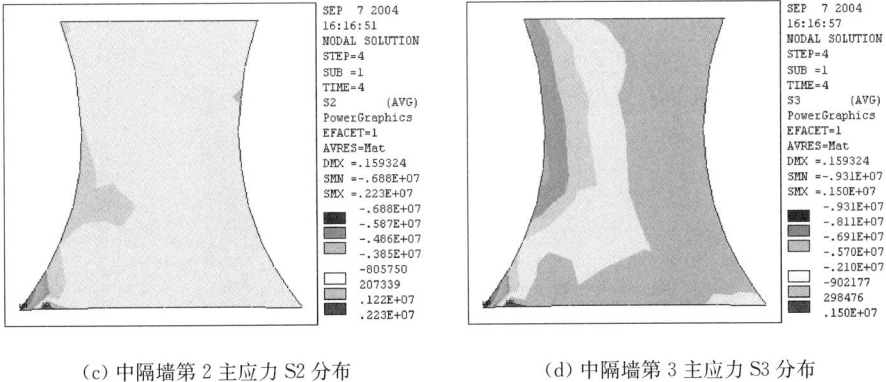

（c）中隔墙第 2 主应力 S2 分布　　　　　　（d）中隔墙第 3 主应力 S3 分布

图 7.61　最不利工况下中隔墙塑性区和主应力分布图（中隔墙厚度为 3.0m）

4. 不同中隔墙厚度数值模拟结果综合分析

通过分别对中隔墙厚度为 2.4m、2.7m、3.0m 的隧道进行数值模拟，结果表明中隔墙的塑性区主要出现在中部宽度最小处，当中隔墙厚度为 2.4m 时，中隔墙中部塑性区宽度达到中部总宽度的 90％左右；当中隔墙厚度为 2.7m 时，中隔墙中部塑性区宽度达到总宽度的 70％左右；当中隔墙厚度为 3.0m 时，中隔墙中部塑性区宽度达到总宽度的 40％左右。因此综合考虑，认为对于本次计算的 Q_3 黄土浅埋偏压隧道的中隔墙最小厚度选 2.7m 较为合适，加上二次衬砌的厚度，应为 3.6m。需要注意的是，计算中已经将初次支护的厚度提高到了 35cm。如果要进一步减小中隔墙的厚度，可以提高初次支护的强度。

7.3.4　Ⅴ级围岩深埋段最小中隔墙厚度

分别对中隔墙厚度为 2.4m、2.7m、3.0m 的连拱隧道建模进行数值模拟，分析最小中隔墙厚度，主要从最不利工况下中隔墙的塑性区分布以及中隔墙的应力大小来分析。

模型的建立和施工过程的模拟方法同前。这里指的中隔墙厚度不包括左右二次衬砌各 0.45m。施工过程采用侧壁导洞法，先开挖中导洞，浇筑中隔墙，然后左右洞分别开挖支护。

施工过程中，最不利的工况是左洞开挖后，二次衬砌还没有来得及施工时，此时因为没有二次衬砌的支护，正洞仅仅有初期支护，中隔墙受偏压，当左右正洞的二次衬砌做好后，二次衬砌发挥作用，此时并不是最不利的工况。

1. 中隔墙厚度为 2.4m 时的数值模拟分析(图 7.62)

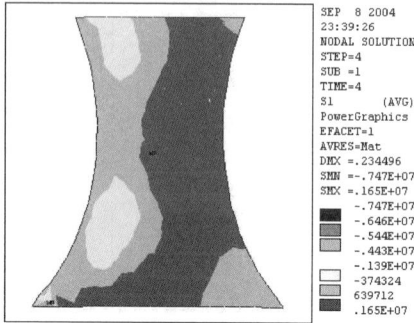

（a）最不利工况下中隔墙塑性区分布

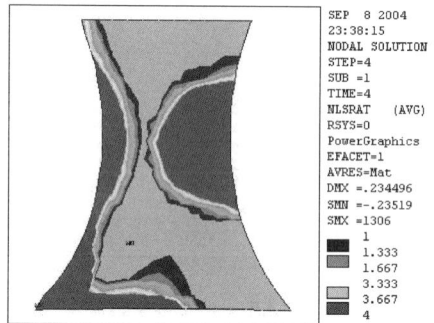

（b）中隔墙第 1 主应力 S1 分布

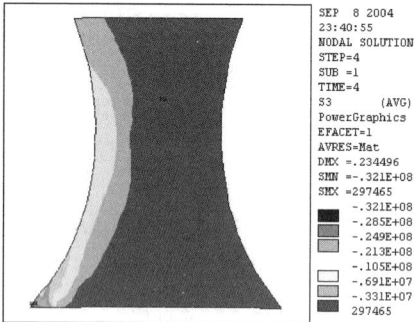

（c）中隔墙第 2 主应力 S2 分布

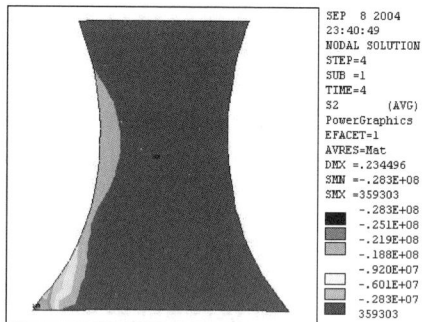

（d）中隔墙第 3 主应力 S3 分布

图 7.62　最不利工况下中隔墙塑性区和主应力分布图(中隔墙厚度为 2.4m)

2. 中隔墙厚度为 2.7m 时的数值模拟分析(图 7.63)

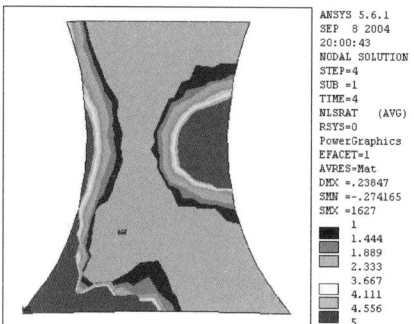

（a）最不利工况下中隔墙塑性区分布

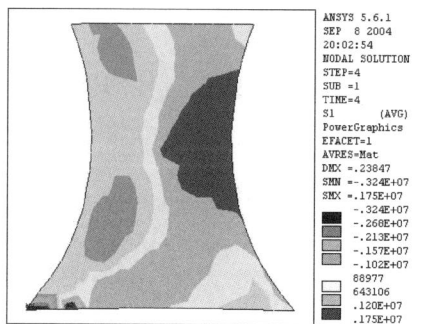

（b）中隔墙第 1 主应力 S1 分布

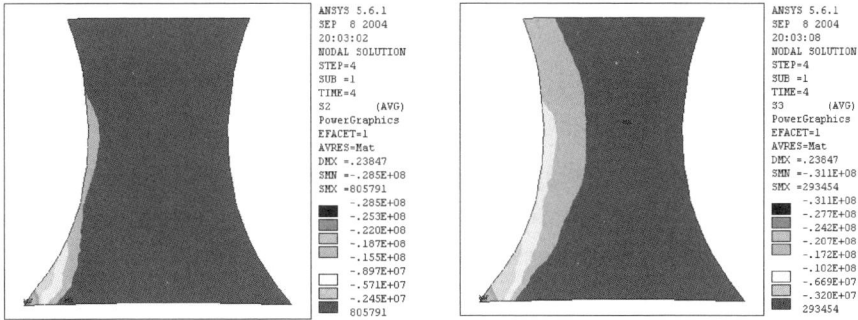

(c) 中隔墙第 2 主应力 S2 分布　　　　(d) 中隔墙第 3 主应力 S3 分布

图 7.63　最不利工况下中隔墙塑性区和主应力分布图(中隔墙厚度为 2.7m)

3. 中隔墙厚度为 3.0m 时的数值模拟分析(图 7.64)

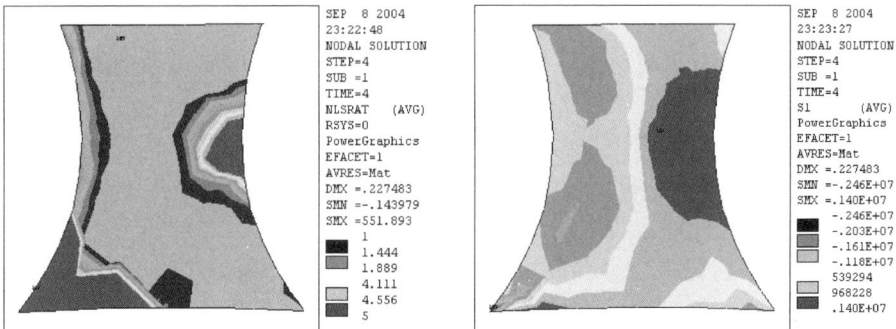

(a) 最不利工况下中隔墙塑性区分布　　　　(b) 中隔墙第 1 主应力 S1 分布

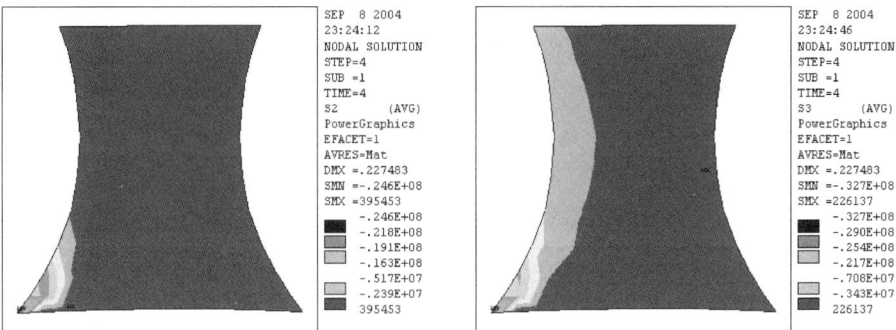

(c) 中隔墙第 2 主应力 S2 分布　　　　(d) 中隔墙第 3 主应力 S3 分布

图 7.64　最不利工况下中隔墙塑性区和主应力分布图(中隔墙厚度为 3.0m)

4. 不同中隔墙厚度数值模拟结果综合分析

通过分别对中隔墙厚度为 2.4m、2.7m、3.0m 的隧道进行数值模拟,结果表明中隔墙的塑性区主要出现在中部宽度最小处,当中隔墙厚度为2.4m时,中隔墙中部塑性区宽度达到中部总宽度的 95% 左右;随着中隔墙厚度的增加,塑性区逐渐减小,当中隔墙厚度为2.7m 时,中隔墙中部塑性区宽度达到总宽度的 70% 左右;当中隔墙厚度为 3.0m 时,中隔墙中部塑性区宽度达到总宽度的 40% 左右。

另外,从应力角度看,应力特征和塑性区分布基本吻合。因此综合考虑,本次计算的 Q_3 黄土偏压隧道的中隔墙最小厚度取 2.7m 较为合适,加上二次衬砌的厚度,中隔墙的合理厚度应为 3.6m。

综合而言,对于 Q_3 黄土连拱隧道,中隔墙的合理厚度为 3.6m。

7.4　本章小结

本章采用数值方法对黄土连拱隧道中隔墙形式及最小厚度进行研究,主要研究成果如下:

(1)曲中隔墙模型Ⅰ中的中隔墙截面较大,墙身中分布的竖向应力相应较小,由于偏压因素,大尺寸中隔墙应力集中较为明显,中隔墙受力不尽合理,在设计中需要作必要的优化处理。曲中隔墙模型Ⅱ中的中隔墙应力分布比模型Ⅰ要合理,在面积大为减小后竖向应力并没有比模型Ⅰ增大很多。顶部接触型直中隔墙在尺寸上和曲中隔墙模型Ⅱ接近,其竖向应力分布比模型Ⅱ更加合理,只是在偏压荷载的作用下中隔墙的水平位移较其余两个模型大。

(2)在平面分析中采用了三种不同力学性质的中隔墙基础,计算结果表明,中隔墙基础的力学性能对中隔墙的应力和位移影响较大,不良的基础条件易引起中隔墙的不均匀沉降,或导致中隔墙底部出现较大的拉应力区。在直中隔墙模型中采用较好的基础条件,中隔墙的竖向位移比两个曲中隔墙模型明显减小。可见在黄土地质等软弱且易沉降的围岩中设计连拱隧道时,应充分意识到中隔墙基础的重要性,从而采取必要的加固措施来提高其力学性能。

(3)连拱隧道中隔墙的设计直接影响着隧道的稳定性,通过有限元数值分析表明,对于本次计算的 Q_2 黄土四车道连拱隧道(浅埋和深埋段)的最小中隔墙厚度取 2.4m 较为合适,考虑本工程设计的二次衬砌厚度,中隔墙的最小厚度为 3.3m。对于 Q_3 黄土四车道连拱隧道(浅埋和深埋段)的最小中隔墙厚度取 2.7m(含二次衬砌为 3.6m)。

(4)连拱隧道施工过程中中隔墙受力最不利的工况为:一侧洞开挖完毕,而二次衬砌尚没有施工,另一侧洞也没有开挖。这种不对称开挖,使中隔墙受力不平衡,引起中隔墙发生偏转,此时塑性区最大。由于左右两侧隧道开挖不同步,再加上偏压的存在,施工中极易使中隔墙受偏压而倾斜开裂,务必引起重视,可采用中导洞回填或钢支撑加以缓解。当施工结束,两洞二次衬砌浇筑完成后,中隔墙受力状态将大为改善,塑性区基本消失。

第8章 黄土连拱隧道施工过程的空间效应分析

8.1 概 述

连拱隧道施工可以近似用二维平面应变模拟，分析不同施工方法及开挖顺序对隧道支护结构和围岩的影响。但连拱隧道与普通分离式隧道有一个显著的区别，就是连拱隧道双洞中的一个在不同的施工阶段对另外一个的稳定、中隔墙的偏移等都有很大的影响。为此，有必要利用三维弹塑性非线性方法对施工过程进行仿真模拟。本章用数值分析软件 FLAC³ᴰ 对双连拱隧道两洞室施工产生的开挖面空间效应进行分析，并确定浅埋偏压黄土连拱隧道施工过程中左右主洞掌子面的合理纵向间距。

8.1.1 模型计算范围

模型的断面图与第 7 章相同，将平面图沿纵向拉伸 90m，如图 8.1 所示（本工程的单洞跨为 10m，在本章的分析中均以 D 代表单洞跨度，即 $D=10$m）。

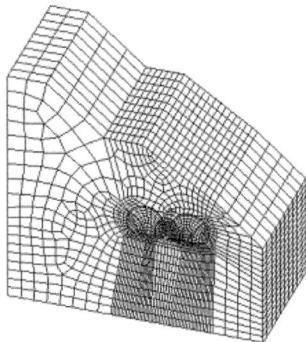

图 8.1 数值模型单元划分示意图

8.1.2 施工方案的简化

根据实际施工中"左洞在前，右洞在后"的施工方案，结合数值模拟的目的，将计算工序简化如下：

(1) 自重应力场计算。

(2) 工序 1：中导洞全线开挖贯通并及时支护。

（3）工序 2：中隔墙修建及墙顶回填。

（4）工序 3～工序 14：开挖左导洞及左主洞，施作衬砌，每次开挖进尺 5m（0.5D），共开挖 12 次，即到 60m 处。

（5）工序 15～工序 26：开挖右导洞及右主洞，施作衬砌，每次开挖进尺 5m（0.5D），共开挖 12 次，与左洞齐平。

图 8.2 是计算工序的示意图，图中的数字表示计算的步骤，阴影部分表示未开挖的围岩。

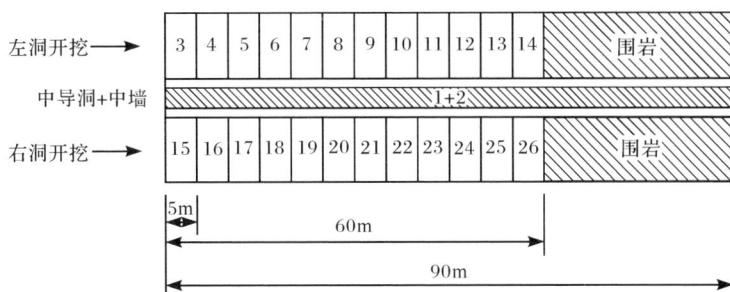

图 8.2　计算模拟工序示意图

8.2　开挖面空间效应分析

孙钧对隧道开挖面的空间效应作了分析，认为隧道开挖面的空间几何效应在纵断面上表现为"半圆穹"约束，在横断面上则表现为"环形"约束，这两种约束方式的联合作用使得开挖面附近一定范围内的围岩体在无支护的情况下得以稳定。开挖面的环向约束效应在某种程度上受纵断面方向"虚拟"支撑力的影响，在横断面上它使洞周围岩与支护结构共同构成的承载拱效应得以加强。这种"半圆穹"面积的大小取决于多种因素，如地应力大小、埋深、洞室截面形状（主要是高跨比）、施工方式等。

"三导洞法"开挖连拱隧道时，导洞开挖引起的群洞效应以及中隔墙的支撑作用，使得开挖面在纵断面和横断面上的约束作用与一般单洞有所不同。本节根据数值计算的结果，从力学计算的角度对连拱隧道开挖面的空间效应进行分析。

8.2.1　左洞围岩变形分析

在距初始开挖面 30m（3D）处作控制截面，在该控制截面左洞拱顶、拱腰位置分别选取关键点。图 8.3、图 8.4 为左洞开挖过程中纵向各截面拱顶沉降和拱腰水平位移随工序的变化规律。

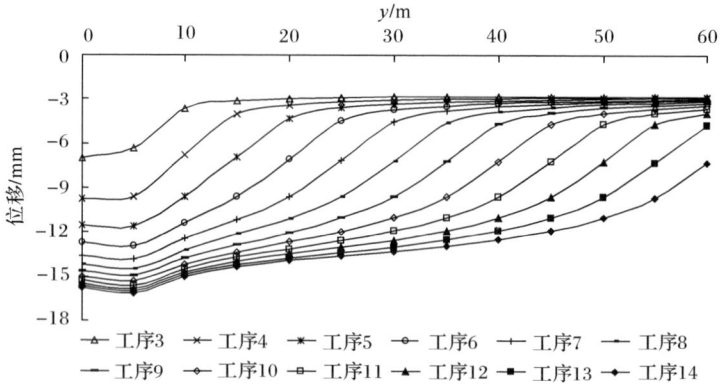

图 8.3　左洞拱顶沉降随工序变化

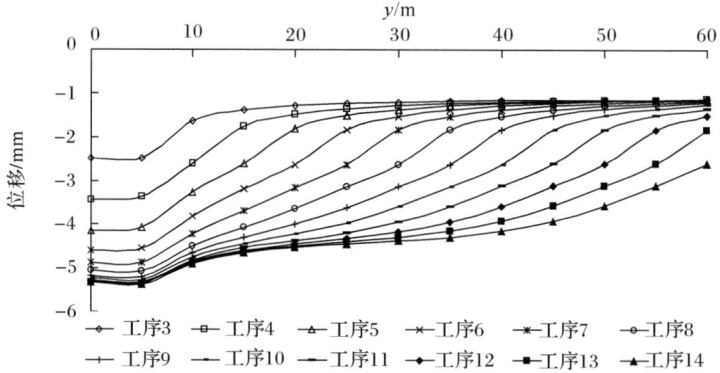

图 8.4　左洞拱腰水平位移随工序变化

由图 8.3、图 8.4 可以看出,各截面拱顶竖向位移和拱腰水平位移均是随掌子面的推进呈增大趋势,由于掌子面对周围岩体的约束作用,掌子面附近围岩的变形最小,掌子面后方距掌子面越远的围岩变形受前方开挖面影响越小。掌子面影响范围约为掌子面前方 1.0 倍的 D 和后方 1.5 倍的 D,这个范围内围岩的变形受开挖面影响较大,超过这个范围的围岩变形趋于稳定。最大变形出现在洞口处附近。

8.2.2　左洞围岩应力分析

图 8.5、图 8.6 为左洞开挖过程中纵向各截面围岩关键点竖向应力随工序的变化情况。

由图 8.5、图 8.6 可以看出,由于开挖过后围岩应力的释放,围岩竖向应力在掌子面通过后有明显的减小。开挖影响范围约为掌子面前方 D 范围和掌子面后

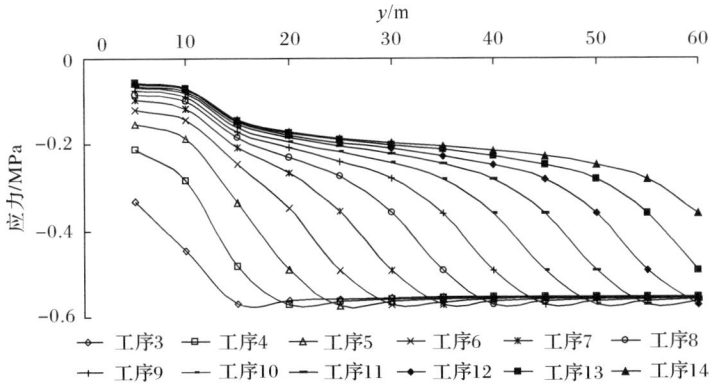

图 8.5　不同工序下左洞拱顶竖向应力

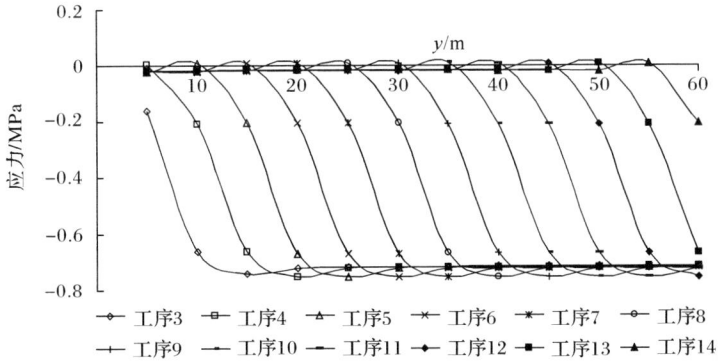

图 8.6　不同工序下左洞拱底竖向应力

方 1.5D 范围,超过这个范围的围岩应力受开挖面影响较小。掌子面附近应力最大,靠近洞口附近围岩应力最小。

8.2.3　控制截面计算结果分析

图 8.7、图 8.8 是左洞开挖时左洞拱顶关键点竖向位移及拱腰关键点水平位移随开挖面推进的变化曲线。

由图 8.7、图 8.8 可以看出,控制面拱顶竖向位移及拱腰水平位移均随掌子面的推进呈增大趋势,将左洞开挖至 60m 处的左洞位移作为最终位移,以中隔墙修建完成后左洞开挖前的位移作为初始位移,则左洞开挖过程中左洞拱顶沉降和拱腰水平位移释放系数见表 8.1。

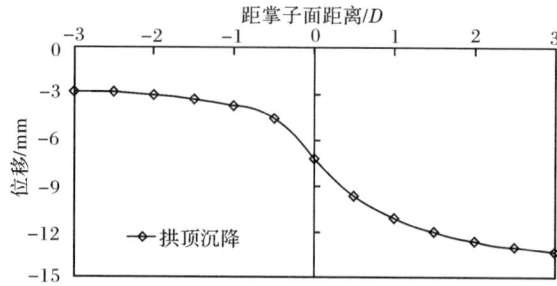

图 8.7　控制截面拱顶竖向位移随开挖面推进变化曲线

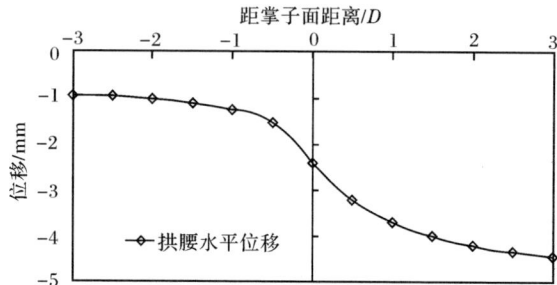

图 8.8　控制截面拱腰水平位移随掌子面推进变化曲线

表 8.1　控制截面围岩变形量

研究面距掌子面间距	位移/mm		位移完成百分比/%		累计位移完成百分比/%	
	拱顶	拱腰	拱顶	拱腰	拱顶	拱腰
−3D	−2.85	−1.15	21.4	26.3	21.4	26.3
−2.5D	−2.85	−1.20	0	1.1	21.4	27.4
−2D	−3.07	−1.27	1.7	1.6	23.1	29.0
−1.5D	−3.35	−1.37	2.1	2.3	25.2	31.3
−D	−3.74	−1.52	3.0	3.4	28.1	34.7
−0.5D	−4.57	−1.84	6.2	7.3	34.3	42.0
0D	−7.18	−2.64	19.7	18.3	54.0	60.3
0.5D	−9.61	−3.14	18.3	11.4	72.3	71.7
D	−11.04	−3.60	10.8	10.5	83.1	82.2
1.5D	−11.93	−3.94	6.7	7.8	89.8	90.0
2D	−12.55	−4.16	4.7	5.0	94.5	95.0
2.5D	−12.98	−4.30	3.2	3.2	97.7	98.2
3D	−13.29	−4.38	2.2	1.8	100.0	100.0

从表 8.1 可以看出,中导洞开挖及中隔墙修建后研究断面的拱顶和拱腰都已产生一部分的先期沉降;拱顶位移完成量达到最大位移的 21.4%,拱腰位移完成量达到最大位移的 26.3%。在左洞开挖后,距掌子面 3D 至 D 范围内,对研究断面位移的影响较小,当掌子面距研究断面−D 时,拱顶沉降完成量达到 28.2%,拱腰位移完成量达到 34.8%;随着掌子面继续推进,距开挖面距离小于 D 后,对研究断面位移的影响明显增大;当掌子面到达研究断面时,拱顶位移完成量达到 54.0%,拱腰位移完成量达到 60.2%;掌子面经过研究断面 1.5D 后,拱顶位移完成量为 89.8%,拱腰位移完成量为 90.1%;超过 1.5D 范围后,左洞开挖对研究断面的影响已经很小。由此可见,受开挖面影响较大的围岩区域为掌子面前方 D(未开挖)和后方 1.5D(已开挖),对于本章建立的模型就是前方 10m 和后方 15m。

8.3　左右洞施工的相互影响分析

在对连拱隧道施工过程进行平面问题的分析时已经看到,连拱隧道左右洞施工中存在着相互干扰:后行洞由于先行洞造成的临空面而产生较大变形;先行洞由于后行洞施工而再次卸载,从而增大作用在支护上的围岩荷载。而通过空间分析可进一步了解在隧道纵深上左右洞施工的相互影响。

图 8.9、图 8.10 为 y=30m 控制截面全部施工过程中拱顶竖向位移及拱腰水平位移随工序的变化规律。

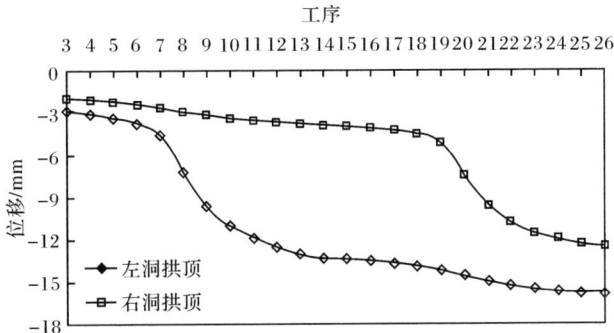

图 8.9　施工过程中左右洞拱顶位移变化

由图 8.9、图 8.10 可以看出,左右洞拱顶位移均随隧道开挖的进行而呈增大趋势。将右洞开挖至 60m 的围岩变形作为最终变形,则在左洞开挖结束后,左洞拱顶沉降完成 83.3%,拱腰水平位移完成 83.9%,右洞拱顶沉降完成 31.2%,拱腰水平位移完成 62.4%;在右洞开挖过程中,左洞拱顶沉降完成 16.7%,拱腰水平位移完成 16.1%,右洞拱顶沉降完成 68.8%,拱腰水平位移完成 37.6%。可见,左右洞开挖分别会对另一侧洞室的围岩变形产生影响,且左洞开挖对右洞造成的影响要大于右洞开挖对左洞的影响。

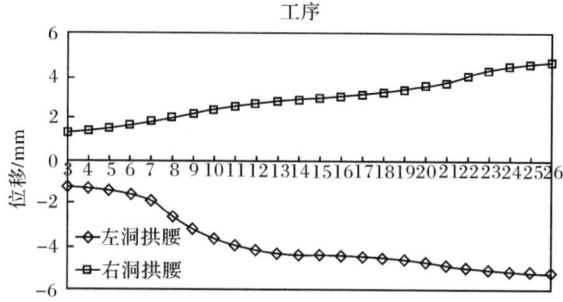

图 8.10　施工过程中左右洞拱腰位移变化

　　现针对右洞开挖过程中左洞控制截面的围岩变形来分析连拱隧道左右洞室施工的相互影响范围。图 8.11、图 8.12 为右洞开挖过程中左洞控制截面围岩变形随右洞掌子面推进的变化规律。

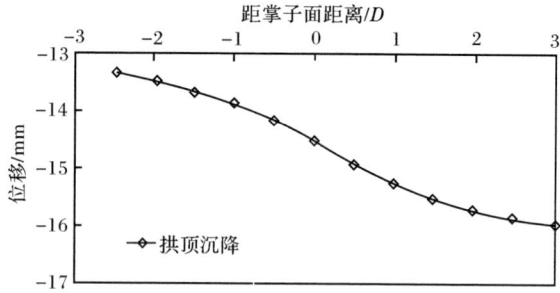

图 8.11　左洞拱顶沉降随右洞掌子面推进变化规律

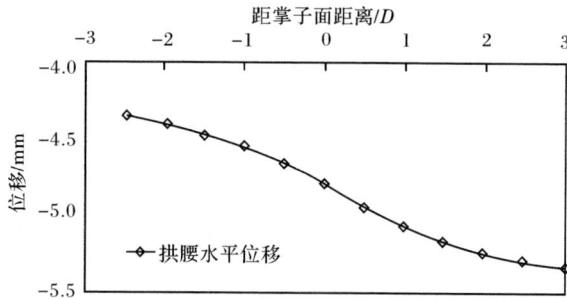

图 8.12　左洞拱腰水平位移随右洞掌子面推进变化规律

　　由图 8.11、图 8.12 可以看出,右洞开挖过程中控制截面围岩变形的变化规律与左洞开挖时类似,仅是变化幅度小于左洞开挖时。围岩变形随掌子面的推进而增大,且在掌子面通过前后一定范围内位移释放较大。受开挖面影响较大的围岩区域约为掌子面前方 D(未开挖)和后方 $1.5D$(已开挖)。

因此,综合考虑两洞开挖面的影响,为了减小开挖面空间效应对围岩应力及变形的影响,避免左右洞影响范围的叠加,在开挖过程中,左右洞掌子面应保持2.5D以上的间距。

8.4　空间效应作用下中隔墙受力变形规律

中隔墙作为双连拱隧道的核心构件,其主要作用是承受围岩传递的压力。它的受力状态稳定与否直接关系到整个隧道结构的稳定,是施工质量的重中之重,也是双连拱隧道区别于其他类型隧道的本质之所在。现针对三维动态施工过程中中隔墙在各施工工序下的受力及变形情况进行分析。

8.4.1　中隔墙受力分析

图 8.13、图 8.14 为施工过程中中隔墙关键点竖向应力及水平应力随工序的变化情况。

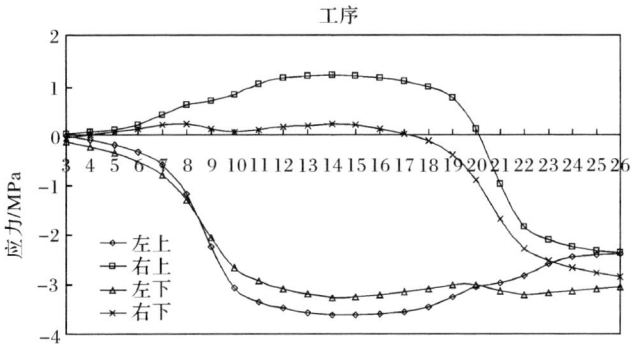

图 8.13　中隔墙控制点竖向应力随工序变化曲线

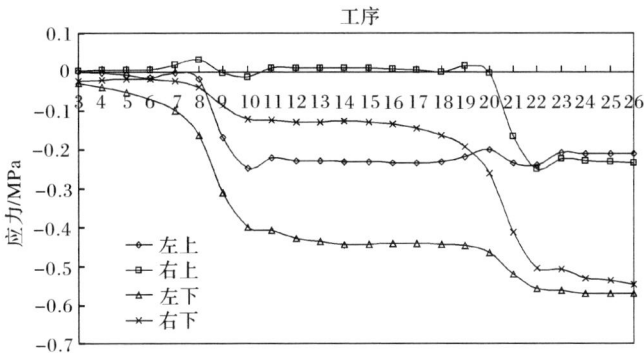

图 8.14　中隔墙控制点水平应力随工序变化曲线

由图 8.13 可以看出,左洞开挖过程中,控制截面中隔墙的竖向应力为左侧受压右侧受拉,且上部应力大于下部应力,关键点的竖向应力随施工过程推进不断增大,在开挖面到达控制截面前后一定范围内应力增长幅度明显增大。控制截面中隔墙左侧上下关键点的压应力值相差不大,而右侧上部关键点的拉应力值明显大于下部关键点的拉应力值,且差值随着左洞的开挖逐渐增大,应力值在左洞开挖结束后达到最大值。右洞开挖后,中隔墙竖向应力开始减小,在右洞掌子面距离控制截面超过 D 时,应力值变化不大,当掌子面距控制截面 D 时,应力值开始明显减小,包括中隔墙左侧的压应力和右侧的拉应力,且中隔墙受力状态变为整体受压,左右两侧应力差值逐渐减小;当掌子面超过控制截面 1.0 倍 D 的距离后,控制截面中隔墙受力趋于稳定。施工结束后,左右两侧上部压应力基本相等,下部压应力也基本相等,下部压应力值大于上部,中隔墙基本处于轴心受压状态。

由图 8.14 可以看出,左洞开挖过程中,控制截面中隔墙的水平应力除右上侧关键点承受轻微的拉应力以外,中隔墙水平方向基本为压应力,且压应力值下部大于上部,左侧大于右侧。右洞开挖后,控制截面中隔墙水平应力开始逐渐减小,且在右洞掌子面通过控制截面前后一定范围内应力值减小幅度最大。掌子面通过控制截面后,中隔墙右上侧的拉应力也变为压应力,中隔墙水平方向变为整体受压状态。施工结束后,左右两侧上部压应力基本相等,下部压应力也基本相等,下部压应力值大于上部,中隔墙水平方向左右受力基本平衡。

现针对控制截面中隔墙中间断面内力的变化情况,分析中隔墙在施工过程中所受的荷载。图 8.15 为控制截面中隔墙内力随工序的变化曲线。各工序下中隔墙的内力值见表 8.2。

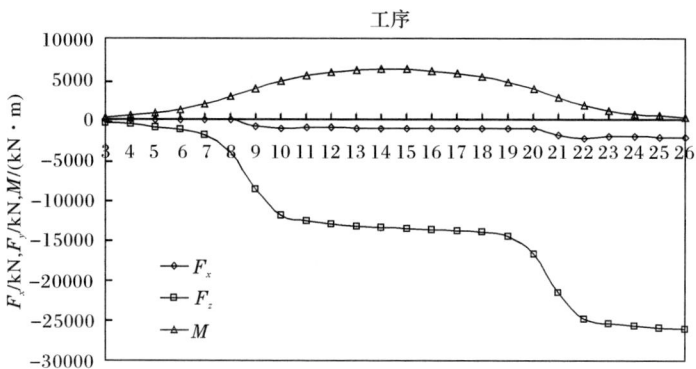

图 8.15　控制截面中隔墙内力随工序的变化曲线

表 8.2　控制截面中隔墙内力

工序	F_x/kN	F_z/kN	M/(kN·m)
2	−68	−395	−18
3	−71	−502	155
4	−90	−711	403
5	−110	−1008	732
6	−153	−1394	1184
7	−105	−2015	1827
8	−160	−4222	2720
9	−879	−8760	3778
10	−1235	−12027	4701
11	−1055	−12714	5329
12	−1104	−13050	5746
13	−1128	−13330	6014
14	−1145	−13527	6201
15	−1149	−13578	6114
16	−1164	−13710	5927
17	−1182	−13855	5648
18	−1219	−14076	5233
19	−1150	−14568	4605
20	−1225	−16809	3699
21	−1999	−21533	2619
22	−2368	−24800	1681
23	−2157	−25328	1054
24	−2214	−25608	647
25	−2238	−25856	384
26	−2256	−26004	211

　　由图 8.15 可以看出,在整个施工过程中,控制截面中隔墙的水平力 F_x 和竖向力 F_z 都随施工过程逐渐增大,且增长主要在掌子面通过控制截面前后一定范围内。以右洞施工结束后的受力状态作为最终受力状态,在左洞掌子面到达控制截面时,中隔墙水平力 F_x 达到最终受力的 6.8%,竖向力 F_z 达到最终受力的 5.4%;左洞掌子面超过控制截面 D 时,中隔墙水平应力达到最终受力的 54.7%,竖向力 F_z 达到最终受力的 46.2%;右洞掌子面到达控制截面时,中隔墙水平力达到最终受力的 54.0%,竖向力 F_z 达到最终受力的 54.1%;右洞掌子面超过控制

截面 D 时,中隔墙水平应力达到最终受力的 105%,竖向力 F_z 达到最终受力的 95.4%。可见,掌子面空间效应对中隔墙内力的影响范围约为掌子面前方(未开挖)D 及后方(已开挖)D 范围。

8.4.2　中隔墙变形分析

施工过程中,由于左右洞的不对称开挖造成中隔墙左右侧荷载的不对称,产生水平的推力,并会使中隔墙产生倾斜。现针对施工过程中中隔墙的倾斜情况来分析左右洞施工对中隔墙稳定性的影响。

1. 控制截面中隔墙变形分析

图 8.16 为控制截面($y=30$m)中隔墙倾斜角随工序的变化曲线。

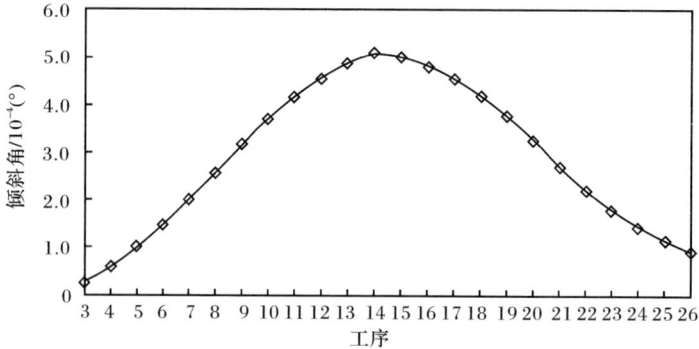

图 8.16　控制截面中隔墙倾斜角随工序变化情况

由图 8.16 可以看出,在左洞开挖过程中,由于左侧岩体卸荷作用,中隔墙产生逆时针方向偏向左洞的倾斜,倾斜角逐渐增大,在左洞开挖结束右洞开挖前,中隔墙倾斜角达到最大,约为 5.11×10^{-4}。右洞开挖后,左右两侧荷载逐渐平衡,中隔墙的倾斜角开始逐渐减小,当右洞开挖至与左洞齐平后,中隔墙仍残留逆时针方向 9.25×10^{-5} 的倾斜角。

2. 中隔墙整体变形分析

右洞开挖后,随着左右洞掌子面间距的减小,中隔墙的倾斜随之减小。不同截面倾斜角的变化值也不同,中隔墙各截面的倾斜角随掌子面间距的变化曲线如图 8.17 所示。

由图 8.17 可以看出,右洞开挖过程中,随着掌子面间距的减小,中隔墙倾斜角逐渐减小,且在右洞掌子面附近中隔墙的倾斜角变化较大,离右洞掌子面较远处的中隔墙倾斜角变化不大。右洞开挖前,洞口处($y=0$m)中隔墙倾斜角为 $5.52\times$

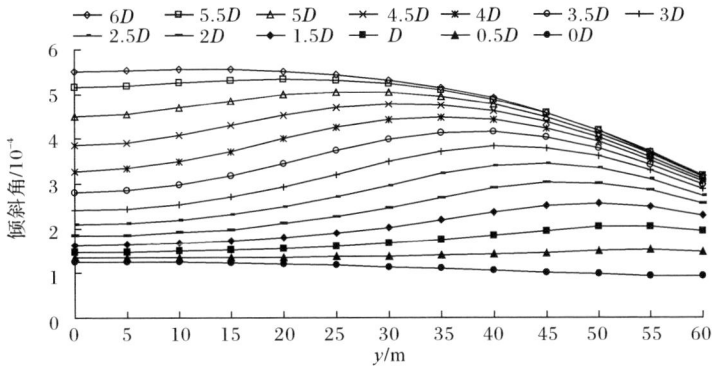

图 8.17　中隔墙倾斜角随掌子面间距变化规律

10^{-4},左洞掌子面处($y=60$m)中隔墙倾斜角为 3.16×10^{-4};右洞开挖至与左洞掌子面齐平后,洞口处($y=0$m)中隔墙倾斜角为 1.24×10^{-4},掌子面处($y=60$m)中隔墙倾斜角为 0.94×10^{-4};表明在施工过程中,中隔墙逆时针方向的倾斜度逐渐减小,至施工结束后,中隔墙仍表现少量的逆时针倾斜,靠近洞口处的中隔墙倾斜度最大,靠近掌子面的中隔墙倾斜度最小。当掌子面间距大于 3D 时,掌子面之间部分断面中隔墙倾斜角接近最大值,因此,综合考虑施工过程中左右洞开挖面空间效应的影响及中隔墙的稳定性,两开挖面合理间距应控制在 2.5D～3D 范围内。

8.5　本章小结

本章采用数值方法对黄土连拱隧道施工过程的空间效应进行分析,主要研究成果如下:

（1）左洞开挖时,受开挖面影响较大的围岩区域为掌子面前方 D 和后方 1.5D。右洞开挖对左洞围岩位移的影响范围约为开挖面前方 D 和后方1.5D。故施工时,右洞开挖面和左洞尚未达到强度要求的二衬之间应保留至少 D 的间距;左右洞掌子面之间应保持至少 2.5D 的间距,以减轻右洞施工对左洞的扰动。

（2）左洞施工时,开挖面后方的中隔墙产生整体逆时针方向向左的倾斜,右洞开始施工后,随着开挖面的推进,中隔墙整体向左的倾斜得到纠正,当右洞施工至与左洞掌子面齐平时,中隔墙仍保留少量向左的倾斜。通过对右洞施工过程中不同掌子面间距下中隔墙的倾斜分析,中隔墙的倾斜变形随着掌子面间距的增大而增大。

（3）综合考虑左洞掌子面空间效应的相互影响及中隔墙的稳定和变形,两开挖面合理间距应控制在 2.5D～3D,即 25～30m。

第9章　黄土连拱隧道动态施工损伤局部化研究

9.1　概　　述

隧道工程开挖造成了围岩内二次应力的集中,应力条件发生了变化,当部分岩体的强度不能满足要求时,就会出现开裂、体胀现象,造成岩体的不可逆损伤,承载能力下降,围岩内应力分布不断演化,最终根据围岩的安全状况可分成三个区:扰动区、损伤区和原岩应力区,而进一步的开挖扰动又会使围岩内的应力进一步恶化,于是,扰动区将向深部扩展,损伤区则向扰动区内延伸,损伤区的内沿则会部分塌落,转变为破坏区。由以上分析可见,在工程施工中,不但要关心这三个区域的最终分区范围和各区域的状态,更应该关心其演化特征,因为只有抓住了其演化特征,才可以通过调整优化开挖和支护的方法和步骤,改变其演化轨迹,而其演化轨迹又决定了最终的分区范围和区域状态。这种环环相扣的因果关系表明,正确全面地把握围岩的安全性状态,特别是开挖过程中围岩安全性的演化特征对于工程安全性分析及开挖和支护方案的优化具有重要的作用。

关于这方面的研究,相关人员做了大量卓有成效的工作。如围岩稳定性分类方法、临界应变准则、位移判别准则、位移速率判别法、能量法、单轴强度判据和应力或应变屈服准则等。其中,前五种方法属于整体安全性层面上的判据,而应力或应变强度分析及相应的强度判据,则属于局部安全性层面上的判据。本章主要探讨局部层面上的安全性评价问题,所以,只对与此相关的方法进行讨论。目前,这类判据中,以单轴抗拉或抗压强度为基础的评价指标应用较多,但这种单轴应力状态下得出的评价指标对于临空面围岩的安全性评价是合适的,对处于复杂应力状态下的内部或掌子面前方的岩体就不合理了;单纯的应力和应变强度准则以弹塑性理论的观点,将围岩分为弹性区和塑性区两部分,给出的信息单一,很难给出塑性区内岩体损伤程度、最可能的破坏区域,以及进一步的开挖扰动对这些区域的损伤演化规律等信息。

针对这些问题,本章通过提出隧道围岩损伤度的定义来描述隧道工程开挖后围岩的扰动区和损伤区的危险程度,并根据围岩损伤度的计算公式和编制的FISH 程序对隧道开挖后的围岩损伤情况进行后处理,得出隧道开挖后围岩损伤度的分布情况。通过研究隧道开挖过程中围岩损伤度的演化规律,得出优化的隧道支护参数和隧道施工方案。

9.2　原状黄土弹塑性损伤本构模型

为了与土力学的有效应力概念相区别,损伤力学中的有效应力在本章中称为等效应力。

根据 Lemaitre 的等效应变假设(hypothesis of strain equivalence),即应力 σ 作用在受损材料上引起的应变与等效应力 $\tilde{\sigma}$ 作用在无损材料上引起的应变等价,可以得出作用在有效面积 $\tilde{A}$(effective area)的等效 Cauchy 应力张量 $\tilde{\sigma}$ 与一般的柯西应力张量 σ 的关系为

$$\tilde{\sigma} = \sigma \cdot \frac{A}{\tilde{A}} = \frac{\sigma}{1-D} \tag{9.1}$$

根据这一原理,受损材料的本构关系可通过无损材料的名义应力得到,即

$$\varepsilon = \frac{\sigma}{\tilde{E}} = \frac{\tilde{\sigma}}{\tilde{E}} = \frac{\sigma}{E(1-D)} \tag{9.2}$$

或

$$\sigma = E(1-D)\varepsilon \tag{9.3}$$

从式(9.2)和式(9.3)可得到受损材料(土)一维状态的等效应力 $\tilde{\sigma}$ 和 Cauchy 应力的关系为

$$\tilde{\sigma} = \frac{\sigma}{1-D} \tag{9.4}$$

由于本章研究的 Q_2 黄土为各向同性土,损伤有效张量为标量形式,则

$$d_\sigma = \frac{1}{1-D} \tag{9.5}$$

根据 Sidoroff 的弹性能量等价假设,即应力作用在受损材料产生的弹性余能与作用在无损材料产生的弹性余能在形式上相同,同时参考 Lemaitre 的等效应变假设概念,可以得到如下表达式。

对于无损材料(土),弹性余能为

$$W^e(\sigma,0) = \frac{1}{2}\sigma^T : C^{-1} : \sigma \tag{9.6}$$

对于损伤材料(土),弹性余能为

$$W^e(\sigma,D) = W^e(\tilde{\sigma},0) = \frac{1}{2}\tilde{\sigma}^T : C^{-1} : \tilde{\sigma} = \frac{1}{2}\sigma^T : \tilde{C}^{-1} : \sigma = d_\sigma W^e(\sigma,0) \tag{9.7}$$

式中,$\tilde{C}^{-1} = \dfrac{C^{-1}}{1-D} = d_\sigma C^{-1}$,$\tilde{C} = (1-D) \cdot C$,其中 C^{-1} 为无损土的弹性柔度张量或矩阵;C 为无损土的刚度张量或矩阵;$\tilde{C}^{-1}$ 为无损土的有效弹性柔度张量或矩阵;$\tilde{C}$ 为损伤土的有效刚度张量或矩阵。

从式(9.7)可得损伤土的弹性应力应变关系普遍公式如下：

$$\varepsilon^{e}=\frac{\partial W(\sigma,D)}{\partial\sigma}=\widetilde{C}^{-1}:\sigma=d_{\sigma}\frac{\partial W^{e}(\sigma,0)}{\partial\sigma} \tag{9.8}$$

9.2.1　应变空间的弹塑性损伤本构模型推导

根据 Ortiz、Simo 及凌建明和孙钧等的理论和试验研究，损伤除了与弹性变形耦合外，还与塑性变形相耦合，损伤引起的不可逆变形也可看成是一种塑性变形。

在建立 Q_2 原状黄土弹塑性损伤本构模型时，作如下假设：①Q_2 原状黄土为各向同性弹塑性材料；②弹性阶段只有初始损伤，损伤不发生演化，不产生附加应变；③土体进入塑性阶段，损伤开始演化并且跟塑性发生耦合。

假设将损伤过程考虑为弹性刚度的劣化，其本构关系与传统的塑性本构关系相类似。已知加载函数为 F，塑性势函数为 Q，确定塑性增量大小的函数为 $d\lambda$，硬化参数为 H，硬化参数 H 的函数为 A_2，从应变空间的塑性力学可得如下公式：

$$F(\varepsilon_{ij},\varepsilon_{ij}^{p},h)=0 \tag{9.9}$$

$$Q(\varepsilon_{ij},\varepsilon_{ij}^{p},h)=0 \tag{9.10}$$

沈珠江(2000b)，考虑损伤和塑性状态的自由能余函数 φ 为

$$\varphi=\frac{1}{2}\sigma:\widetilde{C}^{-1}:\sigma+\sigma:\varepsilon^{p}-\Theta(q,\varepsilon^{p}) \tag{9.11}$$

式中，$\Theta(q,\varepsilon^{p})$ 为塑性耗散能相联系的势函数，其中，q 为有关的塑性内变量，ε^{p} 为塑性应变张量；$\widetilde{C}^{-1}$ 为损伤土的有效柔度矩阵。

由式(9.11)可得

$$\varepsilon=\frac{\partial\varphi}{\partial\sigma}=\widetilde{C}^{-1}:\sigma+\varepsilon^{p} \tag{9.12}$$

也可以表示为

$$\sigma=\widetilde{C}(\varepsilon-\varepsilon^{p}) \tag{9.13}$$

由式(9.13)可以推出弹塑性损伤的应力-应变增量形式为

$$d\sigma_{ij}=\widetilde{C}_{ijkl}(d\varepsilon_{kl}-d\varepsilon_{kl}^{p})+d\widetilde{C}_{ijkl}(\varepsilon_{kl}-\varepsilon_{kl}^{p}) \tag{9.14}$$

式中，$\widetilde{C}$ 为有效刚度矩阵。

根据伊留辛公式得到应变空间的相关流动法则为

$$d\sigma_{ij}^{p}=d\lambda\frac{\partial F}{\partial\varepsilon_{ij}} \tag{9.15}$$

对于非相关联流动法则，引入一个塑性势函数 $Q(\varepsilon_{ij},\varepsilon_{ij}^{p},h)$，则可得

$$d\sigma_{ij}^{p}=d\lambda\frac{\partial Q}{\partial\varepsilon_{ij}} \tag{9.16}$$

此外，根据沈珠江(2000b)，式(9.16)可以写为

$$d\varepsilon_{ij}^{p} = \tilde{C}_{ijkl}^{-1} d\sigma_{kl}^{p} = d\lambda \, \tilde{C}_{ijkl}^{-1} \left(\partial Q / \partial \varepsilon_{kl}\right) \tag{9.17}$$

式中：C_{ijkl}^{-1} 为弹性柔度矩阵。

根据相容性条件

$$dF = \left(\frac{\partial F}{\partial \varepsilon_{ij}}\right) d\varepsilon_{ij} + \left(\frac{\partial F}{\partial \varepsilon_{ij}^{p}}\right) d\varepsilon_{ij}^{p} + \frac{\partial F}{\partial h}\frac{dh}{dW^{p}}\sigma_{ij} d\varepsilon_{ij} = 0 \tag{9.18}$$

把式(9.14)和式(9.17)代入式(9.18)可得塑性损伤因子 $d\lambda$ 为

$$d\lambda = \frac{\tilde{C}_{ijkl}\dfrac{\partial F}{\partial \varepsilon_{kl}} d\varepsilon_{kl} + \dfrac{\partial F}{\partial \varepsilon_{kl}} d\, \tilde{C}_{ijkl}\left(\varepsilon_{kl} - \varepsilon_{kl}^{p}\right)}{-\dfrac{\partial F}{\partial \varepsilon_{ij}^{p}}\dfrac{\partial Q}{\partial \varepsilon_{kl}} - \dfrac{\partial F}{\partial h}\dfrac{dh}{dW^{p}}\tilde{C}_{abcd}\varepsilon_{ab}^{e}\dfrac{\partial Q}{\partial \varepsilon_{cd}} + \dfrac{\partial F}{\partial \varepsilon_{ij}}\dfrac{\partial Q}{\partial \varepsilon_{kl}}} \tag{9.19}$$

式(9.19)也可以写为

$$d\lambda = \frac{\tilde{C}_{ijkl}\dfrac{\partial F}{\partial \varepsilon_{kl}} d\varepsilon_{kl} + \dfrac{\partial F}{\partial \varepsilon_{kl}} d\, \tilde{C}_{ijkl}\left(\varepsilon_{kl} - \varepsilon_{kl}^{p}\right)}{A_2 + \dfrac{\partial F}{\partial \varepsilon_{ij}}\dfrac{\partial Q}{\partial \varepsilon_{kl}}} \tag{9.20}$$

其中，A_2 表达式为

$$A_2 = -\frac{\partial F}{\partial \varepsilon_{ij}^{p}}\frac{\partial Q}{\partial \varepsilon_{kl}} - \frac{\partial F}{\partial h}\frac{dh}{dW^{p}}\tilde{C}_{abcd}\varepsilon_{ab}^{e}\frac{\partial Q}{\partial \varepsilon_{cd}} \tag{9.21}$$

把式(9.19)代入式(9.17)，并进一步代入式(9.14)，可以得到应变空间的弹塑性损伤增量关系为

$$d\sigma_{ij} = \tilde{C}_{ijkl}\left[d\varepsilon_{kl} - \frac{\tilde{C}_{ijkl}\dfrac{\partial F}{\partial \varepsilon_{kl}} d\varepsilon_{kl} + \dfrac{\partial F}{\partial \varepsilon_{kl}} d\, \tilde{C}_{ijkl}\left(\varepsilon_{kl} - \varepsilon_{kl}^{p}\right)}{-\dfrac{\partial F}{\partial \varepsilon_{ij}^{p}}\dfrac{\partial Q}{\partial \varepsilon_{kl}} - \dfrac{\partial F}{\partial h}\dfrac{dh}{dW^{p}}\tilde{C}_{abcd}\varepsilon_{ab}^{e}\dfrac{\partial Q}{\partial \varepsilon_{cd}} + \dfrac{\partial F}{\partial \varepsilon_{ij}}\dfrac{\partial Q}{\partial \varepsilon_{kl}}}\tilde{C}_{ijkl}^{-1}\frac{\partial Q}{\partial \varepsilon_{kl}}\right]$$

$$+ d\, \tilde{C}_{ijkl}\left(\varepsilon_{kl} - \varepsilon_{kl}^{p}\right)$$

$$= \left[\tilde{C}_{ijkl} - \frac{\tilde{C}_{ijkl}\dfrac{\partial F}{\partial \varepsilon_{kl}}\dfrac{\partial Q}{\partial \varepsilon_{kl}}}{-\dfrac{\partial F}{\partial \varepsilon_{ij}^{p}}\dfrac{\partial Q}{\partial \varepsilon_{kl}} - \dfrac{\partial F}{\partial h}\dfrac{dh}{dW^{p}}\tilde{C}_{abcd}\varepsilon_{ab}^{e}\dfrac{\partial Q}{\partial \varepsilon_{cd}} + \dfrac{\partial F}{\partial \varepsilon_{ij}}\dfrac{\partial Q}{\partial \varepsilon_{kl}}}\right]d\varepsilon_{kl}$$

$$+ \left\{d\, \tilde{C}_{ijkl} - \frac{\dfrac{\partial F}{\partial \varepsilon_{ij}}\dfrac{\partial Q}{\partial \varepsilon_{kl}} d\, \tilde{C}_{ijkl}\left(\varepsilon_{kl} - \varepsilon_{kl}^{p}\right)}{-\dfrac{\partial F}{\partial \varepsilon_{ij}^{p}}\dfrac{\partial Q}{\partial \varepsilon_{kl}} - \dfrac{\partial F}{\partial h}\dfrac{dh}{dW^{p}}\tilde{C}_{abcd}\varepsilon_{ab}^{e}\dfrac{\partial Q}{\partial \varepsilon_{cd}} + \dfrac{\partial F}{\partial \varepsilon_{ij}}\dfrac{\partial Q}{\partial \varepsilon_{kl}}}\right\}\left(\varepsilon_{kl} - \varepsilon_{kl}^{p}\right)$$

$$= \left(\tilde{C}_{ijkl}^{e} - \tilde{C}_{ijkl}^{p}\right)d\varepsilon_{kl} + \left(d\, \tilde{C}_{ijkl}^{e} - d\, \tilde{C}_{ijkl}^{p}\right)\left(\varepsilon_{kl} - \varepsilon_{kl}^{p}\right)$$

$$= \tilde{C}_{ijkl}^{ep} d\varepsilon_{kl} + d\, \tilde{C}_{ijkl}^{ep}\left(\varepsilon_{kl} - \varepsilon_{kl}^{p}\right) \tag{9.22}$$

式中，$\tilde{C}_{ijkl}^{e} = \tilde{C}_{ijkl}$ 为有效弹性刚度张量或矩阵；

$$\tilde{C}_{ijkl}^{p} = \frac{\tilde{C}_{ijkl}\dfrac{\partial F}{\partial \varepsilon_{kl}}\dfrac{\partial Q}{\partial \varepsilon_{kl}}}{A_2 + \dfrac{\partial F}{\partial \varepsilon_{ij}}\dfrac{\partial Q}{\partial \varepsilon_{kl}}}$$ 为有效塑性刚度张量或矩阵；

$\widetilde{C}^{\mathrm{ep}}_{ijkl} = \widetilde{C}^{\mathrm{e}}_{ijkl} - \widetilde{C}^{\mathrm{p}}_{ijkl}$ 为有效弹塑性刚度张量或矩阵；

$\mathrm{d}\widetilde{C}^{\mathrm{e}}_{ijkl} = \mathrm{d}\widetilde{C}_{ijkl}$ 为有效弹性刚度张量或矩阵的增量；

$$\mathrm{d}\widetilde{C}^{\mathrm{p}}_{ijkl} = \dfrac{\mathrm{d}\widetilde{C}_{ijkl}\dfrac{\partial F}{\partial \varepsilon_{kl}}\dfrac{\partial Q}{\partial \varepsilon_{kl}}}{A_2 + \dfrac{\partial F}{\partial \varepsilon_{ij}}\dfrac{\partial Q}{\partial \varepsilon_{kl}}}$$ 为有效塑性刚度张量或矩阵的增量；

$\mathrm{d}\widetilde{C}^{\mathrm{ep}}_{ijkl} = \mathrm{d}\widetilde{C}^{\mathrm{e}}_{ijkl} - \mathrm{d}\widetilde{C}^{\mathrm{p}}_{ijkl}$ 为有效弹塑性刚度张量或矩阵的增量。

9.2.2　应变空间的损伤演化规律推导

因损伤是不可逆的，类似于 Simo 等提出的能量指标，现定义一个考虑各向同性损伤的应变张量形式的损伤能量指标 $\widetilde{\tau}$(energy norm)：

$$\widetilde{\tau} = \sqrt{\varepsilon : \widetilde{C} : \varepsilon} = \sqrt{\varepsilon_{ij}\widetilde{C}_{ijkl}\varepsilon_{kl}} \tag{9.23}$$

类似于塑性力学，取损伤势函数为

$$G = G(\widetilde{\tau}, \beta_{\mathrm{d}}) = g(\widetilde{\tau}) - L_{\mathrm{d}}(\beta_{\mathrm{d}}) \tag{9.24}$$

式中，$g(\widetilde{\tau})$ 为损伤面函数；L_{d} 为类似于塑性力学的损伤强化参数，是损伤变量的函数；$\beta_{\mathrm{d}} = D$。

损伤条件也类似于塑性力学：

$$\begin{cases} \mathrm{d}G > 0, & \text{后继损伤} \\ \mathrm{d}G = 0, & \text{中性损伤} \\ \mathrm{d}G < 0, & \text{未有损伤} \end{cases} \tag{9.25}$$

后继损伤，即损伤扩大；中性损伤，即应力点在损伤面变化，并不引起损伤扩大，也就是说任何沿损伤面切线方向的应力增量不会改变当前的损伤变量和材料系数值。

由此可见，关键在于根据不同的地质条件，构造一个合理的损伤势函数，当有一个合理的损伤势函数后，就可以根据式(9.21)判断材料(土)的损伤程度。

假定损伤流动方向与损伤势函数的梯度和外法线相同，损伤流动法则为

$$\mathrm{d}D_{ij} = \mathrm{d}\mu \frac{\partial G}{\partial \widetilde{\tau}}\frac{\partial \widetilde{\tau}}{\partial \varepsilon_{ij}} \tag{9.26}$$

式中，$\mathrm{d}\mu$ 为损伤标量因子；$\mathrm{d}D_{ij}$ 为损伤变量的增量，与 $\mathrm{d}\mu$ 有关。D_{ij} 或 $\mathrm{d}\mu$ 由 $\widetilde{\tau}$ 或 ε 的增量产生。设

$$\mathrm{d}\mu = L\mathrm{d}G = L\frac{\partial G}{\partial \widetilde{\tau}}\frac{\partial \widetilde{\tau}}{\partial \varepsilon_{ij}}\mathrm{d}\varepsilon_{ij} \tag{9.27}$$

式中，L 为损伤系数，其值取决于当前的 σ_{ij}，ε_{ij} 和应力加载历史有关，与 $\mathrm{d}\sigma_{ij}$ 无关。

由式(9.26)和式(9.27)得

$$dD_{ij} = L \frac{\partial G}{\partial \varepsilon_{ij}} \frac{\partial G}{\partial \varepsilon_{kl}} d\varepsilon_{kl} \tag{9.28}$$

对式(9.24)的硬化函数求微分得

$$dL_d = \frac{\partial L_d}{\partial D_{ij}} dD_{ij} \tag{9.29}$$

损伤势函数式(9.24)的相容条件为

$$dG = \frac{\partial G}{\partial \varepsilon_{ij}} d\varepsilon_{ij} + \frac{\partial G}{\partial L_d} dL_d = 0 \tag{9.30}$$

把式(9.28)和式(9.29)代入式(9.30)得

$$\frac{1}{L} = -\frac{\partial G}{\partial L_d} \frac{\partial L_d}{\partial D_{ij}} \frac{\partial G}{\partial \varepsilon_{ij}} \tag{9.31}$$

式(9.31)代入式(9.27)得

$$d\mu = -\frac{\dfrac{\partial G}{\partial \varepsilon_{kl}} d\varepsilon_{kl}}{\dfrac{\partial G}{\partial L_d} \dfrac{\partial L_d}{\partial D_{mn}} \dfrac{\partial G}{\partial \varepsilon_{mn}}} \tag{9.32}$$

式(9.32)代入式(9.26),可以得到损伤演化方程为

$$dD_{ij} = -\frac{\dfrac{\partial G}{\partial \varepsilon_{ij}} \dfrac{\partial G}{\partial \varepsilon_{kl}} d\varepsilon_{kl}}{\dfrac{\partial G}{\partial L_d} \dfrac{\partial L_d}{\partial D_{mn}} \dfrac{\partial G}{\partial \varepsilon_{mn}}} \tag{9.33}$$

根据损伤变量的演化方程式(9.33),可推出弹性有效刚度矩阵 $\widetilde{C}$ 的增量方程的表达式如下:

$$[d\widetilde{C}] = -\begin{bmatrix}
2\left(K+\dfrac{4}{3}G\right)(1-D_1)dD_1 & \left(K-\dfrac{2}{3}G\right)[(1-D_1)dD_2+(1-D_2)dD_1] \\
\left(K-\dfrac{2}{3}G\right)[(1-D_1)dD_2+(1-D_2)dD_1] & 2\left(K+\dfrac{4}{3}G\right)(1-D_2)dD_2 \\
\left(K-\dfrac{2}{3}G\right)[(1-D_1)dD_3+(1-D_3)dD_1] & \left(K-\dfrac{2}{3}G\right)[(1-D_2)dD_3+(1-D_3)dD_2] \\
0 & 0 \\
0 & 0 \\
0 & 0 \\
0 & 0 \\
0 & 0 \\
0 & 0 \\
G[(1-D_1)dD_2+(1-D_2)dD_1] & 0 \\
0 & G[(1-D_2)dD_2+(1-D_2)dD_3] \\
0 & 0
\end{bmatrix}$$

$$
\begin{bmatrix}
\left(K-\dfrac{2}{3}G\right)\left[(1-D_1)\mathrm{d}D_3+(1-D_3)\mathrm{d}D_1\right] \\[2mm]
\left(K-\dfrac{2}{3}G\right)\left[(1-D_2)\mathrm{d}D_3+(1-D_3)\mathrm{d}D_2\right] \\[2mm]
2\left(K+\dfrac{4}{3}G\right)(1-D_3)\mathrm{d}D_3 \\[1mm]
0 \\
0 \\
0 \\
0 \\
0 \\
0 \\
0 \\
0 \\
G\left[(1-D_3)\mathrm{d}D_1+(1-D_1)\mathrm{d}D_3\right]
\end{bmatrix}
\tag{9.34}
$$

式中,当 $D_1=D_2=D_3$ 时,即为各向同性损伤土的有效刚度矩阵的增量,K 为体积模量;G 为剪切模量。

9.2.3 加载函数的确定

沈珠江(2000b)中的 B 类曲线来模拟屈服面,即以塑性功为硬化参数的加载函数为

$$
F:c_w\mathrm{pa}\left[\frac{K\bar{p}/\mathrm{pa}}{1-(\eta/M)^m/(1+m)}\right]^{n_1}=W^{\mathrm{pd}}
\tag{9.35}
$$

式中,$\eta=q/p=K\bar{p}/3G\bar{\gamma}$,pa 为大气压,值为 101.325kPa;$c_w$、$n_1$、$m$ 为试验曲线拟合参数;M 为剪缩转向剪胀时的应力比值;W^{pd} 为广义塑性功。

9.2.4 损伤门槛值及损伤屈服函数的确定

1. 损伤门槛值确定

由三轴剪切试验应力-应变曲线可以看出,该 Q_2 黄土在变形初期阶段其应力-应变曲线向下凹,这是由于加载初期阶段黄土处于压密状态,后应力-应变曲线呈直线,此时黄土为弹性变形,体积压缩。随荷载增大,剪应变和体应变增大,黄土的变形呈一定的非线性,在低围压时,当体应变增大到一定程度后不再增大,反而转向减小,即体积膨胀;随轴向应变继续增大,体胀进一步增大,但剪应力增加缓慢;当剪应力达到峰值后剪应力随轴向应变的增大而减小,即发生软化现象。在高围压时,黄土的体积变形一直保持为压缩状态,随着剪应变的增大,体积变形也随之增大,当体积变形增大到一定值后,继续加载体积的变化很小,此时,剪应力出现峰值,然后剪应力随着变形的增加而减小。从试验试样受力后的变化来看,开始试样出现压密,当轴向应变达到一定值时,出现剪切破坏,可以看到试样上有

微裂纹出现,随着轴向应变的进一步增大,当剪应力出现软化后,可以发现裂纹增多、增大,部分微裂纹相继贯通,试样的剪切破坏面逐渐形成,最后发生破坏。

非饱和黄土由于具有较强的结构性,在受荷的初始阶段是弹性变形。随着荷载增大,开始发生损伤,应力-应变曲线开始偏离初始的弹性阶段,由弹性状态过渡到弹塑性状态,称为土体的屈服,最初出现的屈服应力称为初始屈服应力。在不同围压下进行加载时,非饱和黄土体的应力-应变曲线有明显的线弹性阶段,线弹性阶段末端(即为塑性应变开始发生)所对应的应力称为初始屈服应力。

土体在不同围压下加载时,其应力-应变曲线的线弹性阶段末端定义为初始损伤点。根据不同围压下加载时的应力-应变曲线,可以得到各三轴剪切试验初始损伤点的应力状态,即可得到初始损伤的剪应力、剪应变和体积应变,见表 9.1。通过拟合,得到关系式如下:

$$q_{d0} = 1.5343\sigma_3 + 0.599 \tag{9.36}$$

表 9.1　三轴剪切试验初始损伤点的应力状态

围压/100kPa	剪应力/100kPa	体积应变/%	剪应变/%
0.5	1.064	0.145	0.362
1.0	2.231	0.189	0.375
2.0	3.835	0.269	0.648
2.5	4.846	0.489	0.867
3.5	5.595	0.601	0.983

由表 9.1 可知初始损伤点的剪应力与围压的关系,如图 9.1(a)所示。

由表 9.1 可知初始损伤点的剪应变与围压的关系,如图 9.1(b)所示。

通过拟合,得到关系式如下:

$$(\varepsilon_s)_{d0} = 0.291 e^{0.382\left(\frac{\sigma_3}{pa}\right)} \tag{9.37}$$

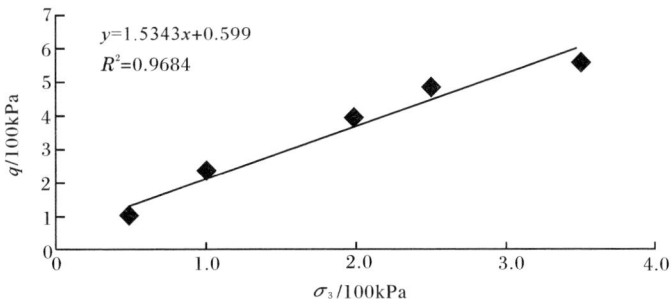

(a) 初始损伤点的剪应力与围压的关系

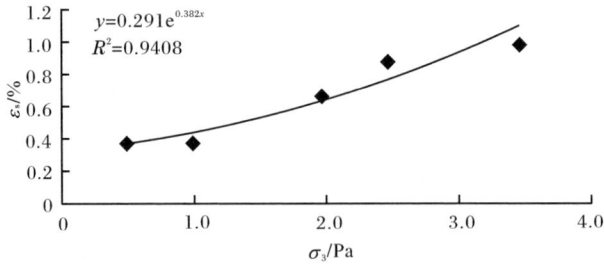

（b）初始损伤点的剪应变与围压的关系

图 9.1　初始损伤点的剪应力、剪应变与围压的关系

2. 损伤势面的确定

三轴剪切回弹试验 q-ε_s 曲线如图 2.35 所示。由图可以得到每一回弹滞回圈的斜率 G 以及回弹时对应的剪应变，见表 9.2。以第一次回弹的 G 为初始的剪切模量，根据前述的损伤变量的定义认为损伤变量的变化为回弹模量的变化，即 $D=1-\dfrac{\widetilde{E}}{E}$，可以得到损伤变量与损伤应变能量之间的关系，如图 9.2 所示。由图 9.2 可以看出，损伤变量与剪应变之间的关系曲线为抛物线，在小应变水平下，损伤不明显或无损伤；应变增大时，损伤变量值增大，直至破坏。

表 9.2　三轴剪切回弹试验每一回弹滞回圈斜率与剪应变关系

回弹剪应力/kPa	100	200	300	400	500	600
回弹模量 G/kPa	1118.800	1069.200	1038.100	1004.800	944.400	441.176
剪应变/%	0.096	0.188	0.282	0.380	0.544	2.510

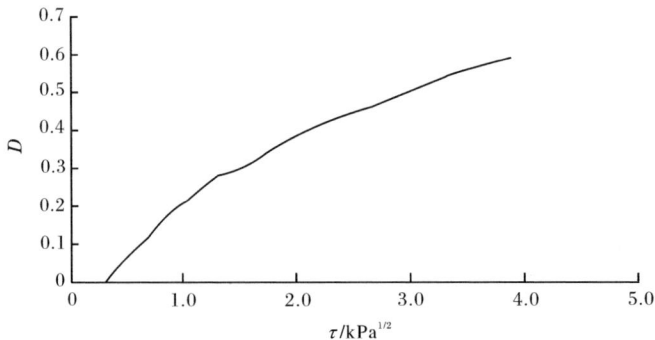

图 9.2　损伤变量 D 与损伤应变能量的关系

根据损伤力学原理,实质上损伤演化曲线反映损伤能量耗散曲线,同时,根据试验,Q_2 黄土在小应变水平时,损伤不明显。根据 Desai 模型、堆砌体模型和赵锡宏模型,给出的损伤势函数的确定方法,损伤屈服面为

$$G: \frac{\tau - \tau_0}{\alpha + \beta(\tau - \tau_0)} - D = 0 \qquad (9.38)$$

式中,τ_0 为损伤初始值;α、β 为试验拟合参数。

9.2.5　损伤本构模型参数的确定

本节建立的弹塑性损伤本构模型的主要参数有 9 个,分别为弹性体积变形模量 K、弹性剪切模量 G;以塑性功为硬化参数的屈服面参数为 c_ω、n_1、m、M;损伤势面参数为 τ_0、α、β。

通过三轴各向等压回弹试验确定体积变形模量 K,得到 K 与 σ_3 的关系式;通过三轴剪切回弹试验确定 Q_2 黄土的弹性剪切模量,同样可以得到 G 与 σ_3 的关系式。

M 为由剪缩转向剪胀时的应力比。对三轴剪切试验进行弹性变形和塑性变形分离,计算出每一应力点的塑性功,作出塑性功的等值线,对等直线用沈珠江(2000b)的 B 类曲线进行拟合,得到试验参数 c_w、n_1、m、M。

根据 9.2.4 节中初始损伤点的确定方法,得到初始损伤点的应力与应变,代入式(9.23)可以得到 τ_0,对损伤变量与损伤应变能量密度关系按照双曲线拟合得到 α、β。

9.2.6　损伤本构模型的验证

通过对三轴剪切试验数据拟合得到部分参数如下:$c_w = 0.0033$;$n_1 = 3$;$m = 0.92$;$M = 1.592$。

通过对三轴剪切试验围压为 $\sigma_3 = 200\text{kPa}$ 条件下进行模型试算并与试验数据拟合得到损伤部分的参数值为:$\tau_0 = 1.803\text{kPa}^{1/2}$,$\alpha = 12.318$,$\beta = 0.432$。

通过式(9.22)、式(9.34)、式(9.35)和式(9.38)可以得到应变空间 Q_2 黄土的弹塑性损伤本构关系,以增量形式求解。

根据上面推导的弹塑性损伤本构关系对三轴剪切试验围压为 $\sigma_3 = 200\text{kPa}$ 进行计算,得到应力-应变计算曲线和试验曲线,如图 9.3 和图 9.4 所示,损伤变量与剪应变的关系如图 9.5 所示。

从计算结果还可以看出,损伤变量在没有达到损伤应变阈值时为零,达到损伤应变阈值后损伤变量开始增长较快,然后增长缓慢,最后土体发生破坏。从损伤的发展过程来看,也可以用损伤变量来表示土体的破坏全过程,即土体中开始出现裂纹,接着发生裂纹开展、贯通,最后发生破坏。损伤变量的大小也即反映了

土体受力后的破坏程度。

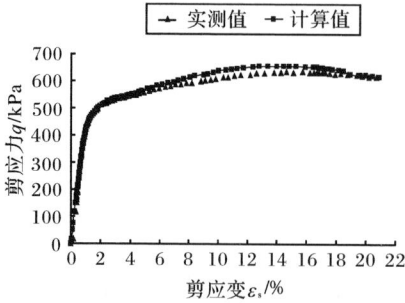

图 9.3　$\sigma_3 = 200\text{kPa}$ 的 q-ε_s 计算与
试验曲线

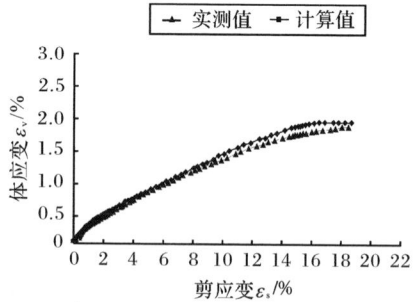

图 9.4　$\sigma_3 = 200\text{kPa}$ 的 ε_v-ε_s 计算与
试验曲线

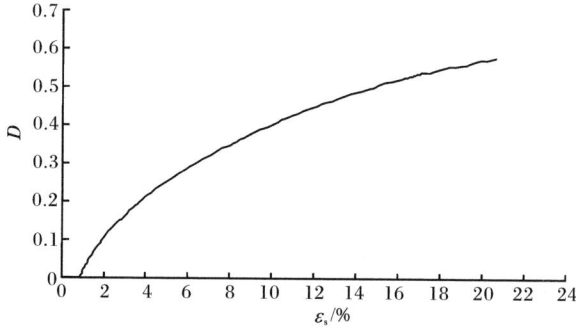

图 9.5　$\sigma_3 = 200\text{kPa}$ 的损伤变量与剪应变的关系

9.3　围岩损伤局部化程序二次开发研究

9.3.1　围岩损伤度概念的提出

损伤是指在外载和环境的作用下，由于材料细观结构的缺陷（如微裂纹、微孔洞等引起的微缺陷成核、扩展、汇合），致使材料宏观力学性能的劣化过程。

随着损伤力学的研究发展，Lemaitre 等学者从岩石材料本身的结构特性出发研究其损伤机理，建立了相应的模型和理论，从而使得岩石损伤力学的研究进一步丰富和发展。20 世纪 80 年代后期，Kyoya 将损伤力学应用到地下洞室的稳定分析中，从而打开了地下工程岩体损伤研究的新纪元，国内外一批学者，Kawamoto、Swoboda、Yang、George、Voyiajis、王芝银、凌建明、李晓、曹志远、王华宁和谢红强等对地下工程围岩损伤进行了相关研究，以便获得围岩失稳的安全判据。

根据大量地下洞室工程的围岩稳定调查以及有关数据分析结果,地下洞室围岩的失稳通常经历以下四种状态的演变:

(1) 洞室开挖前,岩体中含有以断续的非贯通的节理裂隙为主的分布缺陷,即初始损伤。

(2) 洞室开挖时,径向应力逐渐释放,应力状态重新分布,导致洞周围岩主应力差增大,引起某些方向的裂纹开裂、扩展,岩体损伤逐渐累积并派生新的拉张或剪切裂隙而使围岩溃曲。

(3) 洞周收敛变形的增长使扩展裂纹逐步发展,部分初始裂隙相互连接,形成贯通裂隙。

(4) 随着洞室周边位移收敛值的继续增长,各裂纹的宽度和长度都得到发展,并相互连接成贯通的环向和切向裂隙,形成游离的可滑动或下落的不稳定块体;由此,围岩可能产生整体破坏而崩塌失稳。

为了正确全面地把握围岩的安全性状态,特别是开挖过程中围岩安全性的演化特征,前人做出了大量卓有成效的工作。如围岩稳定性分类方法、临界应变准则、位移判别准则、位移速率判别法、能量法、单轴强度判据、应力或应变屈服准则等。其中,前五种方法属于整体安全性层面上的判据,而应力或应变强度分析及相应的强度判据则属于局部安全性层面上的判据。

目前,这类判据中,单轴抗拉或抗压强度为基础的评价指标应用较多,这种单轴应力状态下得出的评价指标对于临空面围岩的安全性评价是合适的,但对处于复杂应力状态下的内部或掌子面前方的岩体,就不合理了;而单纯的应力和应变强度准则以弹塑性理论的观点,将围岩分为弹性区和塑性区两部分,给出的信息单一,而塑性区内岩体损伤程度、最可能的破坏区域,以及进一步的开挖扰动这些区域的演化规律等信息很难给出。

为了能够直观地反映随着隧道的开挖,围岩的损伤程度,即围岩局部安全性问题,根据本章的损伤部分的分析可知,可以通过累计塑性剪应变参数来定义一个评价围岩在隧道开挖过程中围岩损伤程度的指标,称为围岩损伤度(surrounding rock damage degree,SRDD)。

$$\text{SRDD} = \frac{\gamma_t}{\gamma_p} = \frac{\sum\limits_{T=0}^{t} \Delta\varepsilon_s^p}{\sum\limits_{T=0}^{p} \Delta\varepsilon_s^p} \tag{9.39}$$

式中,γ_t 为某一时刻土体单元的累计塑性剪应变,$\gamma_t = \sum \Delta\varepsilon_s^p$;$\gamma_p$ 为土体单元累计塑性剪应变极限值,其通过试验测得。

围岩损伤度 SRDD 为一个 0~1 的值,当 SRDD=0 时,表示围岩处于弹性变形阶段,初始损伤未演化,当 SRDD=1 时,表示围岩已经破坏。

9.3.2　FLAC³ᴰ自定义本构模型的实现

FLAC³ᴰ基于显式有限差分格式,计算过程首先调用运动方程,由初始应力和边界条件计算出新的速度和位移,然后,由速度计算出应变率,进而根据本构方程获得新的应力或力。FLAC³ᴰ本构模型的主要功能就是根据应变增量(应变率)返回新的应力张量。

在编写 Q_2 黄土弹塑性损伤本构模型的 C++文件时,需要定义的材料参数的参数变量如下:弹性体积模量 K:dbulk,剪切模量 G:dshear,泊松比 v:dpoisson,摩擦常数 M:dmm,抗拉强度:dtension,最大弹性体积模量 K_m:dbulkb,基准压力 p_1':dmp1,总体积应变 dev,塑性体积应变 dev_p,剪切应变 des,塑性剪切应变des_p,当前的平均有效应力 dmp,当前的有效偏应力 dmq。

将编写好的头文件 userloess. h 和源文件 userloess. cpp 导入工程文件(. dsw)中,然后经过编译(compile)和链接(link),形成了 Q_2 黄土弹塑性损伤本构模型的动态链接库文件 userloess. dll。

然后将 Q_2 黄土弹塑性损伤本构模型的动态链接库文件 userloess. dll 复制到FLAC³ᴰ的安装目录下。

使用自定义模型时,首先在命令流中使用命令 CONFIG cppudm 对 FLAC³ᴰ进行配置,使其能接收动态链接库文件,然后通过 MODEL load⟨filename⟩命令将自定义本构模型(即动态链接库文件)加载到 FLAC³ᴰ中,这样,FLAC³ᴰ就可以识别出新的模型名和属性名(图 9.6)。同样,在恢复(命令:RESTORE)一个使用自定义模型的文件时,也必须使用 CONFIG cppudm 命令和 MODEL load⟨filename⟩命令。

9.3.3　自定义本构模型与 FLAC³ᴰ自带本构模型的对比研究

本节选择 FLAC³ᴰ中的应变硬化软化模型与自定义本构模型进行对比。在FLAC³ᴰ中进行一个 Q_2 黄土试件的压缩数值模拟试验。试件为圆柱体,径高比为1:2。当围压为 200kPa 时,Q_2 黄土试件的力学参数为:剪切模量 111.88MPa,体积模量 108.75MPa,密度为 17.60kN/m³,黏聚力 c 为 79.834kPa,内摩擦角 φ 为25.55°。

试件模拟结果和试验结果如图 9.7~图 9.12 所示,图 9.7、图 9.8 为应变硬化软化模型模拟结果,图 9.9、图 9.10 为用户自定义模型模拟结果,图 9.11、图 9.12为三轴试验试件的破坏情况。

由图 9.8、图 9.10、图 9.12 的轴向应力与轴向位移的关系曲线可以看出,没有考虑损伤因素的应变硬化软化模型模拟出的 Q_2 黄土的轴向最大应力值与试验值比较,前者值偏大,达到 924kPa,其软化段下降也比较快;考虑了损伤因素的用户

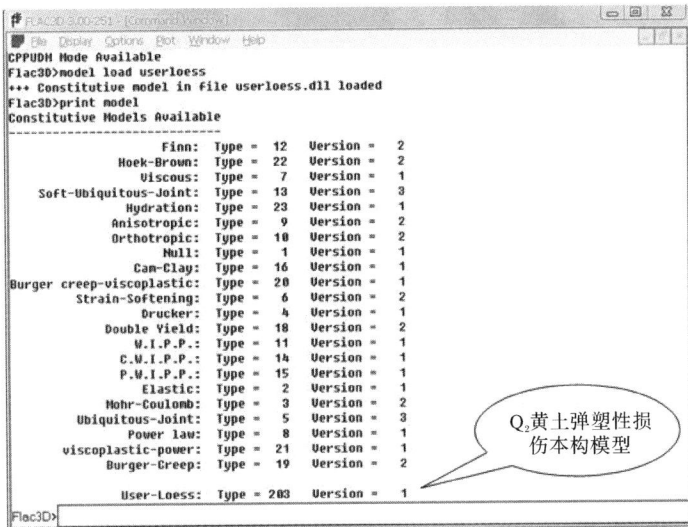

图 9.6　自定义本构模型的配置和加载

自定义模型模拟出的 Q_2 黄土的轴向最大应力值与试验值比较,前者值稍偏大,为 836kPa,但其软化段下降趋势与试验相接近。此外从没有考虑损伤因素的应变硬化软化模型与考虑了损伤因素的用户自定义模型模拟试件的剪切带的形成区域来看,用户自定义模型由于考虑了材料的损伤,其剪切模量随着荷载的增加而劣化,其剪切带的形成区域比应变硬化软化模型模拟结果要宽,剪切带已经贯通与实际原状黄土的三轴试验结果基本接近。由此可见,本节建立的 Q_2 原状黄土弹塑性损伤本构模型能较好地模拟现场 Q_2 原状黄土的力学特性。

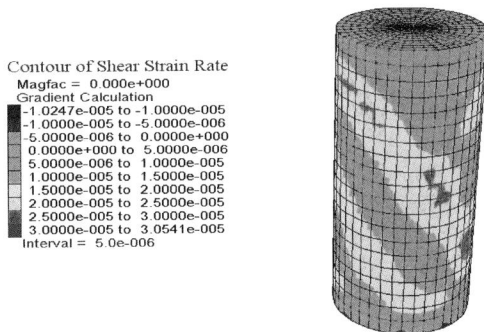

图 9.7　FLAC^{3D} 自带本构模型模拟结果

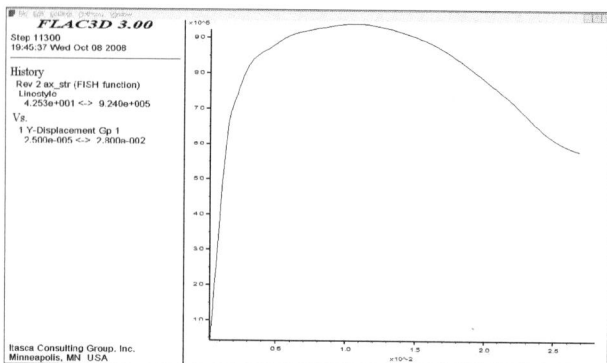

图 9.8　FLAC³ᴰ 自带本构模型计算的轴向应力-轴向位移关系曲线

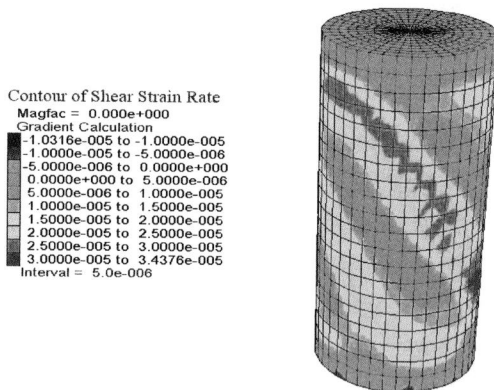

图 9.9　用户自定义本构模型模拟结果

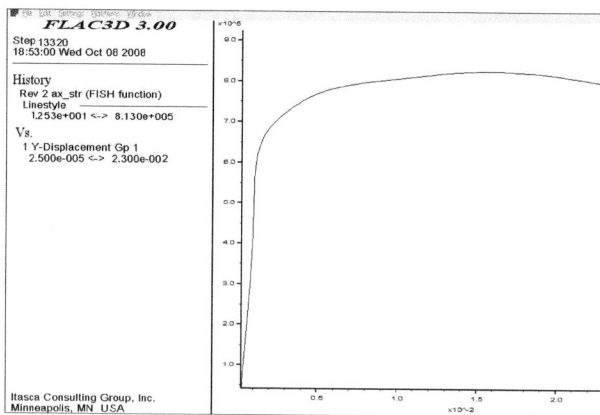

图 9.10　用户自定义本构计算的轴向应力-轴向位移关系曲线

图 9.11　原状黄土三轴试验结果

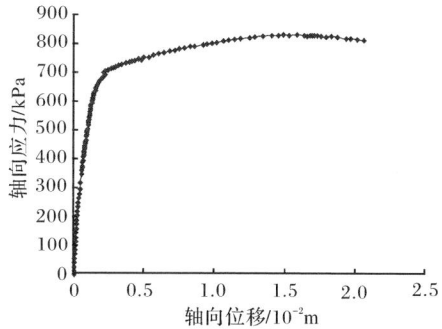

图 9.12　室内试验获得的轴向应力-
轴向位移关系曲线

9.3.4　围岩损伤度计算模块的编制与验证

隧道工程开挖之前,岩体在原岩应力条件下处于平衡状态。隧道工程开挖后,会造成围岩内二次应力的集中,应力条件发生恶化。当部分岩体的强度不能满足要求时,就会出现开裂、大变形现象,造成岩体的不可逆损伤,承载能力下降。围岩内应力分布不断演化,最终根据围岩的安全状况分成了三个区:原岩应力区、扰动区和损伤区。隧道施工中最关心的是对隧道围岩状态的安全评价,根据前面所述,可以用隧道围岩损伤度来判断隧道围岩的安全情况,隧道围岩的损伤度的计算可以用 FISH 语言来编制。

隧道围岩损伤度计算程序编制如下:

```
config zextra 1            ;为 FISH 使用的额外单元体变量
def srdd                   ;定义函数
array ai(6)                ;定义数组
p_z=zone_head              ;单元体首指针
loop while p_z ≠ null      ;开始循环,如果单元指针不为空,执行以下操作
shearnow=1
shearpast=4                ;围岩损伤度计算
if and(z_state(p_z,0),shearnow)=shearnow then
dum=z_fsi(p_z,ai)
s1=z_sig1(p_z)
s2=z_sig2(p_z)
s3=z_sig3(p_z)
wide_q=sqrt(0.5*((s1-s2)*(s1-s2)+(s2-s3)*(s2-s3)+(s3-s1)*(s3-s1)))
z_prop(p_z,'dmq')=wide_q
exx=ai(1)
```

```
eyy＝ai(2)
ezz＝ai(3)
exy＝ai(4)
eyz＝ai(5)
exz＝ai(6)
wide_ps＝sqrt((((exx－eyy) * (exx－eyy)＋(eyy－ezz) * (eyy－ezz)＋(ezz－exx) * (ezz－
exx)＋1.5 * (exy * exy＋eyz * eyz＋exz * exz)) * 2/9.0)
wide_es＝wide_q/z_prop(p_z,ʹshʹ)
ss_srdd＝(wide_ps－wide_es)/((8e－7) * s3－0.0212)
z_extra(p_z,1)＝ss_srdd
else
z_extra(p_z,1)＝0
endif
p_z＝z_next(p_z)
endloop                 ;结束循环
end
srdd                    ;执行计算
sav srdd.sav                ;保存数据文件
plot contour zextra 1       ;绘制 srdd 等值线图
```

为了验证该围岩损伤度后处理模块编制的正确性,对某 Q_2 黄土分离式隧道开挖进行模拟。该隧道上部边界取至地表,左右侧边界各取洞径(直径 8m)的 5 倍即 40m,底部取洞径(直径 8m)的 5 倍即 40m,黄土隧道围岩参数见表 9.3 和表 9.4。

表 9.3　用户自定义本构模型的围岩物理力学参数

参数	密度 /(kg/m³)	体积模量 系数 K_0	剪切模量 系数 G_0	摩擦系数	内摩擦角 /(°)	抗拉强 度/kPa	泊松比
$Q_2$1	1760	386.72	955.13	1.3432	25.55	40	0.3

表 9.4　支护结构物理力学参数

参数	密度 /(kg/m³)	弹性模量 /GPa	黏聚力 /MPa	内摩擦角 /(°)	抗拉强度 /MPa	泊松比	厚度 /m
初衬	2500	23.00	1.616	59.61	1.3	0.20	0.2
仰拱回填	2500	29.50	1.616	59.61	1.3	0.20	0.5
注浆加固圈	2000	0.39	0.100	30.00	0.1	0.18	4.0

数值模拟结果如图 9.13 所示。

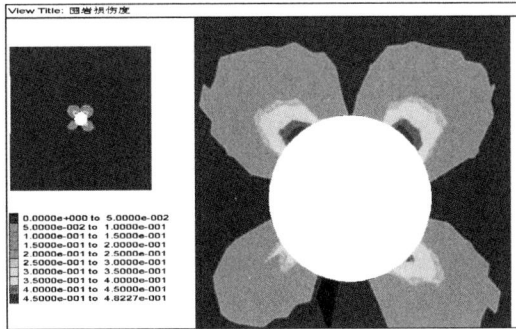

图 9.13　黄土隧道单洞开挖围岩损伤度分布图

由图 9.13 可知,黄土隧道开挖并进行初期支护后,在隧道的左右拱肩和拱脚处会产生损伤区,其中左右拱肩处围岩损伤度较大,由图可知,围岩损伤度最大值为 0.482,围岩损伤度由损伤区内侧向外值逐渐变小,最后为 0,即为原岩应力区。左右拱脚处围岩损伤度较小,最大值为 0.4。通过实例模拟,该用户自定义模型和围岩损伤度后处理模块能较好地反映出黄土隧道动态开挖造成围岩的损伤分布和演化情况,为设计、施工和监测提供参考。

9.4　黄土连拱隧道动态施工损伤局部化数值模拟

9.4.1　黄土连拱隧道施工方案确定

青岛至银川国道主干线山西省汾阳—离石高速公路离石隧道为二车道黄土连拱公路隧道。隧道全长 180m,隧道围岩地层为第四系中更新统离石组(Q_2),岩性为褐黄色黄土(低液限黏土),具柱状节理。隧道在施工中发现隧道大部分段落有偏压现象。该隧道是我国第一条黄土连拱隧道,没有可以借鉴的经验。拟结合该工程实际,开展黄土连拱隧道的施工力学研究。该工程土质较差,估计两洞同时开挖,中隔墙无法确保稳定,决定采用如下施工工艺:隧道的开挖采用三导洞台阶法,即中导洞先行贯通,先施工完中隔墙,两侧导洞滞后,左右洞拉开一定距离,从基础起形成支护环后再开挖中间部分,在施工中坚持"短开挖、强支护、早闭合、衬砌紧跟"的原则,采用大模板台车浇筑二衬混凝土。

本节针对研究区域的Ⅳ级围岩背景下的双连拱隧道提出两种开挖顺序,即三导洞开挖法中的先开左洞和先开右洞两种施工顺序。

两种方案在隧道洞轴方向上的循环开挖步骤如下:

①先开挖中导洞贯通支护,然后贯通浇筑中隔墙;②开挖右(左)导洞 2m,并支护;③开挖左(右)导洞 2m,并支护;④开挖右(左)主洞 2m,并支护;⑤浇筑右

（左）主洞处的仰拱；⑥开挖左（右）主洞 2m；⑦浇筑左（右）主洞处的仰拱；⑧施作右（左）主洞处的二衬；⑨施作左（右）主洞处的二衬；⑩进入下一个循环。每循环间距不超过 5m。

两种施工方案在隧道断面上的具体施工步骤如下。

（1）施工方案Ⅰ：先右洞，后左洞。

主要施工步骤如下：①开挖中导洞并浇筑临时支护；②中隔墙基础加固处理，浇筑中隔墙，布置排水管并进行中隔墙顶部与围岩间压浆密实；③右侧导洞开挖及支护（分上下台阶）；④左侧导洞的开挖及支护（分上下台阶）；⑤右主洞的上台阶开挖、支护；⑥右主洞的下台阶开挖；⑦施筑右洞仰拱；⑧左主洞的上台阶开挖、支护；⑨左主洞的下台阶开挖；⑩施筑左洞仰拱；⑪施作右主洞二次衬砌；⑫施筑左主洞二次衬砌，其施工步骤如图 9.14 所示。

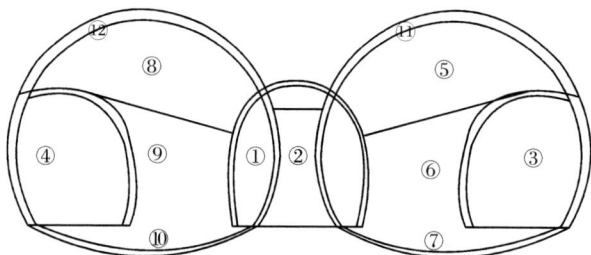

图 9.14 先右洞，后左洞开挖示意图

（2）施工方案Ⅱ：先左洞，后右洞。

主要施工步骤如下：①开挖中导洞并浇筑临时支护；②中隔墙基础加固处理，模注中隔墙，布置排水管并进行中隔墙顶部与围岩间压浆密实；③左侧导洞开挖及支护（分上下台阶）；④右侧导洞的开挖及支护（分上下台阶）；⑤左主洞的上台阶开挖、支护；⑥左主洞的下台阶开挖；⑦施筑左洞仰拱；⑧右主洞的上台阶开挖、支护；⑨右主洞的下台阶开挖；⑩施筑右洞仰拱；⑪施作左主洞二次衬砌；⑫施筑右主洞二次衬砌。其施工步骤如图 9.15 所示。

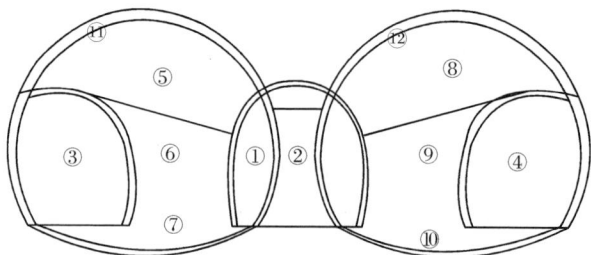

图 9.15 先左洞，后右洞开挖示意图

9.4.2　黄土连拱隧道开挖数值分析

1. 数值模型计算条件

1) 地质模型与计算范围

离石黄土连拱隧道的地质模型如图 9.16、图 9.17 所示,以连拱隧道的中隔墙为中心线的中点为基点,在左右洞外侧分别向外延伸 4 倍洞跨,即 48m,在左右主洞洞顶向上延伸取至地表,在左右主洞洞底向下延伸 4 倍洞高即 33m。沿洞轴方向 60m 范围为计算域,共划分为 68760 单元。

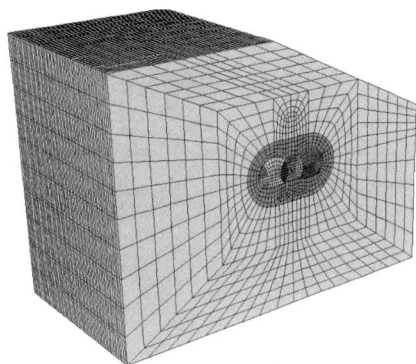

図 9.16　离石黄土连拱隧道的地质　　　図 9.17　离石黄土连拱隧道的地质
　　　　　模型立面图　　　　　　　　　　　　　　模型平面图

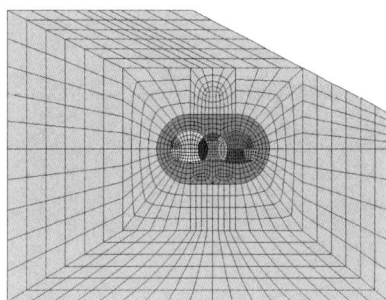

2) 边界条件

隧道的计算荷载边界条件即初始地应力和约束边界条件如图 9.18 所示。

（a）正立面约束条件　　　　　　　　　　　（b）侧立面约束条件

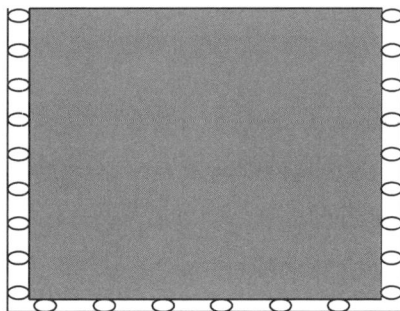

図 9.18　离石黄土连拱隧道边界约束条件

3）黄土连拱隧道数值模型计算参数

Q_2 黄土连拱隧道围岩物理力学参数根据试验资料拟合和隧道设计资料进行确定,根据本构模型的输入要求,用户自定义本构模型的围岩物理力学参数见表9.5。支护结构的物理力学参数依据相关规范和隧道设计资料确定,同时钢拱架根据等效原则来考虑,即提高喷射混凝土的弹性模量来代替钢拱架的作用。另外由于围岩较差,因此通过提高围岩的力学参数来模拟围岩注浆加固。隧道支护结构物理力学参数见表9.6。

表9.5 用户自定义本构模型的围岩物理力学参数

参数	密度/(kg/m³)	体积模量系数 K_0	剪切模量系数 G_0	摩擦系数	内摩擦角/(°)	抗拉强度/kPa	泊松比
Q_2 黄土	1760	386.72	955.13	1.3432	25.55	40	0.3

表9.6 支护结构物理力学参数

参数	密度/(kg/m³)	弹性模量/GPa	轴心抗压强度/MPa	轴心抗拉强度/MPa	泊松比	厚度/m
中隔墙	2500	29.5	11.9	1.27	0.20	—
中隔墙基础	2500	29.5	11.9	1.27	0.20	—
初衬	2500	23.0	—	—	0.20	0.2
二衬	2500	29.5	11.9	1.27	0.20	0.5
仰拱回填	2500	29.5	11.9	1.27	0.20	0.5
注浆加固圈	2000	0.39	0.1	0.10	0.18	4.0

锚杆的加固作用通过 FLAC³ᴰ 内的锚杆单元进行模拟,根据 FLAC³ᴰ 手册可知,锚杆参数的计算如下。

（1）锚杆与锚固体的黏结系数 K_{bond}（单位：N/m^2）。

$$K_{bond} = \frac{2\pi G}{10\ln(1+2t/D)} \tag{9.40}$$

式中,G 为砂浆的剪切模量；D 为钢筋直径；t 为锚固体厚度。

（2）锚固体与周围媒介的黏结系数 S_{bond}（单位：N/m）。

$$S_{bond} = \pi(D+2t)\tau_{peak} \tag{9.41}$$

通过计算可得锚杆的物理力学参数见表9.7。

表9.7 锚杆的物理力学参数

参数	密度/(kg/m³)	弹性模量/GPa	K_{bond}/MPa	S_{bond}/(kN/m)	直径/mm
锚杆	7700	210	10	329.7	22

2. 施工方案 I 动态开挖围岩损伤局部化分析

根据施工方案 I 的施工步序,即先开挖右洞后开挖左洞,进行黄土连拱隧道的动态施工损伤局部化数值模拟。该模拟为三维分析,考虑了开挖进深的影响,中导洞和中隔墙为贯通开挖和浇筑,根据 Q_2 黄土的变形特性,每次开挖步长限定为 2m,本节选择 K71+825 断面进行研究。根据模拟结果分析如下。

1) 贯通开挖中导洞并支护

中导洞贯通开挖后并进行支护,由图 9.19 可知,中导洞的左右拱肩和拱脚处围岩出现损伤区。由于存在偏压,左侧拱脚处围岩损伤范围比较广,围岩损伤度最大达到 0.38,右侧拱脚处围岩损伤度小些,最大损伤度为 0.33。

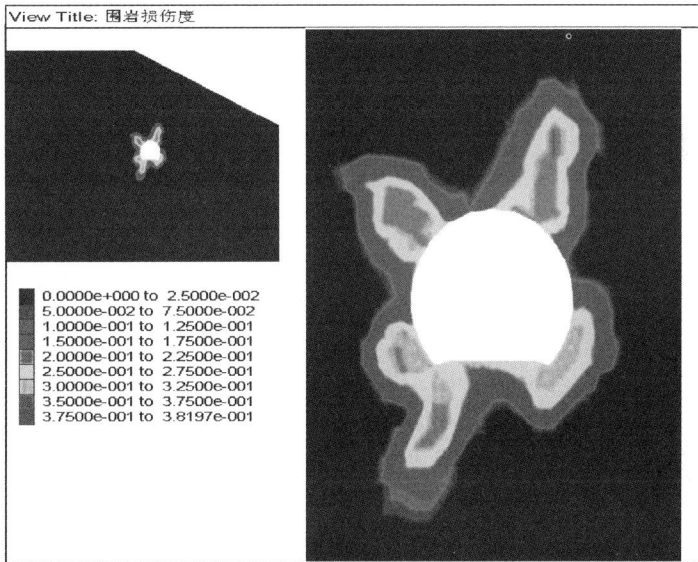

图 9.19　中导洞开挖围岩损伤度分布图

2) 中隔墙浇筑

中导洞开挖支护后进行浇筑中隔墙,并布置好排水管道和对中隔墙顶进行灌浆浇筑。根据图 9.20 可知,浇筑中隔墙并对中隔墙顶进行压浆浇筑后,围岩变形的同时进行应力重分布,中导洞处围岩没有出现损伤区,围岩损伤度为 0。

3) 右导洞上台阶开挖及支护

由图 9.21 分析可知,进行右导洞上台阶开挖后,围岩应力再次进行重分布,在中导洞右侧拱肩处出现损伤区,围岩损伤度最大为 0.339;右导洞与中导洞之间的土柱成为承重体,在中下部围岩出现较大的损伤区,损伤度最大达到 0.325。右导洞的左侧围岩受偏压的影响,受力比左侧大,其损伤区也大,损伤度最大为 0.325。

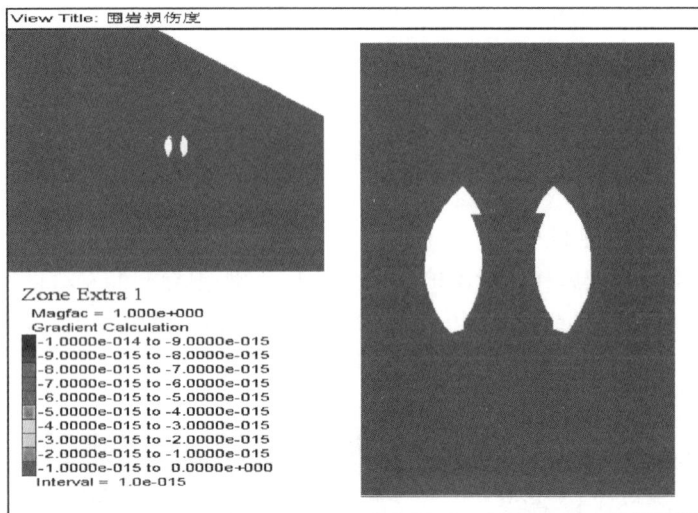

图 9.20　中隔墙浇筑围岩损伤度分布图

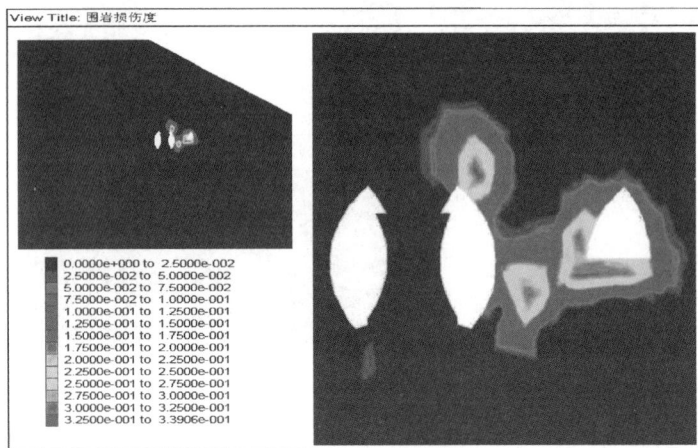

图 9.21　右导洞上台阶开挖及支护围岩损伤度分布图

4）右导洞下台阶开挖及支护

由图 9.22 可知,在右侧导洞全部开挖并支护后,中导洞左右侧拱肩处出现损伤区,中导洞左侧围岩损伤区较小,损伤值也较小,最大为 0.125,中导洞右侧围岩损伤区较大。此外右导洞与中导洞之间的土柱成为承重体,其损伤区域逐渐变大,损伤度最大为 0.330。

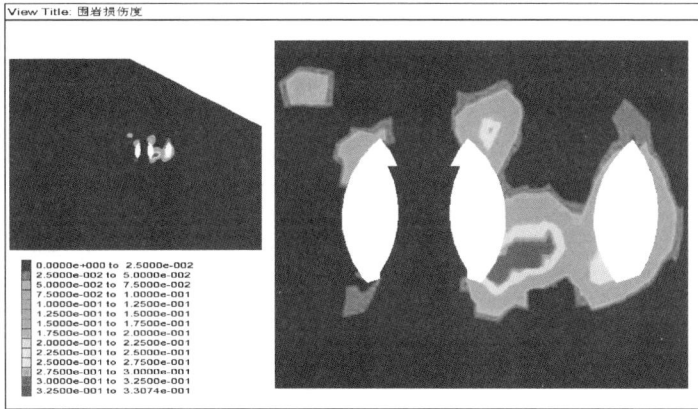

图 9.22　右导洞下台阶开挖及支护围岩损伤度分布图

5）左导洞的上台阶开挖及支护

由图 9.23 可知,进行左导洞的上台阶开挖与支护后,右导洞的左侧拱肩处围岩没有出现损伤区,但是左导洞与中导洞之间的土柱体下部围岩损伤区扩大,围岩损伤度增大。左导洞的右侧拱肩处围岩损伤区较大,几乎形成一片,损伤度最大为 0.344。

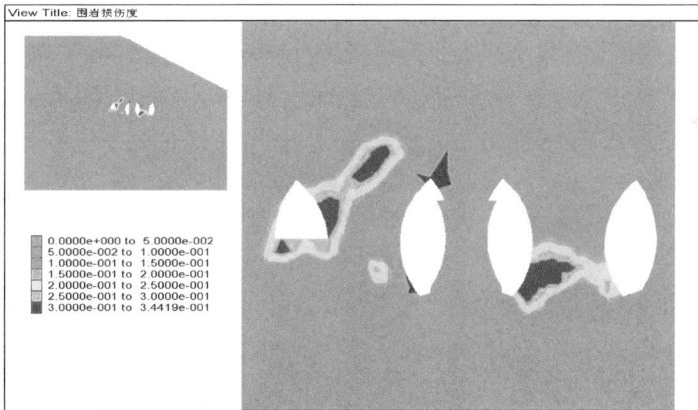

图 9.23　左导洞的上台阶开挖及支护围岩损伤度分布图

6）左导洞的下台阶开挖及支护

由图 9.24 可知,进行左导洞的下台阶开挖并进行支护后,右导洞和中导洞的拱肩的左右侧均出现损伤区。从分析来看,右导洞与中导洞之间的围岩损伤区进一步扩大,损伤度增加,最大达到 0.34。左导洞支护处围岩损伤区缩小,但在中导洞左侧的拱肩和拱脚处围岩损伤区扩大,围岩损伤度增大,最大达到 0.342。

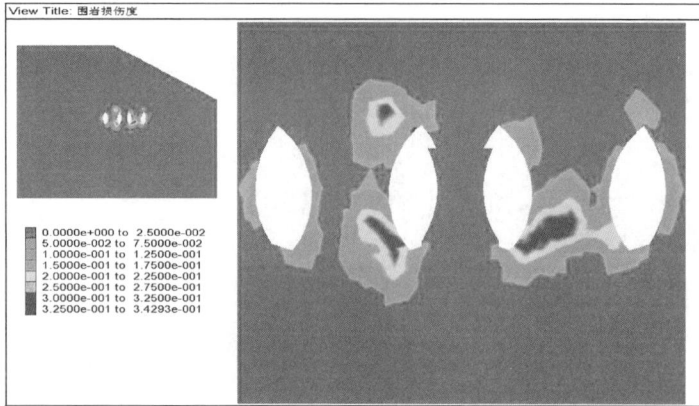

图 9.24　左导洞的下台阶开挖及支护围岩损伤度分布图

7) 右主洞的上台阶开挖及支护

由图 9.25 可知,进行右主洞开挖和施筑初期支护后,上部岩土体由右主洞的初期支护和中隔墙共同承担,并通过中隔墙传递到下部岩体。在右主洞的左侧拱肩出现损伤区,其围岩损伤度从内侧的 0.35 向外逐渐减小。在右主洞的左侧初期支护附近围岩出现损伤区,围岩损伤度值从内侧的 0.2 向外逐渐减小。此外,中隔墙由于承担右主洞支护传来的力,在中隔墙的底部左右两侧出现损伤区,但围岩损伤度不大,最大为 0.25。左导洞与中导洞之间的土柱下部也出现损伤区,损伤区也较小。

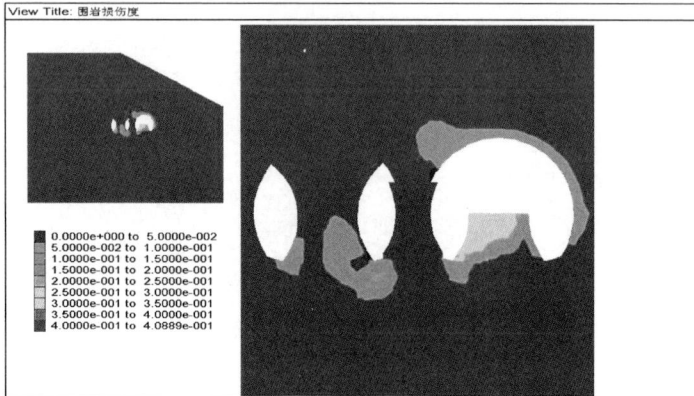

图 9.25　右主洞上台阶开挖及支护围岩损伤度分布图

8) 右主洞的下台阶开挖及仰拱施筑

由图 9.26 可知,进行右主洞的下台阶开挖和仰拱施筑后,右主洞的左拱肩处损伤区变小,右侧拱肩处损伤区基本保持不变。但是右主洞的左、右拱脚处损伤区扩大,左拱脚处围岩损伤度最大达到 0.34。由于没有右洞下台阶核心土的影响,中隔墙左侧底部的损伤区扩大,损伤度也由原来的 0.25 增大到 0.325。左导洞与中导洞之间的土柱下部的损伤区也在扩大,损伤度也增大到 0.34。

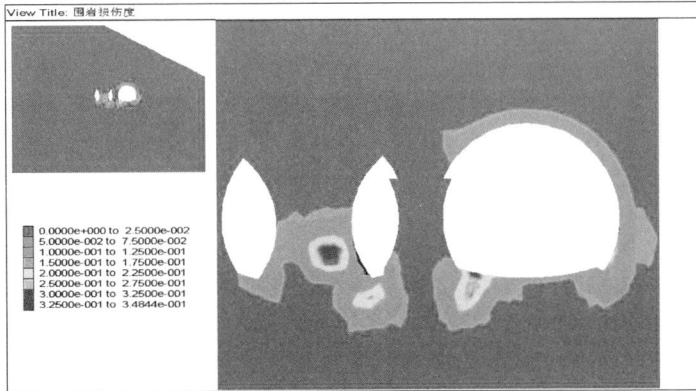

图 9.26 右主洞下台阶开挖及仰拱施筑围岩损伤度分布图

9) 左主洞的上台阶开挖及支护

由图 9.27 可知,进行左主洞的上台阶开挖后,围岩应力进行大的调整,右主洞的围岩损伤区基本消失,只在中隔墙底部右侧出现较小的损伤区,损伤度最大值为 0.1。而左主洞的右侧拱肩围岩出现较大的损伤区,其值由内侧的 0.35 向外逐渐减小。左主洞的左侧拱脚处围岩也出现较大区域的损伤区,但是损伤度不大。

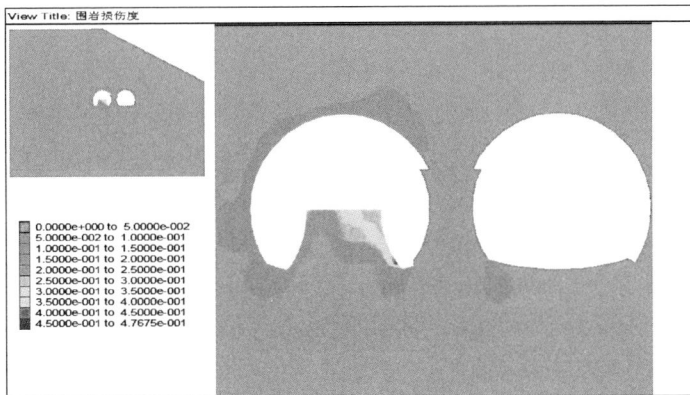

图 9.27 左主洞的上台阶开挖及支护围岩损伤度分布图

10) 左主洞的下台阶开挖及仰拱施筑

由图 9.28 可知,进行左主洞的下台阶开挖后,围岩应力再次进行重分布,在中隔墙底部的左右侧围岩分别出现损伤区,损伤度最大为 0.2,在右洞的右侧拱脚处围岩也出现较小的损伤区,但损伤度较小。左主洞的左拱脚处围岩损伤区进一步扩大和损伤度增大,最大达到 0.328。

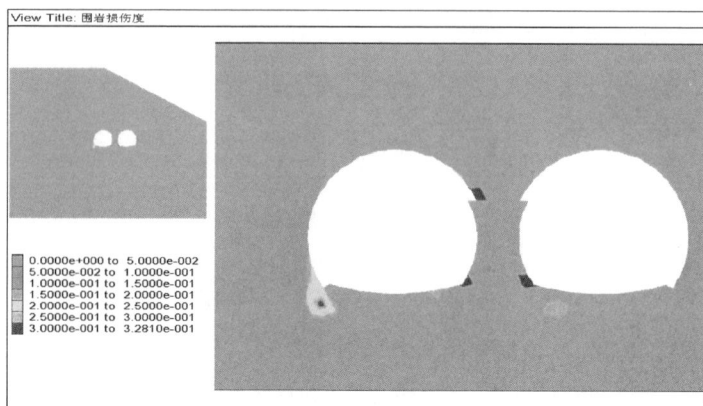

图 9.28　左主洞的下台阶开挖及仰拱施筑围岩损伤度分布图

11) 施筑右主洞二次衬砌

由图 9.29 可知,进行右主洞的二次衬砌后,右主洞和左主洞处的围岩损伤区缩小,中隔墙底部的左右侧围岩仍然出现损伤区,左主洞的左侧拱脚和主洞左侧支护处围岩还存在损伤区。

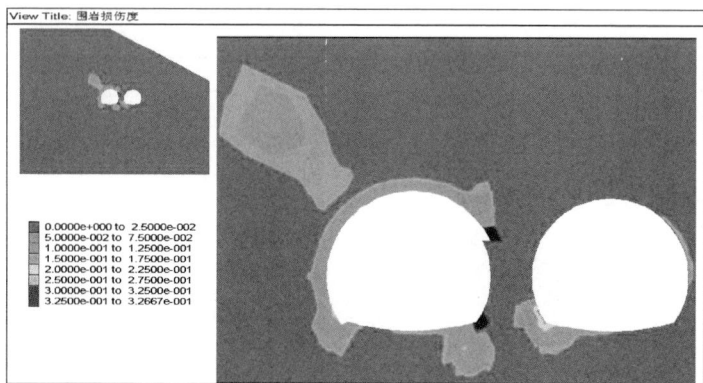

图 9.29　右主洞施筑二次衬砌围岩损伤度分布图

12) 施筑左主洞二次衬砌

由图 9.30 可知,进行左主洞二次衬砌施筑后,左右主洞衬砌均形成闭合的环,中隔墙承担主要的荷载,在中隔墙底部的左右侧围岩损伤区扩大,围岩损伤度最大值由原来的 0.175 增大到 0.23。由于偏压的影响,左主洞的右拱肩处围岩仍然存在损伤区,但损伤度不大。

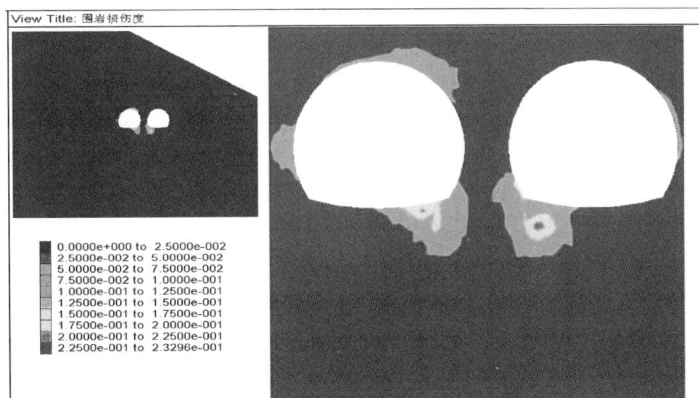

图 9.30　施筑左主洞二次衬砌围岩损伤度分布图

3. 施工方案Ⅱ动态开挖围岩损伤局部化分析

根据施工方案Ⅱ的施工步序,即先开挖左洞后开挖右洞,进行黄土连拱隧道的动态施工损伤局部化数值模拟。该模拟为三维分析,考虑了开挖进深的影响,中导洞和中隔墙为贯通开挖和浇筑,根据 Q_2 黄土的力学特性,每次开挖步长限定为 2m,本节选择 K71+825 断面进行研究。根据模拟结果分析如下。

1) 贯通开挖中导洞并支护

中导洞贯通开挖后并进行支护,由图 9.31 可知,中导洞的左右拱肩和拱脚处围岩出现损伤区。由于存在偏压,左侧拱脚处围岩损伤范围比较广,围岩损伤度最大达到 0.382,右侧拱脚处围岩损伤度值小些,损伤度最大为 0.325。

2) 中隔墙浇筑

中导洞开挖支护后进行浇筑中隔墙,并布置好排水管道和对中隔墙顶进行灌浆浇筑。根据图 9.32 可知,浇筑中隔墙并对中隔墙顶进行压浆浇筑后,围岩变形的同时进行应力重分布,中导洞处围岩没有出现损伤区,围岩损伤度为 0。

3) 左导洞上台阶开挖及支护

由图 9.33 分析可知,进行左导洞上台阶开挖后,围岩应力再次进行重分布,在左导洞右侧拱肩处围岩出现较大的损伤区,围岩损伤度最大为 0.342;左导洞与中导洞之间的土柱成为承重体,在中上部和底部围岩出现较大的损伤区,上部损伤区基本上与左导洞的右拱肩处损伤区连成片,损伤度最大达到 0.342。左导洞的左侧围岩也出现损伤区,但围岩损伤度较小,只在左侧拱腰处围岩损伤度为

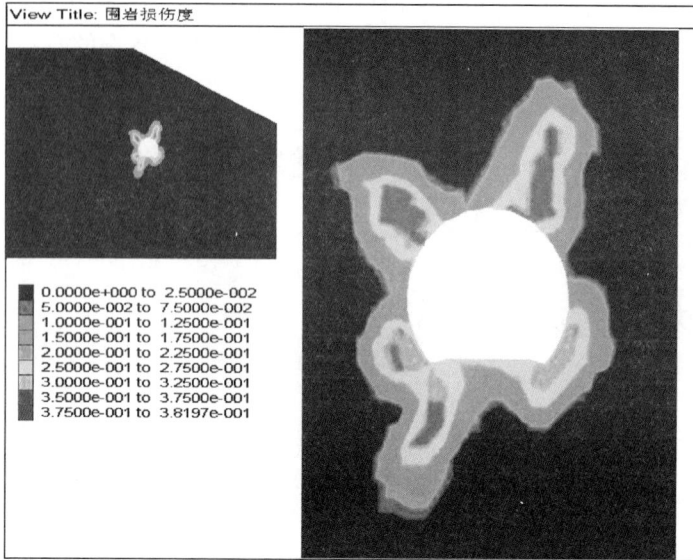

图 9.31　中导洞开挖围岩损伤度分布图

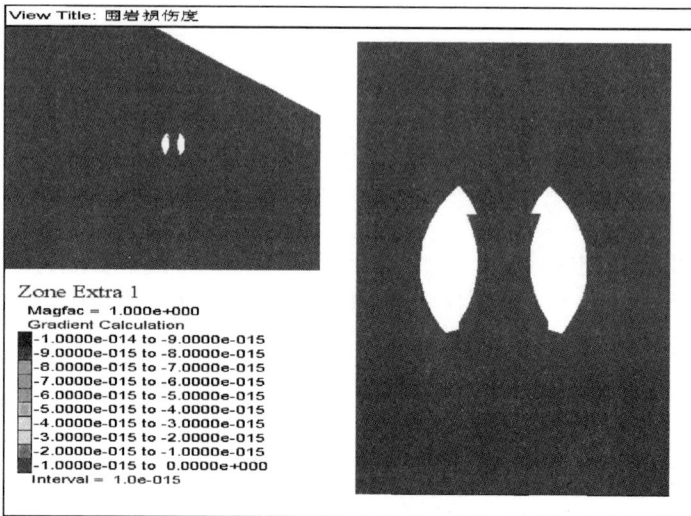

图 9.32　中隔墙浇筑围岩损伤分布图

0.275。

4) 左导洞下台阶开挖及支护

由图 9.34 所示,进行左导洞下台阶开挖及支护后,围岩应力又进行重分布,在右导洞的下部围岩出现损伤区,而左导洞的左右侧围岩损伤区缩小,损伤度值

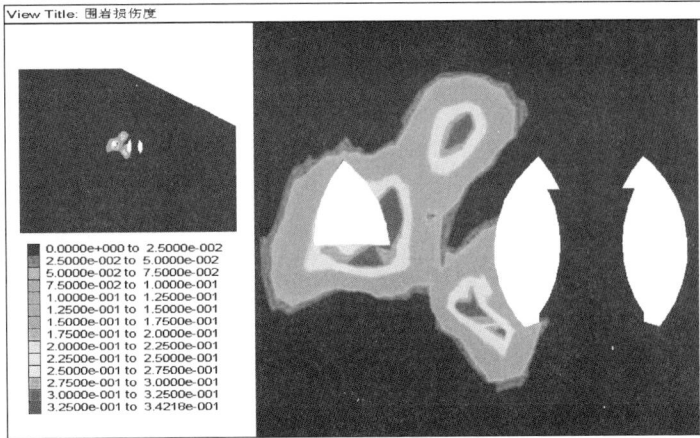

图 9.33　左导洞上台阶开挖及支护围岩损伤度分布图

减小到 0.1 左右；中导洞的左拱肩处出现损伤区，最大围岩损伤度达到 0.25；在中导洞的左拱脚处围岩损伤区进一步扩大，围岩损伤度达到 0.329。

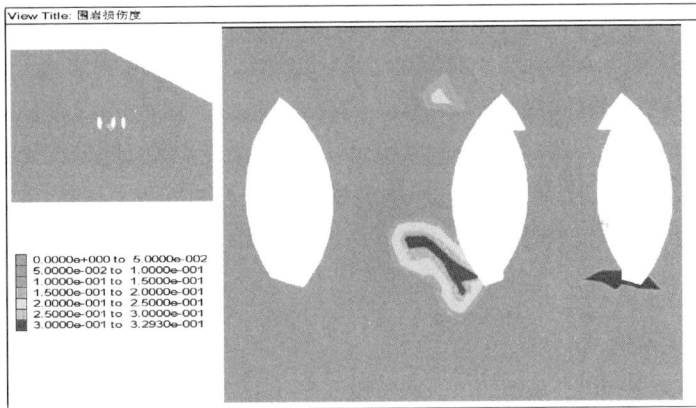

图 9.34　左导洞下台阶开挖及支护围岩损伤度分布图

5）右导洞上台阶开挖及支护

由图 9.35 可知，进行右导洞开挖和施筑初期支护后，左导洞的左侧损伤区缩小，右侧损伤区扩大。中导洞的右拱肩处围岩开始出现损伤区，左拱肩损伤区扩大，围岩损伤度最大值由 0.2 增大到 0.35。右导洞处的左右侧围岩出现损伤区，左侧围岩损伤区基本上与中间土柱的损伤区连成片，但围岩损伤度不大，为 0.25。

6）右导洞的下台阶开挖及支护

由图 9.36 可知，进行右导洞的下台阶开挖与支护后，右导洞的左右拱肩处围岩的损伤度缩小，但在拱脚处产生损伤区，但损伤度较小，为 0.175。中导洞的左

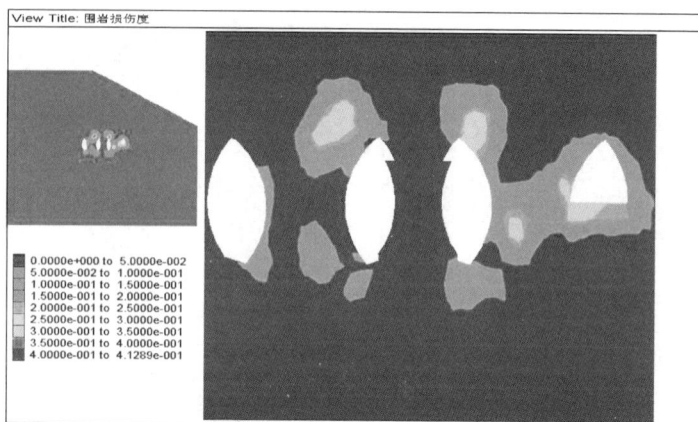

图 9.35　右主洞上台阶开挖及支护围岩损伤度分布图

右侧的拱肩处围岩损伤区进一步扩大,损伤度增加,但在中隔墙底部的围岩损伤区缩小。

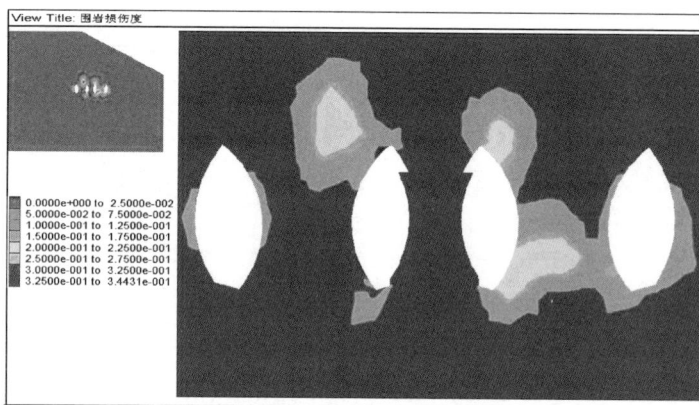

图 9.36　右导洞的下台阶开挖及支护围岩损伤度分布图

7) 左主洞的上台阶开挖及支护

由图 9.37 可知,进行左主洞上台阶开挖后,围岩应力进行大的调整,右主洞的围岩损伤区基本消失,只在中隔墙底部右侧围岩出现损伤区,损伤度最大为 0.15。左主洞的左侧拱肩和拱脚处围岩出现损伤区,其值由内侧的 0.16 向外减小。

8) 左主洞的下台阶开挖及仰拱施筑

由图 9.38 可知,进行左主洞的下台阶开挖后,围岩应力再次进行重分布,在左主洞的左侧拱脚处围岩损伤区扩大,围岩损伤度增大,最大达到 0.289。中隔墙

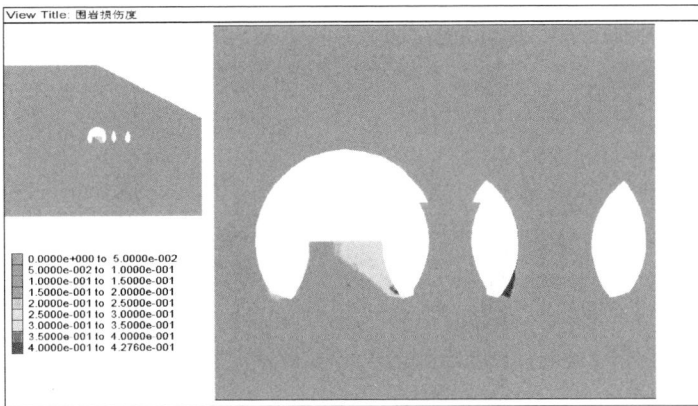

图 9.37　左主洞的上台阶开挖及支护围岩损伤度分布图

处的底部和顶部处的围岩损伤区基本上没有,但右侧导洞左右支护处的围岩损伤区扩大,损伤度最大为 0.2。右导洞与中导洞之间的土柱体下部围岩出现较大的损伤区,损伤度最大达到 0.289。

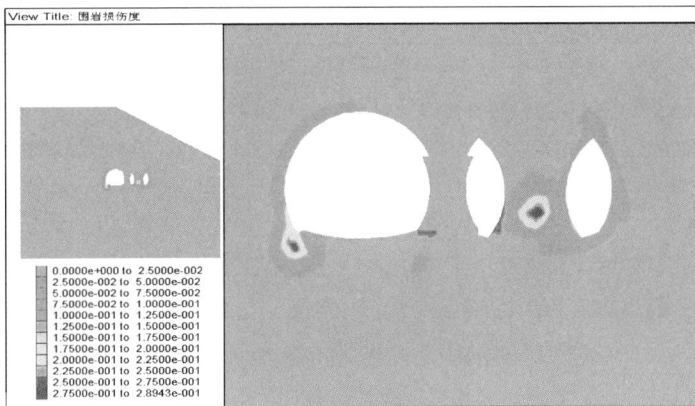

图 9.38　左主洞的下台阶开挖及仰拱施筑围岩损伤度分布图

9) 右主洞的上台阶开挖及支护

由图 9.39 可知,进行右主洞的上台阶开挖与支护后,左主洞的围岩损伤区只出现在左侧拱脚处,损伤区较小,围岩损伤度最大为 0.1。但在中隔墙的底部左右围岩出现较大的损伤,尤其是左侧,损伤度最大达到 0.317。右主洞的左侧拱肩和右侧拱脚均出现大的损伤区,损伤度最大为 0.33。

10) 右主洞下台阶开挖及仰拱浇筑

由图 9.40 可知,进行右主洞下台阶开挖和仰拱施作后,左主洞的左侧拱脚处

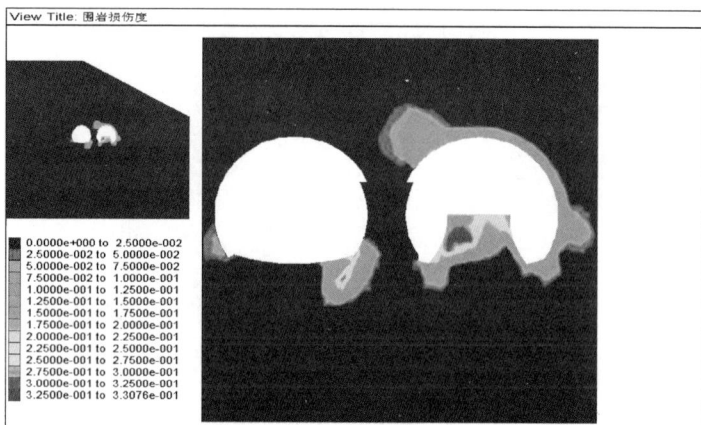

图 9.39 右主洞的上台阶开挖及支护围岩损伤度分布图

围岩损伤区扩大,围岩损伤度也增大,最大为 0.21;中隔墙底部的左右侧围岩的损伤区扩大,损伤度增高,最大为 0.317;右主洞的左侧拱肩处围岩损伤区缩小,损伤度最大为 0.12。右主洞的右侧拱脚处围岩损伤区扩大,损伤度最大为 0.269。

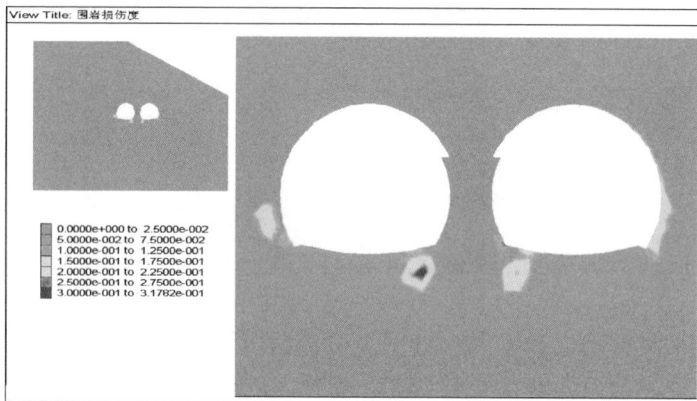

图 9.40 右主洞下台阶开挖及仰拱浇筑围岩损伤度分布图

11) 施筑左主洞二次衬砌

由图 9.41 可知,进行左主洞的二次衬砌后,右主洞和左主洞处的围岩损伤区缩小,中隔墙底部的左右侧围岩损伤区也缩小,但仍出现损伤区,围岩损伤度最大为 0.241;右主洞的右侧拱脚处围岩损伤区较大,损伤度最大为 0.223。

12) 施筑右主洞二次衬砌

由图 9.42 可知,进行右主洞二次衬砌施筑后,左右主洞衬砌均形成闭合的环,中隔墙承担主要的荷载,在中隔墙底部的左右侧围岩损伤区扩大,围岩损伤度

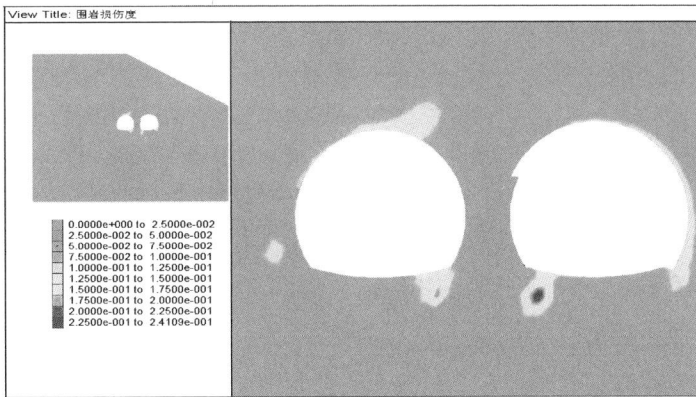

图 9.41　左主洞施筑二次衬砌围岩损伤度分布图

最大值由原来的 0.241 增大到 0.277。在左右主洞的拱顶处和右主洞的拱腰处围岩仍然存在损伤区,但损伤度不大。

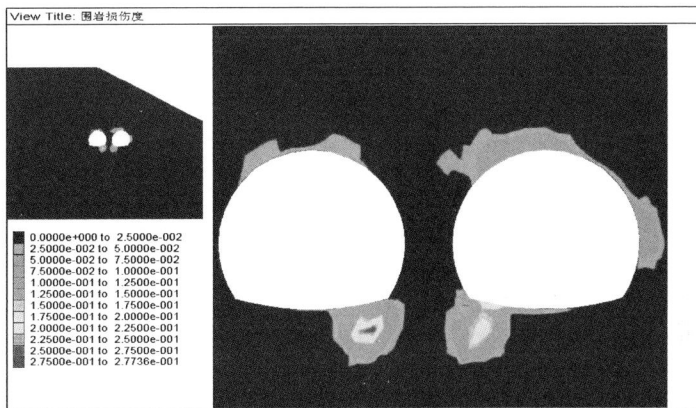

图 9.42　施筑右主洞二次衬砌围岩损伤度分布图

9.4.3　两种施工方案开挖围岩损伤局部化对比分析

运用 FLAC³ᴰ对黄土连拱隧道动态施工时围岩损伤局部化进行探讨,通过对两种施工方案数值模拟结果进行分析,可以得出随着隧道开挖步序的进行,隧道围岩损伤区会随着围岩的应力重分布进行动态的调整,不同的施工步序会产生不同的损伤规律。此外,根据对围岩损伤度分布和演化情况分析得出先左洞后右洞的开挖方案较好。从离石黄土连拱隧道施工的情况来看,初期采用先右洞后左洞的方案导致隧道塌方险情较多,后期采用先左洞后右洞的开挖方案,效果较好,未出现大的险情,验证了数值模拟结果。

9.5　本章小结

本章通过自编程序对黄土连拱隧道动态施工围岩损伤局部化进行研究,主要研究成果如下:

(1)建立了应变空间的 Q_2 黄土弹塑性损伤本构模型。在应变空间的 Q_2 黄土弹塑性本构模型研究的基础上,假定塑性变形和损伤不可逆变形耦合,并服从伊留辛公设,根据内变量理论、应变空间的弹塑性理论和损伤力学理论,通过对试验数据进行应变分离,计算获得塑性功,再用 B 类曲线来模拟屈服面,即得到以塑性功为硬化参数的加载函数。然后根据 Desai 模型、堆砌体模型和赵锡宏模型的损伤势函数的方法,确定以损伤能量密度为参数的损伤屈服面函数,通过对试验数据的拟合得到其中的参数,推导出损伤演化规律。从而建立应变空间的 Q_2 黄土弹塑性损伤本构模型。通过弹塑性损伤本构模型计算值、弹塑性本构模型计算值与试验值进行对比,得出弹塑性损伤本构模型能较好地反映 Q_2 黄土的力学特性。

(2)利用 FLAC[3D]的二次开发功能,用 C++程序编制了用户自定义本构模型。根据 FLAC[3D]的塑性流动法则并对其修正,推导出 Q_2 原状黄土弹塑性损伤本构模型的 FLAC[3D]的格式。利用 FLAC[3D]的二次开发功能,用 C++程序编制了用户自定义本构模型,与 FLAC[3D]自带本构模型进行试件的数值模拟和与试验结果对比,得出用户自定义本构模型更能反映 Q_2 黄土的力学特性。

(3)提出了围岩损伤度概念并编制了围岩损伤度后处理模块。通过定义隧道围岩损伤度 SRDD 概念和推导出其计算表达式,用 FISH 语言进行编制围岩损伤度后处理模块,通过实例模拟,该围岩损伤度后处理模块能较好地反映出黄土隧道动态开挖围岩损伤局部化分布和演化规律,为设计、施工和监测提供参考。

(4)进行了黄土连拱隧道动态施工围岩损伤局部化数值模拟,得出其动态施工围岩损伤局部化的分布情况与损伤演化规律,并通过与现场监测数据进行对比,验证数值模拟结果的可信性。以离石黄土连拱隧道为依托工程,对黄土连拱隧道的动态施工围岩损伤局部化过程进行模拟。从损伤局部化分布和演化规律来看,先左洞后右洞的开挖方案较好。离石黄土连拱隧道现场施工方案实施效果也验证了这一点。

第 10 章　黄土连拱隧道设计与施工关键技术

10.1　概　　述

连拱隧道主体结构包括隧道整体结构、隧道建筑限界和净空断面、隧道支护衬砌结构、洞口结构、隧道防排水和路面结构等。隧道主体结构应按永久建筑设计,具有规定的强度、稳定性和耐久性;建成的隧道应能够满足长期营运的需要,方便维修作业。隧道支护衬砌、防排水、路面等主体结构设计应与通风、照明、供配电、消防、交通监控等营运设施设计之间相协调,形成合理的综合设计。

黄土具有不同方向的原生和构造节理,尤其是垂直节理发育,多空隙、结构疏松,遇水易崩解、剥落。隧道开挖时,围岩土体易沿节理面张开或剪断,破坏区域大,隧道埋深较浅时,常伴随隧道开挖产生地表裂缝。此外由于黄土隧道围岩变形释放快,具有突然性。因此,黄土隧道施工应严格按照"短开挖、留核心、严控水、强支护、早封闭、快成环、紧仰拱、勤量测、速反馈"的原则组织施工,其施工技术包含隧道施工方法选择、洞口工程施工、洞身开挖与支护、二衬施工、结构物防排水、空洞检测与注浆回填和常见病害处治技术等。

10.2　黄土连拱隧道衬砌结构设计

10.2.1　衬砌结构的选用

公路连拱隧道衬砌结构应有足够的强度和稳定性,保证隧道长期安全使用。衬砌结构类型和尺寸,应根据使用要求、围岩级别、工程地质和水文地质条件、隧道埋深结构受力特点,并结合施工条件、环境条件,通过工程类比和结构计算综合分析确定。在施工阶段,还应根据现场监控量测支护参数或在必要时可通过试验分析确定。

由于黄土连拱隧道双洞相连,开挖跨度大,埋深浅,黄土地质条件较差等特点,决定其衬砌的工种和工序多,结构复杂,而与分离式隧道有明显区别。但隧道衬砌结构层及其组成部分的功能,与一般分离式隧道几乎是相同的。黄土连拱隧道通常只用整体式和复合式两种衬砌结构,在明洞段采用整体式衬砌,在暗洞段采用复合式衬砌。

10.2.2 复合式衬砌

由于我国黄土连拱隧道的设计在本课题研究前尚属空白,无工程经验可借鉴。针对黄土连拱隧道衬砌结构的受力特点和黄土的力学性质进行支护参数的选择,在实际施工中并结合新奥法隧道监控量测技术进行设计反馈。通过山西离石、王家会等黄土连拱隧道的工程设计与施工,获得了宝贵的设计和施工经验。

1) 复合式衬砌的要求

(1) 初期支护宜采用锚喷支护,即由喷射混凝土、锚杆、钢筋网和钢拱架等支护形式单独或组合使用,锚杆支护宜采用全长黏结锚杆。

(2) 二次衬砌宜采用模筑混凝土或模筑钢筋混凝土结构,二次衬砌断面宜采用圆顺的等厚截面,仰拱厚度宜与拱墙厚度一致。

(3) 在确定开挖断面时,除应满足隧道净空和结构尺寸外,还应考虑预留适当的变形量。黄土连拱隧道预留变形量的大小应根据隧道的埋深、围岩级别和断面大小,以及施工方法等进行综合确定。

2) 复合式衬砌结构分层

根据黄土的力学性质和黄土连拱隧道的开挖特点,黄土连拱隧道复合式衬砌结构分层一般为锚喷支护＋型钢支护＋钢筋混凝土的衬砌结构(图 10.1),初期支护和二次衬砌共同承担地层荷载。因此,进行黄土连拱隧道施工时应及时施作二次衬砌,并预留变形量,根据现场隧道拱顶沉降监测成果来看,预留变形量建议值为 7～10cm。

此外还应强调一点,在黄土地区进行复合式衬砌结构设计时一般需要设置仰拱,确保支护结构成环,改善受力形态。对于仰拱的回填,多采用 10 号片石混凝土。

3) 衬砌支护参数

黄土连拱隧道支护参数的设计采用理论分析进行计算,并结合黄土地区单洞隧道的设计经验和通过现场黄土隧道围岩受力和变形的监控量测成果对设计参数进行合理的调整。两车道黄土连拱隧道支护参数见表 10.1。

表 10.1　两车道黄土连拱隧道支护参数

支护参数	围岩等级		Ⅳ级围岩	Ⅴ级围岩
初期支护	喷射混凝土/cm		25	30
	锚杆	长/m	3.5	4.0
		间距/(cm×cm)	100×100	100×100
	钢拱架		Ⅰ20a,间距 0.8m	Ⅰ50a,间距 0.6m
	超前支护		φ50mm 超前小导管注浆支护,环向间距 40cm	φ50mm 超前小导管注浆支护,环向间距 40cm
二次衬砌	拱顶/cm		45	50
	边墙/cm		45	50
	仰拱/cm		45	60

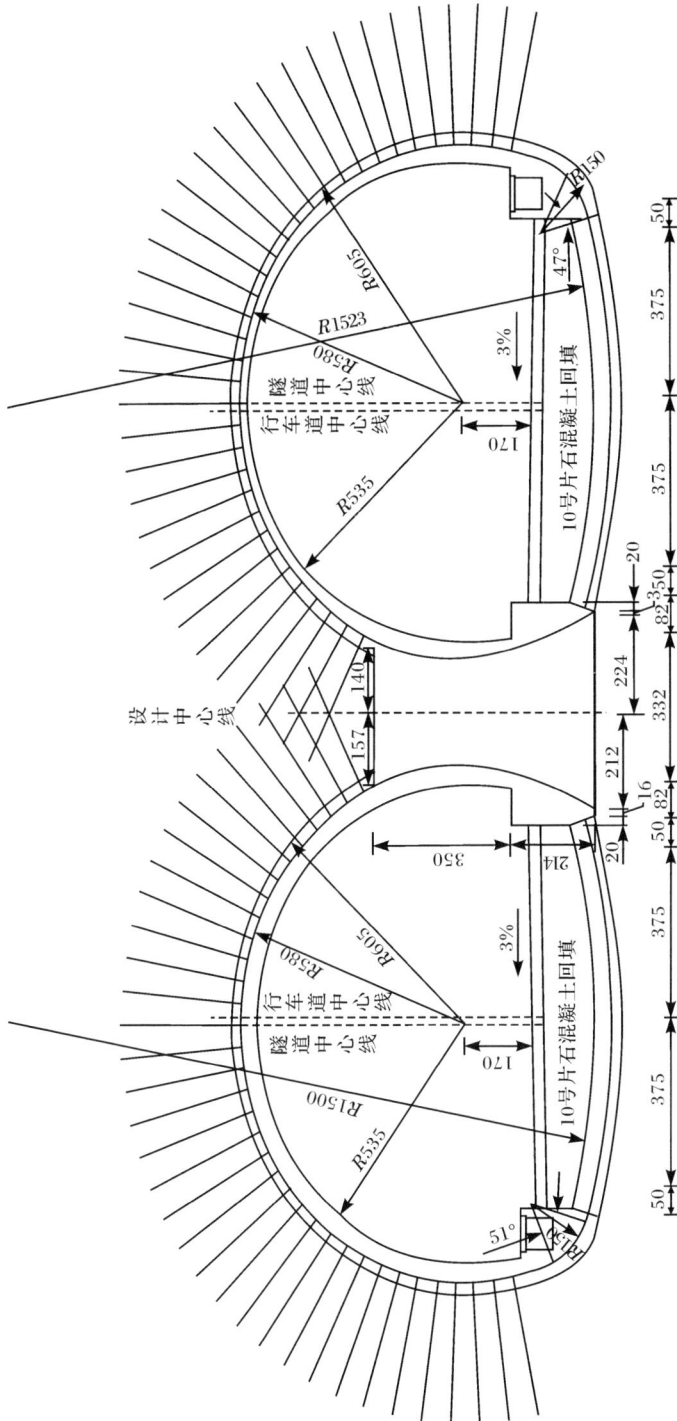

图 10.1　锚喷支护＋型钢支护＋钢筋混凝土的衬砌结构（单位：cm）

10.3 黄土连拱隧道中隔墙结构及其基础设计

10.3.1 连拱隧道中隔墙结构形式

连拱隧道的中隔墙形式发展大体经历了两个阶段:第一个阶段主要采用中隔墙一次施作的结构形式,即为整体式中隔墙。该结构如图 10.2 所示。它与单洞隧道主要区别在于中隔墙一次施作和排水系统不同,其中隔墙在中导洞贯通后即浇筑,它既是初期支护和二次衬砌的支撑点,又是防水层的支撑结构。洞室开挖后初期支护支撑于中隔墙,而防水层则绕过初期支护与中隔墙的结合部越过中隔墙顶与洞室内其他防排水设施形成完整的防排水系统;中隔墙的中央纵向每隔一定间距埋设竖向排水管,以排除中隔墙顶凹部的积水。中隔墙与中导洞之间的空洞待初期支护和中隔墙防水层施工完毕后回填,其优点是中隔墙整体性好,双洞净距最小。但它有三个较为明显的缺点。

(1)由于中隔墙与中导洞之间的空洞得不到及时的回填造成开挖时毛洞跨度增大,B/H 值较大(B 为毛洞跨度,H 为毛洞高度),使洞周围岩处于较为不利的受力状态,从而影响施工安全和进度。在回填空洞时,由于受支护等因素的干扰施工,往往没办法回填密实,这就给营运安全留下隐患。

(2)由于部分围岩裂隙经中隔墙顶凹部通过排水管排入排水沟,容易造成凹部积水,并且该部防排水系统施工难度大,质量难以控制,造成隧道中隔墙渗漏水,影响结构的耐久性和营运安全。

(3)由于行车单洞两侧不对称,结构不美观。

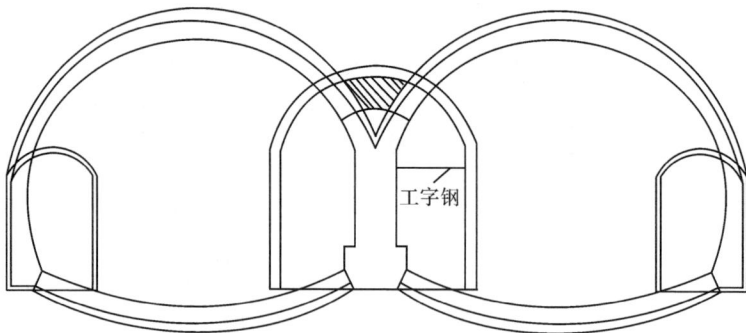

图 10.2 整体式中隔墙连拱隧道一般结构图

第二阶段为中隔墙分次施作,即为复合式中隔墙,其一般结构如图 10.3 所示。它与中隔墙一次施作的连拱隧道的主要区别在于中隔墙和中隔墙处的防排水处理。在中导洞贯通后随即修建中隔墙,要求中隔墙顶部与中导洞顶紧密接触,这就克服了中隔墙与围岩间存在着空洞的缺点,使主洞开挖时毛洞跨度相对减少,有利于洞周围岩的稳定,从而减少了施工时的辅助措施,加快了施工进度,节省了工程投资,并大大提高结构的可靠度,使施工与营运安全得到进一步的保证。由于中隔墙分次施作两侧外轮廓与双洞隧道初期支护轮廓一致,有利于防水板的全断面铺设,从而使连拱隧道中间部分的防排水结构与单洞隧道相同。其施工工艺相对简单,隧道建成后质量可靠且较美观。

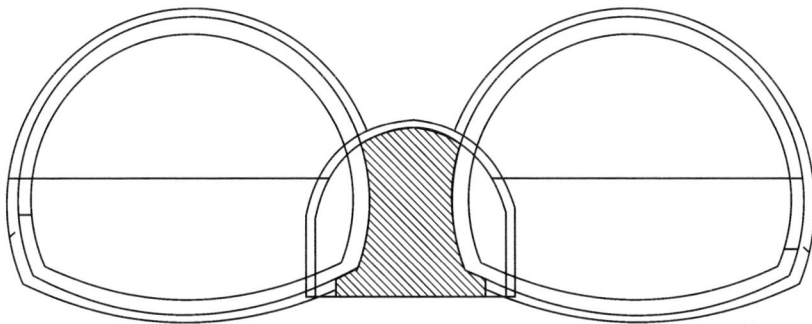

图 10.3　复合式中隔墙连拱隧道一般结构图

10.3.2　黄土连拱隧道中隔墙结构设计

由于黄土具有物理力学性质差、湿陷性等特点,对隧道的防排水要求比较高,在黄土地区进行连拱隧道设计时一般采用复合式中隔墙。此外,考虑到中隔墙的形式取决于隧道内轮廓的要求,一般设计成直墙或曲墙。

复合式曲中隔墙结构形式是改进和优化的断面形式,是由中交第一公路勘察设计研究院韩常领在 2000 年首先提出的。他根据连拱隧道实质上是初期支护的连拱原理,把施工荷载及部分围岩压力由初期支护来承担。在不削弱结构的前提条件下,将左右洞的二次衬砌的浇筑不搭靠在中隔墙上,而是各自独立成环,按单洞整体式断面施工,把防水与结构设计统一起来考虑,以便二次衬砌防水效果更加理想。这种优化了的断面结构形式,不仅取消了中隔墙与左右洞顶拱部二次衬砌的纵向施工缝,还避免了在中隔墙顶部的钢筋戳破先预埋好的防水板,以及多次施工扰动对中隔墙顶部已铺设防水板造成损坏的问题,使中隔墙顶部渗漏水难题获得根本的改进。但要求初期支护要有足够的刚度和强度。需要采取较高强锚喷技术,并在施工中紧跟开挖面。左右洞的二次衬砌的浇筑也要跟紧,它已不仅仅是简单的安全储备,而应承担部分围岩压力。中隔墙厚度采取 1m 或大于 1m,加上左右洞二次衬砌厚度后,其总厚度大于 2m,与传统的整体式直中隔墙断面形式相接近,或略有增大。该结构具有较多的优点,但其断面面积比直中隔墙的要增大 3.2% 左右。黄土地区连拱隧道的设计一般设计成复合式曲中隔墙形式,例如,山西省汾阳至离石高速公路、离石至军渡高速公路黄土连拱隧道,以及太原至长治高速公路连拱隧道群建设工程中的离石黄土连拱隧道、王家会黄土连拱隧道等均采用该形式,如图 10.4 所示。

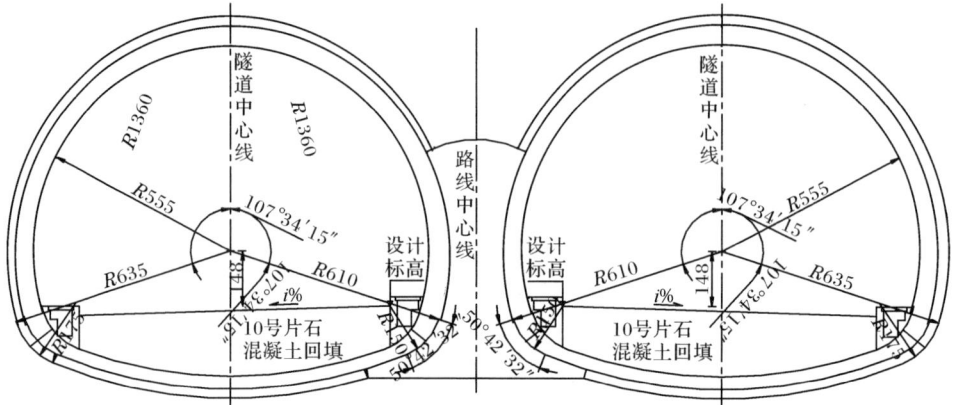

图 10.4　复合式曲中隔墙结构形式案例

中隔墙结构形式的选择,通常取决于隧道防排水结构、隧道建筑界限、隧道地形地质条件和埋深、洞外路基中央分割带宽度、中隔墙两侧的排水沟或电缆沟大小、中隔墙底面的承载力和中隔墙底面的宽度,以及施工时的侧向推力等。一般而言采用复合式曲中隔墙结构,其中隔墙厚度与整体式相比较厚。

10.3.3　中隔墙基础设计

中隔墙在连拱隧道中作为受力的核心部分,其沉降与变形将直接影响隧道的整体稳定性和安全性。黄土连拱隧道在中导洞底部的黄土若未经加固或加固强度不能满足承载力要求,往往引起中隔墙开裂,中隔墙整体下沉,初期支护产生横向裂缝等破坏形式。因而在黄土连拱隧道设计中应充分重视中隔墙基础的加固措施。目前常用的加固措施有二八灰土、锚杆加固、灌浆加固等。离军高速公路王家会隧道对中隔墙基础设计采用直径 22mm 注浆锚杆进行高压加固注浆,锚杆间距 80cm,一环 5 根,对称中隔墙轴线呈放射状布置,锚杆长 4.0m,锚固 3.5m,尾部 50cm 与中隔墙钢筋焊接,浇筑在中隔墙混凝土内,增加中隔墙抗倾覆能力,以提高基础承载力,保证了基础的稳定性,满足了施工的需要。中隔墙断面如图 10.5所示。

10.4　黄土连拱隧道防排水系统设计

交通部颁布的《公路隧道设计规范》(JTG D70—2004)对隧道防排水规定

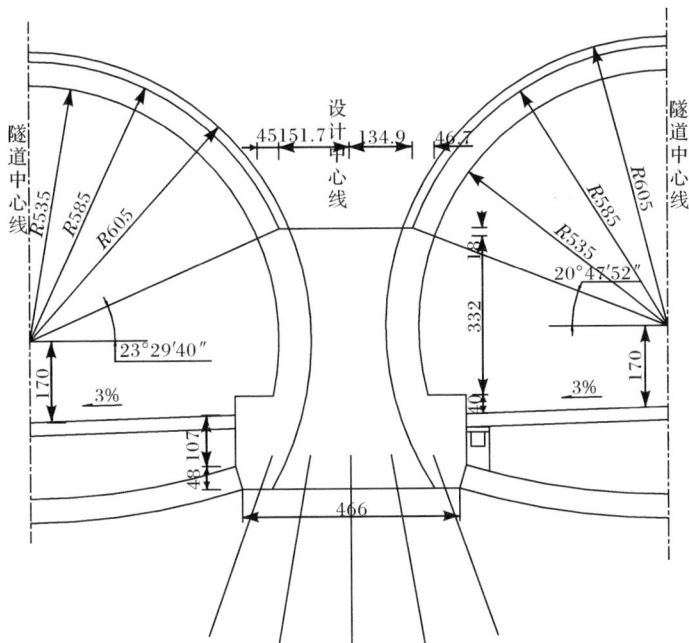

图 10.5　中隔墙基础加固

如下：

　　(1) 隧道防排水应遵循"防、排、截、堵结合,因地制宜,综合治理"的原则,保证隧道结构物和营运设计的正常使用和行车安全。隧道防排水设计应对地表水、地下水妥善处理,洞外应形成一个完整通畅的防排水系统。

　　(2) 高速公路、一级公路、二级公路隧道防排水应满足以下要求:①拱部、边墙、路面、设备箱洞不渗水;②有冻害地段的隧道衬砌背后不积水,排水沟不冻结;③车行横通道、人行横通道等服务通道拱部不滴水,边墙不滴水。

　　(3) 三级公路、四级公路隧道应做到:①拱部、边墙不滴水,路面不积水,设备箱洞不渗水;②有冻害地段的隧道衬砌背后不积水,排水沟不冻结。

　　(4) 当采取防排水工程措施时,应注意保护自然环境。当隧道内渗漏水引起地表水减少,影响居民生产、生活用水时,应对围岩采取堵水措施,减少地下水的渗漏。

　　连拱隧道的防排水系统具有与分离式隧道防排水系统相同的特点,即防水系统通常由防水层和防水混凝土组成,施工缝、沉降缝采用止水条(带)止水;极少数只采用防水混凝土自防水。排水系统是由排水盲沟、纵横向排水管和纵向排水沟组成的立体排水网络,即地下水通过横向排水盲沟、边墙底部的有孔塑料管将水汇集,通过墙底横向无孔塑料管将水引至排水沟中,排出洞外。下面就连拱隧道各部分排水系统介绍如下。

10.4.1　洞口防排水

黄土连拱隧道施工前应认真进行地表普查,对冲沟、陷穴、暗穴等首先采用灌浆或挖土回填,对松软的地表土和积水要整平夯实并设置成一定的排水坡,有条件的可对隧道浅埋段的地表进行覆盖排水。

黄土连拱隧道开挖前,首先完成洞顶的截水沟和排水沟,能及时将边、仰坡及周围地表水顺利引流、汇集并排入远离隧道的沟渠内,保证洞口地表干燥,防止地表水进入洞内和渗入洞口地表中。施作浆砌片石水沟时,每隔 15~20m 设置一道沉降缝,并用沥青麻筋填密做好防水,施工中可根据实际地形调整,截水沟应距边仰坡 3~5m,并尽量沿等高线设置。

当洞口段为反坡时应保证路基排水沟有不小于 0.3% 向外的排水坡度,并设横向截水沟,防止洞外水流入隧道。

10.4.2　洞身防排水

在初期支护和二次衬砌之间,布设 ϕ50mm 软式透水管,每 8~15m 设一道。在洞身掘进过程中,一旦发现围岩渗水、滴水严重或出现涌水现象处,应加密设置。隧道边墙底部纵向设置 ϕ100mmHDPE 双壁打孔波纹管,每隔 12m 通过三通接头在纵向盲沟上设置一处 ϕ100mm 的泄水孔连接到隧道侧沟。

在冬季严寒地区,侧沟应改为中心排水沟。隧道仰拱底部设横向引水管,每10~15m 设一道,采用塑料三通与纵向 PE 排水管相通,将水流入隧道中心排水沟并排出洞外。结合隧址区冻深情况隧道内中心水沟设于仰拱下部,其顶部标高位于冻结线以下,以防水沟中的水流冻结。中心水沟出水口采用保温圆包头出水口。

10.4.3　隧道内外路基、路面排水

(1) 路面之下两侧,每隔 25m 铺设一道横向排水管。该排水管采用 HDPE 波纹管等材料,并与洞内排水沟相连。横向排水管的上部应钻上孔眼,并用无纺布包裹,可有效排除路面渗水。

(2) 在冬季严寒地带,冻土深度如果超过 1m,应设置中心保暖沟,满足沟内低温达到水流不冻结的排水措施。为了清淤要求以及把基地水从路面下迅速排出隧道洞外,每隔 50m 设一检查井,检查井用铸铁和木材组合制成有保温夹层的盖板。

(3) 根据路面形式,在一侧或两侧设排水边沟,排水边沟主要作用是排泄路面积水及清洗内装修的废水。边沟采用内直径 30cm 的 45cm×45cm 的正方形预制件。

10.4.4　中隔墙防排水

已建成连拱隧道资料表明,连拱隧道裂缝、渗水 80% 以上都出现在中隔墙部位,中隔墙顶部回填由于其施工质量较难控制,施工缝、变形缝不容易处理,常出现裂缝、渗水等病害。中隔墙渗水,影响墙面美观和结构的耐久性,渗漏的水滴洒在隧道路面上,造成路面湿滑,影响行车的安全性和舒适性,中隔墙渗漏水问题已经成为连拱隧道的最主要危害之一。

此外,由于偏压连拱隧道自身独特的中隔墙结构,使得隧道中隔墙部位的防排水又有别于一般隧道,不同的中隔墙结构,有着不同的防排水设计思想、方法和施工工艺,下面分别介绍几种中隔墙防排水方式。

(1)方式一。中隔墙顶部左右洞防水层不连通,中隔墙顶部左右洞各设一道纵向有孔排水管,将水汇集,通过中隔墙横向和竖向排水管将水排至中隔墙边排水管(沟)内(图 10.6)。

(2)方式二。中隔墙顶部左右洞防水层连通,中隔墙顶部左右洞各设(或共设)一道纵向有孔排水管,将水汇集,通过中隔墙横向和竖向排水管将水排至中隔墙边排水管(沟)内(图 10.7)。

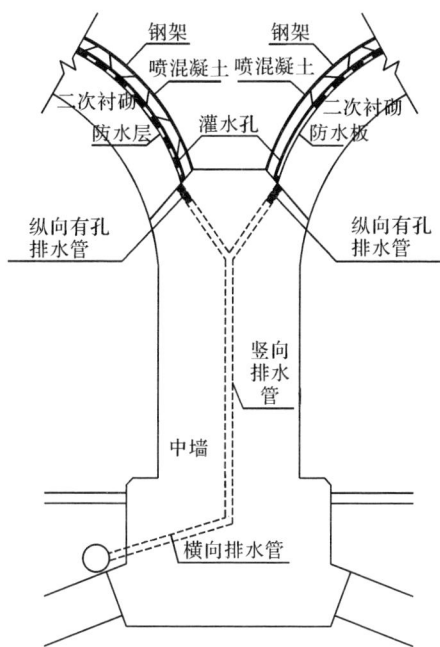

图 10.6　连拱隧道中隔墙防排水方式一　　　图 10.7　连拱隧道中隔墙防排水方式二

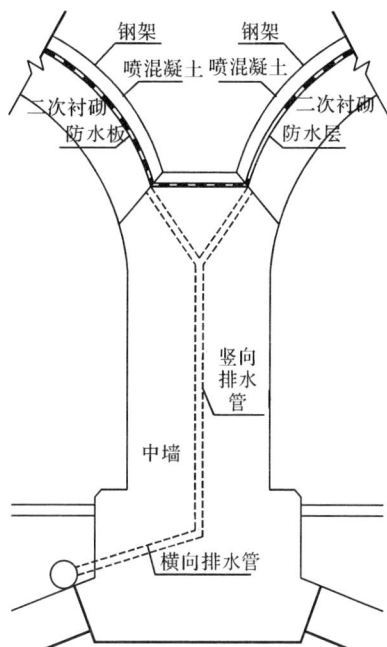

（3）方式三。中隔墙顶部左右洞防水层不连通，中隔墙顶部左右洞各设一道有孔排水管，将水汇集，通过中隔墙横向排水管将水排至中隔墙空心部分的排水沟中，沿纵向排出洞外（图 10.8）。

（4）方式四。仅适用于分层式中隔墙，类似于单洞防排水系统，左右洞排水系统相互独立（图 10.9），所以防排水设计只需参照分幅隧道进行设计即可。

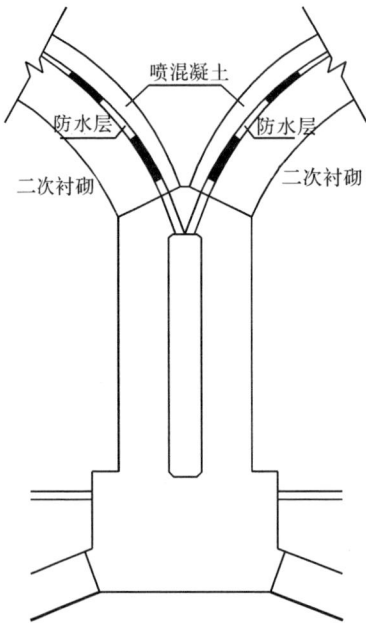

图 10.8　连拱隧道中隔墙防排水方式三

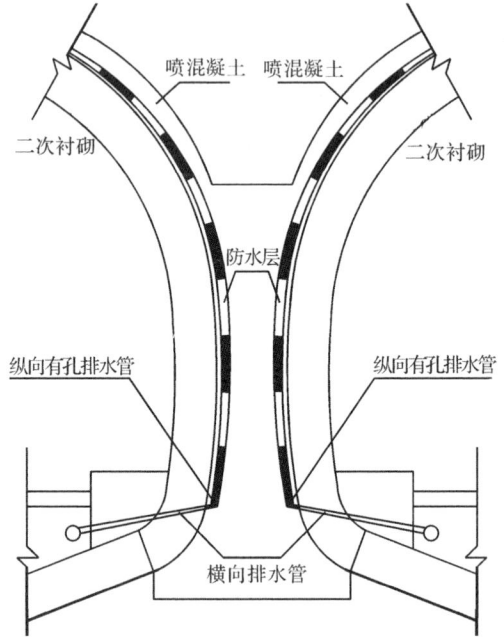

图 10.9　连拱隧道中隔墙防排水方式四

连拱隧道各种防排水方式的比较见表 10.2。

表 10.2　连拱隧道各种防排水方式的比较

项目	方式一	方式二	方式三	方式四
适合的中隔墙形式	整体实心中隔墙	整体实心中隔墙（无钢拱架）	中空中隔墙	分层式中隔墙
防水系统施工	中隔墙防水系统复杂，施工困难，钢拱架预埋件或钢筋易穿透防水层，施工质量难以保证	中隔墙防水系统复杂，施工困难，钢筋易穿透防水层，施工质量难以保证	中隔墙防水系统复杂，施工困难，钢拱架预埋件或钢筋易穿透防水层，施工质量难以保证	防水系统与分离式隧道相同，施工相对方便，能够保证施工质量
排水系统施工	中隔墙排水系统复杂，排水管之间的连接多，施工困难，施工质量难以保证	中隔墙排水系统复杂，排水管之间的连接多，施工困难，施工质量难以保证	中隔墙排水系统较方式一、方式二简单，施工较困难，施工质量难以保证	排水系统与分离式隧道相同，施工相对方便，能够保证施工质量

续表

项目	方式一	方式二	方式三	方式四
防水效果	中隔墙防水系统不可靠,防水效果难以保证	中隔墙防水系统不可靠,防水效果难以保证	中隔墙防水系统不可靠,防水效果难以保证	中隔墙防水系统可靠,防水效果理想
排水效果	施工情况复杂,易引起排水管堵塞,造成排水不畅	施工情况复杂,易引起排水管堵塞,造成排水不畅	排水系统相对简单,排水通畅,但中空中隔墙内的排水沟维护困难	排水系统可靠,排水效果理想
综合评价	中隔墙防排水效果较差	中隔墙防排水效果较差	中隔墙防水效果较差,排水效果较好	防排水效果较好

在黄土地区修建连拱隧道时一般在洞口段采取截、排为主,中隔墙排水采用第四种排水方式。

10.5　黄土连拱隧道施工关键技术

10.5.1　黄土连拱隧道施工方法

1. 黄土隧道围岩变形特征

黄土是一种具有特殊力学特性的土,根据地质年代可以划分为新黄土(Q_3、Q_4)和老黄土(Q_1、Q_2)。由于两种土体的力学性质差距甚远,导致隧道开挖后隧道围岩的变形特征也极其不同。

1) 新黄土隧道围岩变形特点

新黄土(全新世黄土 Q_4、晚更新世 Q_3 马兰黄土)构成黄土层的上部,其质地疏松,无层理,大孔结构发育,有垂直节理裂隙,有较强的湿陷性或自重湿陷性。由于其垂直节理发育,在垂直节理面上因节理切割形成竖向软弱面,软弱面之间黏聚力很小,在下部开挖隧道时形成临空面,受开挖扰动,在重力的作用下棱体塌落,地表会随掌子面产生纵向裂缝和环向裂缝,易形成塌方。在新黄土地层进行隧道开挖时容易造成围岩变形释放快,具突然性。

2) 老黄土隧道围岩变形特点

老黄土[中更新世(Q_2)离石黄土、早更新世(Q_1)午城黄土]覆于新黄土之下,埋深较大,其质地密实、强度大、压缩性小、厚度较薄,几乎不透水,无湿陷性。在老黄土地区进行隧道开挖时,由于围岩强度相对于原始地应力,其围岩强度低,围岩容易发生屈服形成塑性区,可进行柔性支护和适度释放变形。但若施工方法不当,容易出现隧道围岩大变形或塌方。

2. 隧道常见的施工方法

隧道施工方法的选择主要依据工程地质和水文地质条件,并结合隧道断面尺寸、长度、衬砌类型、隧道的使用功能和施工技术水平等因素综合考虑研究确定。所选择的施工方法也应体现出技术先进、经济合理及安全适用。

根据隧道穿越地层的不同情况和目前隧道施工方法的发展,隧道施工方法可按图 10.10 进行分类。

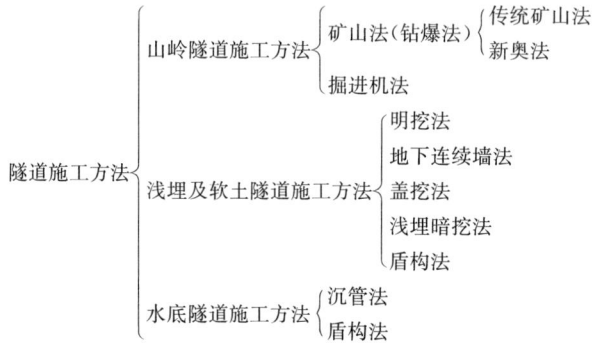

$$
\text{隧道施工方法}
\begin{cases}
\text{山岭隧道施工方法}
\begin{cases}
\text{矿山法(钻爆法)}
\begin{cases}
\text{传统矿山法}\\
\text{新奥法}
\end{cases}\\
\text{掘进机法}
\end{cases}\\[2em]
\text{浅埋及软土隧道施工方法}
\begin{cases}
\text{明挖法}\\
\text{地下连续墙法}\\
\text{盖挖法}\\
\text{浅埋暗挖法}\\
\text{盾构法}
\end{cases}\\[2em]
\text{水底隧道施工方法}
\begin{cases}
\text{沉管法}\\
\text{盾构法}
\end{cases}
\end{cases}
$$

图 10.10　隧道施工方法分类简图

矿山法因最早应用于矿石开采而得名,它包括上面已经提到的传统方法和新奥法。由于在这种方法中,多数情况下都需要采用钻眼爆破进行开挖,故又称为钻爆法。有时为了强调新奥法与传统矿山法的区别,而将新奥法从矿山法中分出另立系统。

掘进机法包括隧道掘进机(tunnel boring machine,TBM)法和盾构掘进机法。前者应用于岩石地层,后者则主要应用于土质围岩,尤其适用于软土、流沙、淤泥等特殊地层。

沉管法、明挖法等则是用来修建水底隧道、地下铁道、城市市政隧道等,以及埋深很浅的山岭隧道。

隧道施工技术主要研究解决上述各种隧道施工方法所需的技术方案和措施(如开挖、掘进、支护和衬砌施工方案和措施);隧道穿越特殊地质地段时(如膨胀土、黄土、溶洞、塌方、流沙、高地温、岩爆、瓦斯地层等)的施工手段;隧道施工过程中的通风、防尘、防有害气体及照明、风水电作业的方式方法和对围岩变化的监控量测方法。

隧道施工管理主要解决施工组织设计(如施工方案的选择、施工技术措施、场地布置、进度控制、材料供应、劳力及机具安排等)和施工中的技术管理、计划管理、质量管理、经济管理、安全管理等问题。

在隧道施工中最重要的是选择合理的施工方法。选择施工方法时需考虑的基本因素大体上可归纳如下：

（1）施工条件。实践证实，施工条件是决定施工方法的最基本因素，它包括一个施工队伍所具备的施工能力、素质以及管理水平。目前我国隧道施工队伍的素质和施工装备水平，有高有低，参差不齐，因此，在选择施工方法时，不能不考虑该因素的影响。

（2）围岩条件。也就是地质条件，其中包括围岩级别、地下水及不良地质现象等。围岩级别是对围岩工程性质的综合判定，对施工方法的选择起着重要的甚至决定性的作用。从施工技术的发展趋势看，地质条件虽然是重要的，但基本施工方法的变化却不显著。例如，全断面法和超短台阶法的结合以及全地质型掘进机及自由断面掘进机等的开发都说明了这一点。

（3）隧道断面积。隧道尺寸和形状，对施工方法选择也有一定的影响。目前隧道断面有向大断面方向发展的趋势，例如，公路隧道已开始修建三车道甚至四车道的大断面，水电工程中的大断面洞室，更是屡见不鲜。在这种情况下，施工方法必须适应其发展。在单线和双线的铁路隧道、双车道公路隧道中，越来越多地采用了全断面法及台阶法；而在更大断面的隧道工程中，先采用各种方法修小断面的导坑，再扩大形成全断面的施工方法极为盛行。

（4）埋深。隧道埋深与围岩的初始应力场及多种因素有关，通常将埋深分为浅埋和深埋两类，有时将浅埋又分为超浅埋和浅埋两类。在同样地质条件下，由于埋深的不同，施工方法也将有很大差异。

（5）工期。作为设计条件之一的施工工期，在一定程度上会影响基本施工方法的选择。因为工期决定了在均衡生产的条件下，对开挖、运输等综合生产能力的基本要求，即对施工均衡速度、机械化水平和管理模式的要求。

（6）环境条件。当隧道施工对周围环境产生如爆破震动、地表下沉、噪声、地下水条件的变化等不良影响时，环境条件也应成为选择隧道施工方法的重要因素之一，在城市条件下，甚至会成为选择施工方法的决定性因素。

应该看到隧道施工方法的选择，是一项"模糊"的决策过程，它依赖于有关人员的学识、经验、毅力和创新精神。对于重要工程则需汇集专家的意见，广泛论证。必要时应当开挖试验洞对理论方案进行实践验证。

从目前的工程实际出发，在今后很长一段时期内，新奥法仍然是修建山岭隧道的主流方法。经常采用的新奥法中大致有全断面开挖法、台阶开挖法和分部开挖法三大类。

1）全断面开挖法

全断面法全称为全断面一次开挖法，即按隧道设计断面轮廓一次开挖成型的方法,如图 10.11 所示。

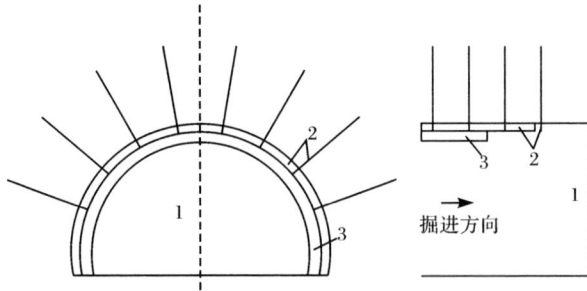

图 10.11 全断面施工方法
1.全新面开挖;2.锚喷支护;3.模筑混凝土

全断面法可采用深孔爆破施工,其优点是有较大的作业空间,有利于采用大型配套机械化作业,提高施工速度,且工序少,干扰少,便于施工组织与管理,采用深孔爆破时,可加快掘进速度,且爆破对围岩的震动次数较少,有利于围岩稳定。缺点是由于开挖面较大,围岩相对稳定性降低,且每循环工作量相对较大,要求施工单位有较强的开挖、出渣与运输及支护能力,采用深孔爆破时,产生的爆破震动较大,对钻爆设计和控制爆破作业要求较高。

全断面法施工工序如下:①用钻孔台车钻眼,然后装药、连接导火线;②退出钻孔台车,引爆炸药,开挖出整个隧道断面;③排除危石;④喷射拱圈混凝土,必要时安设拱部锚杆;⑤用装渣机将石渣装入运输车辆,运出洞外;⑥喷射边墙混凝土,必要时安设边墙锚杆;⑦根据需要可喷射第二层混凝土和隧道底部混凝土;⑧开始下一轮循环;⑨通过量测判断围岩和初期支护的变形,待基本稳定后,施作二次模注混凝土衬砌。

全断面开挖法适用条件:岩层覆盖条件简单、岩质较均匀的Ⅰ~Ⅲ级硬岩石质隧道中。必须具备大型施工机械。隧道长度或施工区段长度不宜太短。否则采用大型机械化施工的经济性差。根据经验,这个长度不应小于1km。

2) 台阶开挖法

台阶开挖法一般是将设计断面分上半断面和下半断面两次开挖成型。根据台阶长度台阶法可分为长台阶法、短台阶法和超短台阶法等三种,如图 10.12 所示。至于施工中究竟应采用何种台阶法,要根据以下两个条件来决定:

(1) 初次支护形成闭合断面的时间要求,围岩越差,闭合时间要求越短;

(2) 上断面施工所用的开挖、支护、出渣等机械设备施工场地大小的要求。

在软弱围岩中应以前一条件为主,兼顾后者,确保施工安全。在围岩条件较好时,主要考虑是如何更好地发挥机械效率,保证施工的经济性,故只要考虑后一条件。现将各种台阶法叙述如下:

（a）长台阶法

（b）短台阶法

（c）超短台阶法

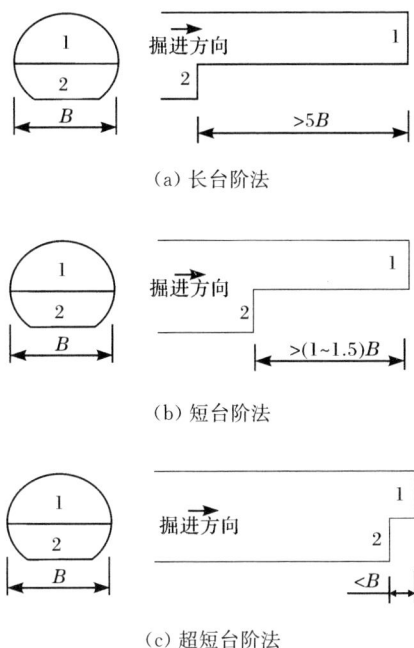

图 10.12　台阶法施工形式

（1）长台阶法。上、下断面相距较远，一般上台阶超前 50m 以上或大于 5 倍洞跨。

长台阶法的作业顺序如下。

上半断面开挖：

① 用两臂钻孔台车钻眼、装药爆破，地层较软时亦可用挖掘机开挖。

② 安设锚杆和钢筋网，必要时加设钢支撑、喷射混凝土。

③ 用推铲机将石碴推运到台阶下，再由装载机装入车内运至洞外。

④ 根据支护结构形成闭合断面的时间要求，必要时在开挖上半断面后，可建筑临时底拱，形成上半断面的临时闭合结构，然后在开挖下半断时再将临时底拱挖掉。但从经济观点来看，最好不这样做，而改用短台阶法。

下半断面开挖：

① 用两臂钻孔台车钻眼、装药爆破，装碴直接运至洞外。

② 安设边墙锚杆（必要时）和喷射混凝土。

③ 用反铲挖掘机开挖水沟，喷射底部混凝土。

长台阶法优缺点及适用条件：有足够的工作空间和相当的施工速度，上部开挖支护后，下部作业就较为安全，但上下部作业有一定的干扰。相对于全断面法来说，长台阶法一次开挖的断面和高度都比较小，只需配备中型钻孔台车即可施工,而且对维持开挖面的稳定也十分有利。所以,它的适用范围较全断面法广泛,凡是在全断面法中开挖面不能自稳,但围岩坚硬不要用底拱封闭断面的情况,都可采用长台阶法。

(2)短台阶法。台阶长度小于5倍但大于1~1.5倍洞跨。上下断面采用平行作业。

短台阶法的作业顺序和长台阶法相同。

优缺点及适用条件:由于短台阶法可缩短支护结构闭合的时间,改善初次支护的受力条件,有利于控制隧道收敛速度和量值,所以适用范围很广,Ⅰ~Ⅴ级围岩都能采用,尤其运用于Ⅳ、Ⅴ级围岩,是新奥法施工中经常采用的方法。缺点是上台阶出碴时对下半断面施工的干扰较大,不能全部平行作业。为解决这种干扰可采用长皮带机运输上台阶的石碴;或设置由上半断面过渡到下半断面的坡道。将上台阶的石碴直接装车运出。过渡坡道的位置可设在中间,也可交替地设在两侧。过渡坡道法通用于断面较大的双线隧道中。

(3)超短台阶法。台阶仅超前3~5m,只能采用交替作业。

超短台阶法的优缺点及适用条件:由于超短台阶法初次支护全断面闭合时间更短,有利于控制围岩变形。在城市隧道施工中,能有效地控制地表沉陷。所以,超短台阶法适用于膨胀性围岩和土质围岩,要求及早闭合断面的场合。当然,也适用于机械化程度不高的各类围岩地段。缺点是上下断面相距较近,机械设备集中,作业时相互干扰较大,生产效率较低,施工速度较慢。在软弱围岩中施工时,应特别注意开挖工作面的稳定性,必要时可对开挖面进行预加固或预支护。

3)分部开挖法

分部开挖法是将隧道断面分部开挖逐步成型,且一般将某部超前开挖,故也称为导洞超前开挖法。分部开挖法可分为三种变化方案:台阶分部开挖法、单侧壁导坑法、双侧壁导坑法,如图10.13所示。

(1)台阶分部开挖法。又称为环形开挖留核心土法。

开挖面分部形式:一般将断面分成环形拱部[图10.13(a)中的1、2、3]、上部核心土4、下部台阶5等三部分。

台阶分部开挖法的施工作业顺序如下:

①用人工或单臂进机开挖环形拱部。或根据断面的大小,环形拱部又可分成几块交替开挖。

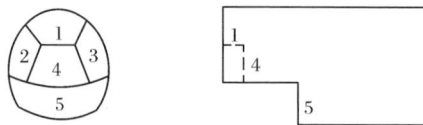

(a)台阶分部开挖法

(b) 单侧壁导坑法

(c) 双侧壁导坑法

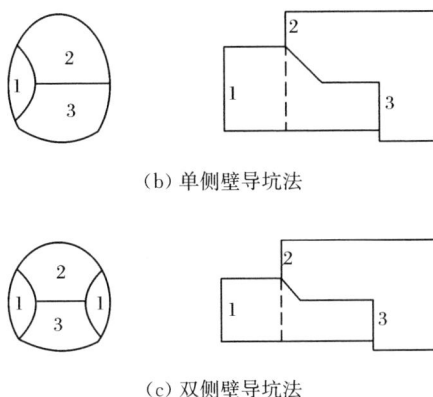

图 10.13　分部开挖法形式

② 安设拱部锚杆、钢筋网或钢支撑、喷射混凝土。

③ 在拱部初期支护保护下,用挖掘机或单臂掘进机开挖核心土和下台阶,随时接长钢支撑和喷射混凝土、封底。

④ 根据初期支护变形情况或施工安排建造内层衬砌。

由于拱形开挖高度较小,或地层松软锚杆不易成型,所以施工中不设或少设锚杆。环形开挖进尺为 0.5~1.0m,不宜过长。上部核心土和下台阶的距离,一般双线隧道为 1 倍洞跨,单线隧道为 2 倍洞跨。

台阶分部开挖法的优缺点及适用条件:在台阶分部开挖法中,因为上部留有核心土支挡着开挖面,而且能迅速及时地建造拱部初次支护,所以开挖工作面稳定性好。和台阶法一样,核心土和下部开挖都是在拱部初次支护保护下进行的,施工安全性好。这种方法适用于一般土质或易坍塌的软弱围岩中。与超短台阶法相比,台阶长度可以加长,减少上下台阶施工干扰;而与下述的侧壁导坑法相比,施工机械化程度较高,施工速度可加快。虽然核心土增强了开挖面的稳定,但开挖中围岩要经受多次扰动,而且断面分块多,支护结构形成全断面封闭的时间长,这些都有可能使围岩变形增大。因此,它常要结合辅助施工措施对开挖工作面及其前方岩体进行预支护或预加固。

(2) 单侧壁导坑法。

开挖面分部形式。一般将断面分成三块:侧壁导坑 1、上台阶 2、下台阶 3,如图 10.13(b)所示。侧壁导坑尺寸应本着充分利用台阶的支撑作用,并考虑机械设备和施工条件而定。一般侧壁导坑宽度不宜超过 0.5 倍洞宽,高度以到起拱线为宜,这样,导坑可分二次开挖和支护,不需要架设工作平台,人工架立钢支撑也较方便。导坑与台阶的距离没有硬性规定,但一般应以导坑施工和台阶施工不发生干扰为原则,所以在短隧道中可先挖通导坑,而后再开挖台阶。上、下台阶的距离则视围岩情况参照短台阶法或超短台阶法拟定。

单侧壁导坑法的施工作业顺序如下：

① 开挖侧壁导坑,并进行初次支护(锚杆加钢筋网、或锚杆加钢支撑、或钢支撑,喷射混凝土),应尽快使导坑的初次支护闭合。

② 开挖上台阶,进行拱部初次支护,使其一侧支承在导坑的初次支护上,另一侧支撑在下台阶上。

③ 开挖下台阶,进行另一例边墙的初次支护,并尽快建造底部初次支护,使全断面闭合。

④ 拆除导坑临空部分的初次支护。

⑤ 建造内层衬砌。

单侧壁导坑法的优缺点及适用条件:单侧壁导坑法是将断面横向分成3块或4块,每步开挖的宽度较小,而且封闭型的导坑初次支护承载能力大,所以,单侧壁导坑法适用于断面跨度大,地表沉陷难于控制的软弱松散围岩中。

(3) 双侧壁导坑法,又称为眼镜工法。

开挖面分部形式:一般将断面分成四块:左、右侧壁导坑1、上部核心土2、下台阶3,如图 10.13(c)所示。导坑尺寸拟定的原则同前,但宽度不宜超过断面最大跨度的1/3。左、右侧导坑错开的距离,应根据开挖一侧导坑所引起的围岩应力重分布的影响不致波及另一侧已成导坑的原则确定。

双侧壁导坑法的施工作业顺序如下:

① 开挖一侧导坑,并及时地将其初次支护闭合。

② 相隔适当距离后开挖另一侧导坑,并建造初次支护。

③ 开挖上部核心土,建造拱部初次支护,拱脚支承在两侧壁导坑的初次支护上。

④ 开挖下台阶,建造底部的初次支护,使初次支护全断面闭合。

⑤ 拆除导坑临空部分的初次支护。

⑥ 建造内层衬砌。

双侧壁导坑法的优缺点及适用条件:当隧道跨度很大,地表沉陷要求严格,围岩条件特别差,单侧壁导坑法难以控制围岩变形时,可采用双侧壁导坑法。现场实测表明,双侧壁导坑法所引起的地表沉陷仅为短台阶法的1/2。双侧壁导坑法虽然开挖断面分块多,扰动大,初次支护全断面闭合的时间长,但每个分块都是在开挖后立即各自闭合的,所以在施工中间变形几乎不发展。双侧壁导坑法施工安全,但速度较慢,成本较高。

(4) 其他分部施工方法。

中隔墙法(简称 CD 法)和交叉中隔墙法(简称 CRD 法)是两种适用于软弱地层的施工方法,特别是对于控制地表沉陷有很好的效果,一般主要用于城市地下铁道施工中,因其造价高,故在山岭隧道中很少采用,但在特殊情形中,也可以采用,如膨胀土地层。

3. 黄土连拱隧道施工方法选择

由于黄土连拱隧道(单洞两车道)开挖断面较大,其单洞净空面积超过 $100m^2$,且围岩比较差。为确保黄土连拱隧道施工安全,应采用经济合理的施工方法,即进行隧道施工方法选择时应遵行进度适宜、安全稳妥、经济合理。黄土连拱隧道不宜采用大断面开挖,可采用三导洞＋上下台阶法和中导洞＋上下台阶法。

1) 三导洞＋上下台阶法

该方法的工艺原理是把大洞室分解为若干小洞室,利用小洞室开挖围岩松弛范围小的有利条件,构成稳定的初期支护,即大洞小作,以小代大的原理。一般采用三导洞先墙后拱法施工,其施工工序如图 10.14 所示。

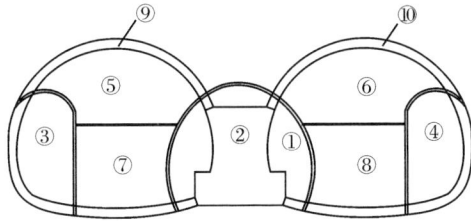

图 10.14　三导洞法施工步骤

图 10.14 中各序号代表的施工步骤如下:①开挖中导洞并进行支护;②修筑中隔墙及回填;③左侧导洞开挖及支护;④右侧导洞开挖及支护;⑤左洞上部开挖及初期支护;⑥右洞上部开挖及初期支护;⑦左洞下部和仰拱开挖及支护,并修筑仰拱;⑧右洞下部和仰拱开挖及支护,并修筑仰拱;⑨左洞二次衬砌;⑩右洞二次衬砌。

三导洞开挖的施工特点如下:

(1) 三导洞超前掘进,可起到超前地质预报的作用,并疏排未开挖围岩中的水分,明显改善开挖条件。

(2) 三导洞建立初期支护后,为后续开挖建立了稳固的支撑点,从而可及早施筑二次衬砌。另外,大跨度隧道的稳定性得以保证,有利于施工安全。

(3) 三导洞可有效降低地表沉陷,对于城市地下工程有重要意义。

(4) 结合超前管棚、格栅钢拱架、注浆等辅助支护措施,可在突泥涌水等软弱地层下施工。

(5) 机动灵活,可增加作业面,进度稳定。

(6) 无需大型机械设备,投入少,操作性强,易推广。

（a）三导洞开挖　　　　　　　　（b）主洞上下台阶法开挖

图 10.15　三导洞＋上下台阶法施工

2）中导洞＋上下台阶法

中导洞施工方法就是中导洞先行无侧导洞的施工方法。取消两个侧壁导洞，改为直接施工左右主洞。主洞采用上下台阶法施工。中导洞法的施工顺序如图 10.16 所示。

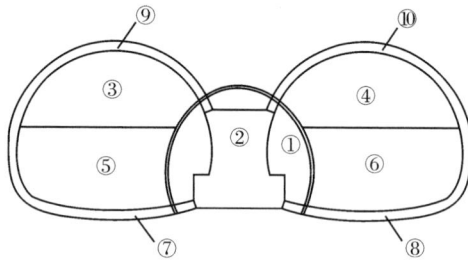

图 10.16　中导洞法施工步骤

图 10.16 中各序号代表的施工步骤如下：

①开挖中导洞并进行支护；②修筑中隔墙及回填；③左洞上部开挖及初期衬砌；④右洞上部开挖及初期衬砌；⑤左洞下部开挖及初期衬砌；⑥右洞下部开挖及初期衬砌；⑦修筑左洞仰拱；⑧修筑右洞仰拱；⑨左洞二次衬砌；⑩右洞二次衬砌。

中导洞法的工艺要点如下：

（1）在软弱围岩条件下，坚持"管超前，严注浆；短开挖，弱爆破；强支护，早封闭；勤量测，二衬紧跟；信息及时反馈，及时修正"的原则。

（2）严格控制施工进尺，每循环进尺，Ⅵ级围岩 80cm，Ⅴ级围岩 60cm。

（3）开挖后，立即进行初期支护，缩短围岩暴露时间，确保喷射混凝土的强度和厚度，并紧贴岩面。

（4）仰拱超前，二次衬砌距开挖面不超过 30m。

（5）如发现局部边墙围岩变差，应用拱脚锁脚锚杆加强初期支护，控制拱顶下沉。

（6）左右洞掌子面开挖，应错开 50m 以上，确定左右洞开挖间距的原则是，先行洞二次衬砌达到一定强度后，再进行后行洞开挖，以减少后行洞开挖对先行洞的不利影响。

根据黄土的变形特性及工法的适用性评价，从安全经济角度，提出黄土连拱隧道施工工法的技术关键要点如下：

（1）早支护。①预支护：对于快速及时支护，采取预支护是较好的解决方案，包括超前小导管、大管棚、掌子面或地表注浆预加固等。②控制开挖与支护的衔接时间，尽量将暴露土体控制在两个小时内。对此，可考虑将喷射混凝土工序前移的可行性，即移至出渣前。对浅埋砂质新黄土尤其强调开挖后掌子面应立即进行初喷，同时取消拱部锚杆，以缩短支护时间。

（2）短进尺。采取短进尺，一方面可减小一次暴露土体的长度，提高空间效应，另一方面可减少一次开挖量和出渣量，缩短开挖与支护间的衔接时间，达到早支护的目的。

（3）短台阶。采用短台阶开挖，有利于上台阶及时出渣，加快进度，并有利于缩短仰拱封闭距离。

（4）快封闭。开挖后对掌子面立即进行初喷，尽可能减少支护仰拱封闭距离、及时跟进分部开挖法的临时支护。

10.5.2　洞口工程施工技术

1. 洞口防排水及边仰坡开挖

黄土连拱隧道施工前应认真进行地表普查，对冲沟、陷穴、暗穴等首先采用灌浆或挖土回填，对松软的地表土和积水坑要整平夯实并设置一定的排水坡，有条件的可对隧道浅埋段的地表进行覆盖防水。

黄土连拱隧道开挖前，首先完成洞顶的截水沟和排水沟，能及时将边、仰坡及周围地表水顺利引流、汇集并排入远离隧道的沟渠内，保证洞口地面干燥，防止地表水进入洞内和渗入洞口地表中。施作浆砌片石水沟时，每隔 15～20m 设置一道沉降缝，并用沥青麻筋填塞紧密做好防水。

黄土连拱隧道土方可用挖掘机按设计坡度自上而下分层进行开挖，严禁掏底开挖。挖掘机开挖时应预留 20～30cm，再以人工修坡。同时及时施作坡面防护，做到开挖一层、边坡防护一层。

2. 进洞施工

为了确保黄土连拱隧道顺利进洞,需做好以下几点。

(1) 贯通中导洞为确保工期及施工安全,遵循"早进洞、少扰动、强支护"的方针,先进行洞口防排水处理,再在进出口各衬砌长 5m 护拱进洞,边仰坡尽量不扰动,这样既保护环境又可以确保施工安全。进洞口拱部打设超前小导管注浆,先开挖中导洞上半断面进洞。依据中隔墙设计尺寸,并考虑施工作业空间,定好开挖断面宽和高,以及拱部的半圆弧半径。开挖前小导管注浆作超前支护,开挖后挂网喷混凝土封闭并配以型钢支撑。因为是临时支护,格栅需拆除,施工中以确保安全为原则,视监控量测结果,可适当调整其支护参数。

(2) 灌筑中隔墙混凝土因受作业空间限制,隔墙混凝土灌筑由洞内向洞口方向倒退进行,采用泵送混凝土施工,10m 一个循环。先施工中隔墙基础,达到强度后做施工作业平台,再施工墙身,墙面距中隔墙中心线允许误差为±10mm。施工缝是中隔墙受力的软弱面,每次必须凿毛处理,连接筋严格按要求焊接牢固,地质变化地段增设沉降缝;墙顶施工至设计高程时,中部留成凹形以利施作土工布碎石盲沟引排渗水。由于中导洞已贯通,风力较大,必须按要求进行混凝土养护。

(3) 洞口管棚施工隧道进出口段各 25m 设计有超前大管棚支护,为确保安全进洞,各个洞口拱部先施作 2m 长的护拱,沿拱部布置,预留沉降量 10cm,厚80cm,C25 钢筋混凝土内部埋设 ϕ130mm 大钢管作管棚施工的导向管。搭设工作平台后,用地质钻机钻 ϕ120mm 孔,钻孔采用干钻,以保证管棚压浆能渗透至围岩。管棚用 ϕ108mm×6 热轧钢管,每节长 7m 或 9m,以 15cm 的丝扣连接,接头交错设于隧道纵向。钢管上间隔 25cm 钻 8mm 的小孔,注浆采用水泥水玻璃浆,水灰比为 0.7~0.9;注浆压力 0.5~1MPa,终压力 2~2.5MPa,注浆结束后用 M10水泥砂浆填充,以增强钢管的强度和刚度。

(4) 套拱和管棚施工完成后,进行左右主洞的开挖支护。

3. 明洞、洞门施工

洞门一般应尽早施工,进洞施工长度达到 15~20m,应同时进行明洞或洞门的施工,确保洞口的安全。进行明洞、洞门施工时,其施工工艺流程如图 10.17所示。

1) 施工准备

(1) 明洞和洞门施工前应复测中线、高程和模板的外轮廓尺寸(考虑预留沉降),确保衬砌不侵入设计轮廓线。

(2) 监控量测仪器齐备,测点布置合理,信息反馈准确及时。

(3) 混凝土的拌和设备、运输设备、衬砌模板台车以及洞门施工所需的提升设备、小型土石方压实机械等机械设备应性能良好,满足施工需要。

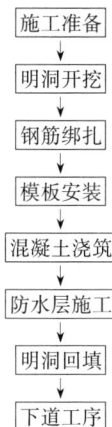

```
┌─────────┐
│ 施工准备 │
└─────────┘
     ↓
┌─────────┐
│ 明洞开挖 │
└─────────┘
     ↓
┌─────────┐
│ 钢筋绑扎 │
└─────────┘
     ↓
┌─────────┐
│ 模板安装 │
└─────────┘
     ↓
┌─────────┐
│ 混凝土浇筑 │
└─────────┘
     ↓
┌─────────┐
│ 防水层施工 │
└─────────┘
     ↓
┌─────────┐
│ 明洞回填 │
└─────────┘
     ↓
┌─────────┐
│ 下道工序 │
└─────────┘
```

图 10.17　明洞施工工艺流程

(4) 钢筋拱圈混凝土用的水泥、砂、碎石、钢筋以及洞门砌筑所用(片)块石、料石等各项原材料质量应满足设计或规范要求,并根据施工进展情况及时到位。

(5) 劳力组织合理,对圬工工程等主要项目安排专业化班组进行施工。

(6) 风、水、电、道路等作业条件满足施工需要。

2) 明洞开挖

(1) 明洞施工按设计要求,对地层进行预加固,然后分层开挖和支护,边仰坡分层施作喷锚支护、格构网、植草等方法保持其稳定。

(2) 明洞侧壁基础应设置在稳固的地基上,对于偏压和单压明洞墙基尚应考虑其抗滑力。基础埋设宽度和深度应符合设计要求;当两侧侧壁地基松软或软硬不均匀时,应采取措施加以处理。

(3) 洞口明洞与洞门施工应根据洞口地质条件、水文条件及设计文件,将其和洞口排水、洞口土方开挖以及暗洞浅埋段等各项有关工程通盘考虑,妥善安排,尽快完成,为隧道洞身施工创造条件。

(4) 明洞应在雨季前施工完成。明洞开挖前应做好截排水系统;明洞开挖过程中,应做好坡体稳定监测,宜随挖随护,防止雨水下渗影响开挖面稳定。

(5) 明洞施工现场布置合理有序,各项标志明显,和隧道洞内施工平行、交叉作业时,应合理安排,减免干扰。

(6) 明洞施工过程中,应严格按设计及规范要求进行施工。严防对拱圈带来冲击或其他不利影响。

(7) 明洞及洞门搭架子施工时,应遵守脚手架及高空作业有关规定,严防坠物伤人。

(8) 明洞施工应注意和暗洞衔接良好。洞口明洞还应和洞门拱圈衔接良好。

(9) 洞门和隧道洞身等部位的施工先后安排以既要早出形象,保证洞口安全,还要尽量减少和隧道洞身施工间的相互干扰为原则。一般情况下,洞门施工宜在隧道浅埋段衬砌完成后及时进行施工。

3) 明洞钢筋绑扎及模板架设

(1) 钢筋绑扎在防水板铺设检验完毕,优先于 1 个段落衬砌长度处进行。

(2) 钢筋绑扎施工前首先搭设作业台架,台架下部应能满足施工机械通过要求。台架起着施工过程中临时固定钢筋骨架及作业人员活动平台的作用。

(3) 钢筋在加工厂下料成型,现场人工绑扎。

(4) 钢筋绑扎。

① 钢筋绑扎施工前首先搭设作业台架,台架下部应能满足施工机械通过要求。台架起着施工过程中临时固定钢筋骨架及作业人员活动平台的作用。

② 钢筋按设计要求在洞外工厂化加工预制,运料车运输到现场,在作业台架上人工安装绑扎。

③ 绑扎钢筋的作业台架就位后,首先由测工根据模板台车的长度确定出不少于 3 个横断面的钢筋固定断面,每个横断面标出不少于 9 个定位点,之后由钢筋工在定位点处搭设固定钢筋的骨架。

④ 将钢筋预弯后,首先绑扎定位处的拱墙钢筋,之后以定位处的钢筋为基准,进行其他钢筋的绑扎。绑扎时,按照“先外圈,后内圈,再箍筋”的顺序进行。

⑤ 钢筋搭接长度必须符合施工规范要求。墙部的钢筋采用单面焊接接长,拱部钢筋接长采用绑扎接头。

⑥ 为确保钢筋绑扎质量,测量人员必须在钢筋绑扎前、内层钢筋绑扎前、作业平台移动前分三次进行纵向拉线对每根钢筋进行检查,确保钢筋位置准确。

(5) 钢筋固定。钢筋绑扎过程中,为防止钢筋由于自重或混凝土灌注过程中发生变形,按照纵向间距 2m、环向间距 2.5m 的要求,将“T”型短钢筋同固定钢筋的骨架焊连,“T”型短钢筋一端支抵在防水板上(支点处用废弃的防水板双层支垫),另一端与钢筋骨架主筋焊接,从而将整个钢筋网固定并加固,防止钢筋整体变形,从而确保钢筋的准确位置。

(6) 保护层的控制。钢筋绑扎完成后,按中线标高进行轮廓尺寸检查,合格后于内层钢筋挂设 5cm 厚砂浆垫块,以确保混凝土灌注后钢筋净保护层厚度。或者在内圈钢筋(紧邻模板台车的钢筋)拱部按照 100cm、墙部 200cm 的间距,梅花型焊接长度为 6cm 的短钢筋头,短钢筋头直接支顶在模板台车的模板表面,使钢筋保护层厚度准确且一致。

(7) 钢筋绑扎应采用专用台架,台架与模板台车同轨道,在模板台架就位后,撤离钢筋台架,安装模板支架。

（8）明洞混凝土的灌注应设挡头板、外模和支架,明洞拱墙应采用整体钢模衬砌台车一次浇筑成型,施工中的钢筋加工、接头、焊接和安装以及混凝土的拌制、运输、浇筑、养护、拆模和检查等作业均应按有关规定执行。

（9）基础混凝土灌注前必须排除基坑内积水,认真验槽,并对基底进行固化处理。边墙基础应采用与边墙同级混凝土一次浇筑而成。超挖部分采用同级混凝土回填。

（10）明洞衬砌完成后,应及时按设计规范要求施做防水层及纵向盲沟、环向盲沟,防水板应向隧道内延伸不小于 0.5m,并与暗洞防水板连接良好。

4）防水层施工

明洞的防排水施工应符合以下要求:

（1）明洞外模拆除后应及时施做防水层及排水盲管,保证排水畅通。

（2）明洞施工应和隧道的排水侧沟、中心水沟的出水口及洞顶的截、排水设施统筹考虑,即明洞施工完成后,洞内的排水应形成顺畅的出水口,洞顶排水系统达到完善、畅通。

（3）墙后的排水设施应与填土同时完成,并保证出水口通畅。

（4）明洞背部防水层采用 8mm 厚的 FSB 防水涂料,选择晴朗干燥天气施工。施工时,先将混凝土表面的外露钢筋头等杂物清理干净,确保防水涂料与混凝土黏结牢固。为了防止防水层在回填土时被破坏,需在防水层外部抹 20mm 厚的M20 号水泥砂浆,将其保护起来后再作填土。防水示意图如图 10.18 所示。

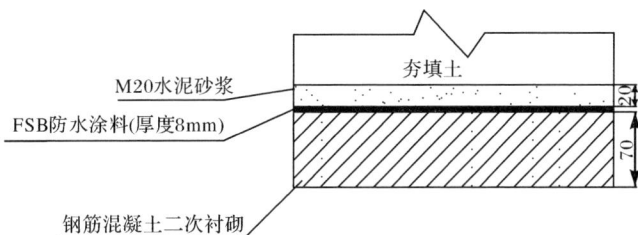

图 10.18　明洞顶防水示意图

（5）拱背需作黏土隔水层时,隔水层应与边、仰坡搭接平顺、封闭紧密,防止地表水下渗。

5）明洞回填

（1）明洞回填应在明洞外防水层施作完成且混凝土强度达到设计强度后进行。

（2）侧墙回填应两侧对称进行,石质地层中岩壁与墙背空隙不大时用与墙身同级混凝土回填;空隙较大时用片石混凝土或浆砌片石回填密实。土质地层,应将墙背坡面挖成台阶状,片石分层码砌,缝隙用碎石填塞密实。

（3）拱部回填应两侧对称分层夯实，每层厚度不大于 0.3m，两侧回填土面的高差不得大于 0.5m。回填至与拱顶齐平后，再分层满铺填筑至设计高度，夯实度不得小于 90％。

（4）采用机械回填时，拱圈混凝土强度应达到设计强度，且须先人工回填至拱顶以上 100cm 后，方可使用机械施工。

（5）拱圈混凝土强度应达到混凝土设计强度等级的 100％，且拱顶回填土高度达到 0.7m 时，方可拆除明洞模板。

10.5.3　洞身开挖施工技术

由于连拱隧道结构形式的特殊性，一般情况下先进行中导洞开挖，然后浇筑中隔墙。待中隔墙混凝土达到设计强度后，才能对连拱隧道的左右主洞进行开挖。

1. 导洞开挖和支护

黄土连拱隧道开挖无论采用中导洞法还是采用三导洞法均需进行导洞的开挖，一般是在洞口段工程完成后。

1）导洞断面形态、尺寸和位置

导洞开挖的断面形态和尺寸，随导洞在隧道断面内的位置和作用不同而有所区别。在以前的连拱隧道设计与施工中，导洞面积偏小，无法进行较大型的机械设备的施工。近年来导洞断面的面积被改进或扩大，以便采用大型设备进行施工，有利于加快进度，缩短工期。

（1）中导洞断面形态、尺寸和位置。

中导洞断面形态常采用半圆拱顶的门墙形式，尺寸大小要根据中隔墙设计尺寸及考虑施作中隔墙时的作业空间而定，确定中导洞断面参数时常采用下列原则：①满足模筑混凝土及其模板和预埋件的必要空间要求，中导洞中线宜偏离中隔墙中线 1m 左右也可采用不偏离；②满足中导洞出渣平行作业所需的必要空间；③尽可能保持半圆拱断面形态；④在保证施工空间前提下，尽可能减少中隔墙顶部和右侧不必要的开挖空间，通常宽度采用 4.5～6.5m，高 5.2～7m。拱部为 $R＝2.25～3.5m$ 的半圆拱，当中隔墙位于中导洞中线时圆中心落在中隔墙的中线上。

中导洞的作用，主要是在提供设置中隔墙的空间及进行主洞施工的地质预报。中隔墙在中导洞内的位置有两种：一种是在中导洞线上，对称设置。过去整体式中隔墙大多放在中导洞中线上；另一种是偏离中隔墙 1m 左右。后一种设置更有利于各项施工的进行，如在进出口先设置 3m 长的中隔墙，为长管棚施工时作导向墙用，并有利于减少中隔墙一侧偏压回填的工作量，方便中隔墙浇筑钢筋混凝土时的材料运输和人员进出。

(2) 侧导洞断面形态、尺寸和位置。

侧导洞断面形态多采用尖桃形,尖端向上,有时也采用半圆拱门形。尺寸大小要根据侧墙初期支护和二次衬砌厚度及施工作业空间而定。如果是尖桃形则外侧墙的弧半径和圆中心应与主洞圆半径和圆中心一致,达到主洞二次衬砌内侧面圆顺,并保证隧道断面净空面积。

2) 导洞的施工

(1) 中导洞开挖、支护和中隔墙施工。

① 中导洞开挖。

进洞口拱部打设超前小导管注浆作超前支护,先环形开挖中导洞上半断面进洞,开挖后挂网喷混凝土封闭并配以 I20a 型钢支撑。因为是临时支护,格栅需拆除,施工中以确保安全为原则,视监控量测结果,可适当调整其支护参数。

Ⅴ级(浅埋)、Ⅳ级围岩段采用台阶法开挖,上断面超前 3～5m,作为人工开挖和支护作业平台;开挖前先施作小导管或药卷锚杆超前支护;上台阶采用人工开挖,下台阶才用挖掘机机械开挖。Ⅴ级围岩段每次开挖循环进尺为一榀钢拱架,即 0.75m,Ⅳ级围岩段每次开挖循环进尺为二榀钢拱架,即 1.5m。上台阶的弃渣采用反铲挖掘机扒至下台阶,并与下台阶弃渣一道运出洞外。

② 中导洞支护。

因黄土连拱隧道围岩为第四系中更新统离石组(Q_2l)浅棕黄色亚黏土夹薄层亚砂土,稳定性较差,为保证施工安全,开挖后应及时封闭,具体施工措施如下:

A. 锚杆。采用 $\phi22mm$ 砂浆锚杆,锚杆单根长度 4m,间距 0.75m×0.75m,梅花形布置。

B. 钢筋网。采用 $\phi8mm$ 钢筋网,网格间距 15cm×15cm,钢筋网沿开挖面敷设,并与锚杆尾部焊接固定。

C. 格栅钢架。Ⅴ级围岩采用型钢 I20a 钢架 1 榀/0.75m、Ⅳ级围岩采用格栅钢架 $4×\phi25mm$,H-151 榀/1.2m,钢架拱脚处不得超挖,应采取人工挖槽就位。锚杆尾部与型钢或格栅主筋焊接固定。钢架纵向联结筋采用 $\phi22mm$ 钢筋,环向间距 1 根/1.0m。

D. 超前支护。Ⅴ级围岩采用 $\phi50mm$ 小导管,长度为 4.1m,间距为 30cm,倾角为 10°,尾部与钢架焊接。

E. 喷混凝土。采用 C25 混凝土,喷混凝土厚度 25cm,喷混凝土时应由下而上依次进行。

③ 中隔墙施工。

中隔墙在中导洞贯通后自中部向进出口方向交错浇筑混凝土。先浇筑中隔墙基础(与基底锚杆同步施作),然后浇筑中隔墙墙身(注意设置变形缝)。中隔墙钢筋采用现场绑扎,液压模板台车衬砌,按每两天一循环,每循环 9m 施作。台车就位后,利用中导洞钢架支护,对衬砌台车稳定性定位加固后,进行混凝土浇筑。中隔墙混凝土完成后,在中隔墙顶部回填与墙身同标号混凝土,与导洞洞顶顶紧,回填密实。混凝土浇筑前,预埋中隔墙排水管。

(2)两侧导洞开挖与支护。

为防止侧导洞初期支护暴露时间过长,缩短导洞开挖和衬砌之间的间隔时间,侧导洞在中隔墙贯通后开始施工,首先进行右导洞开挖施工,右导洞开挖进尺到达Ⅴ级围岩结束桩号后,进行左导洞的开挖施工。

侧导洞开挖支护方法及作业循环时间同中导洞。

2. 主洞开挖与支护

1)主洞开挖

先期进行开挖的主洞应与中隔墙平衡推力抵抗方向一致,主洞开挖前,为防止荷载转换造成中隔墙偏压倾斜及群洞效应对中导洞产生附加荷载,导致较大变形,中隔墙一侧与主洞开挖异侧中导洞支护结构之间设框架支撑顶死以平衡推力,中隔墙顶部与中导洞支护结构之间喷射混凝土回填密实。

主洞待同侧侧导洞掘进10～15m后开始施工,先施工一侧主洞,待该侧主洞掘进超过20m后,再开挖另一侧主洞。主洞施工采用台阶法,施工工艺如图10.19所示。Ⅴ、Ⅳ级围岩洞身开挖采用上台阶留核心土法开挖,以人工开挖为主,下台阶采用挖掘机机械开挖。上断面超前下断面20～30m。上台阶的弃渣采用反铲挖掘机扒至下台阶,并与下台阶弃渣一道运出洞外。

施工注意事项:

(1)隧道施工坚持"管超前、短进尺、控爆破、早支护、快封闭、勤量测"的原则。

(2)人工开挖,开挖轮廓要圆顺,以防出现应力集中,爱护围岩。

(3)工序变化处之钢架应设锁脚锚杆,以确保钢架基础稳定。

(4)钢架之间纵向连接钢筋及时施作并连接牢固。

(5)临时钢架的拆除等洞身主体结构初期支护施工完毕并稳定后,再进行。

2)超前支护

(1)ϕ108mm超前长管棚。

Ⅴ级围岩段主洞采用ϕ108mm长管棚超前预注浆。长管棚采用ϕ108mm热轧无缝钢管,沿拱部环向间距40cm布置,施工时先根据设计施工护拱,预留导向管,采用管棚钻机钻孔,安装ϕ108mm×6钢管,注浆。大管棚施工的施工工艺流程如图10.20所示。

①施作护拱。

A. 混凝土护拱作为长管棚的导向墙,在开挖廓线以外拱部120°～135°范围内施作,断面尺寸为1.0m×1.0m,护拱内埋设钢筋支撑,钢筋与管棚孔口管连接成

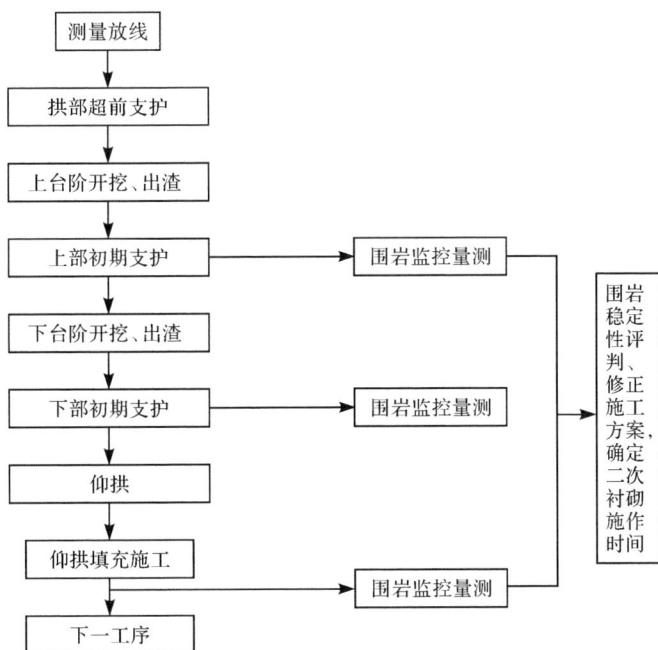

图 10.19　台阶法施工工艺流程

整体。导向墙环向长度可根据具体工点实际情况确定,要保证其基础稳定性。

B. 孔口管作为管棚的导向管,其安设的平面位置、倾角、外插角的准确度直接影响管棚的质量。用经纬仪以坐标法在工字钢架上定出其平面位置;用水准尺配合坡度板设定孔口管的倾角;用前后差距法设定孔口管的外插角。孔口管应牢固焊接在工字钢上,防止浇筑混凝土时产生位移。

② 搭钻孔平台安装钻机。

A. 钻机平台用钢管脚手架搭设,搭设平台应一次性搭好,钻孔由 1~2 台钻机由高孔位向低孔位进行。

B. 平台要支撑于稳固的地基上,脚手架连接要牢固、稳定,防止在施钻时钻机产生不均匀下沉、摆动、位移而影响钻孔质量。

C. 钻机定位。钻机要求与已设定好的孔口管方向平行,必须精确核定钻机位置。用经纬仪、挂线、钻杆导向相结合的方法,反复调整,确保钻机钻杆轴线与孔口管轴线相吻合。

③ 钻孔。

A. 为了便于安装钢管,钻头直径采用 108mm 或 127mm。

B. 钻进时产生坍孔、卡钻时,需补注浆后再钻进。

C. 钻机开钻时,应低速低压,待成孔 10m 后可根据地质情况逐渐调整钻速及

```
┌─────────────────┐
│  开挖周边放样布孔  │◄──────────┐
└────────┬────────┘           │
         ▼                     │
┌─────────────────┐           │
│   管棚钻机就位    │           │
└────────┬────────┘           │
         ▼                     │
┌─────────────────┐           │
│  钻进+管棚体安装  │           │
└────────┬────────┘           │
         ▼                     │
┌─────────────────┐           │
│ 一节管棚体安装结束 │           │
└────────┬────────┘           │
         ▼                     │
┌─────────┐  ┌────────┐       │
│钻杆退回原位│  │ 接长管棚 │      │
└─────────┘  └────────┘       │
         ▼                     │
┌─────────────────┐           │
│ 继续钻进安装至设计长度│         │
└────────┬────────┘           │
         ▼                     │
┌─────────────────┐           │
│  下一根管棚钻进   │           │
└────────┬────────┘           │
         ▼       ┌────────┐    │
         ├──────┤ 钻进结束 ├────┘
         ▼       └────────┘
┌─────────────────┐
│    安放钢筋笼     │
└────────┬────────┘
         ▼
┌─────────────────┐
│      注浆        │
└────────┬────────┘
         ▼
┌─────────────────┐
│     隧道开挖      │
└─────────────────┘
```

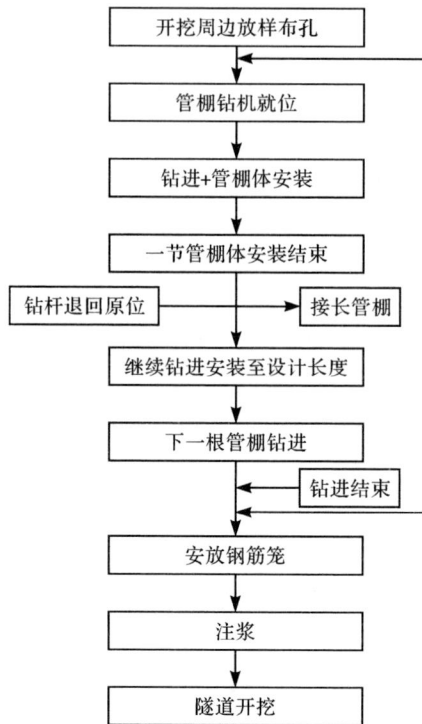

图 10.20　超前大管棚施工工艺流程

风压。

D. 钻进过程中经常用测斜仪测定其位置,并根据钻机钻进的状态判断成孔质量,及时处理钻进过程中出现的事故。

E. 钻进过程中确保动力器、扶正器、合金钻头按同心圆钻进。

F. 认真作好钻进过程的原始记录,及时对孔口岩屑进行地质判断、描述,作为洞身开挖时的地质预测预报参考资料,从而指导洞身开挖。

④ 清孔验孔。

A. 用地质岩芯钻杆配合钻头进行反复扫孔,清除浮渣,确保孔径、孔深符合要求,防止堵孔。

B. 用高压风从孔底向孔口清理钻渣。

C. 用经纬仪、测斜仪等检测孔深、倾角、外插角。

⑤ 安装管棚钢管。

A. 钢管在专用的管床上加工好丝扣,导管四周钻设孔径 10～16mm 注浆孔(靠孔口 2.5m 处的棚管不钻孔),孔间距 15～20cm,呈梅花形布置。管头焊成圆锥形,便于入孔。

B. 棚管顶进采用装载机和管棚机钻进相结合的工艺，即先钻大于棚管直径的引导孔(ϕ108mm 或 ϕ127mm)，然后用装载机在人工配合下顶进钢管。

C. 接长钢管应满足受力要求，相邻钢管的接头应前后错开。同一横断面内的接头数不大于 50%，相邻钢管接头至少错开 1m。

⑥ 注浆。

A. 安装好有孔钢花管、放入钢筋笼后即对孔内注浆，浆液由 ZJ-400 高速制浆机拌制。

B. 注浆材料。注浆材料为 M20 水泥浆或水泥砂浆。

C. 采用注浆机将砂浆注入管棚钢管内，初压 0.5～1.0MPa，终压 2MPa，持压 15min 后停止注浆。

D. 注浆量应满足设计要求，一般为钻孔圆柱体的 1.5 倍；若注浆量超限，未达到压力要求，应调整浆液浓度继续注浆，确保钻孔周围岩体与钢管周围孔隙充填饱满。

E. 注浆时先灌注"单"号孔，再灌注"双"号孔。

(2) ϕ50mm 超前小导管。

Ⅴ级围岩段三导洞、Ⅳ级围岩段主洞采用 ϕ50mm 注浆小导管超前支护，环向间距 30cm 布置。超前小导管施工工艺流程如图 10.21 所示。

① 制作钢花管。

小导管前端做成尖锥形，尾部焊接 ϕ8mm 钢筋加劲箍，管壁上每隔 10～20cm 梅花型钻眼，眼孔直径为 6～8mm，尾部长度不小于 30cm 作为不钻孔的止浆段。

② 小导管安装。

A. 测量放样，在设计孔位上做好标记，用凿岩机或煤电钻钻孔，孔径较设计导管管径大 20mm 以上。

B. 成孔后，将小导管按设计要求插入孔中，或用凿岩机直接将小导管从型钢钢架上部、中部打入，外露 20cm 支撑于开挖面后方的钢架上，与钢架共同组成预支护体系。

③ 注浆。

采用 KBY-50/70 注浆泵压注水泥浆或水泥砂浆。注浆前先喷射混凝土 5～10cm 厚封闭掌子面，形成止浆盘。注浆前先冲洗管内沉积物，由下至上顺序进行。单孔注浆压力达到设计要求值，持续注浆 10min 且进浆速度为开始进浆速度的 1/4 或进浆量达到设计进浆量的 80% 及以上时注浆方可结束。注浆施工中认真填写记录，随时分析和改进作业，并注意观察施工支护工作面的状态。注浆参数应根据注浆试验结果及现场情况调整。

注浆参数可参照以下数据进行选择：

A. 注浆压力：一般为 0.5～1.0MPa。

```
┌──────────┐
│ 地质调查 │
└────┬─────┘
     │
┌────┴─────┐
│ 现场试验 │
└────┬─────┘
     │
┌────┴─────┐
│ 效果检查 │
└────┬─────┘
     │
┌────┴──────────────┐        ┌──────────┐        ┌──────────┐
│ 制定施工方案进行施工 │        │ 施工准备 │◄───────│ 设备准备 │
└────┬──────────────┘        └──────────┘        └──────────┘
     │                                            ┌──────────┐
     │                                            │ 管材加工 │
     │                                            └──────────┘
┌────┴──────────────┐                             ┌──────────┐
│ 喷混凝土封闭掌子面 │                             │ 材料准备 │
└────┬──────────────┘                             └──────────┘
     │                                            ┌──────────┐
┌────┴──────────┐                                 │ 机具准备 │
│ 拱部放样布孔  │                                 └──────────┘
└────┬──────────┘
     │
┌────┴──────────────┐
│ 风枪或煤电钻成孔  │
└────┬──────────────┘
     │
┌────┴─────┐
│ 清孔     │
└────┬─────┘
     │
┌────┴──────────┐
│ 插入小导管    │
└────┬──────────┘
     │
┌────┴─────┐        ┌──────────────┐
│ 注浆     │◄───────│ M20砂浆准备  │
└────┬─────┘        └──────────────┘
     │
┌────┴──────────┐
│ 隧道开挖      │
└───────────────┘
```

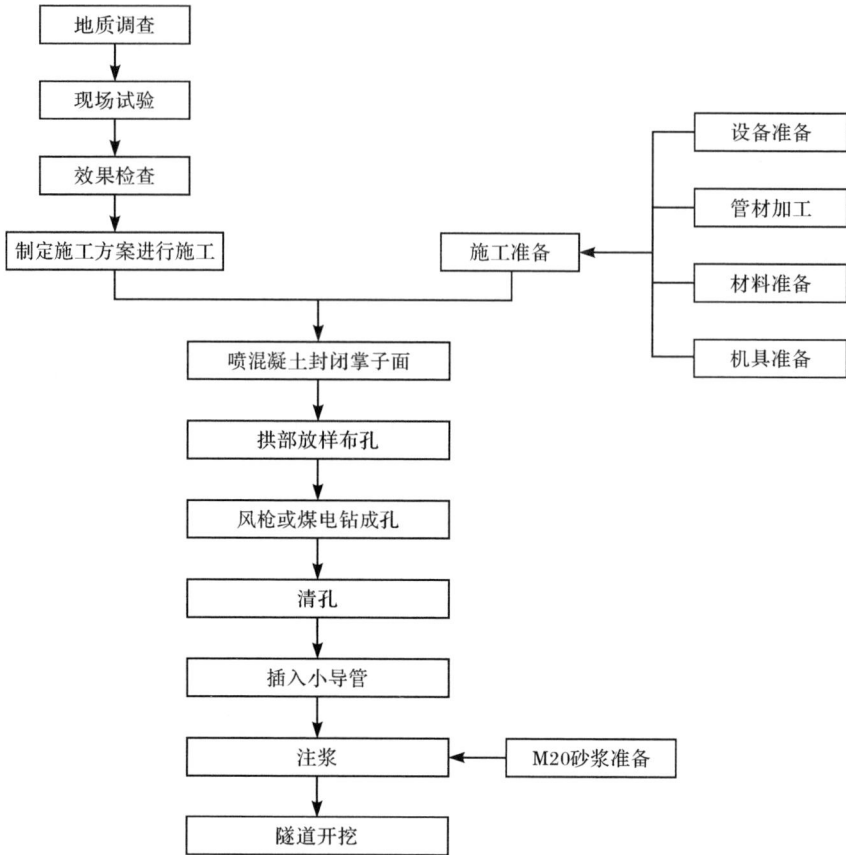

图 10.21　超前小导管施工工艺流程

　　B. 浆液初凝时间：1～2min。

　　C. 水泥：P. O32.5 普通硅酸盐水泥。

　　D. 砂：中细砂。

（3）超前自进式注浆锚杆。

设置在隧道中间的岩溶极发育地段。采用长 470cm 的 R32N 注浆锚杆，环向间距约 50cm。实际施作时锚杆方向应根据岩体结构面产状确定，以尽量使锚杆穿透更多的结构面为原则，外插角可采用 10°。每排锚杆的纵向搭结长度控制在 4m 左右。超前自进式注浆锚杆布置同超前小导管。

3）初期支护

锚喷支护采用 ϕ25mm 自钻式锚杆、ϕ22mm 中空注浆锚杆、钢筋网、型钢钢架、C25 喷射混凝土等支护措施。支护紧跟开挖面及时施作，以减少围岩暴露时间，抑制围岩变形，防止围岩在短期内松弛剥落。钢架、钢筋网和锚杆在洞外构件厂加工,人工安装钢架,挂设钢筋网,风动凿岩机施作系统锚杆,湿喷机湿喷混凝土。喷锚支护工艺流程如图 10.22 所示。

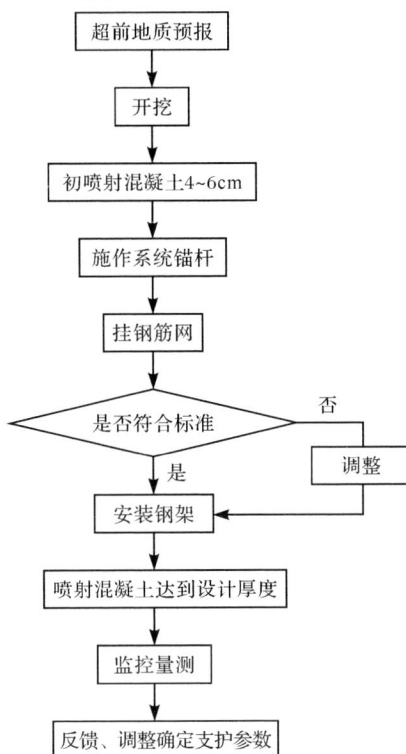

```
┌──────────────┐
│  超前地质预报  │
└──────────────┘
        │
┌──────────────┐
│     开挖      │
└──────────────┘
        │
┌──────────────────────┐
│  初喷射混凝土4~6cm     │
└──────────────────────┘
        │
┌──────────────┐
│  施作系统锚杆  │
└──────────────┘
        │
┌──────────────┐
│   挂钢筋网    │
└──────────────┘
        │
    ◇──────────◇              否
   ╱ 是否符合标准 ╲ ──────────────┐
    ◇──────────◇                 │
        │ 是                ┌──────────┐
        │                   │   调整   │
        │                   └──────────┘
┌──────────────┐                 │
│   安装钢架    │◄────────────────┘
└──────────────┘
        │
┌──────────────────────┐
│  喷射混凝土达到设计厚度  │
└──────────────────────┘
        │
┌──────────────┐
│   监控量测    │
└──────────────┘
        │
┌──────────────────────┐
│  反馈、调整确定支护参数  │
└──────────────────────┘
```

图 10.22　喷锚支护施工工艺流程

（1）锚杆施工。

隧道锚杆采用 $\phi25$mm 自钻式锚杆、$\phi22$mm 中空注浆锚杆。锚杆钻孔利用开挖台阶搭设简易台架施钻,按照设计间距布孔;钻孔方向尽可能垂直结构面或初喷混凝土表面;锚杆孔比杆径大 15mm,深度误差不得大于 50mm;成孔后采用高压风清孔。

① 中空注浆锚杆。

中空注浆锚杆施工工艺如图 10.23 所示。

A. 安装前,应检查锚杆体钻头的水孔是否畅通,若有异物堵塞,应及时清理。

B. 锚杆体装入设计深度后,应用水和空气洗孔,直至孔口反水或返气。

C. 注浆材料宜采用纯水泥浆或 1∶1 水泥砂浆,水灰比宜为 0.4~0.5。采用水泥砂浆时砂子粒径不应大于 1.0mm。

D. 注浆料应由杆体中孔灌入,上仰孔应设置止浆塞和排气孔。

② 钢筋网。

```
                      ┌──────────┐
                      │  锚杆制作  │
                      └────┬─────┘
                           │
┌──────────┐          ┌────▼─────┐          ┌──────────┐
│ 机械设备保养 │◄────────│ 各项工前准备 │────────►│ 准备注浆材料 │
└──────────┘          └────┬─────┘          └────┬─────┘
                           │                      │
                      ┌────▼─────┐                │
                      │锚杆孔位测量放样│                │
                      └────┬─────┘                │
                           │                      │
                      ┌────▼─────┐          ┌────▼─────┐
                      │ 锚杆钻机就位 │          │ 注浆设备就位 │
                      └────┬─────┘          └────┬─────┘
                           │                      │
                      ┌────▼─────┐                │
                      │ 钻孔角度定位 │                │
                      └────┬─────┘                │
                           │                      │
                      ┌────▼─────┐                │
                      │  钻锚杆孔  │                │
                      └────┬─────┘                │
                           │                      │
                      ┌────▼─────┐                │
                      │ 锚杆孔清孔  │                │
                      └────┬─────┘                │
                           │                      │
                      ┌────▼─────┐                │
                      │ 锚孔成孔检查 │                │
                      └────┬─────┘                │
                           │                      │
                      ┌────▼─────┐                │
                      │  插入锚杆  │                │
                      └────┬─────┘                │
                           │                      │
                      ┌────▼─────┐          ┌──────────┐
                      │   注浆   │◄────────│  搅拌砂浆  │
                      └────┬─────┘          └──────────┘
                           │
                      ┌────▼─────┐
                      │  安装垫板  │
                      └────┬─────┘
                           │
                      ┌────▼─────┐
                      │ 锚杆竣工验收 │
                      └──────────┘
```

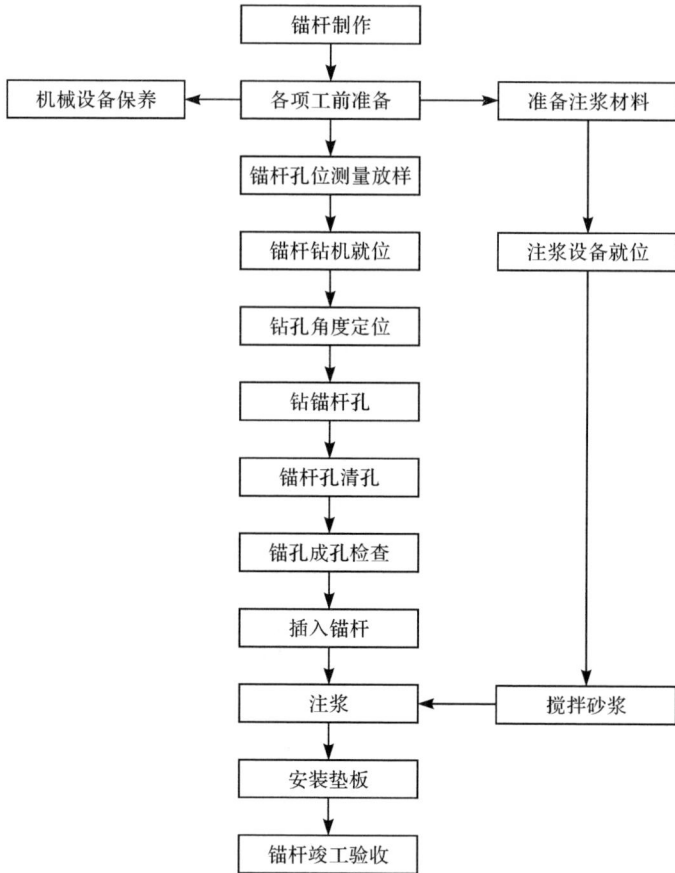

图 10.23　中空注浆锚杆施工工艺流程

　　钢筋网预先在洞外钢构件厂加工成型。钢筋类型及网格间距按设计要求施作。钢筋冷拉调直后使用,钢筋表面不得有裂纹、油污、颗粒或片状锈蚀。安装搭接长度应为 1～2 个网格,采用焊接。钢筋网随受喷面的起伏铺设。与锚杆或其他固定装置连接牢固。开始喷射时,减小喷头至受喷面的距离,并调整喷射角度。喷射中如有脱落的石块或混凝土块被钢筋网卡住时,及时清除。

　　③ 钢架。

　　本隧道 V 级采用钢架支护,钢架按设计预先在洞外钢构件厂加工成型,在洞内用螺栓连接成整体。

　　A. 制作加工。型钢钢架采用冷弯成型。钢架加工的焊接不得有假焊,焊缝表面不得有裂纹、焊瘤等缺陷。每榀钢架加工完成后放在水泥地面上试拼,平面翘曲达到规范要求。

　　B. 钢架架设工艺要求。

　　a. 安装前清除底脚下的虚碴及杂物,拱脚标高不足时应设置钢板进行调整。

　　b. 钢架拼装可在开挖面以外进行,各节钢架间以螺栓来连接,连接板密贴。

　　c. 沿钢架外缘每隔 2m 用钢楔或混凝土预制块楔紧。

　　d. 钢架底脚置于牢固的基础上。钢架尽量密贴围岩并与锚杆焊接牢固,钢架之间按设计纵向连接。

　　e. 分部开挖法施工时,每个台阶的钢拱架拱脚打设直径为 $\phi25mm$ 的锁脚锚杆,锚杆长度不小于 3.5m,数量为 4 根。下半部开挖后钢架及时落底接长,封闭成环。

　　f. 钢架与喷射混凝土形成一体,钢架与围岩间的间隙用喷射混凝土充填密实;钢架全部被喷射混凝土覆盖,保护层厚度不得小于 20mm。

　　④ 喷射混凝土。

　　隧道初期支护喷射混凝土设计厚度为:Ⅴ级围岩为 25cm,Ⅳ级围岩为 20cm,设计强度等级为 C25。喷射混凝土配合比的设计应满足:强度符合设计要求、不发生管路堵塞、能向上喷射至设计厚度的要求。

　　隧道初期支护喷射混凝土采用湿喷工艺。喷射混凝土在洞外拌和站集中拌和,由混凝土搅拌运输车运至洞内,采用湿喷机喷射作业。在隧道开挖完成后,先喷射 4cm 厚混凝土封闭岩面,然后打设锚杆、架立钢架、挂钢筋网,对初喷岩面进行清理后复喷至设计厚度。施工工艺如图 10.24 所示。

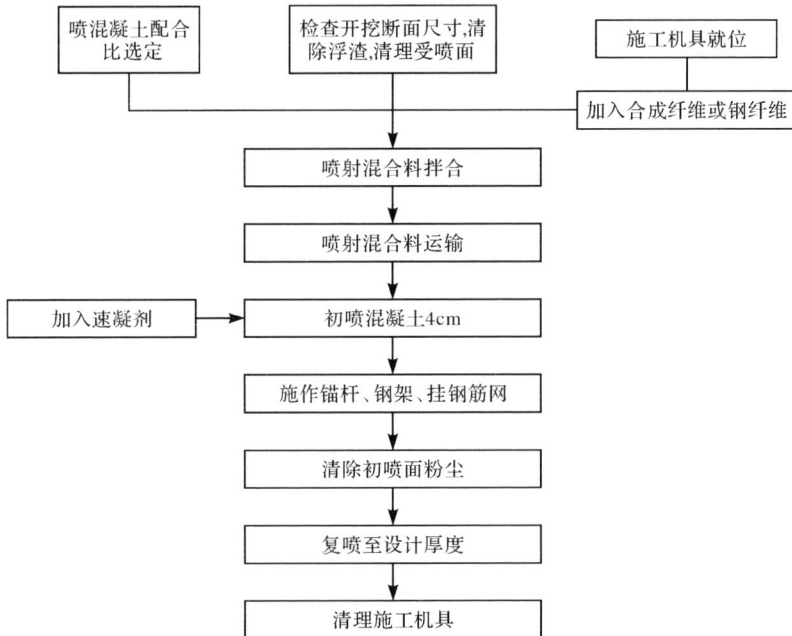

图 10.24　喷射混凝土施工工艺流程

A. 喷射前准备。

a. 喷射前应对受喷岩面进行处理。一般岩面可用高压水冲洗受喷岩面的浮尘、岩屑,当岩面遇水容易潮解、泥化时,宜采用高压风吹净岩面。若为泥、砂质岩面时应挂设细钢筋网(网格尺寸不大于 15mm×15mm、线径小于 3mm),用环向钢筋和锚钉或钢架固定,使其密贴受喷面,以提高喷射混凝土的附着力。喷射混凝土前,宜先喷一层水泥砂浆,待终凝后再喷射混凝土。

b. 设置控制喷射混凝土厚度的标志,一般采用埋设钢筋头做标志,亦可在喷射时插入长度比设计厚度大 5cm 的铁丝,每 1～2m 设一根,作为施工控制用。

c. 检查机具设备和风、水、电等管线路,湿喷机就位,并试运转。

B. 混凝土搅拌、运输。

湿喷混凝土搅拌采取全自动计量强制式搅拌机,施工配料应严格按配合比进行操作,速凝剂在喷射机喂料时加入。

钢纤维混凝土的搅拌工艺应确保钢纤维在拌和物中分散均匀,不产生结团,宜优先采用将钢纤维、水泥、粗细骨料先干拌后加水湿拌的方法,且干拌时间不得少于 1.5min,或采用先投放水泥、粗细骨料和水,在拌和过程中分散加入钢纤维的方法。搅拌时间应通过现场搅拌试验确定,并应较普通混凝土规定的搅拌时间延长 1～2min,采用先干拌后加水的搅拌方式时,干拌时间不宜小于 1.5min,搅拌时间不宜小于 3min。

掺有合成纤维混凝土的搅拌时间为 4～5min。搅拌完成后随机取样,如纤维已均匀分散成单丝,则混凝土可投入使用,若仍有成束纤维,则至少延长搅拌时间 30s 才可使用。

运输采用混凝土运输罐车,随运随拌。喷射混凝土时,多台运输车应交替运料,以满足湿喷混凝土的供应。在运输过程中,要防止混凝土离析、水泥浆流失、坍落度变化以及产生初凝等现象。

C. 喷射作业。

a. 喷射操作程序:打开速凝剂辅助风→缓慢打开主风阀→启动速凝剂计量泵、主电机、振动器→向料斗加混凝土。

b. 喷射混凝土作业应采用分段、分片、分层依次进行,喷射顺序应自下而上,分段长度不宜大于 6m。喷射时先将低洼处大致喷平,再自下而上顺序分层、往复喷射。

喷射混凝土分段施工时,上次喷射混凝土应预留斜面,斜面宽度为 200～300mm,斜面上需用压力水冲洗润湿后再行喷射混凝土。

分片喷射要自下而上进行并先喷钢架与壁面间混凝土,再喷两钢架之间混凝土。边墙喷混凝土应从墙脚开始向上喷射,使回弹不致裹入最后喷层。

分层喷射时,后一层喷射应在前一层混凝土终凝后进行,若终凝 1h 后再进行喷射时,应先用风水清洗喷层表面。一次喷射混凝土的厚度以喷射混凝土不滑移不坠落为度,既不能因厚度太大而影响喷射混凝土的黏聚力,也不能太薄而增加回弹量。边墙一次喷射混凝土厚度控制在 7～10cm,拱部控制在 5～6cm,并保持喷层厚度均匀。顶部喷射混凝土时,为避免产生坠落现象,两次间隔时间宜为2～4h。

c. 喷射速度要适当,以利于混凝土的压实。风压过大,喷射速度增大,回弹增加;风压过小,喷射速度过小,压实力小,影响喷射混凝土强度。因此在开机后要注意观察风压,起始风压达到 0.5MPa 后,才能开始操作,并据喷嘴出料情况调整风压。一般工作风压:边墙 0.3～0.5MPa,拱部 0.4～0.65MPa。黄土隧道喷射混凝土时喷射机的压力一般不宜大于 0.2MPa。

d. 喷射时使喷嘴与受喷面间保持适当距离,喷射角度尽可能接近 90°,以使获得最大压实和最小回弹。喷嘴与受喷面间距宜为 1.5～2.0m;喷嘴应连续、缓慢作横向环行移动,一圈压半圈,喷射手所画的环形圈,横向 40～60cm,高 15～20cm;若受喷面被钢架、钢筋网覆盖时,可将喷嘴稍加偏斜,但不宜小于 70°。如果喷嘴与受喷面的角度太小,会形成混凝土物料在受喷面上的滚动,产生出凹凸不平的波形喷面,增加回弹量,影响喷射混凝土的质量。

D. 养护。

喷射混凝土终凝 2h 后,应进行养护。石质隧道采用喷雾养护,黄土隧道采用养护液养护。养护时间不小于 14d。当气温低于 5℃ 时,不得洒水养护。

10.5.4　二次衬砌施工技术

黄土连拱隧道一般采用复合式衬砌,二次衬砌采用 C25 钢筋混凝土。

1. 钢筋施工

1)施工准备

原材料检验。每批钢筋进场时均应有钢筋出厂质量证明书或试验报告单;钢筋进场后进行复检,并将检测报告报监理工程师审查;钢筋现场堆放必须采取下垫上盖等措施防止钢筋锈蚀。

技术准备。为保证钢筋工程的及时性、准确性,根据图纸、规范要求,及时技术交底,做到放样及时、准确,能指导施工;钢筋工必须持证上岗,保证钢筋加工质量。

2)钢筋加工

开工前及时向监理工程师提交加工方案、加工材料明细表。加工时钢筋应平直,无局部曲折。如遇有死弯时,应将其切除。钢筋表面应洁净,无损伤、油漆和锈蚀。钢筋级别和直径必须符合设计要求。

3) 钢筋安装

钢筋的安装位置、间距、保护层及各部钢筋大小尺寸应符合设计图规定。

钢筋制作及安装严格按有关规程、规范及设计图纸要求,由钢结构加工厂统一制作,利用轨行式作业平台现场人工绑扎、焊接。施工时应防止损坏防水层和注意预埋件安装。

2. 拱墙衬砌混凝土施工

1) 施工方法

正洞衬砌采用 9m 长整体式液压衬砌台车,一次施工长度 9m,斜井及横洞衬砌采用组合钢模板,采用混凝土输送泵泵送作业,由下向上,对称分层,先墙后拱灌筑,入模倾落自由高度不超过 2.0m,机械振捣。

台车结构如图 10.25 所示。

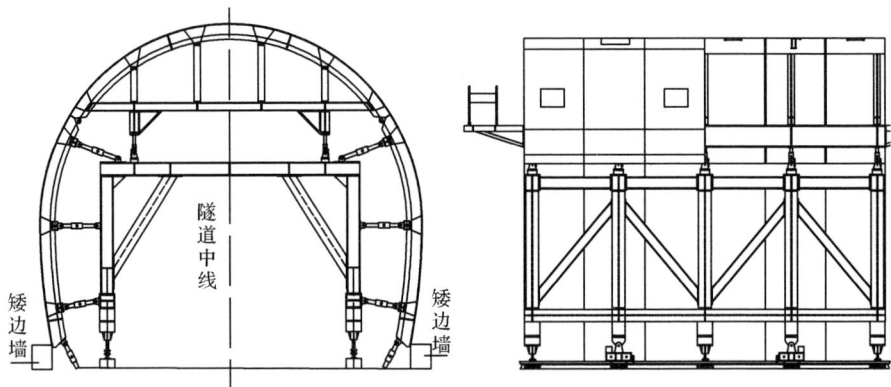

图 10.25　台车结构图

混凝土运输采用 8m³ 混凝土输送车,挡头模板采用制式钢模,确保施工缝处混凝土质量。混凝土由本标段统一规划的自动计量拌和站生产,采取商品化混凝土供应模式,就近供应。

混凝土灌筑前做好钢筋的布设工作,钢筋角隅处要加强振捣,并做好防水层铺设及各类预埋件、预留孔、沟、槽、管路的设置。

2) 混凝土施工

隧道模筑混凝土衬砌施工程序及工艺流程如图 10.26 所示。

(1) 施工准备。测量工程师和隧道工程师共同进行水平、高程测量放样。起动台车液压系统,根据测量资料使钢模定位,保证钢模衬砌台车中线与隧道中线一致,拱墙模板定位后固定,并进行测量复核。清理基底杂物、积水和浮碴;衬砌台车前端装设钢制挡头模板,并按设计要求安装固定止水带;拆除上组衬砌混凝

```
混凝土拌制          施工准备  ←——  1.中线水平放样检查
   ↓                   ↓              2.铺设衬砌台车轨道
混凝土运输          安设防排水材料 →  1.安装纵向、环向盲管
   ↓                   ↓              2.挂设防水层设置纵向
混凝土泵送          台车移位            止水带
   │                   ↓
   │                台车定位  →  1.清理基层,涂脱模
   │                   ↓          2.水平定位立模
   │                隐蔽检查 ——不合格——→ 整改     3.拱部中心线定位立模
   │                   │合格                      4.边墙模板净空定位
   └—————————————→  灌筑混凝土
                       ↓
                   脱模、台车退出
                       ↓
                     养护
                       ↓
                   地质雷达检测
```

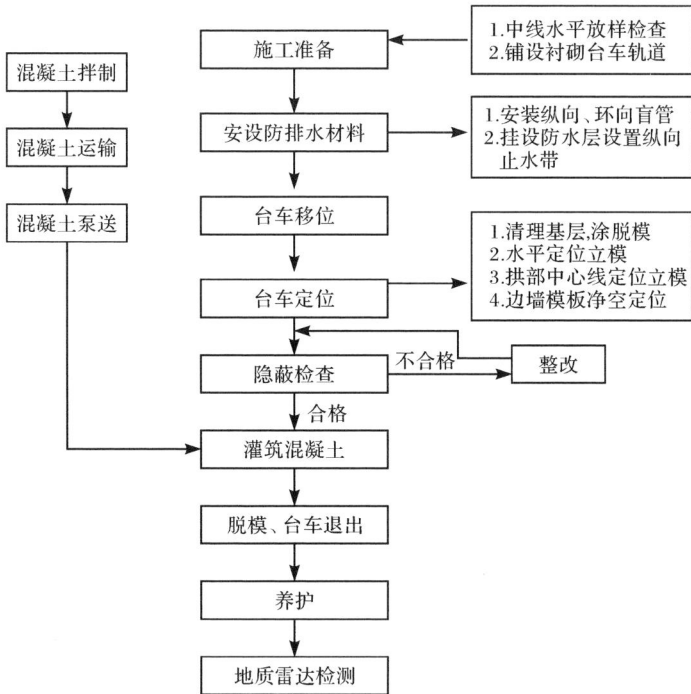

图 10.26　模筑混凝土衬砌施工工艺流程

土施工缝处止水带保护膜,并自检防水系统设置情况。自检合格后报请监理工程师隐蔽检查,经监理工程师签证同意后灌筑混凝土。

（2）混凝土原材料必须经工地试验室检验合格后方可使用。细骨料采用河砂或机制砂,粗骨料在指定石料场加工。水泥采用散装水泥,必须有出厂合格证。进场后,由工地试验室按规范要求,进行各项性能检验。水泥出厂超过三个月有效期,或发现水泥有受潮结块现象时,均应经过鉴定后降级使用。搅拌用水使用前对水进行酸性物质含量化学分析试验,合格后方可使用。

（3）混凝土搅拌。搅拌站采用电子自动计量系统,混凝土搅拌严格按设计配合比计量拌和,配合比设计在满足设计强度、耐腐蚀、耐久性、和易性的要求和合理使用材料和经济的原则下,计算与试验相结合,采用质量法设计。泵送混凝土配合比的技术要求:骨料最大粒径与输送管内径之比,碎石不大于 1:3,且不大于40mm;通过0.315mm 筛孔的砂不小于 15%。混凝土生产必须满足冬季施工要求。

（4）混凝土运输。混凝土采用混凝土输送车运输。运输施工要点:混凝土在运输中应保持其匀质性,做到不分层、不离析、不漏浆。运到灌筑点时,要满足坍落度要求。从搅拌机卸料到灌筑完毕的延续时间不超过 120min。

（5）混凝土灌筑。混凝土自模板窗口,由下向上,对称分层,先墙后拱灌筑,倾

落自由高度不超过 2.0m。因意外混凝土灌筑作业受阻不得超过 2h,否则按施工缝处理。衬砌混凝土施工均为机械振捣,插入式振动棒和附着式振捣器振捣密实,并避免碰撞钢筋、模板、预埋件和止水带等。振动棒插入下层混凝土 50mm左右。

(6)混凝土养护及整修。模筑混凝土衬砌应根据不同地段承压情况,混凝土强度分别达到设计强度的 100%、70% 及 8MPa 时方可拆模。

(7)质量保证技术措施。①衬砌施工前,应对中线、高程、断面尺寸和净空大小进行仔细检查核对,准确无误符合设计要求后,方可灌筑混凝土。②施工前做好地下水的封堵、引排,仰拱及基础部位的浮碴、积水必须清理干净,衬砌混凝土必须在无水情况下进行施作,以保证混凝土质量。混凝土灌筑前,对模板、支架、钢筋、预埋件和止水带进行仔细检查,符合要求后方能灌筑。③混凝土衬砌灌筑过程中,严禁损坏防水板。④工地试验室按规定要求在灌筑混凝土现场做试件,并详细填写施工记录。

10.5.5　结构物防排水施工技术

隧道防排水采用"防、截、排、堵相结合,因地制宜,综合治理"的原则,达到防水可靠,经济合理,不留后患的目的。

防水层和初期支护间拱墙环向设置 ϕ50mm 软式透水管,纵向间距每隔 10m一环;纵向设置 ϕ100mm HDPE 双壁打孔波纹管,横向为 ϕ100mm HDPE 双壁无孔波纹管,间距 25m 一道。全隧道拱墙施工缝和变形缝采用中埋式橡胶止水带+带注浆管膨胀止水条进行防水处理。二衬拱部每隔 3m 预留回填注浆孔,待混凝土达到设计强度后,应进行充填注浆。

防水层铺设利用轨行式作业平台施作。监控量测表明支护变形已基本趋于稳定且净空满足二次衬砌厚度后铺设防水板。防水层铺设作业区不得进行爆破,防止飞石损坏防水层结构。在衬砌台车就位前,对防水层进行全面检查,铺设过程中对接缝进行充气检查。

隧道结构防排水施工工艺流程如图 10.27 所示。

1. 排水盲管施工

排水盲管施工工艺流程:
钻孔定位→安装锚栓→捆绑盲管→盲管纵向环向连接。
1)环向排水盲管
隧道拱墙设直径 50mm 软式透水管环向盲管,环向盲管每隔 8~10m 设置,并每隔 5~10m 在水沟外侧留泄水孔,并采用三通接盲管与纵向盲管相连。

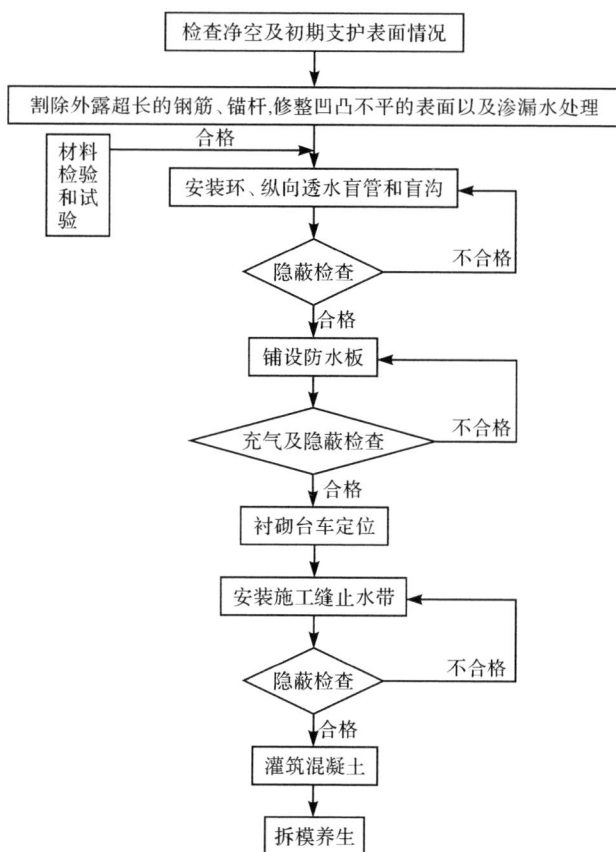

图 10.27　隧道结构防排水施工工艺流程

2）纵向排水盲管

纵向排水盲管沿纵向布设于左、右墙角水沟底上方,为两条直径为 80～100mm 的软式透水管盲沟。纵向排水盲管按设计规定画线,以使盲管位置准确合理,盲管安设的坡度与线路坡度一致。排水管采用钻孔定位,定位孔间距为 30～50cm。将膨胀锚栓打入定位孔或将锚固剂将钢筋头预埋在定位孔中,固定钉安在盲管的两端。用无纺布包住盲管,用扎丝捆好,用卡子卡住盲管,然后固定在膨胀螺栓上。采用三通与环向透水管、连接盲管相连。

3）边墙泄水管

模板架立后开始施作边墙泄水管,在模板对应于泄水管的位置开与泄水管直径相同的孔。泄水管一端安装在模板的预留孔上,另一端安装在纵向排水管上,泄水管与纵向排水管用三通连接时必须有固定措施。

4) 排水盲管施工控制要点

(1) 纵向贯通排水盲沟安装应按设计规定画线,以使盲管位置准确合理,画线时注意盲管尽可能走基面的低凹处和有出水点的地方。

(2) 盲管与支护的间距不得大于 5cm,盲管与支护脱开的最大长度不得大于110cm。

(3) 集中出水点沿水源方向钻孔,然后将单根集中引水盲管插入其中,并用速凝砂浆将周围封堵,以使地下水从管中集中引出。

(4) 盲管上接头用无纺布的渗水材料包裹,防止混凝土或杂物进入堵塞管道。

2. 防水层铺设

隧道防水层采用土工布＋防水板分离式防水结构,防水层施工工艺流程如图 10.28所示。

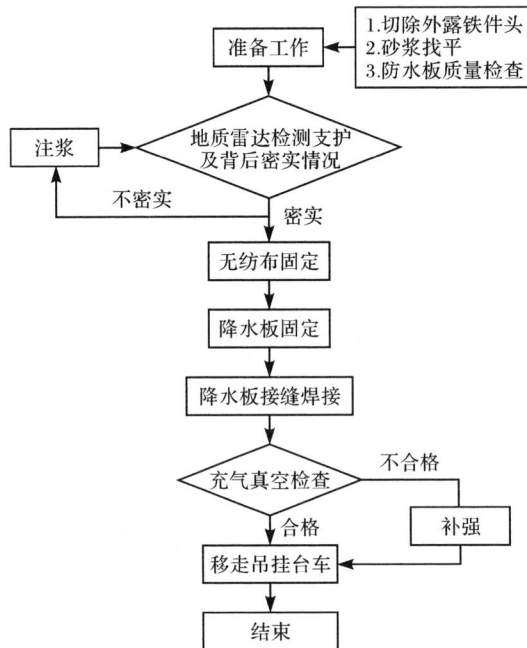

图 10.28　防水层施工工艺流程

1) 施工准备

(1) 洞外准备。检验防水板质量,用铅笔划焊接线及拱顶分中线,按每循环设计长度截取,对称卷起备用。

(2) 洞内准备。铺设台架行走轨道;施工时采用两个作业台架,一个用于基面处理,一个用于挂防水板,基面处理超前防水板两个循环。

（3）断面量测。测量断面，对隧道净空进行量测检查，对个别欠挖部位进行处理，以满足净空要求；同时准确测放拱顶分中线。

（4）基面处理。①局部漏水采用注浆堵水或埋设排水管直接排水到边；②钢筋网等凸出部分，先切断后用锤铆平抹砂浆素灰；③有凸出的管道时，用砂浆抹平；④锚杆有凸出部位时，螺头顶预留 5mm 切断后，用塑料帽处理；⑤初期支护应无空鼓、裂缝、松酥，表面应平顺，凹凸量不得超过 ±5cm。

2）铺设防水板

防水板超前二次衬砌 10～20m 施工，用自动爬行热焊机进行焊接，铺设采用专用台车进行。

（1）铺设前进行精确放样，弹出标准线进行试铺后确定防水板一环的尺寸，尽量减少接头。

（2）分离式防水板铺设采用从下向上的顺序铺设，松紧应适度并留有余量（实铺长度与弧长的比值为 10∶8），检查时要保证防水板全部面积均能抵到围岩。

（3）分离式防水板铺挂前，用带热塑性圆垫圈的射钉将缓冲层平整顺直地固定在基层上（图 10.29），缓冲层搭接宽度 50mm，可用热风焊枪点焊，每幅防水板布置适当排数垫圈，每排垫圈距防水板边缘 40cm 左右，垫圈间距：侧壁 80cm，2～3 个垫圈/m^2，顶部 40cm，3～4 个垫圈/m^2。

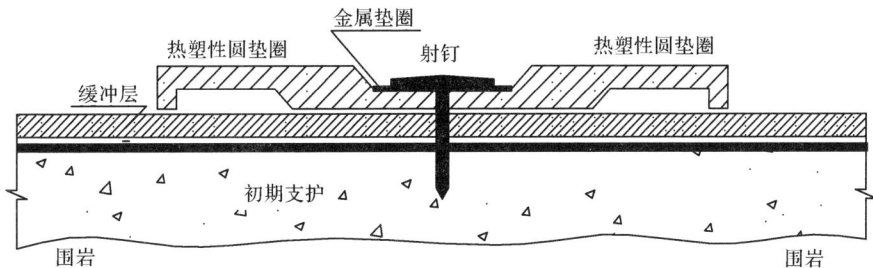

图 10.29　暗钉圈固定缓冲层示意图

（4）两幅防水板的搭接宽度不应小于 100mm，环向铺设时，下部防水板应压住上部防水板。

（5）防水板之间的搭接缝应采用双焊缝、调温、调速热楔式功能的自动爬行式热合机热熔焊接，细部处理或修补采用手持焊枪，单条焊缝的有效焊接宽度不应小于 10mm，焊接严密，不得焊焦焊穿。

（6）防水板纵向搭接与环向搭接处，除按正常施工外，应再覆盖一层同类材料的防水板材，用热焊焊接。三层以上塑料防水板的搭接形式必须是"T"形接头。

（7）分段铺设的卷材的边缘部位预留至少 60cm 的搭接余量并且对预留部分边缘部位进行有效保护。

（8）绑扎或焊接钢筋时，应避免对卷材造成破坏。混凝土振捣时，振捣棒不得接触防水板，以免防水板损伤。

（9）防水板的搭接缝焊接质量检查应按充气法检查，将 5 号注射针与压力表相接，用打气筒进行充气，当压力表达到 0.25MPa 时停止充气，保持 15min，压力下降在 10% 以内，说明焊缝合格；如压力下降过快，说明有未焊接好处。用肥皂水涂在焊缝上，有气泡的地方重新补焊，直到不漏气为止。

（10）施工要点控制。

① 防水板表面平顺，无褶皱、无气泡、无破损等现象。

② 当基面轮廓凸凹不平时，要预留足够的松散系数，使其留有余地，并在断面变化出增加悬挂点，保证缓冲面与混凝土表面密贴。

③ 防水板搭接用热焊器进行焊接，接缝为双焊缝，焊接温度应控制在 200～270℃，并保持适当的温度即控制在 0.1～0.15m/min。太快焊缝不牢固，太慢焊缝易焊穿、烤焦。

④ 焊缝若有漏焊、假焊应予补焊；若有烤焦、焊穿处以及外露的固定点，必须用塑料片焊接覆盖。

⑤ 焊接钢筋时在其周围用石棉水泥板进行遮挡，以免溅出火花烧坏防水层；灌注二衬混凝土时输送泵管不得直接对着防水板，避免混凝土冲击防水板引起防水板被带滑脱、防水板下滑。

⑥ 所有防水材料须采用合格厂家生产的定型产品，所有产品须有出厂合格证和质量检验证明。

⑦ 详细记录各种防水材料的安放部位，做到可追溯性。

⑧ 防水材料在使用前应做好相应的试验、检验工作，委托有相应资质的机构对防水材料进行检测。

⑨ 施工中发现的问题及时与生产厂家或供应商联系，以求尽快解决，不合格的材料坚决不用。

3. 止水带及止水条施工

二次衬砌的变形缝、施工缝是隧道施工的薄弱环节，也是隧道工程防水的重点，在施工中要高度重视。

1）止水带施工

止水带施工工艺流程：挡头模板钻钢筋孔→穿钢筋卡→放置止水带→下一环节止水带定位→灌注混凝土→拆挡头板→下一环止水带定位。

施作方法：沿衬砌轴线每隔不大于 0.5m 钻一 φ12mm 的钢筋孔。将制成的钢筋卡，由待灌混凝土侧向另一侧穿过挡头模板，内侧卡进止水带一半，另一半止水带平靠在挡头板上。待混凝土凝固后拆除挡头板，将止水带拉直，然后弯钢筋卡紧止水带。

施工控制要点：

（1）检查待处理的施工缝附近 1m 范围内围岩表面不得有明显的渗漏水，如有则采取必要的挡堵（防水板隔离）和引排措施。

（2）按断面环向长度截取止水带，使每个施工缝用一整条止水带，尽量不采取搭接，除材料长度原因外只允许有左右两侧边基上部两个接头，接头搭接长度不小于 30cm，且要将搭接位置设置在大跨以下或起拱线以下边墙位置。

（3）止水带对称安装，伸入模内和外露部分宽度必须相等，沿环向每 0.5m 设两根 $\phi6mm$ 短钢筋夹住，以保证止水带在整个施工过程中位置保持不变。止水带处混凝土表面质量应达到宽度均匀、缝身竖直、环向贯通、填塞密实、外表光洁。

（4）浇注混凝土时，注意在止水带附近振捣密实，但不得碰止水带，防止止水带走位。止水带施工中泡沫塑料对止水带进行定位，避免其在混凝土浇筑中发生移位。

2）止水条施工

止水条施工工艺流程：制作专用端头模板→浇筑先浇衬砌段时形成预留槽→浇筑下一段衬砌混凝土前安装止水条。

施作方法：水平施工缝先浇筑混凝土在初凝后、终凝前根据止水条的规格在混凝土端面中间压磨出一条平直、光滑槽。环向或竖向施工缝采用在端头模板中间固定木条或金属构件等，混凝土浇筑后形成凹槽。槽的深度为止水条厚度的一半，宽度为止水条宽度。清洗后，在灌注下循环混凝土之前，将止水条黏贴在槽中。

施工控制要点：

（1）二衬混凝土初凝后，拆除端头模板，将凹槽压平、抹光，凹槽的宽度略大于止水条的宽度。

（2）止水条安放前，先已浇筑混凝土端部充分凿毛、清洗干净。

（3）止水条在衬砌台车移动前 4h 左右安装，安装前最好先在凹槽内涂抹一层氯丁胶黏剂，止水条顺凹槽拉紧嵌入，确保止水条与槽底密贴，并用水泥钉固定牢固，同时在端部混凝土面上涂抹一层界面剂。

（4）止水条若有搭接，则可将止水条切成对口三角形，用氯丁胶水黏结。接口处不得有空隙。

（5）在二衬混凝土浇筑前，先在水平施工缝基面铺设 25～30mm 与浇筑混凝土同标号的水泥砂浆，经均匀、充分振捣后使基面与新浇筑混凝土有 25～30mm 水泥砂浆，新老混凝土结合牢固。

10.5.6　空洞检测与注浆回填技术

1. 空洞检测技术

1) 空洞检测原理

采用探地雷达对混凝土支护进行探测,利用空气与衬砌混凝土两者间的相对介电常数的差异对探测所得到的探测信息进行解译,从而得到空洞的位置和大小等信息。

探地雷达系统主要由主机、天线(含光纤或电缆传输线)、显示器组成(图 10.30)。天线部分一般包含发射机和接收机两部分,发射机发射高频电磁波信号到地下介质中,反射回来的信号被接收机接收,然后在接收机内通过 A/D 转换器把模拟信号转换成数字信号,通过传输线将信号传送到主机并储存起来供以后分析使用。

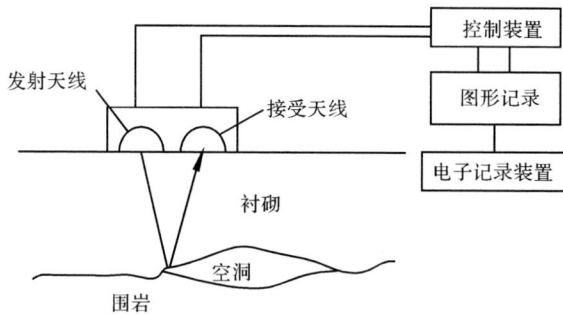

图 10.30　探地雷达空洞检测示意图

探地雷达类似探空雷达,通过发射天线以脉冲形式向地下发射高频电磁波。由于材料成分、结构及环境不同,不同介质的地球物理性质(如介电常数)存在较明显的差异,使雷达波在介质的分界面上产生反射,并被接收天线接收。电磁波在两种不同地球物理性质的介质的分界面会发生反射和折射,反射和折射能量的大小与界面上下介质的地球物理性质有关,反射波与入射波幅值比为反射系数,折射波与入射波幅值比为折射系数。

由于工程检测中使用的探地雷达天线的主频相对较高,遇到的介质多为无磁性且以位移电流为主,因此计算电磁波在地下介质的传播速度时只需考虑介电常数,便可得电磁波传播速度。

空洞检测是探地雷达在隧道衬砌检测中应用最广泛和最成熟的技术。空气与二次衬砌中混凝土两者间的地球物理性质差别较大,空气的相对介电常数为 1,混凝土的相对介电常数为 5~8,两者的反射系数也不同,在空气中反射较强的电磁波与在混凝土中的反射波形成鲜明的对比,利用探底雷达进行空洞检测正是利用了这一特性。

2) 空洞检测流程

(1) 前期准备工作。

① 进行初期支护及二衬检测时,施工单位现场配合工人 4~5 人,大型装载车一台(按检测单位技术工程师提供的尺寸电焊牢固的检测支架于装载车铲斗,配一名技术娴熟的装载车司机),项目部技术工程师一名(要求熟悉洞内里程桩号、熟悉施工程序),施工队现场负责人(负责安排工人、协调现场),施工照明等。

② 按检测单位技术工程师提供的尺寸电焊牢固的检测支架于装载车铲斗。

③ 测绘人员在隧道的边墙上每 5m 标记好隧道的桩号,要求标记准确清晰。

④ 要求检测段路面平整,道路两侧设备、杂物等清理干净,以防止仪器颠簸,影响测量效果。

⑤ 检测段不得先行挂设防水布。

(2) 隧道检测工作。

① 隧道检测工作开始后,检测单位技术工程师负责设备操作及测线笔记记录,施工单位技术工程师负责现场协调,施工单位工人负责天线紧贴初支、二衬表面,装载车司机必须服从检测单位技术工程师指挥,装载车铲斗升降、前行必须缓慢进行。

② 检测过程中,检测单位的技术工程师根据需要进行拍照记录,数据采集速度由现场情况确定。

③ 测线布置原则。根据探地雷达的工作原理,探地雷达隧道检测常用的测线布置方式是沿隧道纵向布置五条测线,分别位于两侧拱脚、两侧拱腰和拱顶,如图 10.31 所示。

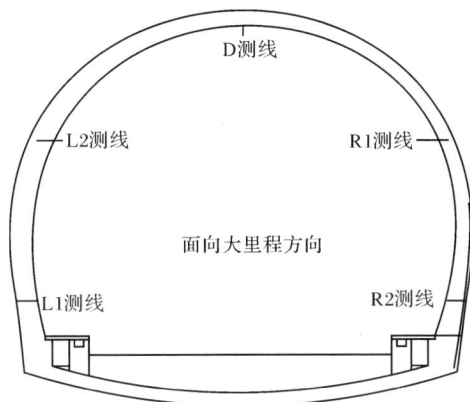

图 10.31　空洞检测测线示意图

④ 数据采集按照先隧道顶测线后边测线的原则采集(D 测线→L2 测线→R1 测线→R2 测线→L1 测线)。

⑤ 在全部测线完成后,根据需要进行钻孔取芯(二衬)验证雷达波速。

(3) 检测数据处理。

采用专业软件对各测线数据进行处理,确定衬砌空洞的位置及大小。

2. 注浆回填技术

现场检测完毕后,进行数据处理,确定空洞的大小和位置。为了确保初期支护与二次衬砌密实无空洞,在初期支护完成后二次衬砌前对初期支护背后进行探地雷达检测,发现空洞后采取注浆回填;二次衬砌时,在拱部每隔3m预埋一根注浆管,注浆管采取保护措施,防止混凝土进入将其堵死,在衬砌混凝土强度达到后进行注浆,注浆材料选用水泥砂浆(水灰比1∶1,砂灰比2∶1),注浆从低标高注浆孔开始注浆压力不小于1MPa 或高标高拱顶注浆孔冒浆为止。

二次衬砌拱背注浆施工工艺流程如图 10.32 所示。

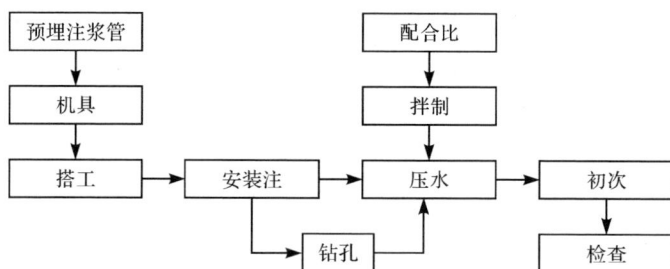

图 10.32　二次衬砌拱背注浆施工工艺流程

(1) 在钢筋混凝土衬砌中进行回填灌浆前需要提前在衬砌混凝土中预埋管,间距3~5m。

(2) 顶拱回填灌浆应分区段进行,每区段长度不应大于 3 个衬砌段。区段的端部应在混凝土施工时封堵严实。

(3) 灌浆前应对衬砌混凝土的施工缝和混凝土缺陷等进行全面检查,对可能漏浆的部位应先行处理。

(4) 灌浆应分为两个次序进行,两序孔中都应包括顶孔。

(5) 灌浆施工应自较低的一端开始,向较高的一端推进。同一区段内的同一次序孔可全部或部分钻出后,再进行灌浆,也可单孔分序钻进和灌浆。

(6) 低处孔灌浆时,高处孔可用于排气、排水。当高处孔排出浓浆(接近或等于注入浆液的水灰比)后,可将低处孔堵塞,改从高处孔灌浆,依次类推,直至结束。

(7) 空隙大的部位应灌注 M10 水泥砂浆,水泥砂浆的掺砂量不应大于水泥重量的 200%。灌浆压力初压 0.1~0.15MPa；终压 0.2MPa。

（8）回填灌浆在规定的压力下，灌浆孔停止吸浆，并继续灌注 10min 即可结束。

（9）灌浆结束后，排除钻孔内积水和污物，用硬性水泥砂浆将全孔封堵密实和抹平，露出衬砌混凝土表面的埋管应割除。

　　3. 注浆效果检查

（1）对注浆过程中的各种记录资料综合分析，注浆压力和注浆量变化是否合理，是否达到设计要求。

（2）设检查孔，取岩芯观察浆液充填情况，并检查测量孔内涌水量；对不合格者应进行补注。在拆除既有衬砌，完成施工支护后，注浆管应切割至与喷射混凝土表面齐平。

10.5.7　黄土连拱隧道常见病害处治技术

根据黄土连拱隧道病害调查结果及黄土连拱隧道病害分类特征研究结果，发现不同地区黄土隧道的病害类型及成因机制差异较大。要保证隧道的工程质量和顺利运营，需要针对不同的黄土隧道的具体病害提出相应的处治措施。

　　1. 地表裂缝处治技术

地表变形开裂主要是由于隧道开挖引起围岩下沉，或在降水和地表水入渗作用下引发黄土的湿陷性而产生的。

1）防止地表裂缝形成的施工控制标准

（1）采用"快开挖、强支护、快封闭"施工原则，使支护封闭距离小于一倍隧道跨度，施工地表沉降变形小于 80mm，可有效防止地表裂缝。

（2）支护封闭距离小于两倍隧道跨度，施工地表沉降变形小于 100mm，可有效防止出现宽大施工地表裂缝。

2）控制地表裂缝的施工措施

（1）洞外施工措施。

完善地表排水系统，发现洞顶地表的溶洞、冲沟或陷穴等立即抓紧时间处理，防止地表水（农灌水、雨水）灌入对隧道造成危害。地表裂缝处理可沿裂缝走向开挖深 1.0m、宽 0.6m 的沟槽，然后素土回填夯实至地表，并修筑土垄高出地面。

（2）洞内施工措施。

① 加强施工现场用水管理，严禁浸泡初期支护基础造成拱顶下沉。

② 控制开挖进尺及步长，如采用弧形导坑法施工的上中下三部分步长控制在3~5m，上导坑每次开挖一榀钢架的距离，中下导坑根据地质情况可一次开挖 1~2

榀钢架的间距,仰拱开挖控制在 3~5m;采用 CRD 法施工的左右侧开挖的间距控制在 10m 左右。

③ 保证锁脚锚杆的施工质量,增加锚杆数量。根据实际变形情况,认真施作锁脚锚杆,保证质量。在每分节处可增设两根锁脚锚杆,监控量测结果显示该措施多控制初期支护变形效果显著。

④ 扩大拱墙脚,增加拱墙脚的稳定性,从而控制初期支护拱顶变形量和收敛值。

⑤ 加强地基承载力,采用在拱墙脚下垫设槽钢或混凝土垫块,增加初期支护拱墙脚受力面积,减少初期支护闭合前的整体下沉量。

⑥ 加强钢拱架间的纵向连接,加密初期支护钢拱架的纵向连接钢管,提高钢架间的整体受力能力。

⑦ 保证钢拱架与围岩密贴,开挖时严格控制超、欠挖。若钢拱架背后与围岩不密贴,可采用同级混凝土垫块填密实或采用注浆保证初期支护钢拱架背后无空洞,有利于钢拱架和围岩形成联合支护体系共同受力。

⑧ 严格控制钢拱架的制作安装质量,严格控制钢拱架的加工和安装质量,使其线形圆顺避免应力集中。另外钢拱架间连接要牢固,必要时可加焊钢筋。

⑨ 仰拱、二衬紧跟,仰拱及回填混凝土要紧跟掌子面的距离控制在 30m 以内,以利于尽早形成完整的封闭环。根据监控量测数据及时跟进二衬的施工,以利于尽早形成完整的隧道受力结构,一般距离控制在距掌子面 60m 以内。

⑩ 加强对围岩的保护,机械开挖时预留 30cm 由人工开挖,减少对围岩的扰动,保证岩面圆顺,同时及时初喷 4cm 混凝土以封闭暴露围岩,增强岩体的整体性,为初期支护的后续工作争取安全时间。施工时初喷是在开挖的渣堆上进行的,待把未被渣堆覆盖的开挖面初喷完成后再出渣。

3) 地表裂缝的处治措施

(1) 对地表出现裂缝的地方,沿地表裂缝开挖深 1.0m,宽 0.6m 的沟槽,将挖出黄土按体积比为 7:3 的比例和石灰进行充分拌和,采用小型夯实机械或人工石锤进行分层夯实。机械夯实分层厚度不大于 30cm,人工夯实分层厚度不大于 20cm,并且高出原地面 10cm。沟槽开挖完成后必须及时回填,避免雨水浸泡。

(2) 对地表裂缝宽度在 2cm 以上的,在沿裂缝开挖沟槽后,以 10m 左右的间距采用漏斗自重法对裂缝直接灌注 1:1 的水泥浆,待水泥浆灌满凝固后,再移位进行补灌。当灌注量较大时,应停止灌注,待灌注进的水泥浆凝固后重新进行灌浆。

2. 洞顶塌方的处治技术

1) 洞口塌方的处治措施

(1) 对中小型塌方,应将塌体自上而下全部清除,根据塌方清除后的坡面情况,决定是否采用刷坡卸载的方法,同时对仰坡面自上而下进行喷锚网加固。其支护参数建议为:喷射混凝土厚度 8~15cm;锚杆 $\phi22mm$,长 3.0~5.0m;间距 1.0m×1.0m~1.5m×1.5m;钢筋网 $\phi6$~12mm;网格间距 15.0cm×15.0cm~25.0cm×25.0cm。

(2) 对于大型或特大型塌方,不必全部清理塌体。可采取挖台阶的形式清除一部分,然后进行喷锚网加固,并在仰坡上的适当位置设置浆砌片石挡土墙作防护。

(3) 当塌方是因为洞口附近的山体滑动引起,且塌方发生后,滑体尚未稳定,此时必须先加固滑动体,然后再处理塌方,目前加固滑动体的技术措施主要为:①采用长锚杆,长度必须超过滑动面,一般为 8.0~20.0m,并严格进行注浆;②采用预应力锚索,其长度也必须穿过滑动面,一般为 12.0~40.0m 并严格进行注浆;③采用抗滑桩进行加固,其长度仍必须穿过滑动面,其断面大小一般为 2.0m×2.0m~4.0m×4.0m。

(4) 仰坡加固完成后,对于洞口段已露空洞身时,可采用暗洞明做或改为明洞衬砌,拱圈上部回填土石或浆砌片石。

(5) 根据仰坡塌方的规模及处理后的稳定情况,对洞内二次衬砌进行适当加强,如增大衬砌厚度或采用钢筋混凝土、钢架混凝土衬砌等。

2) 洞内塌方的处治措施

洞内塌方规模一般较大,主要为大型和特大型塌方,对于黄土来说,土质类塌方的处理不能采用清渣的方法,而必须采用 Z 法进行,即"注浆＋管棚"的方法。但须注意以下两点:

(1) 注浆应根据塌体中土质(或砂)的颗粒大小分别采用渗透注浆、劈裂注浆或化学注浆。其选择标准为:①$d \geq 1.0mm$ 时,渗透注浆;②$0.1mm < d < 1.0mm$ 时,劈裂注浆;③$d < 0.1mm$ 时,注化学浆液。其中 d 为颗粒粒径。

(2) 施作管棚时,因在土质中钻孔,成孔困难,可采用跟管钻机进行。管棚安装完成应利用管棚再进行注浆,并在管棚内安放小钢筋笼并灌注水泥砂浆,以提高刚度。当土质类隧道掌子面塌方塌至地表(这种情况在隧道浅埋时时常发生)时,应对地表塌口进行处理。

3. 衬砌开裂处治措施

衬砌开裂是在围岩压力作用下,衬砌因变形而发生的一种破坏。衬砌开裂病害处治应从两个方面进行:一是应提高围岩自身的力学性能,增强自承能力,减小围岩压力;另一方面要增加支护体的刚度和强度。

1) 处理原则

(1) 提高围岩力学性能,改善衬砌的受力条件,对洞身衬砌背后的空洞、松散体进行注浆回填,对隧道周围围岩进行注浆加固,或对整座隧道进行混凝土套衬,补做仰拱,使衬砌结构形成一个封闭的整体;对隧道的防排水系统进行重新施作,采用纵向排水管和中心排水沟降低地下水的影响。

(2)环向裂缝只对裂缝本身进行处理,处理采用压注环氧浆液堵缝措施;斜向裂缝(含水平纵向裂缝)除对裂缝本身进行压浆堵缝外,沿裂缝两侧采取锚杆加固措施。

2)处理措施

(1)宽度在 5mm 以下的裂缝。

隧道衬砌混凝土表面常出现一些没有扩展性的细微裂缝,这种裂缝是稳定的,一般可自愈不会影响结构的使用和耐久性。从美观考虑,可先清洗干净裂缝表面,然后涂刷环氧树脂浆液二至三遍,最后用刮抹料、调色料处理混凝土表面,使其颜色与周围衬砌混凝土颜色一致。

(2)宽度在 5mm 以上的裂缝。

① 安装注浆管。清除裂缝表面杂物、浮浆,沿裂缝钻孔,孔顶正对裂缝,凿孔间距 50～80cm;钻孔采用气泵吹干后埋入 ϕ10mm 塑料管,其周围空隙用 HA71 快速封口胶封闭、固管。注浆管外露 8～10cm,以便与注浆设备连接。

② 封缝。采用 HA71 封口胶密封裂缝表面,防止注浆时浆液沿缝外泄。

③ 压水试验。封缝浆液固结后,进行压水试验,以检查封缝、固管强度,疏通裂缝,确定压浆参数。压水试验采用示踪剂,测定水压及进水量,作为注浆的依据。

④ 注浆流程。主剂＋辅剂→浆液配置→注浆泵→注浆嘴。重复以上操作直到裂缝上最后一个注浆管溢浆,待灌缝固化后,割除注浆管外露部分,并以水泥砂浆将孔口抹平,然后用砂轮机打磨裂缝表面并抹面。注浆材料为环氧浆液,其配比为 6101 环氧树脂:二甲苯:501 号稀释剂:乙二胺＝100:30～40:20:10。将环氧树脂加热熔化后,加入二甲苯及 501 号稀释剂拌匀,加入乙二胺,再搅拌均匀后均可使用;冷却后注浆压力应根据裂缝大小、衬砌质量等综合确定,一般为 0.2～0.6MPa,但一般不超过压水试验压力;结束注浆的标准:当注浆量与预计浆量相差不多,压力较稳定且吸浆量逐渐减小至 0.01L/min 时,再压注 3～5min 即可结束注浆。注浆中应随时观察压力变化,当压力急剧下降时,应暂停注浆,调整浆液的凝结时间及浆液浓度后继续注浆。

⑤ 封孔。注浆结束后,用铁丝将注浆管外露部分反转绑扎,待浆液终凝后,割除外露部分,以环氧砂浆将孔口抹平。

3)斜裂缝锚杆加固措施

沿裂缝两侧设骑缝锚杆加固。骑缝锚杆沿裂缝两侧交错布设 ϕ22mm 砂浆锚杆,锚杆每根长度 3.5m,间距 1.5m,锚杆尾端须加设垫板,且垫板嵌入衬砌内

3cm,并用水泥砂浆抹面;在施作锚杆前应核实衬砌厚度及衬砌背后超挖回填情况,若超挖较多且回填不密实,应进行低压注浆填充。

4) 裂缝观测

裂缝整治完成后,沿整治裂缝应设置观测点,进行定点、定时观测,并详细记录。若有异常,应及时提出,以便分析处理。

10.6　本章小结

本章基于理论研究与工程实践经验进行黄土连拱隧道设计与施工关键技术进行总结,主要研究成果如下:

(1) 由于黄土隧道围岩的特殊力学性质,黄土连拱隧道一般采用整体式和复合式两种衬砌结构,在明洞段采用整体式衬砌,在暗洞段采用复合式衬砌。

(2) 考虑到黄土受水的影响比较大,黄土连拱隧道中隔墙主要采用分离式中隔墙形式,同时为预防中隔墙不均匀沉降或沉降过大,需对中隔墙底地基进行加固处理。

(3) 根据黄土地区的地形地貌以及工程地质等条件,进行了黄土连拱隧道防排水系统的设计,主要包括:洞口、洞身、隧道内路基和路面,以及中隔墙防排水。

(4) 根据黄土连拱隧道的施工特点,提出了其施工关键技术,主要包括:施工方法选择、洞口工程施工技术、洞身开挖施工技术、二次衬砌施工技术、结构物防排水施工技术、空洞检测与注浆回填技术,以及黄土连拱隧道常见病害处治技术。

参 考 文 献

蔡美峰. 2002. 岩石力学与工程[M]. 北京:科学出版社.

陈惠发 A F,萨里普. 2004. 混凝土和土的本构方程[M]. 余天庆,王勋文,刘希拉,等译. 北京:中国工业出版社.

陈秋南,赵明华,张永兴,等. 2006. 偏压双连拱隧道信息化施工与仿真分析[J]. 岩石力学与工程学报,25(8):1723—1727.

陈少华,李勇. 2000. 连拱隧道的结构分析[J]. 中国公路学报,13(1):48—51.

陈卫忠,朱维申,李术才. 1998. 节理岩体中洞室围岩大变形数值模拟及模型试验研究[J]. 岩石力学与工程学报,17(3):223—229.

陈晓江. 2005. 软弱围岩偏压连拱隧道中隔墙结构分析[D]. 重庆:重庆大学.

陈正汉. 1999. 重塑非饱和黄土的变形、强度、屈服和水量变化特性[J]. 岩土工程学报,21(1):82—90.

陈正汉,周海清. 1999. 非饱和土的非线性模型及其应用[J]. 岩土工程学报,21(5):603—608.

村上澄男. 1982. 损伤力学——材料损伤与断裂的连续介质力学处理[M]. 材料(日),31(340):1—11.

邓建,朱合华,丁文其. 2004. 不等跨连拱隧道施工全过程的有限元模拟[J]. 岩土力学,25(3):477—480.

邓建辉,李焯芬,葛修润. 2001. BP 网络和遗传算法在岩石边坡位移反分析中的应用[J]. 岩石力学与工程学报,20(1):1—5.

邓江. 2002. 猫山公路隧道工程技术. 北京:人民交通出版社.

杜景灿,陆兆溱. 1999. 加权位移反演法确定岩体结构面的力学参数[J]. 岩土工程学报,21(2):209—216.

范益群. 1998. 岩土力学弹塑性模型参数反演中的灵敏度分析[J]. 岩土工程学报,20(2):15—18.

冯夏庭,张治强,杨成祥,等. 1999. 位移反分析的进化神经网络方法研究[J]. 岩石力学与工程学报,18(5):592—533.

高俊合,赵维炳,李兴文. 1999. 深开挖有限元分析中释放荷载模拟——三种常用方法比较及改进的 Mana 法[J]. 河海大学学报,27(1):47—52.

关宝树. 1999. 隧道力学概论[M]. 成都:西南交通大学出版社.

何川,李永林,林刚. 2005. 连拱隧道施工全过程三维有限元分析[J]. 中国铁道科学,26(2):34—38.

何川,林刚,汪会帮. 2006. 公路双连拱隧道[M]. 北京:人民交通出版社.

贺怀建,白世伟,陈健. 2001. 神经网络在岩土工程观测数据优化中的应用[J]. 岩土力学,22(2):

292—232.

胡丽霞.2007.连拱隧道施工方法选择的敏感性研究[D].重庆:重庆大学.

黄海,陈正汉,李刚.2000.非饱和土在p-s平面上屈服轨迹及土与水特征曲线探讨[J].岩土力学,21(40):316—321.

黄仰收,刘新荣,钟祖良.2008.黄土连拱隧道设计方法探讨[J].地下空间与工程学报,4(5):965—968.

蒋树屏,胡学兵.2004.云南扁平状大断面公路隧道施工力学响应数值模拟[J].岩土工程学报,26(3):178—182.

蒋树屏,刘洪洲,鲜学福.2000.大跨度扁坦隧道动态施工的相似模拟与数值分析研究[J].岩石力学与工程学报,19(9):567—572.

蒋树屏,刘元雪,赵尚毅.2006.浅埋偏压黄土连拱隧道施工方案有限元数值模拟[J].公路交通技术,21(1):95—99.

金丰年,钱七虎.1996.隧道开挖的三维有限元计算[J].岩石力学与工程学报,15(3):193—200.

来弘鹏,杨晓华,林永贵.2006.黄土公路隧道病害分析与处治措施建议[J].公路,51(6):197—202.

雷升祥,周晓军.2002.渝怀铁路彭水隧道出口大跨段施工方案的数值分析.地下空间,22(3):191—196.

李皓月.2003.ANSYS工程计算应用教程[M].北京:中国铁道出版社.

李俊,李泳伸,王志杰,等.2003.双联拱隧道开挖技术探讨[J].现代隧道技术,40(4):20—24.

李立新,王建党,李造鼎.1997.神经网络模型在非线性位移反分析中的应用[J].岩土力学,18(2):62—66.

李宁军,夏永旭.2000.基质吸力对非饱和黄土隧道力学特性影响研究[J].西安公路交通大学学报,15(4):49—51.

李世辉,等.1999.隧道支护设计新论(典型类比分析法应用和理论)[M].北京:科学出版社.

李术才,李树忱.2000.三峡右岸地下电站厂房围岩稳定性断裂损伤分析[J].岩土力学,21(3):193—197.

李树忱,李术才.2004.水中填筑围堰边坡稳定的流-固耦合分析[J].岩土力学,25(1):82—86.

李树忱,李术才,徐帮树.2007.隧道围岩稳定分析的最小安全系数法[J].岩土力学,28(3):549—554.

李晓红.2002.隧道新奥法及其监控量测技术[M].北京:科学出版社.

李晓洪.2003.软弱围岩双连拱隧道施工力学研究[D].成都:西南交通大学.

李艳玲.1999.地下洞室群施工方案优选及经济评价[M].成都:四川大学.

林刚,何川.2003.连拱公路隧道施工方法模型试验研究[J].现代隧道技术,40(6):1—6.

刘洪洲,黄伦海.2001.连拱隧道设计施工技术研究现状[J].西部探矿工程,13(1):54,55.

刘涛.2002.精通ANSYS[M].北京:清华大学出版社.

刘涛,沈明荣,何之民,等.2005.连拱隧道动态施工模型试验研究[C]//第一届全国水工岩石力学学术会议,郑州:307—311.

刘新荣,孙辉,陈晓江.2004.黄土连拱隧道施工力学效应研究[C]//中国科协青年学术年会,重庆.

刘新荣,孙辉,陈晓江.2005.黄土连拱隧道二次衬砌的结构分析与监测研究[J].岩土工程学报,
　　27(6):695—697.

刘新荣,孙辉,陈晓江.2005.黄土连拱隧道中墙结构的数值模拟研究[J].地下空间与工程学报,
　　(6):837—840.

刘新荣,钟祖良,黄金国,等.2009.考虑古城墙保护的连拱隧道施工方案优化[J].中国地质灾害
　　与防治学报,20(2):133—137.

刘新荣,钟祖良,张永兴,等.2009.以塑性功为硬化参数的 Q_2 原状黄土弹塑性模拟[J].岩土力
　　学,30(5):1215—1220.

刘元雪,蒋树屏,赵尚毅.2005.浅埋黄土连拱隧道施工方案优化研究[J].地下空间与工程学报,
　　(6):944—947.

刘招伟,何满潮,肖红渠.2003.浅埋大跨连拱隧道施工中变形的监测与控制措施[J].岩土工程
　　学报,5:339—342.

刘祖典.1997.黄土力学与工程[M].西安:陕西科学技术出版社.

刘祖典,党发宁.2002.土的弹塑性理论基础[M].西安:世界图书出版公司.

吕爱钟.1988.巷道围岩参数及地应力可辨识性的探讨[J].岩石力学与工程学报,7(2):155—
　　164.

吕爱钟,蒋斌松.1998.岩石力学反问题[M].北京:煤炭工业出版社.

潘昌实.1995.隧道力学数值方法[M].北京:中国铁道出版社.

綦志富,孙波.2002.大跨度双跨联拱隧道的新奥法施工[J].铁道工程学报,8(3):62—65.

饶寿期.1990.有限元法和边界元法基础[M].北京:北京航空航天大学出版社.

任晖启.2003.ANSYS 工程分析实例详解[M].北京:人民邮电出版社.

邵国建,卓家寿,章青.2003.岩体稳定性分析与评判准则研究[J].岩石力学与工程学报,22(5):
　　691—696.

沈卫平.2001.浅埋黄土隧道施工方法及支护受力研究[J].西部探矿工程,3(2):76—77.

沈珠江.1993.几种屈服函数的比较[J].岩土力学,14(1):41—45.

沈珠江.1996.土体结构性的数学模型——21 世纪土力学的核心问题[J].岩土工程学报,
　　18(1):95—97.

沈珠江.2000a.结构性黏土的堆砌体模型[J].岩土力学,21(1):2—4.

沈珠江.2000b.理论土力学[M].北京:水利水电出版社.

孙广忠.1996.地质工程理论与实践[M].北京:地震出版社.

孙辉.2005.黄土连拱隧道的监控量测与围岩稳定性分析[D].重庆:重庆大学.

孙辉,刘新荣,陈晓江.2005.黄土连拱隧道施工过程的数值模拟和方案优化[J].地下空间与工
　　程学报,(5):737—741.

孙菊芳.1990.有限元法及其应用[M].北京:北京航空航天大学出版社.

孙钧.1988.对开展高地应力区岩体特征及隧道围岩稳定研究的认识[J].岩石力学与工程学报,
　　17(2):185,186.

孙钧.1995.地下结构工程理论与实践[M].上海:上海科学技术出版社.

孙钧,侯学渊.1987.地下结构[M].北京:科学出版社.

万明富,海洪,刘斌.2007.单洞四车道隧道开挖室内模型试验研究[J].东北大学学报(自然科学版),28(2):266—269.

王兵,陈炽昭.1993.通过软弱围岩的双车道公路隧道模型试验[J].公路,(5):29—34.

王登刚,刘迎曦,李守巨.2000.岩土工程位移反分析的遗传算法[J].岩石力学与工程学报,19(sup):979—982.

王建宇.1990.隧道工程监测和信息化设计原理[M].北京:中国铁道出版社.

王军,夏才初,朱合华,等.2004.不对称连拱隧道现场监测与分析研究[J].岩石力学与工程学报,23(1):267—271.

王瑁成,劭敏.1997.有限元法基本理论和数值方法[M].北京:清华大学出版社.

王思敬,杨志法.1984.地下工程岩体稳定分析[M].北京:科学出版社.

王廷泊,练江.2001.连拱隧道设计施工[C]//2001年全国公路隧道学术会议论文集.北京:交通出版社.

王伟.2004.不同施工顺序对偏压连拱隧道结构稳定性的影响分析[J].西部探矿工程,16(10):105—108.

王逸才.隧道工程[M].北京:人民交通出版社.

王芝银,李云鹏.1993.地下工程位移反分析及程序[M].西安:陕西科学技术出版社.

夏才初,刘金磊.2000.相思岭连拱隧道中墙应力研究[J].岩石力学与工程学报,19(增):1115—1119.

夏旺民.黄土的软化本构模型[D].西安:西安理工大学,2002.

夏旺民,郭金晓,郭增玉.2004.应变空间 Q_1 黄土的弹塑性模型[J].岩石力学与工程学报,23(24):4147—4150.

谢星,赵法锁,王艳婷,等.2006.结构性 Q_2、Q_3 黄土的力学特性对比研究[J].西安科技大学学报,26(4):451—455,468.

徐辉杰.2002.曲线段浅埋连拱隧道施工[J].广东公路交通,(2):49,50.

杨建民.1999.金竹林双联拱公路隧道设计[J].世界隧道,36(1):16—20.

杨林德.1996.岩土工程问题的反演理论和工程实践[M].北京:科学出版社.

杨志法.1995.关于位移反分析的某些考虑[J].岩石力学与工程学报,14(1):11—16.

姚惠发,刘新荣,钟祖良.2007.黄土连拱隧道施工方法探讨[J].地下空间与工程学报,(3):716—719.

姚振凯,黄运平,彭立敏.2006.公路连拱隧道工程技术[M].北京:人民交通出版社.

殷宗泽.1988.一个土体的双屈服面应力-应变模型[J].岩土工程学报,10(4):64—71.

余成学,陈尚法,陈胜宏.1999.复杂岩体边坡参数位移反演中断层和测点布置的影响分析[J].岩石力学与工程学报,17(增):868—871.

余天庆,钱济成.1993.损伤理论及其应用[M].北京:国防工业出版社.

袁飞.2009.浅埋偏压黄土连拱隧道施工力学效应研究[D].重庆:重庆大学.

袁飞,刘新荣,钟祖良.2011.偏压黄土连拱隧道掌子面纵向间距优化研究[J].地下空间与工程学报,7(2):257—262.

袁勇,孙钧.1983.岩体本构模型反演识别理论及其工程应用[J].岩石力学与工程学报,9(3)：232—239.

张家新,孙辉.2006.黄土连拱隧道施工技术研究[J].公路,51(2)：176—180.

张胜,王文通.1999.福州象山大跨四联拱隧道的设计与施工[J].华东公路,(10)：48—53.

张学言,闫澍旺.2004.岩土塑性力学基础[M].天津：天津大学出版社.

张永兴.2004.岩石力学[M].北京：中国建筑工业出版社.

张倬元,王士天,王兰生.1994.工程地质分析原理(第二版)[M].北京：地质出版社.

浙江省交通设计院.1990.JTG D70—2004　公路隧道设计规范[M].北京：人民交通出版社.

郑颖人,龚晓南.1990.岩土的塑性理论基础[M].北京：中国建筑工业出版社.

郑颖人,沈珠江,龚晓南.2002.岩土塑性力学原理[M].北京：中国建筑工业出版社.

钟祖良,刘新荣,方金炳.2010.基于伊留辛公设的 Q_2 原状黄土弹塑性本构模型[J].解放军理工大学学报(自然科学版),11(3)：316—321.

钟祖良,刘新荣,袁飞,等.2008.仰拱一次性开挖长度对黄土连拱隧道稳定性影响研究[J].岩土工程学报,30(3)：462—466.

钟祖良,刘新荣,张建,等.2011.非饱和 Q_2 原状黄土工程特性试验研究[J].重庆大学学报(自然科学版),34(2)：120—124.

钟祖良,王睢,刘新荣.2015.基于综合结构势概念的结构性原状黄土屈服准则[J].岩土力学,36(11)：3041—3046.

钟祖良.2008. Q_2 原状黄土本构模型及其在隧道工程中的应用研究[D].重庆：重庆大学.

周生国,黄伦海,蒋树屏,等.2005.黄土连拱隧道施工方法模型试验研究[J].地下空间与工程学报,(2)：188—191.

周玉宏,赵燕明,程崇国.2002.偏压连拱隧道施工过程的优化研究[J].岩石力学与工程学报,21(5)：679—683.

周玉宏,赵燕明,程崇国.2003.连拱隧道施工方案的应力分析[J].公路交通技术,18(6)：83—85.

朱大勇,钱七虎,周早生.1999.复杂形状洞室围岩应力弹性解析分析[J].岩石力学与工程学报,18(4)：402—404.

朱合华,丁文其.1999.地下结构施工过程的动态仿真模拟分析[J].岩石力学与工程学报,18(10)：558—562.

朱维申,何满朝.1996.复杂地质条件下围岩稳定性与岩体动态施工力学[M].北京：科学出版社.

朱维申,李术才,陈卫忠.2002.节理岩体破坏机理和锚固效应及工程应用[M].北京：科学出版社.

祝云华,刘新荣,黄明.2009.偏压连拱隧道中隔墙力学特征数值分析[J].工程勘察,37(1)：8—12.

Alonso E E,Gens A,Josa A.1990. A constitutive model for partially saturated soils[J].Geotechnique,40(3)：405—430.

Bhasin R,Grimstad E.1996. The use of stress-strength relationships in the assessment of tunnel stability[J]. Tunnelling and Underground Space Technology,11(1):93—98.

Christian J T. 1966. Plane strain deformation analysis of soils[D]. Cambridge: Massachusetts Institute of Technology.

Chu J. 1994. Asymptotic behaviour of granular soil in strain path testing[J]. Geotechnique, 44(1):57—65.

Desai C S, Basaran C, Zhang W. 1997. Numerical algorithms and mesh dependence in the disturbed state concept[J]. International Journal for Numerical Methods in Engineering,40(40): 3059—3083.

Desai C S, Wang Z C. 2003. Disturbed state model for porous saturated materials[J]. International Journal of Geomechanics,3(2):260—265.

Divis E H. 1968. Theories of plasticity and the failure of soil masses[M]. London:Butterworths.

Duncan J M, Byrne P, Wong K S,et al. 1980. Strength,stress-strain and bulk modulus parameters for finite element analysis of stresses and movements in soil masses[R]. Report No. UCB/GT/ 80-01. College of Engineering Office of Research Services University of California Berkeley, California.

Duncan J M,Chang C T. 1970. Nonlinear analysis of stress and strain in soils[J]. Journal of the Soil Mechanics and Foundation Division,96(5):1629—1653.

Fredlund D G, Rehardjo H. 1993. Soil mechanics for unsaturated soils[M]. New York:John Wiley and Sons.

Gens A,Alonso E E. 1992. A framework for the behaviour of unsaturated expansive clays[J]. Canadian Geotechnical Journal,29(6):1013—1032.

Javadi A A,Farmani R,Toropov V V,et al. 1999. Identification of parameters for air permeability of shot-concrete tunnel lining using a genetic algorithm[J]. Computers and Geotechnics,25(1): 1—24.

Javadi A A,Farmani R,Toropov V V,et al. 1999. Identification of parameters for air permeability of shot-concrete tunnel lining using a genetic algorithm[J]. Computers and Geotechnics, 25(1):1—24.

Kunin I A. 1983. Elastic Media with Microstructures[M]. Berlin:Springer-Verlag.

Ledesma A,Gens A. 1996. Parameter and variance estimation in geotechnical back analysis using prior information[J]. International Journal for Numerical and Analytical Methods in Geomechanics,20:119—141.

Liu X R,Sun H,Zhang Y X. 2005. Stability analysis of lishi loess doubled arch tunnel[C]//International Society for Rock Mechanics,Brno.

Nemat-Nasser S, Hori M. 1993. Micromechanics:Overall Properties of Heterogeneous Elastic Solids[M]. New York:Elsevier,North-Holland.

Prashant A,Penumadu D. 2004. Effect of intermediate principal stress on overconsolidated kaolin clay[J]. Journal of Geotechnical and Geoenvironmental Engineering, ASCE,130(3):284—292.

Roscoe K H,et al. 1958. On the yielding of soils[J]. Geotechnique,14(2):121—128.

Sheng D,Sloan S W,Gens A. 2004. A constitutive model for unsaturated soils:Thermomechanical and computational aspects[J]. Computational Mechanics,54(1):1—17.

Simpaon A R,Priest S D. 1993. The application of genetic algorithms to optimization problems in geotechnics[J]. Computers and Geotechnics,15(1):1—19.

Soliman E,Duddeck H,Aherens H. 1993. Two and three dimensional analysis of closely spaced double-tube tunnels[J]. Tunneling and Underground Space Technology,8(1):13—18.

Sun D A,Matsuoka H,Cui H B,et al. 2003. Three-dimensional elastic-plastic model for unsaturated compacted soils with different initial densities[J]. International Journal for Numerical and Analytical Methods in Geomechanics,27(12):1079—1098.

Tvergaard V. 1989. Material failure by void growth to coalescence[J]. Advances in Applied Mechanics,27(3):83-151.

Zhong Z L,Liu X R. 2012. Mechanical characteristics of intact Middle Pleistocene Epoch loess in northwestern China[J]. Journal of Central South University of Technology,19(4):1163—1168.

Zhong Z L,Liu X R,Liu Y X. 2013. Research on elastoplastic damage constitutive model of intact Q2l loess in northwestern of China[J]. Environmental Earth Sciences,69(1):85—92.

Zhong Z L,Liu Y X,Liu X R,et al. 2015. Influence of moisture content on shearing strength of unsaturated undisturbed quaternary system middle pleistocene[J]. Journal of Central South University,22(7):2776—2782.

Zhong Z L,Sui W,Liu X R,et al. 2014. Reactivation and control of loess ancient landslide under disturbance of neighborhood tunnel construction[J]. Electronic Journal of Geotechnical Engineering,19(s):4153—4165.